DU MÊME AUTEUR

Chez le même éditeur

DANUBE

LE MYTHE ET L'EMPIRE

UNE AUTRE MER

O CONDE *(NRF n° 470)*

MICROCOSMES

Chez d'autres éditeurs

ENQUÊTE SUR UN SABRE

TRIESTE, UNE IDENTITÉ DE FRONTIÈRE *(en collaboration avec Angelo Ara)*

STADELMANN

L'Arpenteur

Collection dirigée
par Gérard Bourgadier

Claudio Magris

UTOPIE ET DÉSENCHANTEMENT

TRADUIT DE L'ITALIEN PAR
JEAN ET MARIE-NOËLLE PASTUREAU

Gallimard

Domaine italien dirigé par
Jean-Baptiste Para

Titre original :
UTOPIA E DISINCANTO

UTOPIE
ET DÉSENCHANTEMENT

Dans son *Dialogue du passant et du marchand d'almanachs,* Leopardi montre combien il est pathétiquement vain d'attendre, à la fin de chaque année, une année plus heureuse que les précédentes, elles-mêmes chaque fois attendues dans l'espoir qu'elles apporteraient un bonheur qui en fait n'est jamais venu. Ce texte immortel du grand poète italien, qui dans sa brièveté établit un diagnostic inexorable du mal de vivre, est toutefois exempt du pessimisme apocalyptique facile qu'affichent tant d'orateurs actuels, lesquels se complaisent à annoncer sans cesse des désastres et à proclamer que la vie n'est que vide, erreur et horreur. Le dialogue de Leopardi est au contraire empreint d'un timide amour pour la vie et d'une discrète attente du bonheur, démentis année après année mais qui, craintifs et tremblants, continuent à vivre dans l'âme et font sentir la douleur et l'absurdité avec plus de force que le pathos catastrophiste.

Ces réflexions et cette appréhension au moment de prendre le tournant se présentent avec beaucoup plus d'intensité quand ce qui s'achève — et ce qui va commencer — n'est pas seulement une année, ni même un siècle, mais un millénaire. Le calendrier déploie une inflation d'anniversaires et de commémorations, du millénaire de l'Autriche et du bicentenaire du drapeau italien au fatidique avènement de l'an 2000 — tournants qui symbolisent un changement d'époque, grands Arcs de Triomphe du Temps, spectaculaires scénographies du Progrès et de la Caducité. À la fin de l'An Mil certains — mais moins nombreux qu'on aime souvent à le croire — attendaient la fin du monde ; aux plus sombres heures de la guerre froide, on vivait dans la crainte de l'apocalypse nucléaire, dans le cauchemar du *day after*. Au seuil de l'an 2000, il n'y a aucun pathos de la fin, mais à coup sûr le sentiment profond d'une transformation radicale de la civilisation et de l'humanité elle-même, et donc le sentiment d'une indiscutable fin, non pas du monde, mais d'une façon séculaire de le vivre, de le concevoir et de l'administrer.

Dans les dernières années du XIXᵉ siècle, déjà, Nietzsche et Dostoïevski avaient entrevu l'émergence d'un type d'homme nouveau, qui n'était plus au même stade anthropologique — dans la façon d'être et de sentir — que l'individu traditionnel existant depuis des temps immémoriaux. Dans son *Übermensch*, Nietzsche ne voyait pas un « surhomme », un individu plus doué que les autres et dont les capacités seraient plus développées, mais bien, selon la définition de Gianni Vattimo, un « au-delà-de-l'homme », une nouvelle forme du Moi non plus compact et unitaire mais constitué, comme il disait, d'une « anarchie d'atomes », d'une multiplicité de noyaux psychiques et de pulsions désormais libérées de la rigide cuirasse de l'individualité et de la conscience qui les emprisonnait. Aujourd'hui la réalité, de plus en plus « virtuelle », est le décor de cette possible mutation du Moi.

Nietzsche lui-même disait que son « au-delà-de-l'homme » était très proche de l'« Homme du souterrain » de Dostoïevski. Ces écrivains discernaient en effet l'un et l'autre dans leur époque et dans le futur — un futur qui est encore en partie futur pour nous, mais aussi déjà en partie notre présent — l'avènement du nihilisme, la fin des valeurs et des systèmes de valeurs, à ceci près que pour Nietzsche, comme le rappelle Vittorio Strada, il s'agissait d'une libération à fêter et pour Dostoïevski d'une maladie à combattre. Au début de ce millénaire qui est à nos portes, beaucoup dépendra du choix que fera notre civilisation entre ces deux options : combattre le nihilisme ou le conduire à ses conséquences extrêmes.

« Ce vieux siècle n'a pas fait une belle fin », écrit Eric J. Hobsbawm dans son *Court Vingtième Siècle*, en ajoutant que, pour reprendre l'expression de T. S. Eliot, il s'achève sur une explosion tonitruante et une fastidieuse pleurnicherie. D'autres voient dans ces cent années surtout ce qu'elles ont eu de terrible — le « terrible XXe siècle », avec son record d'hécatombes et d'exterminations, opérées en une monstrueuse symbiose de barbarie et de rationalité scientifique. Pourtant il serait injuste d'oublier ou de sous-évaluer les progrès immenses accomplis durant ce siècle, qui a vu non seulement l'accession de masses de population toujours plus importantes à des conditions de vie enfin humaines, mais aussi l'extension continuelle des droits de catégories jusqu'alors mises à l'écart ou ignorées et une prise de conscience de la dignité de tous les hommes, présente même là où la veille encore on ne savait ou on ne voulait pas la reconnaître, jusque dans les formes de vie et de civilisation les plus différentes de nos modèles.

Il est criminel d'oublier les atrocités du siècle d'Auschwitz, mais il n'est pas davantage permis d'oublier les atrocités commises dans les siècles précédents sans que la conscience collective s'en aperçût et sans qu'elle en éprouvât de remords. Croire aveuglément au progrès, comme les positivistes du XIXe siècle, est devenu ridicule, mais tout aussi obtuses sont l'idéalisation nostalgique du passé et l'emphase grandiloquente du catastrophisme.

Les brumes du futur qui planent sur nous exigent un regard dont la myopie, quoique inévitable, soit un peu corrigée par l'humilité et l'auto-ironie.

Ces dernières mettent en garde contre la tentation de s'abandonner au pathos des prophéties et des formules au goût du jour, qui ne tardent pas à devenir comiques, comme la fameuse phrase selon laquelle 1989 marquerait la fin de l'Histoire, phrase qui à l'époque déjà ne pouvait avoir sa place que dans le *Sottisier* de Flaubert. 1989, tout au contraire, a dégelé l'Histoire qui était restée au réfrigérateur pendant des décennies, et celle-ci s'est déchaînée en un enchevêtrement d'émancipations et de régressions, souvent inséparables comme les deux côtés d'une médaille. Le principe d'autodétermination, qui affirme la liberté, déclenche des conflits sanglants qui foulent aux pieds la liberté d'autrui ; un autre exemple du court-circuit progrès-régression réside dans la croissance économique et le développement de la production qui entraînent une diminution de l'offre d'emploi, augmentant ainsi le nombre de ceux qui sont exclus d'un niveau de vie acceptable et créant de ce fait, Dahrendorf nous en avertit, les prémisses de tensions et de conflits sociaux d'une extrême gravité.

La contradiction la plus flagrante est celle qui voit se dérouler simultanément des processus d'unification et d'agrégation — l'unité européenne, pour ne citer qu'un seul exemple — et d'atomisation particulariste, comme la revendication d'identités régionales, qui refusent violemment le contexte plus vaste d'un État, d'une nation ou d'une culture qui les englobe. Au nivellement général, résultant en particulier des moyens de communication qui proposent à l'échelle planétaire les mêmes modèles, s'opposent des différences toujours plus sauvages ; ces deux processus menacent l'un et l'autre un des fondements essentiels de la civilisation européenne, l'individualité au sens fort et classique du mot, reconnaissable entre toutes dans sa particularité mais portant en elle et exprimant l'universel.

Ce millénaire s'annonce avec des contradictions poussées à l'extrême. La défaite des totalitarismes politiques, du moins dans beaucoup de pays — pas dans tous évidemment —, n'exclut pas la possible victoire d'un totalitarisme *soft* et gélatineux en mesure de promouvoir — par le biais de mythes, de rites, de formules de rappel, de représentations et de figures symboliques — l'auto-identification des masses, faisant en sorte, écrit Giorgio Negrelli dans ses *Années à la dérive*, que « le peuple croie *vouloir* ce que ses dirigeants considèrent à chaque fois comme le plus opportun ». Le totalitarisme ne repose plus désormais sur les idéologies fortes, qui ont sombré, mais sur les idéologies molles, promues par le pouvoir des moyens de communication.

Une façon de résister à ce totalitarisme, c'est de défendre la mémoire historique, qui risque d'être effacée et sans laquelle on ne peut plus sentir la plénitude et la complexité de la vie. Une autre façon, c'est de refuser le faux réalisme, qui prend la surface de la réalité pour la réalité tout entière et qui, dénué de tout sens religieux de l'éternité, absolutise le présent et ne le croit susceptible d'aucune mutation, considérant comme des utopistes naïfs ceux qui estiment possible de changer le monde. Durant l'été 1989 ces faux réalistes, si nombreux parmi les hommes politiques, se seraient moqués de qui aurait dit que le mur de Berlin pouvait peut-être tomber. Le deuxième millénaire semble s'achever avec la fin du mythe de la Révolution et aussi de ces grands projets de changer le monde qui, comme le fait remarquer Alberto Cavallari, ont caractérisé le siècle dernier et une bonne partie du nôtre.

Dans un révisionnisme historique de plus en plus répandu, la Révolution française, hier encore considérée comme la matrice de la modernité et de ses libertés, est stigmatisée comme mère des totalitarismes, et ses violences font pâlir le souvenir de celles contre lesquelles elle s'est insurgée ; elles font oublier ce poème de Victor Hugo dans lequel la tête coupée de Louis XVI reproche à ses pères, aux rois de France du passé, d'avoir construit — avec les injustices de la domination féodale — la « machine horrible » qui l'a décapité, autrement dit la guillotine, laquelle se propose d'extirper la violence par la violence, en commettant des crimes que rien ne peut justifier, mais dont elle n'est pas seule responsable.

La chute du communisme semble souvent entraîner avec elle, dans un discrédit généralisé, non seulement le socialisme réel, mais aussi les idées de démocratie et de progrès, l'utopie d'une rédemption sociale et civile ; l'échec de la prétention à mettre fin une fois pour toutes au mal et à l'injustice de l'Histoire englobe parfois aussi toute idée de solidarité. Mais la fin du mythe de la Révolution et du Grand Soir devrait au contraire donner plus de force concrète aux idéaux de justice que ce mythe avait exprimés avec puissance, mais pervertis en les absolutisant et en les instrumentalisant ; elle devrait permettre de les poursuivre avec plus de patience et de ténacité et donc plus de probabilités de les réaliser, dans cette mesure relative, imparfaite et perfectible qui est la mesure de l'homme. La fin de ces mythes peut donner plus de force à ces idéaux, justement parce qu'elle les libère de l'idolâtrie mythique et totalisante qui les a rigidifiés ; elle peut faire comprendre que les utopies révolutionnaires sont un levain, qui ne suffit pas à lui tout seul pour faire le pain, contrairement à ce qu'ont cru tant d'idéologues, mais sans lequel on ne fait pas de bon pain. Le monde ne peut pas être sauvé une fois pour toutes et chaque génération doit, comme Sisyphe, pousser son rocher pour éviter qu'il lui roule dessus et l'écrase. Quand l'humanité en prend conscience, elle accède à la maturité spirituelle, à cet âge adulte de la Raison que Kant avait entrevu dans les Lumières.

Cette fin et ce début de millénaire ont besoin et d'utopie et de désenchantement. Le destin de tout homme, et de l'Histoire elle-même, ressemble à celui de Moïse, qui n'atteignit jamais la Terre promise, mais ne cessa jamais de marcher dans sa direction. L'utopie, c'est ne pas se soumettre aux choses telles qu'elles sont et lutter pour ce qu'elles devraient être ; c'est savoir que le monde, comme dit un vers de Brecht, a besoin d'être changé et sauvé. Le réveil religieux, qui pourtant dégénère si souvent en fondamentalisme, a pour grande fonction de ranimer le sens de l'au-delà, de rappeler que l'Histoire profane de ce qui advient interfère constamment avec l'Histoire sacrée, avec le cri des victimes qui demandent une autre Histoire et qui, au jour du Jugement, présenteront à Dieu et à l'Esprit du Monde le livre de comptes et les appelleront à rendre raison de l'universelle tuerie.

L'utopie, c'est ne pas oublier les victimes anonymes, ces millions de personnes mortes au long des siècles dans des violences indicibles et disparues dans l'oubli, sans être inscrites dans les Annales de l'Histoire universelle. Le fleuve de l'Histoire emporte et engloutit les petites histoires individuelles, le flot de l'oubli les efface de la mémoire du monde ; écrire, c'est aussi marcher le long du fleuve, remonter son cours, repêcher des existences naufragées, retrouver des épaves accrochées aux rives et les embarquer sur une précaire arche de Noé en papier.

Cette entreprise de sauvetage est utopique et l'arche sombrera peut-être. Mais l'utopie donne un sens à la vie, parce qu'elle exige, contre toute vraisemblance, que la vie ait un sens ; la grandeur de Don Quichotte, c'est de s'obstiner à croire, contre l'évidence, que le plat à barbe est le casque de Mambrin et que la rustaude Aldonza est l'enchanteresse Dulcinée. Mais Don Quichotte, tout seul, serait difficile à supporter et dangereux, comme l'est l'utopie quand elle fait violence à la réalité, en croyant que le but lointain est déjà atteint, en prenant le rêve pour la réalité et en l'imposant avec brutalité aux autres, comme le font les utopies politiques totalitaires.

Don Quichotte a besoin de Sancho Pança, qui voit bien, lui, que le casque de Mambrin est un plat à barbe et qui sent l'odeur d'étable d'Aldonza, mais qui comprend que le monde n'est pas complet ni vrai si l'on ne cherche pas ce casque enchanté et cette beauté lumineuse. Sancho suit le chevalier fou — mieux encore, quand ce dernier revient à la raison, il se sent perdu et en appelle aux aventures enchantées. Mais Don Quichotte, tout seul, serait peut-être plus pauvre que lui, parce qu'à ses exploits de chevalerie manqueraient les couleurs, les saveurs, les aliments, le sang, la sueur et le plaisir sensuel de l'existence, sans lesquels l'idée héroïque, qui leur donne un sens, ne serait qu'une prison privée d'air.

Utopie et désenchantement, plutôt que de s'opposer, doivent se soutenir et se corriger mutuellement. La fin d'utopies totalitaires n'est libératrice que si elle s'accompagne de la conscience que le salut, promis et non réalisé par ces utopies, doit être, non pas tourné en dérision, mais cherché avec plus de patience et de modestie, en sachant bien qu'on ne possède aucune recette définitive. Trop de déçus des utopies totalitaires défuntes, enragés plutôt que mûris par le désenchantement, élèvent une voix arrogante pour railler bien haut les idéaux de solidarité et de justice dans lesquels ils avaient cru aveuglément. L'exubérance avec laquelle souvent on fête la chute de l'État social au lieu d'en étudier les défauts évidents pour les corriger est significative de cette incapacité d'unir utopie et désenchantement. Il était ridicule, en 1929 ou dans les années 70, de croire que le capitalisme était à l'agonie, et il est ridicule de croire aujourd'hui que la forme actuelle de son triomphe constitue l'ordre définitif du monde. Croire qu'on a gagné, qu'on se trouve grâce à cette victoire dans une situation inébranlable peut être dangereux : Manès Sperber disait que celui qui se vante et se réjouit de la victoire devient facilement un « cocu de la victoire ».

Chaque génération et chaque individu doit refaire, et pas seulement une fois, l'expérience traumatisante mais salutaire des premiers chrétiens, qui attendaient la parousie, le retour du Sauveur qui leur avait été promis, la venue du Paraclet, de l'Esprit consolateur, convaincus — au moins pour beaucoup d'entre eux — que cela se produirait de leur vivant. La parousie n'a pas eu lieu, et il n'a pas dû être facile, pour ces croyants déçus, de résister à la déception et de comprendre qu'il ne s'agissait pas d'un démenti, mais d'un retard apporté au salut et peut-être même pas d'un simple report, mais de la révélation que le salut n'arrive pas une fois pour toutes, qu'il est en réalité toujours en chemin, jusqu'à la fin des temps — qui peut-être ne finiront pas, du moins durant la brève présence de l'homme sur la terre.

Le désenchantement, c'est la conscience qu'il n'y aura pas de parousie, que nos yeux ne verront pas le Messie, que l'an prochain nous ne serons pas dans Jérusalem, que les dieux sont en exil. L'Occident vit à l'enseigne de ce désenchantement, que Max Weber a peint dans des pages admirables et définitives, en décrivant la cage de fer qui a emprisonné le monde dans les mailles d'une rationalisation inexorable, qui le place et le pousse sur des rails obligés. Mais cette même page de Max Weber contredit le diagnostic par le ton sur lequel elle l'énonce, par la musique qui la baigne quand elle parle des valeurs qu'on ne peut démontrer mais auxquelles on ne peut renoncer, du sens de la vie, dont la rationalisation fait perdre la trace mais dont elle n'éteint pas l'exigence inaliénable, du démon qu'il y a dans la vie de chacun.

Celui qui croit que l'enchantement est facile est une proie facile pour le cynisme réactif quand l'enchantement révèle ses lézardes ou ne se montre pas. Dans le désenchantement, comme dans un regard qui a vu trop de choses, il y a la conscience mélancolique que le péché originel a été commis, que l'homme n'est pas innocent et que le casque de Mambrin est un plat à barbe. Mais il y a également la conscience que le monde, de temps en temps, est enchanteur comme l'Éden, que les hommes, faibles et méchants, sont aussi capables de générosité et d'amour, qu'un corps éphémère et mortel peut être aimé avec passion et que le casque de Mambrin, bien qu'introuvable, reflète son éclat sur les casseroles rouillées. Le désenchantement est un oxymore, une contradiction que l'intellect ne peut résoudre et que seule la poésie peut exprimer et sauvegarder, parce qu'il dit que l'enchantement n'existe pas mais suggère, par la manière et le ton dont il le dit, qu'il peut réapparaître au moment où on l'attend le moins. Une voix dit que la vie n'a pas de sens, mais son timbre profond est l'écho de ce sens. L'ironie de Cervantès, en démasquant la fin et le caractère grotesque de la chevalerie, a dit l'enchantement et la poésie de la chevalerie.

Le désenchantement, qui corrige l'utopie, renforce son élément fondamental, l'espérance. Que puis-je espérer ? se demande Kant dans la *Critique de la raison pure.* L'espérance ne naît pas d'une vision du monde rassurante et optimiste, mais du supplice de l'existence vécue et endurée sans voile qui crée une imprescriptible nécessité de rédemption. Pour être affronté avec l'espérance de le dominer, le mal radical — la radicale absence de sens sous laquelle se présente le monde — exige d'être scruté jusqu'au fond. Péguy considérait l'espérance comme la plus grande des vertus justement parce que la tendance à désespérer est très fondée, très forte, et qu'il est très difficile, comme il le dit dans *Le Porche du mystère de la deuxième vertu*, de reconquérir l'imagination de l'enfance, de voir comment les choses se passent et de croire cependant que demain sera meilleur.

L'espérance est une connaissance complète des choses, remarque Gerardo Cunico ; non seulement telles qu'elles apparaissent et telles qu'elles sont, mais aussi telles qu'elles doivent devenir pour être conformes à leur pleine réalité non encore déployée, à la loi de leur être. Elle s'identifie avec l'esprit de l'utopie, comme l'enseigne Ernst Bloch, et signifie que derrière chaque réalité il y a d'autres potentialités, qui doivent être libérées de la prison de l'existant. L'espérance se projette dans le futur pour réconcilier l'homme avec l'Histoire mais aussi avec la nature, c'est-à-dire avec la plénitude de ses propres possibilités et de ses propres pulsions. Cet esprit de l'utopie est préservé surtout dans la civilisation juive, dans la tension indomptée de ses prophètes.

Le désenchantement est une forme ironique, mélancolique et aguerrie de l'espérance ; il en modère le pathos prophétique et généreusement optimiste, qui sous-estime volontiers les terrifiantes possibilités de régression, de discontinuité, de tragique barbarie latentes dans l'Histoire. Peut-être ne peut-il exister de véritable désenchantement philosophique, seulement un désenchantement poétique, parce que seule la création poétique peut représenter les contradictions sans les résoudre conceptuellement, mais en les associant dans une unité supérieure, élusive et musicale. C'est peut-être pour cela que le plus grand livre du désenchantement, *L'Éducation sentimentale* de Flaubert — que l'on a défini comme le livre de toutes les désillusions —, est aussi, dans la mélodie de son écoulement mélancolique et mystérieux comme celui du temps, le livre de l'enchantement et de la séduction de vivre. Un mythe, quel qu'il soit, ne revit et ne resplendit que lorsqu'on démystifie son stéréotype, son charme de carton-pâte; les mers du Sud deviennent un paysage de l'âme dans les pages de Melville ou de Stevenson qui démontent crûment tout prétendu décor de paradis immaculé. Ce n'est qu'en critiquant un mythe que l'on met en évidence cette fascination à laquelle on résiste. Le rêve véritable, écrit Nietzsche, c'est la capacité de rêver en sachant qu'on rêve.

L'histoire littéraire de l'Occident durant ces deux derniers siècles est l'histoire de l'utopie et du désenchantement, de leur indivisible symbiose. La littérature se pose souvent par rapport à l'Histoire comme l'autre face de la lune, laissée dans l'ombre par le cours du monde. Ce sentiment d'un grave déficit dans la vie et dans l'Histoire est l'exigence de quelque chose d'irréductiblement autre, d'une rédemption messianique et révolutionnaire, manquée ou niée par chaque révolution historique. L'individu sent une blessure profonde, qui rend difficile pour lui de réaliser pleinement sa personnalité en accord avec l'évolution de la société et lui fait sentir l'absence de la vraie vie. Le progrès collectif met encore plus en évidence le malaise de l'individu; avoir la prétention de vivre, c'est être mégalomane, écrit Ibsen, indiquant par là que seule la conscience qu'il est extrêmement difficile et téméraire d'aspirer à la vie authentique peut permettre d'en approcher.

Le désenchantement renvoie également à la désillusion, au *desengaño* baroque qui est lui aussi ce moment douloureux où l'illusion ôte son masque, faisant soudain briller une vérité rétive à l'Histoire. Un poète de ce désenchantement baroque et ultramoderne, le Viennois Ferdinand Raimund, parle dans sa *Couronne maléfique* — une comédie populaire du début du XIXe siècle — d'une bonne fée qui donne au protagoniste, Ewald, un flambeau magique, lequel a le pouvoir de transfigurer la réalité : celui qui regarde le monde à la lueur de ce flambeau voit partout splendeur et poésie, même là où il n'y a que misère et laideur. La fée Lucina, en offrant ce cadeau à Ewald, lui révèle l'artifice, le prévient que la torche lui montrera des choses très belles, mais qui ne seront qu'illusion. Cette connaissance toutefois ne détruit pas la séduction des choses éclairées par cette lumière et la vie d'Ewald, grâce à ce don, devient plus riche. Ce flambeau n'est pas faux. Ceux qui s'en servent sans savoir qu'il embellit le monde sont trompés, parce qu'ils ne voient pas la douleur et l'abjection et s'imaginent que l'existence est harmonieuse. Mais ceux qui le refusent sont eux aussi aveugles et obtus, parce que ce don, qui illumine la grisaille du présent, fait comprendre que la réalité n'est pas seulement platitude et misère. Derrière les choses telles qu'elles sont il y a aussi une promesse, l'exigence de ce qu'elles devraient être ; il y a la potentialité d'une autre réalité, qui pousse pour venir à la lumière, comme le papillon dans sa chrysalide.

Peut-être que quelques années plus tard Raimund ne pensa plus à ce don enchanté qu'il avait inventé, lorsqu'il décida de se tirer un coup de pistolet. Mais les débris de cette grande arche de Noé naufragée qu'a été la Cacanie, l'empire des Habsbourg, luisent comme des planches que le déluge a pourries et rendues phosphorescentes, éclairées par ce jeu ironique avec le désenchantement qui est le fait d'une sagesse de l'évitement, d'un art d'esquiver la défaite et de défendre l'enchantement. Comme les fils de la vieille Autriche, nous aussi nous vivons sur un compte clos, en espérant que l'irréalité croissante du monde et des bouts de papier avec lesquels on l'achète — ou telles mesures que nous ne parvenons pas à comprendre mais auxquelles nous accordons notre confiance, comme le projet d'une élimination physique de l'argent — finiront par effacer la différence entre les zéros de l'actif et ceux du passif. « Et pourtant la vie est une belle chose, n'est-ce pas ? » dit le passant de Leopardi, qui pense le contraire. « Tout le monde sait ça », répond le marchand d'almanachs.

1996

LES CONSOLATIONS DE L'APOCALYPSE

Apocalypse, en grec, signifie révélation, fait de découvrir et de rendre manifestes les choses cachées ; pour nous au contraire le mot évoque des images catastrophiques de destruction et de ruine, de fin du monde. Il n'est pas certain pour autant que ceux qui depuis des siècles ont lu ce livre en l'interprétant souvent sans respecter l'étymologie ni la philologie aient entièrement tort. Peut-être l'altération du sens originel du terme est-elle née de l'intuition inconsciente que lorsqu'on soulève le voile qui occulte la vérité de l'existence et de l'Histoire on en montre inévitablement l'horreur et la dévastation. L'*Apocalypse*, par sa nature même, devrait susciter des sentiments et des réflexions opposés, puisque le livre, après tant de visions de cauchemar, s'achève avec la victoire du cavalier au cheval blanc — autrement dit du Verbe divin — sur le dragon et sur les méchants, avec « le nouveau ciel et la nouvelle terre » donnés aux bienheureux et avec le radieux avènement de la Jérusalem céleste, du Royaume de Dieu. Pourtant ce ne sont pas ces images finales de lumière et de béatitude qui restent gravées dans l'imagination du lecteur, mais bien plutôt la succession rapide des sombres désastres qui les précèdent, les quatre cavaliers qui apportent la famine et la mort, les carnages, les fléaux et les cataclysmes de toutes sortes, le dragon et la bête qui monte de la mer, la faux qui moissonne la terre où le péché foisonne, Dieu qui sort du jugement des puissants iniques du monde comme celui qui a foulé le raisin sort de la cuve, les vêtements trempés de moût, du sang des coupables, qui se répand sur la terre « jusqu'au mors des chevaux, sur une étendue de six cents stades ».

Le pouvoir suggestif qui émane de l'*Apocalypse* tient plus à la terreur qu'à l'espérance, plus au châtiment éternel qu'à l'éternelle récompense ; malgré tout, le livre est une mise en scène de l'obscur déchaînement du mal plus que du triomphe du bien. C'est peut-être pour cela que Lawrence le définissait comme « le livre le plus détestable de la Bible » ; il est certain qu'on l'associe plus à une religiosité sombre, obsédée par le péché et par la peine, qu'à l'allégresse de la foi, qu'il rappelle plus le *Dies iræ* que le *Pater noster*, plus l'Antéchrist de l'avant-dernière heure que le Christ qui à la dernière triomphe de lui. Les trompettes des anges semblent annoncer un jugement de condamnation, même si, en réalité, elles célèbrent l'accomplissement joyeux du « mystère de Dieu ».

La grandeur poétique visionnaire du livre — que la forêt de symboles et d'allégories parfois obscurs et l'accumulation d'images de catastrophes peuvent rendre difficile d'accès au lecteur — repose surtout sur la représentation de la puissance du mal et de ses ravages. « Qui est semblable à la bête, qui peut combattre contre elle ? » disent les gens qui se prosternent devant le pouvoir bestial qui domine le monde et impose aux hommes, idolâtres et atterrés, de l'adorer sous peine de mort. Mais la cité terrestre, qui fornique avec le mal, est destinée à être abattue, et un ange en fait l'annonce, pareille à un coup de tonnerre : « Elle est tombée, elle est tombée, Babylone la grande, celle qui avait abreuvé du vin enivrant de son impudicité tous les habitants de la terre ! »

L'*Apocalypse* n'est pas détestable, comme le prétendait Lawrence, mais c'est assurément le livre de la Bible le plus rebutant pour le lecteur contemporain, à cause des clés interprétatives qu'il exige et de l'abus d'images terrifiantes, dont l'accumulation finit parfois par émousser l'effet. C'est surtout un livre que beaucoup de gens connaissent non par une lecture directe, mais par des images détachées de leur contexte, citées à propos et hors de propos, qui ont frappé l'oreille par un pouvoir de suggestion indéniable mais vague, indéfini, qui en défigure le sens. Dans la culture et le sentiment collectifs existe fortement l'adjectif « apocalyptique », évocateur de cataclysmes, et bien peu l'*Apocalypse*, avec sa complexité et son ensemble cohérent de significations. Attribuée traditionnellement à l'apôtre Jean — les érudits étant divisés sur cette paternité du texte et l'Église elle-même ne s'étant pas prononcée en en faisant un article de foi pour les fidèles —, l'*Apocalypse*, dont la date, elle aussi discutée, se situe probablement vers 94-95 de notre ère, est le plus grand texte de cette vaste littérature « apocalyptique » qui a fleuri du IIIe siècle avant Jésus-Christ jusqu'au IXe siècle après Jésus-Christ, tant parmi les juifs que parmi les chrétiens.

Au cours des siècles, l'*Apocalypse* a été lue surtout comme une prophétie millénariste, qui annonçait la fin des temps, en fournissant une sorte de répertoire des signes qui aideraient à reconnaître l'approche de cette fin et l'avènement d'un âge nouveau, d'un monde libéré du péché, de la mort et de l'injustice. L'*Apocalypse* s'est ainsi trouvée étroitement mêlée aux aspirations à une rédemption morale et sociale, aux mouvements et aux rêves révolutionnaires qui prédisaient l'avènement du royaume de Dieu sur la terre, d'un monde libéré de l'esclavage, de la violence et de l'inégalité sociale — depuis l'âge de l'Esprit vaticiné par Gioacchino da Fiore jusqu'au Troisième Royaume dont Davide Lazzaretti, le réformateur anarcho-religieux du monte Amiata au siècle dernier, pensait qu'il devait commencer à son époque.

Le messianisme apocalyptique est fortement imprégné par l'utopie d'une révolution sociale complète et définitive qui doit engendrer l'homme nouveau, le nouvel Adam. Du plus lointain des siècles, cette vision apocalyptique, avec ses élucubrations herméneutiques et ses calculs numériques qui devaient permettre de déceler l'approche des Derniers Jours, se propage jusqu'à nous; Eric Hobsbawm écrit que certains communistes italiens, liés au mouvement de Lazzaretti qui avait continué à survivre dans l'ombre, crurent en 1948 que l'attentat contre Togliatti était le signe de l'arrivée du Jour final, dernier et premier. Dans certaines formes extrêmes et radicales du messianisme juif, on exhortait à accélérer le triomphe du mal — en profanant la Loi et en pratiquant toutes sortes de transgressions — pour hâter l'avènement du Messie, lequel arrive, comme le nouveau-né, quand les « douleurs » de l'Histoire sont à leur paroxysme, le mal à son apogée, de même que plus tôt arrive minuit, le comble des ténèbres, et plus tôt arrivera la lumière de l'aube.

L'*Apocalypse* présuppose une conception linéaire du temps, qui procède d'un début et s'écoule vers une fin; cette conception, caractéristique de la religiosité judéochrétienne, s'oppose à celle, cyclique, d'un temps qui se répète et revient. La vision apocalyptique s'est mêlée au mythe du cycle empire-décadence-renaissance, a imprégné des croyances religieuses et politiques, a stimulé des utopies libertaires et sociales, a marqué l'imagination et la sensibilité de poètes et d'écrivains appartenant aux époques et aux littératures les plus diverses. Sous les formes les plus variées voire les plus contradictoires, elle a exprimé, avec une violente intensité, la conviction et le sentiment que la vie, le monde et la création tout entière doivent être libérés du mal et de la souffrance. Peut-être n'y a-t-il pas de plus grande différence entre les hommes, du point de vue des croyances religieuses et philosophiques, que celle qui existe entre ceux qui considèrent que le monde tel qu'il est est parfait, ou du moins a en lui-même la capacité de se perfectionner, et ceux qui pensent au contraire que, puisqu'on y voit partout le mal, la souffrance infligée aux plus faibles, il constitue un scandale et a besoin d'une rédemption.

Vivement impressionnée par les kabbales numériques, l'imagination apocalyptique s'est particulièrement enflammée, en dehors des moments de catastrophes historico-politiques, durant les passages d'un siècle et plus encore d'un millénaire à l'autre, passages auxquels on attribue une forte valeur symbolique. Dans la fuite linéaire du temps, chaque apocalypse privilégie l'instant décisif de la crise où intervient la décision ou l'événement qui change radicalement le cours de l'Histoire, le « maintenant », l'« éternel instant » de Karl Jaspers et le « moment présent » de Maître Eckhart. Il s'agit d'un instant chargé de signification, qui transcende le temps, « le point auquel tous les temps sont présents » dont parle Dante. Ce présent absolu se situe entre le mal du passé et la rédemption du futur : il est une crise, une transition. La littérature aime les temps de crise et de transition, dans lesquels elle se félicite de vivre. La littérature contemporaine accentue cette prédilection, elle tend à la fois à souffrir de notre époque et à la célébrer comme *la* crise et *la* transition, avec un pathos de la précarité qui rend l'an 2000 non moins fatal que l'An Mil.

Mais il n'est pas dit que le sens de l'*Apocalypse* soit — comme l'a écrit Frank Kermode — « le sens de la fin ». Dans son livre *Apocalypse avant et après*, Eugenio Corsini a démontré, dans une interprétation rigoureuse et littérairement fascinante, que ce livre terrible n'annonce ni la fin ni des événements futurs, mais qu'il est le récit allégorique d'un événement fondamental déjà advenu, à savoir la passion, la mort et la résurrection du Christ. Cette grandiose représentation symbolique, née aussi des polémiques entre le judaïsme et le christianisme durant les débuts de ce dernier, ne fait pas allusion à des catastrophes finales; elle n'attend pas un retour du Christ, puisqu'il est déjà venu et que la catastrophe de sa passion et de sa mort et la gloire de sa résurrection ont déjà eu lieu — et continuent à avoir lieu — à chaque instant de l'histoire du monde et de chaque homme, qui doivent sans cesse affronter le désastre, la défaite, et renaître de leurs propres cendres.

Si cette interprétation — démontrée point par point sur les plans théologique et philologique et qui a paru avec l'*imprimatur* de l'autorité ecclésiastique — est exacte, il n'y a à attendre aucun événement « apocalyptique » de la part de Dieu, puisque dans l'histoire du salut « de la part de Dieu, tout est accompli ». Le futur désormais est vraiment, et totalement, entre les mains de l'homme.

Ce rôle fondamental restitué à la volonté humaine peut consoler, mais aussi désemparer. La vision apocalyptique traditionnelle d'une fin du monde, avec ses cataclysmes énormes qui emportent tout, est d'une certaine façon rassurante, parce qu'elle permet de surmonter l'angoisse de sa propre mort par l'image d'une mort universelle, de brasiers et de déluges qui brûlent et noient toutes choses. C'est notre mort individuelle, solitaire et oubliée dans le vacarme des choses, qui verse l'effroi dans nos cœurs. Être inclus dans un même destin, fût-il terrible, permet de se sentir moins seul. Les cauchemars d'une guerre atomique entre les deux superpuissances, avec la dévastation totale du *day after*, avaient, dans leur dimension grandiose, quelque chose de consolant, qu'il est plus difficile de ressentir quand on meurt égorgé en Bosnie ou au Rwanda, ou quand on meurt dans l'abandon et la déréliction. Aucune apocalypse ne nous réconforte, seuls que nous sommes avec notre mort et notre peur.

1995

HORS DE LA CITÉ, LES POÈTES ?

On raconte que Platon, quand il devint le disciple de Socrate, brûla une tragédie qu'il venait tout juste d'écrire. Non certes qu'il fût insatisfait de la valeur poétique de cette œuvre, avec laquelle il s'était même proposé, comme le rapporte Diogène Laërce, de participer à l'un des plus importants concours littéraires d'Athènes. De Platon à Kafka — qui à sa mort avait chargé son ami Max Brod de détruire ses écrits inédits, parmi lesquels des chefs-d'œuvre comme *Le Procès* et *Le Château* —, le geste du grand écrivain qui destine ses propres livres au bûcher n'est jamais dicté par un jugement littéraire, mais par des raisons plus profondes. Platon détruit sa tragédie — ou ses tragédies, car on suppose qu'il en avait écrit d'autres — quand il devient le disciple de Socrate et qu'il se consacre à la philosophie, à la recherche de la vérité, qui lui apparaît incompatible avec la littérature, même avec la plus haute et la plus aimée de lui, comme Homère et les grands tragiques, qui dans un chapitre célèbre de sa *République* sont exclus de l'État idéal et de la formation spirituelle du citoyen idéal de cet État.

La sentence platonicienne est inacceptable car, si on l'appliquait, elle aboutirait au totalitarisme, au pouvoir absolu d'un État qui ne tolère pas d'expressions non conformes à son modèle de valeurs et fait violence à l'individu et à son droit à la différence. Mais pour rejeter la condamnation platonicienne de la littérature — et de l'art en général — il est indispensable de régler totalement ses comptes avec elle et avec sa vérité, fût-elle dangereuse et biaisée, car si on l'ignore il est impossible de rendre justice à la littérature, de démystifier et de reconnaître tout à la fois sa séduction, de saisir son ambiguïté tyrannique et libératrice et donc le sens qu'elle a pour la vie d'un homme et la formation de sa personnalité.

Une double flétrissure scelle pour Platon l'exclusion de la littérature. D'une part elle montre, sans en proposer un jugement moral explicite, l'absurdité et l'injustice de la vie, l'abîme de douleur où sombre l'innocent, le bonheur qui sourit aux méchants, la perfidie des dieux eux-mêmes — séduisants, mais ne constituant certes pas des exemples de bonté et de justice, jaloux qu'ils sont, envieux, avides, vindicatifs et violents —, ces dieux qui induisent les hommes à commettre des fautes et ensuite les en punissent. L'art est beauté, mais la beauté, Gadamer le rappelle, n'est pas toujours, comme elle devrait l'être selon Platon, l'apparition du Bien et du Vrai.

D'autre part, loin d'offrir des modèles de vie susceptibles d'éduquer l'homme à la vertu, l'art peut se révéler complice de l'injustice et de la violence qui règnent dans le monde. Il n'est pas seulement *mimesis* fictive, copie de cette trompeuse et imparfaite réalité sensible qui pour Platon n'est à son tour qu'une copie de l'Idée, seule vraie réalité. Dans l'art, l'individu exprime ses propres sentiments, mais ce faisant il finit souvent par flatter son propre égoïsme, par mimer avec complaisance les misères, les contradictions et parfois les banalités de son état d'âme, par s'abandonner à ses faiblesses et par s'enfermer dans son narcissisme.

Tout cela rend l'art nocif pour la formation de l'individu — du moins selon Platon, qui pourtant a été sensible comme peu d'autres à son enchantement, à son pouvoir d'entraînement et de transfiguration, à sa capacité de voir les démons et les dieux, à sa « divine manie » qu'il célèbre dans son dialogue intitulé *Ion*, du nom d'un aède. Il est possible de comprendre cette contradiction de Platon en termes théoriques, mais pour la saisir dans toute sa réalité vivante, pour comprendre comment elle est née et comment elle a été vécue par lui, on a besoin de l'art, de la littérature. La philosophie et la religion formulent des vérités, l'Histoire établit les faits, mais, observe Manzoni, seule la littérature — l'art en général — dit comment et pourquoi les hommes vivent ces vérités et ces faits, comment, dans l'existence des individus, les universaux qu'ils professent se mêlent aux petites, minuscules, infimes choses dont est concrètement tissée leur existence ; comment les vérités philosophiques, religieuses ou politiques s'entrelacent avec les espoirs et les craintes des hommes, avec leurs désirs, avec leur acheminement vers la vieillesse et vers la mort. Si Dieu s'incarne, c'est la littérature qui peut raconter cette incarnation, en montrant l'absolu dans les gestes quotidiens. L'Évangile est un récit et il se termine sur l'image de Jésus ressuscité en train de faire griller des poissons au bord du lac pour les apôtres. Dans le roman de Stefano Jacomuzzi *Cela a commencé en Galilée*, Jésus dit : « ... comme elle est dure, Père, ta loi qui veut que rien ne se perde ! Oh, que ne se perdent pas non plus nos pauvres voix terrestres, nos souvenirs, nos amours, nos attentes, nos petites peines, nos petites joies... Emporte-les toutes avec toi, Père, sauve-les pour l'éternité ! »

C'est la littérature qui peut sauver ces petites histoires, éclairer le rapport entre la vérité et la vie, entre le mystère et la quotidienneté, entre l'individu singulier et la Babel de l'époque. C'est le « roman d'éducation », lequel a fleuri au XVIIIe et au XIXe siècles, pas exclusivement mais principalement en Allemagne, qui raconte, par exemple, si et comment il est possible qu'un individu, grandissant au contact d'une société de plus en plus complexe et labyrinthique, forme harmonieusement sa propre personnalité, en en développant toutes les potentialités, ou s'il sera au contraire broyé dans l'engrenage de fer du monde, ou encore s'il s'y intégrera, mais en payant le prix fort, en sacrifiant sa multiple richesse intérieure, en renonçant à ses rêves, à ses passions, à ses projets et en s'aplatissant jusqu'à n'être finalement plus guère qu'une roue de cet engrenage.

L'Histoire dit les événements, la sociologie décrit les processus, la statistique fournit les chiffres, mais c'est la littérature qui les fait toucher du doigt là où ils prennent corps et sang dans l'existence des hommes. Nous savons ce qu'a été la France de la Restauration et ce que sont les métropoles contemporaines grâce aux romans tentaculaires de Balzac, qui nous disent comment les hommes ont aimé, désiré ou menti, comme le font aussi des romans tels que *Berlin, Alexanderplatz* d'Alfred Döblin ou d'autres œuvres d'avant-garde dans lesquelles la complexité, l'organisation, l'incohérence et le kaléidoscope de la vie dans une métropole sont devenus montage et *collage* narratifs, style et respiration même du récit. Voilà pourquoi Sciascia a pu dire que « la plupart des hommes ne savent rien d'eux-mêmes et du monde si la littérature ne le leur apprend pas ».

La littérature, et en particulier le roman, épopée d'aujourd'hui, est *mimesis* de la réalité, de son fourmillement impur et fugace, de sa chaotique caducité. Elle ressemble à un journal, et parfois à une gazette à sensation, de la vie, de sa quotidienneté vile et poignante ; Dostoïevski ou Dickens — mais aussi Dante et la Bible — sont des chroniqueurs de l'éphémère, sur lequel ils braquent une lumière d'éternité, violente comme un projecteur déchirant la nuit ou comme la lampe de poche d'un détective trouant l'obscurité. Dans cette descente aux enfers il peut y avoir le salut, la charité de celui qui participe à la fange de l'existence pour la prendre sur lui comme un Messie chargé de toutes les douleurs, mais tout aussi bien la complicité de celui qui se complaît dans la misère plus qu'il n'espère l'adoucir.

Dans sa fidélité au cours boueux des événements, la littérature est aussi un sismographe des événements politiques qui, dans le désordre de leur immédiateté, souvent ne laissent pas entrevoir leur logique et leur sens. Carlo Bo, évoquant les moments les plus confus et les plus dramatiques de l'histoire récente de l'Italie, disait que ces vicissitudes troubles et convulsives semblaient attendre un narrateur qui leur donnerait forme. Dans son essai sur les rapports entre littérature narrative, journalisme et critique littéraire, *Littérature bâtarde*, Claudio Marabini, rappelant que l'écriture littéraire implique avant tout de « se mettre le plus possible dans la peau des autres », observe que les désordres sanglants des dernières décennies et années de notre vie collective — l'assassinat d'Aldo Moro, la mort de Roberto Calvi, *Tangentopoli* et tant d'autres événements tantôt douloureux tantôt tragi-comiques — constituent le matériau d'un gigantesque, labyrinthique *feuilleton* qui attend que quelqu'un l'écrive. Peut-être que quand nous aurons, si nous l'avons un jour, ce grand roman, nous pourrons savoir ce qu'a été cette Italie, dont personne — même pas ceux qui ont vécu ces événements de près, dans l'œil du cyclone — ne parvient à voir le visage.

Jamais peut-être autant qu'à notre époque la littérature n'a revendiqué et rempli une fonction cognitive : du début du siècle aux années 30 — durant la grande époque culturelle du XXe siècle, celle où la littérature a atteint une frontière avancée jamais dépassée depuis — des écrivains tels que Musil, Joyce, Proust, Kafka, Svevo, Thomas Mann, Broch, Faulkner et d'autres ont demandé à la narration cette connaissance du monde que l'énorme développement des sciences ne permettait justement pas de confier à ces dernières parce que, avec l'extrême spécialisation qui rendait chacune d'elles inaccessible aux spécialistes de toutes les autres et plus encore à l'homme ordinaire, elles avaient émietté tout sentiment de l'unité du monde. Seul un roman qui intégrerait ces problématiques scientifiques en montrant comment les hommes ont vécu et vivent une telle transformation, pouvait et peut saisir le sens de la réalité et de sa dissolution, mimée mais aussi comprise à fond et dominée dans les formes expérimentales mêmes du récit, dans la désagrégation et la recréation des structures narratives.

Aujourd'hui la littérature doit affronter un nouveau défi, né de son divorce avec la science et du divorce entre les connaissances scientifiques et la possibilité qu'elles entrent dans le patrimoine culturel commun. Pendant des siècles, les découvertes scientifiques — par exemple celles de Galilée ou de Newton, peut-être encore celles d'Einstein — entraient, fût-ce de façon approximative et imparfaite, dans l'esprit des gens, même de ceux qui n'avaient aucune formation spécialisée, et influaient sur leur façon de voir et d'appréhender le monde, et donc — pour l'écrivain, l'artiste — de le représenter. Avec la mécanique quantique — et pas seulement avec elle — semble s'être ouvert un abîme entre la science et la compréhension (et donc aussi l'imagination, la sensibilité) même superficielle de la part des non-scientifiques.

La science contemporaine — mais selon certains le processus a commencé avec Galilée — semble avoir réduit l'évidence sensible, présente pendant des siècles dans la connaissance de la nature, au profit d'une abstraction inévitablement croissante qu'il paraît impossible de faire passer dans l'imagination, de transformer en images et en métaphores, de mettre en relation avec la vie. La science semble ainsi ne plus avoir d'influence sur la perception et sur la représentation, mentale et artistique, du monde; paradoxalement, donc, le savoir scientifique — un savoir fort, qui domine le monde — ne parvient pas à devenir culture, à sortir de son cadre spécialisé, à marquer la manière de sentir des hommes. La découverte de l'A.D.N. — capable de bouleverser radicalement la réalité et les valeurs — est possible à appréhender dans ses grandes lignes, mais la mécanique quantique ouvre sur une autre réalité, où règnent d'autres lois et surtout d'autres logiques, réfractaires aux catégories de notre raison et de notre sensibilité.

Rien ne dit que l'univers doive être organisé selon des lois correspondant aux structures mentales et perceptives des hommes; transformer en métaphore poétique les connaissances toujours plus abstraites d'une nature non déterministe, tel est le difficile défi culturel que notre époque lance à la littérature.

La littérature défend l'individuel, le particulier, les choses, les couleurs, les sens et le sensible contre l'universel factice qui enrégimente et nivelle les hommes et contre l'abstraction qui les stérilise. À l'Histoire, qui prétend incarner et réaliser l'universel, la littérature oppose ce qui est resté sur les marges du devenir historique, en donnant voix et mémoire à ce qui a été refusé, refoulé, détruit et effacé par la course du progrès. La littérature défend l'exception et l'écart contre la norme et les règles; elle rappelle que la totalité du monde est en miettes et qu'aucune restauration ne peut feindre de reconstituer une image harmonieuse et unitaire de la réalité, qui serait fausse.

La poésie des modernes — écrit Schlegel, le fondateur du romantisme —, c'est la nostalgie d'une impossible totalité de la vie, c'est pourquoi elle dit le vide, l'absence, l'inachèvement de la vie et de la représentation qui veut lui être fidèle, sans céder à la tentation de l'embellir rhétoriquement, de faire comme si tout était facile et allait pour le mieux. La littérature contemporaine est encore en grande partie romantique, en ce sens que c'est le romantisme, observe Giuseppe Bevilacqua, qui a fait le rêve utopique de la rédemption globale de la société et de la vie puis qui, déçu par l'échec de la révolution (lequel a amené par réaction beaucoup de romantiques à adopter, sur le plan politique, des positions conservatrices et régressives) a assigné à la poésie la mission tout aussi impossible de réaliser un absolu poético-existentiel (vivre poétiquement, choisir la vraie vie) dans une société qui apparaît d'autant plus étouffante et invivable qu'on la voudrait parfaite.

L'art moderne a fait sienne, dans sa structure formelle même, la dissonance de la condition humaine et a refusé tout accomplissement artistique, sentant que c'était là quelque chose de faux par rapport à l'existence, comme eût été fausse une statue néoclassique toute lisse de la Victoire érigée pour célébrer la défaite du nazisme après Auschwitz. Ce ne sont pas seulement les œuvres les plus ardues, les plus difficiles, comme celles de Joyce et de Beckett, mais également celles apparemment plus accessibles mais tout aussi radicales dans la représentation du désenchantement et du vide, comme *L'Éducation sentimentale* de Flaubert, qui ont refusé toute profession rhétorique de noble et facile humanité. La littérature qui dit les vérités les plus radicales sur la condition existentielle et historique est celle de la dénégation et du refus, qui met l'accent sur le malaise de la civilisation et sur la déchirure même du moi individuel, non plus Sa Majesté le Moi qui édicte des actes de Gouvernement, mais un moi toujours plus partagé, émietté, réduit à une provisoire et instable intersection d'événements et de sensations, et qui n'est plus guère que le sédiment laissé par une tradition et une histoire volatilisées.

Bartleby le scribe, l'immortel personnage éponyme du conte de Melville, répond à toute demande, offre ou injonction : « Je préférerais pas, Monsieur. » Dans ce non ferme et définitif, comparable au renoncement des personnages de Kafka, il y a un amour de la vie plus profond que tout consensus facile, un amour qui s'exprime dans la solitude, dans le silence, dans une anarchie d'autant plus radicale qu'elle est plus timide et plus ombrageuse. L'ironie elle aussi peut tout à la fois dissimuler et révéler l'abîme, comme la légère, démoniaque et vertigineuse ironie de Svevo, l'un des regards les plus inexorables portés sur la Méduse. Le sens de la littérature est, aujourd'hui plus que jamais, la libération des fausses idoles, de tout ce qui prétend faussement subroger les valeurs authentiques. Comme le disent les vers célèbres de Montale : « Aujourd'hui nous ne pouvons te dire que cela, / ce que nous ne sommes *pas*, / ce que nous ne voulons *pas*. » À la littérature s'applique ce qui est dit dans l'Évangile à propos de la parole même du Christ : elle non plus n'apporte pas la paix, mais le glaive ; elle est venue pour séparer le fils du père et le frère du frère, pour répandre l'inquiétude, pour mettre en doute tout ordre social et politique. Botero, le théoricien de la raison d'État, disait que les lettres ne sont pas utiles au Prince — c'est-à-dire à l'État — puisqu'elles incitent à la mélancolie. Acte de communication et donc acte social par excellence, la littérature a aussi en elle un irréductible noyau antisocial, comme le savait bien Platon ; souvent politiquement engagée, la littérature est pourtant sabotage de tout projet politique.

Dans sa dénégation, la littérature peut dire un oui passionné à la vie ardente, comme l'appelait Saba. Elle est libératoire aussi parce qu'elle est libre par rapport au principe de non-contradiction ; elle peut dire des vérités antithétiques, parce qu'elle ne formule pas de jugements théorétiques, ni moins encore ne proclame d'idéologies, mais rend compte d'expériences et peut donc exprimer la foi en Dieu et sa négation, car chaque individu, dans l'odyssée de sa vie, peut faire l'expérience de l'une et de l'autre, et la littérature exprime cette expérience sans se laisser contraindre à formuler aucun credo. Dans les nouvelles de Singer se croisent l'épiphanie de la foi et celle du néant le plus radical et il n'est pas possible de savoir si Singer est croyant ou non.

Tout écrivain connaît bien, ressent physiquement la différence qui existe entre ce qu'il écrit en son propre nom, pour préciser sa position ou son jugement personnel, et ce qu'il dit en parlant à travers ses personnages ou ses paysages, en écoutant ce qu'ils lui suggèrent et que peut-être jusque-là il ignorait avoir en lui. Dans la littérature tout est métaphore, chaque chose dit autre chose ; un non peut être un oui et c'est là sa liberté, son angle de trois cent soixante degrés ouvert sur le monde. Dans la littérature, ce qui compte, ce ne sont pas les réponses que donne un écrivain, mais les questions qu'il pose et qui sont toujours plus vastes que toute réponse, si exhaustive fût-elle. Dans la vie aussi, du reste, les personnes qui comptent pour nous sont moins celles qui ont les mêmes réponses que nous à propos des choses ultimes que celles qui se posent à leur sujet les mêmes questions.

La littérature a sa nécessité d'airain, mais elle aime le jeu. La nécessité suprapersonnelle outrepasse souvent le désir et la volonté de l'auteur lui-même ; parfois il voudrait dire quelque chose qui lui tient à cœur mais que le texte refuse, ou alors passer sous silence quelque chose que le texte exige. Dans la fable *La Clairière*, de Marisa Madieri, la petite Daphné voudrait écrire des histoires inspirées de ses aventures personnelles, en éliminant l'épisode du merle mangé par le serpent qui trouble sa vision enchantée du monde, mais elle s'aperçoit qu'elle ne peut pas le faire.

La littérature cependant aime le jeu, la liberté d'inventer la vie comme le baron de Münchhausen, de rendre la tragédie même aussi légère qu'un petit ballon coloré qui échappe des mains et s'en va dans les airs pour son propre compte. Les poètes savent cacher la profondeur à la surface, disait Hofmannsthal, dissimuler les abîmes les plus inquiétants dans la légèreté du sourire et de la futilité apparente, comme chez Sterne, en faisant de la sorte sentir encore plus intensément les vertiges de ce gouffre obscur. La littérature invente le langage, transgresse la grammaire et la syntaxe, mais en créant un nouvel ordre ; elle invente des mots comme si elle revenait chaque fois à l'origine de la vie, à la façon de João Guimarães Rosa dans son *Grand Sertão*. Cette liberté aérienne est peut-être le plus grand don qu'elle nous fait.

Il est une responsabilité que la littérature revendique comme son droit inaliénable et qu'elle protège de l'insupportable sérieux de la vie, de ses devoirs et de ses tourments, en rappelant que l'école est certes nécessaire, mais doit aussi de temps en temps se faire buissonnière. La littérature apprend à rire de ce qu'on respecte et à respecter ce dont on rit, comme il advient à l'école pour certains enseignants que l'on vénère et dont on se moque avec une affectueuse ironie et autoironie qui est tout le contraire de la dérision méprisante et amère. Cette agilité désinvolte de la personne est une attitude classique et le classicisme rend libre, comme le dit un personnage de Theodor Fontane, le grand romancier prussien du XIXe siècle, parce qu'elle donne le sentiment de l'épaisseur, de la complexité mais aussi de l'absurdité et de la vanité des choses, en apprenant à les accepter et à les aimer sans les idolâtrer.

Parmi de multiples raisons d'étudier les littératures et les langues classiques, il y a, et ce n'est pas la moindre, le caractère gratuit de ces langues mortes, de ces tournures périphrastiques, de ces subjonctifs et de tous ces *esse videatur* qui semblent n'avoir aucune utilité et qui peut-être entre autres à cause de cela aident à comprendre les hommes avec une bienveillance sans illusions et surtout enseignent, avec l'ordre du langage, la morale juste. Beaucoup de malhonnêtetés naissent quand on massacre la langue, qu'on met le sujet à l'accusatif et le complément d'objet au nominatif, brouillant ainsi les cartes, intervertissant les rôles des victimes et des coupables, abolissant les distinctions et les hiérarchies en de crapuleuses orgies de concepts et de sentiments qui altèrent la vérité. Peut-être que si nous apprenons, avec ce qu'ils ont de gratuit, tous ces paroxytons et ces propérispomènes, ou ce sacré paradigme du verbe *hystémi*, le reste nous sera donné de surcroît.

Irresponsabilité, jeu de la littérature. Mais le véritable jeu est quelque chose de très sérieux : les enfants en sont conscients, qui jouent aux gendarmes et aux voleurs en sachant qu'ils font semblant, mais avec un sérieux et une passion qu'ils mettront rarement, plus tard, dans les fictions apparemment réelles de leurs activités d'adultes. Toutefois il existe aussi un jeu improductif, stérile, auquel souvent se complaisent les lettrés, une aridité masquée par les mots qui exaltent les sentiments, une sorte de droit que l'on s'octroie avec arrogance de ne pas participer à la vie ardente dans l'acte même par lequel on la célèbre. Quiconque aime la littérature doit aussi faire ses comptes à fond, comme l'a clairement dit Thomas Mann, avec le danger, toujours menaçant, que l'amour des mots ne devienne idolâtrie, fétichisme. Chez tout écrivain, et pas seulement chez un esthète médiocre, couve la tentation que la tradition attribue, probablement à tort, à Néron, autrement dit la propension à se préoccuper, quand Rome brûle, beaucoup plus des vers par lesquels on déplore le brasier et ses victimes que des victimes elles-mêmes et de leurs souffrances.

Beaucoup d'écrivains, même parmi les grands, ont su parler au cœur et se sont pourtant révélés avoir eux-mêmes un cœur étroit et aride, que n'enflammaient ni l'amour ni la souffrance mais seulement de misérables envies ou le désir obsessif d'être reconnus. Les très grands écrivains — que l'on pense à Tolstoï ou à Dostoïevski — ont d'ailleurs été les premiers à dénoncer, y compris chez eux-mêmes, cette mesquinerie humaine de la littérature. Une mesquinerie susceptible de devenir complicité avec une sécularisation médiocre et ambiguë qui profane et contrefait tout sentiment et toute valeur. Dans un de ses récits, Singer fait dire à un démon : « Maintenant, les Juifs ont des écrivains qui nous ont volé notre métier [...]. Ils connaissent tous nos artifices, la moquerie, la piété. Ils trouvent cent raisons pour lesquelles un rat doit être *kasher.* » L'acte d'écrire — exercice ascétique et totalisant, qui absorbe l'attention et l'énergie de la personne entière — peut comporter un risque d'inhumanité. L'écriture cherche la vie, mais peut la perdre justement parce qu'elle est tout entière concentrée sur elle-même et sur sa propre recherche. Un jour, à Paris, à l'occasion d'une discussion sur mon livre *Danube,* Maurice Nadeau m'a demandé si, pour mon voyageur danubien, la littérature était un moyen pour atteindre le sens de la vie, ou un obstacle sur ce chemin. Après bien des hésitations, je lui ai dit que, si je devais absolument donner une réponse, je pensais qu'elle représentait à 50,001 % le salut et à 49,999 % la perdition, et qu'elle ne pouvait être le salut que si l'on était conscient de son potentiel négatif.

Personne n'a compris mieux que Kafka ce nœud inextricable du bien et du mal ancré dans la littérature. Il dit qu'il aurait voulu être Amshel, tel est son prénom juif, c'est-à-dire inséré dans ce tissu de valeurs et d'affections humaines, dans cette plénitude vitale et morale que représente pour lui la judaïté. La littérature a été pour lui la voie de cette recherche de l'humain, mais elle l'a englué dans cette recherche, à laquelle il a fini par consacrer toute son énergie et toute son attention, entièrement pris par le souci de choisir le bon chemin, au point d'en oublier son but. C'est ainsi, écrit Giuliano Baioni, qu'il n'a pas pu devenir Amshel, l'homme complet, et qu'il est devenu Franz Kafka, grand écrivain parce que homme amputé et coupable de sa perfection littéraire qui était aussi mutilation humaine. Mais sans Franz Kafka nous ne saurions pas ce que signifie être Amshel, ce que signifie cette vie qui a manqué à l'écrivain.

Depuis le plus grand des livres, l'*Odyssée*, la littérature est un voyage dans la vie. La littérature moderne n'est pas un voyage par mer, mais plutôt à travers la poussière et la désolation, comme celui de Don Quichotte ; à travers le désert, vers une Terre promise sur laquelle, comme Moïse, nous ne mettrons jamais les pieds. La littérature ne peut être embrigadée par aucune religion, philosophie ou politique qui proclame qu'elle est déjà sur la Terre promise ou qu'elle y arrivera bientôt, suivie de la cohorte de ses disciples. La littérature, l'art indiquent cependant le chemin qui conduit vers la Terre promise, montrent la bonne direction. Il est compréhensible que les poètes soient expulsés de la République en tant qu'immigrés clandestins sans permis de séjour. Mais ces errants, comme les nomades du désert, sont des guides : ils nous montrent les pistes à prendre pour le traverser.

1996

INTELLECTUELS, INTELLIGENCE ET LIBERTÉ

Au cours d'un débat à l'Université de Varsovie sur « Littérature et frontières », quelqu'un observait que c'est aux hommes politiques qu'il revient de fixer avec clarté ces dernières dans les relations entre États, et aux intellectuels de les maintenir ouvertes dans les esprits et les cœurs, empêchant ainsi qu'elles ne séparent spirituellement les hommes et ne deviennent des idoles obsessives et sanguinaires. Mais Eugeniusz Kabatc, écrivain et traducteur de littérature italienne, pouvait douloureusement répliquer que, par exemple, au cours de la féroce guerre en ex-Yougoslavie, ce sont, dans certains cas, des écrivains et des intellectuels qui ont incité à la haine la plus forcenée, faisant preuve parfois de plus de fermeture d'esprit et d'un plus violent chauvinisme que les hommes politiques responsables de cette tragédie.

Certes n'ont pas manqué de se faire jour, dans cette horreur, des témoignages de courage, d'humanité et d'esprit de paix venus d'hommes de culture et d'écrivains. Mais l'exemple d'autres qui — comme avant eux beaucoup de leurs pairs dans d'autres pays et dans d'autres circonstances historiques atroces — ont exalté le fanatisme et le massacre, devrait mettre en garde contre l'idée naïve que la pratique de certaines activités — s'occuper de littérature, de philosophie ou d'art, par exemple — serait en soi une garantie de civisme, ferait nécessairement de celui qui s'y adonne quelqu'un d'éclairé et d'humain.

Dans notre imaginaire l'intellectuel, même quand il s'engage politiquement, est souvent opposé à l'homme politique dans l'idée qu'on se fait de lui en tant que représentant des valeurs, de la vérité et de la liberté, d'une morale sans compromissions. C'est parfois vrai, comme le démontrent tant de grands exemples de dissidences intrépides et de résistances aux tyrannies totalitaires, ainsi qu'à la corruption, à la complicité avec le mensonge. Certes on a toujours besoin de qui a la clarté conceptuelle et la force d'âme d'opposer les « lois non écrites des dieux » invoquées par Antigone, les commandements moraux absolus, à la logique de la puissance et de la domination. Mais il est très discutable d'assimiler, comme on le fait souvent, la qualité d'intellectuel avec la possession de certaines compétences plutôt que d'autres, comme si un sociologue ou un homme de lettres devaient a priori — avant toute vérification de la qualité de leur travail — être plus « intellectuels » qu'un spécialiste de droit commercial ou un dentiste.

Si l'on fait abstraction de cette manie, que rien ne justifie, de privilégier par principe les psychanalystes par rapport aux orthopédistes ou aux agents d'assurances, force est de constater qu'aucun titre universitaire, aucun niveau culturel ne fournit automatiquement cette conscience critique et autocritique, cette capacité de surmonter l'immédiateté viscérale en quoi consiste la valeur intellectuelle. Un littérateur complètement absorbé par les rites de son clan culturel n'est assurément pas moins aliéné qu'un ouvrier sur une chaîne de montage et que l'un produise des livres ou des colloques et l'autre des boulons ne change rien à l'affaire. Ce n'est pas par hasard qu'aux heures tragiques de crise politique et d'aveuglement collectif les catégories les plus cultivées ou qui se proclament telles ne sont pas toujours celles qui manifestent les plus grandes capacités de résistance.

Certains grands intellectuels et écrivains n'ont pas fait montre de plus d'autonomie de jugement et de plus d'humanité que les politiques. Milovan Djilas est un grand intellectuel, à qui revient l'indiscutable mérite d'avoir démasqué les ambiguïtés de la nouvelle classe titiste, que lui-même avait contribué à porter au pouvoir, et d'avoir payé courageusement les conséquences de sa dénonciation. Mais Djilas était déjà un intellectuel quand, dans la ferveur de la lutte révolutionnaire, il écrivait que sans Staline le soleil même aurait eu moins d'éclat, sottise rhétorique et fanatique que Tito — se montrant en cela plus intellectuel que lui — n'a et n'aurait jamais dite. Et quand Djilas, à l'époque où il était au pouvoir, demandait la tête de Krleža, le grand écrivain croate, de gauche mais suspect d'hérésie, Tito — qui ne répugnait pas à la violence quand il la jugeait nécessaire, et en cela coupable, mais qui ne se laissait pas emporter par le délire idéologique — protégea l'écrivain, se montrant, dans son pragmatisme, plus humain que Djilas.

Dans un de ses meilleurs livres, *La vie est ailleurs*, Milan Kundera a décrit le lien pervers qui peut parfois s'instaurer entre un lyrisme totalisant exalté et le totalitarisme politique. L'acceptation des limites, qui heurte souvent l'exigence d'une rédemption totale de la vie, peut parfois être aussi une preuve de responsabilité, un sacrifice qui évite des maux pires encore.

Bien sûr c'est un devoir, pour quiconque fait explicitement ou non fonction d'intellectuel, de dénoncer impitoyablement le pragmatisme des hommes politiques qui dégénère si souvent en cynisme vulgaire, en corruption abjecte, en vil opportunisme, en conformisme ridicule, voire en crime féroce. Il est également nécessaire, le cas échéant, de résister à l'attrait du pouvoir, à la tentation pathétique de se sentir à l'unisson avec la marche de l'Histoire et à l'illusion de se mettre à sa tête. Mais dénoncer la politique, fût-elle pervertie, n'est acceptable que si on le fait avec intransigeance mais aussi avec charité, en étant conscient que n'importe qui, s'il ne se tient pas sur ses gardes, est exposé à être happé par les rouages du mal et de l'erreur. Quelques-uns des plus grands auteurs de ce siècle ont encensé les tyrannies les plus cruelles, du nazisme au stalinisme ; nous continuons à aimer Pirandello, en dépit de son télégramme de solidarité à Mussolini après l'assassinat de Matteotti, Céline en dépit de ses *Bagatelles pour un massacre*, Hamsun en dépit de son adhésion au nazisme, Eluard et Aragon en dépit de leur approbation des procès staliniens et des exécutions ; nous continuons même à apprendre d'eux à comprendre ce qu'est la souffrance, et nous comprenons l'aveuglement qui a altéré leur vision du monde, mais nous ne pouvons certes pas les considérer, dans leur choix déplorable en faveur du totalitarisme, comme plus ouverts et plus éclairés que des millions de gens sans nom célèbre et sans génie poétique qui ont fait preuve, en cette occasion, de beaucoup plus d'intelligence et d'humanité.

L'esprit souffle où il veut et nul, même s'il vient tout juste de mettre un point final à un chef-d'œuvre, ne peut être certain qu'à ce moment l'esprit ne l'a pas abandonné, le laissant aveugle et sourd face à la vie et à l'Histoire.

1997

MAÎTRES ET ÉLÈVES

Isaac Deutscher, révolutionnaire et biographe de Trotski et de Staline, raconte une histoire qu'il a lue, dans sa jeunesse, dans un *Midrash*, l'un de ces commentaires rabbiniques qui expliquent les textes sacrés en recourant aussi aux paraboles, qui montrent la vérité descendue dans la vie. Dans ce *Midrash* il était question de Rabbi Meir, un chef d'école de l'orthodoxie juive, lequel était l'élève d'un hérétique, Elisha ben Abiyuh, dit Akher. Un samedi, tous deux discutaient avec acharnement de questions religieuses, Akher à dos d'âne et Rabbi Meir à pied, par respect de l'interdiction d'utiliser une monture le jour du sabbat; tout à leur controverse, ils étaient arrivés sans y prendre garde à la limite du chemin que, le samedi, un juif pieux ne peut pas dépasser. Rabbi Meir, distrait, allait la franchir, quand son maître hérétique, qui jusque-là avait réfuté ses opinions orthodoxes, l'arrêta en lui disant de rebrousser chemin, parce que c'était là sa frontière et qu'il ne devait pas continuer pour le suivre.

Cette histoire est l'un des apologues les plus parlants sur le rapport entre maître et élève et en premier lieu sur la figure du maître. Comme toute parabole, celle-ci également est chargée de significations contradictoires et se prête à de multiples interprétations. Avant tout le maître et l'élève professent, sur des questions essentielles, des croyances différentes. Le premier ne transmet pas au second une vérité théologique ou philosophique, mais lui offre l'exemple vivant de la démarche à adopter pour la chercher ; il lui enseigne la clarté de la réflexion, la passion de la vérité, et le respect pour les autres qui en est inséparable. Le maître est tel parce que, tout en affirmant ses propres convictions, il ne veut pas les imposer à son disciple ; il ne cherche pas des adeptes, il ne veut pas former des copies de lui-même, mais bien des intelligences indépendantes, capables de suivre leur propre voie. Mieux, il n'est un maître que dans la mesure où il sait comprendre quel est le juste chemin pour son élève, où il sait l'aider à le choisir et à le parcourir, à ne pas trahir l'essence de son être. Loin de railler l'orthodoxie codifiée, selon une rhétorique de la transgression chère aux esprits médiocres, qui croient affirmer leur originalité en jetant des ordures par la portière uniquement parce qu'un écriteau l'interdit, le grand hérétique exhorte son disciple à observer le sabbat, que lui-même en revanche n'est pas disposé à reconnaître.

Cette parabole peut aider à répondre aux interrogations que suscite aujourd'hui la figure du maître, qui apparaît souvent et à beaucoup de gens comme une espèce sinon disparue, du moins en voie de disparition, voire carrément impossible, impensable dans une société comme la nôtre caractérisée — en positif ou en négatif selon les opinions — par l'éclipse des valeurs et des messages forts, par le déclin des discussions sur les grands systèmes et des grandes controverses philosophiques et idéologiques, remplacées par un pullulement indistinct de suggestions, incitations, messages subliminaux, perceptions capillaires et par une interchangeabilité croissante entre des expériences que l'on qualifie de réelles et de virtuelles.

Ces aspects de la société contemporaine — que les

naïfs exaltent et que les cassandres déplorent — n'impliquent pas inévitablement un appauvrissement de l'individualité au sens fort, pas plus qu'ils ne stipulent la fin des maîtres. Comme le montre l'apologue, ceux-ci ne sont pas nécessairement les figures qui transmettent la Loi ; ils peuvent être des anarchistes qui la transgressent, mais toujours au nom de la nécessité de trouver leur propre voie vers la Loi.

Akher renonce à l'auréole ambiguë qui nimbe les faux maîtres et parfois aussi, sans qu'ils aient rien fait pour cela, les vrais : la séduction. Le monde est plein de doublures de maîtres, qui prennent leur place, comme au cinéma une doublure remplace l'acteur principal pour une scène dangereuse, filmée de loin ou en tout cas de façon que le spectateur ne s'aperçoive pas de la substitution. Nombreux sont les personnages qui ambitionnent de faire école, de réunir des troupes autour de mots d'ordre, de recruter des adeptes, de persuader des disciples, de se faire des *fans* et des imitateurs ; des personnages qui pour exister ont besoin de séduire par d'attrayantes promesses ceux que tourmente un vague désir de salut facile et immédiat. Avoir de vrais maîtres est une grande chance, mais une chance qui se mérite aussi, car elle présuppose qu'on sache les reconnaître et accepter leur aide ; ne pas seulement donner, mais aussi recevoir est un signe de liberté : libre est celui qui sait avouer sa faiblesse et prendre la main qu'on lui tend.

Un vrai maître est moins un père qu'un frère aîné, qui devient vite un frère tout court. Peut-être qu'être un maître signifie, aujourd'hui plus que jamais, ne pas savoir qu'on en est un et ne pas le vouloir, s'oublier soi-même dans le dialogue que l'on instaure avec un autre, le traiter en égal, sans dédain, sans condescendance et sans préoccupations pédagogiques, en n'hésitant pas, le cas échéant, à l'attaquer sans pitié. Un professeur peut modestement contribuer à former les élèves s'il les traite sans suffisance ni égards, en les corrigeant et en se faisant corriger par eux, sans rechercher une fausse familiarité qui empêche un rapport authentique. « Si vous saviez quel mal on a, me dit un jour une étudiante, à tutoyer le professeur X, comme il l'exige ! »

J'ai eu des maîtres, et je leur dois ce peu de liberté intérieure que je possède et qu'ils m'ont donné en me traitant d'égal à égal, même quand cela me procurait de sérieuses difficultés eu égard à leur stature intellectuelle et humaine ; cela m'a permis de comprendre que dans un dialogue on est toujours à égalité, même quand celui qui est en face de vous a à son actif des expériences, des épreuves qu'il a surmontées, des prestations intellectuelles d'un tout autre niveau.

C'est cette parité, périlleuse et salutaire, qu'enseignent les maîtres. Ils enseignent surtout la responsabilité.

C'est peut-être la fréquente carence de cette dernière qui a inspiré à Rossana Rossanda, dans un témoignage incisif, le constat mélancolique et définitif de l'absence de maîtres capables de chercher le sens du monde et de le refléter, y compris dans leur propre vie. Être responsable, cela signifie payer le prix que suppose chaque affirmation et chaque action, affronter les conséquences de chaque prise de position et les renoncements qu'implique chaque choix ; cela signifie en premier lieu, comme le montre l'exemple d'Akher, ne pas pousser les autres sur des routes qu'ils ne sont pas en mesure de parcourir. Les faux maîtres créent souvent des clans d'adeptes destinés à être des victimes, comme un prophète de la drogue, capable de dominer personnellement son usage sans se laisser détruire, conduit à leur perte ses disciples qui n'ont pas la force de le suivre dans cette pratique sans s'autodétruire. Dans les années 70, tel prêchait que la révolution se fait avec des fusils, tout en étant parfaitement conscient que, pour lui, il s'agissait d'une innocente métaphore mais en laissant prendre ces mots au pied de la lettre par d'autres personnes qui ensuite, à la différence du maître, ont dû en payer le prix.

Est un maître celui qui n'a pas programmé de l'être. En revanche celui qui joue les Socrate au petit pied est vite pitoyable ; il ne l'est plus quand il se rend compte qu'il ne pourra jamais être Socrate, mais dans le meilleur des cas l'un de ses interlocuteurs qui, à la fin, se retrouve réfuté mais enrichi. Savoir être et rester un élève, ce n'est pas peu de chose, c'est déjà être presque un maître.

1996

LA LITTÉRATURE TIMORÉE

On ne fait pas de bonne littérature avec de bons sentiments, disait Gide. Et en effet il n'est aucun artiste qui, de peur de paraître édifiant, ne prêche la transgression plutôt que d'inviter à observer les Commandements ou la morale kantienne. Mais la littérature tient rarement sa promesse de régler ses comptes avec le mal, dont la réalité est aussi imprégnée que l'est de smog l'air des grandes villes, et d'exprimer ces mauvais sentiments qui s'incrustent dans l'âme, la rendant aussi sale, aussi grise que le col d'une chemise déjà portée. La profanation ostentatoire, chère à nombre d'expressions artistiques à sensation, se révèle souvent bien intentionnée ; de même, ce sont en général les gens comme il faut qui se vantent d'avoir eu des zéros de conduite. Les écrivains « démystificateurs » célèbrent l'éros contre la répression, les choix rebelles contre l'autoritarisme dogmatique, la révolte des marginaux contre les gardiens des hiérarchies sociales. Tout cela est louable, mais ressemble fort à une profession de moralité et de bons sentiments : ce sont ces derniers, en effet, qui induisent à défendre les libertés de toutes sortes et les victimes de l'oppression, et ce sont les inquisiteurs et les tyrans qui incarnent le mal et ont donc le droit de se draper dans sa séduction diabolique.

Les écrivains qui aiment les provocations sont souvent

de braves garçons qui célèbrent la démocratie mais critiquent comme il se doit le capitalisme, qui s'opposent au communisme despotique mais cultivent un noble et vague socialisme libertaire. Presque personne ne prend le parti des sentiments véritablement mauvais en approuvant la liberté amorale de l'individu capable de donner libre cours sans inhibitions à sa volonté de puissance, sans se soucier des souffrances infligées aux autres, semblable à l'enfant qui jouit d'écraser un insecte ou d'arracher son joujou à un autre enfant plus faible sans se laisser troubler par ses sanglots.

Il n'y a certes pas lieu de blâmer cette moralité diffuse, appréciable même quand elle est hypocrite, l'hypocrisie étant malgré tout un hommage que le vice rend à la vertu, et la condamnation de la violence étant toujours socialement bénéfique ; personne assurément ne souhaite que les écrivains fassent l'apologie des camps de concentration. Mais pour affronter réellement la toile de méchanceté dans laquelle nous sommes englués et que chacun de nous file comme une araignée venimeuse, il ne suffit ni de la déclamation — même sincère — de bons sentiments, ni de l'éloge débridé de la transgression qui implique souvent un chaud et rassurant pathos sentimental ; même les prouesses les plus brutales et les plus noires de tant d'existences perdues, à la Genet, sont souvent enveloppées d'une rhétorique affective qui rappelle *Sans famille* et émousse l'authentique horreur de la réalité.

Cette dernière résulte non seulement de la cruauté de ce qui souvent se produit sur le plan matériel, mais surtout du fait que les sentiments eux-mêmes, la capacité d'avoir pitié et d'aimer en sont atteints et menacent de se tarir. C'est cet enfer, établi dans le cœur, qu'une littérature capable de regarder sans crainte le mal doit affronter, en le sentant et en le peignant sans hésiter, y compris à l'intérieur de soi-même ; dans certaines pages amères et désagréables mais puissantes, Kipling ou Hamsun, par exemple, ont représenté la cruauté et l'indifférence, si largement présentes dans la vie qu'elles envahissent jusqu'à la sensibilité de l'écrivain et du lecteur son complice. Quoique odieux, ces moments où l'âme est à marée basse doivent être traversés et non pas ignorés, dans le voyage à la découverte d'une authentique bonté ; il faut voyager comme Céline jusqu'au bout de la nuit, sans dorer la pilule. Céline a osé exalter l'une des formes les plus abjectes du mal, l'antisémitisme, mais jusque dans la furie forcenée et autodestructrice de son coupable pamphlet affleure, malgré lui, sa générosité pervertie, qui aurait pu et dû lui faire écrire un autre livre, aux antipodes de cette aberration.

Seule une littérature capable de se confronter sans complaisance et sans égards à l'énorme potentiel négatif que recèlent la vie et l'Histoire peut exprimer la bonté, si difficile à atteindre ; ce sont *Les Liaisons dangereuses* et non les romans sentimentaux qui racontent l'intensité, les égarements et même la tendresse de l'amour. Les mots « bonté » et « bon » ne détonnent pas dans la bouche de Dostoïevski, justement parce qu'il n'a pas hésité à se plonger dans la boue que charrient nos veines, comme un messie qui ressuscite mais qui d'abord meurt et descend vraiment aux enfers ; Bernanos peut trouver la grâce parce qu'il n'ennoblit pas par des sentiments conciliants les ténèbres infernales.

Un regard impitoyable est peut-être plus que jamais nécessaire à notre époque, maintenant que se sont écroulées les illusions des grandes philosophies de l'Histoire, convaincues que les contradictions de la réalité portaient en elles-mêmes leur dépassement et conduisaient malgré tout à un progrès ultérieur ; le devenir du monde apparaît au contraire aujourd'hui à la merci d'une chaotique et imprévisible effervescence, indifférent aux perspectives, aux grands desseins. Dans la jeune littérature italienne aussi c'est souvent le sentiment religieux qui dévoile, en brisant la rassurante carapace idéologique, l'abîme du négatif; que l'on pense par exemple à la violence, à la précision visionnaire et poétique d'un écrivain comme Doninelli. Le mal d'ailleurs n'est pas seulement la perversion ténébreuse qui envahit brutalement tout le champ visuel; c'est aussi l'impalpable souffle du néant que l'on sent parfois dans la quotidienneté la plus familière, y compris quand on l'aime.

Dans une scène fulgurante et douloureuse de son roman *Les rêves reviennent*, un livre riche d'amour, d'amitié et de solidarité, Claudio Marabini met par exemple en lumière l'instant de cruelle distanciation qui survient, dans une chambre d'hôpital où un homme, lentement, en résistant, va vers la mort, entre lui et sa petite-fille qui représente pour lui l'un des fils les plus solides qui le rattachent à la vie, et dont le retrait soudain dans la fascinante et terrible extranéité de l'enfance, fait comprendre à quel point ce fil est résistant mais aussi fragile. L'amour implique le désenchantement et la capacité de regarder en face le néant.

Plus un livre est capable de capter la vie, plus il donne la parole non seulement à sa séduction, à sa continuité, mais aussi, en même temps, à ses lézardes, à ses tromperies, à son indifférence; la vraie bonté, désenchantée, rend le regard durement attentif à ce qui est démoniaque, moins voilé par les larmes faciles des bons sentiments. *Les Histoires du dernier jour*, le roman de Stefano Jacomuzzi, embrassent, avec une force poétique profonde et prenante, une vibrante totalité de vie; la fraternelle *pietas* et le désir avec lesquels est vu et raconté le carrousel de l'existence n'estompent pas, mais font au contraire émerger son tourment, son caractère démoniaque. Dans le roman, un pape qui meurt découvre qu'il peut et doit prier en tournant sa pensée moins vers les rassurantes certitudes de la foi que vers les simples et indéchiffrables vicissitudes vécues par d'autres personnes, qui ont traversé sa parabole, et aussi les mutations de l'époque dont il a été le protagoniste et le témoin. C'est dans ces existences qu'il retrouve le sens ultime de son aventure terrestre et du mystère même de Dieu, de sa force et de sa faiblesse dans l'Histoire. La foi fait partie de la trame même de sa personne, elle ne fait presque qu'un avec son corps, et en même temps elle est parfois égarée — comme l'est un pauvre corps — par rapport à la vie, à sa séduction et à son frisson qui arrive traîtreusement comme un courant d'air glacé.

Tout vrai livre se mesure à ce que la vie a de démoniaque ; l'Évangile lui-même est terrible, parce qu'il constate qu'on donnera à celui qui a mais qu'à celui qui n'a pas on ôtera même ce peu qu'il a. Dans cette capacité de scruter des vérités même intolérables, il y a une bonté plus grande que toute bonhomie conciliante, la disponibilité à descendre, avec une pitié impavide et inconsolée, jusqu'au fond de notre obscurité.

1993

LA LITTÉRATURE NE SAUVE PAS LA VIE

Pour la mort de Borges

« C'est à l'autre, à Borges, que les choses arrivent », a écrit Borges dans une inoubliable parabole sur lui-même et sur le dédoublement de sa personnalité, qui constitue peut-être la page la plus grande et la plus forte jamais écrite sur le rapport entre vivre et écrire. L'auteur de cet apologue, qui parle à la première personne, dit ne pas être le célèbre écrivain, présent dans tous les dictionnaires biographiques du monde et sur la couverture de tant de livres ; il est seulement l'individu enregistré à l'état civil en tant que Borges, Jorge Luis, qui marche dans les rues de Buenos Aires en regardant distraitement les portes d'entrée, en prenant la pluie ou un rhume, en vivant et en se laissant vivre, en ruminant une légère et indéfinissable mélancolie que même l'autre, le poète, ne pourra jamais comprendre et en glissant, comme le temps qui fuit, vers sa fin. De l'autre, du célèbre écrivain, il a des nouvelles par les journaux et il s'aperçoit, non sans quelque étonnement, que son existence engourdie et obscure fournit à l'autre, au Borges de la littérature mondiale, matière à telle ou telle fable réticente et abusive. « J'aime les sabliers, les cartes de géographie, les gravures du XVIIIe siècle, dit-il, le goût du café et la prose de Stevenson ; l'autre partage ces préférences, mais la vanité qu'il y met fait d'elles les attributs d'un acteur. »

Qui est mort voici quelques heures, l'anonyme et mélancolique homme à la canne, qui peut-être n'a jamais connu l'amour et qui se perdait dans les méandres des rues et du soir, en disparaissant dans l'ombre comme un jour qui s'achève, ou bien l'auteur qui en jouant, rapide comme l'éclair, avec les nostalgies de cet inconnu, nous a donné l'illusion que quelques volumes, avec leurs dos bien reliés luisant sur une étagère, suffisent à justifier une vie dont nul ne peut pénétrer le mystère ? Les téléscripteurs ont annoncé au monde la mort de l'acteur, qui disait la passion de l'homme, du héros inconnu de l'histoire, pour le café ou pour Stevenson, non sans la falsifier légèrement et les nécrologies concernent toutes l'autre, celui dont il est question dans les articles de dictionnaires et les ouvrages critiques. Ce dernier se serait à coup sûr amusé de voir la répétition générale ou l'avant-première du deuil lors de sa disparition. De l'homme fragile de quatre-vingt-sept ans, de ses peurs, de ses regrets, du froid ou de la sueur de ses derniers moments, on ne peut rien dire ni rien imaginer.

Toute l'œuvre de Borges est empreinte de la conscience mélancolique que la littérature ne peut pas sauver la vie et qu'un poète, dans un poème sur le tigre, ne parvient à dire que « des mots, des mots, des mots », un tigre de syllabes et de papier, et il cherche en vain l'autre tigre, celui qui ne se trouve pas dans ses vers mais dans la jungle.

Mais Borges est grand justement parce qu'il réussit à évoquer la vie, sa plénitude et sa vanité, en disant l'incapacité de la littérature à la représenter et en s'appropriant cette incapacité, en assumant tous les risques du vide et de l'aridité et en réussissant ainsi à exprimer la vérité de l'absence moderne, du sens qui ne se laisse pas découvrir et des choses qui ne se laissent pas saisir. Grand interprète de cette absence moderne, il sait aussi en être victime, en destinant son œuvre à ressembler à la carte de l'empire dont il parle dans l'une de ses paraboles, carte qui reproduit exactement la terre et y adhère avec précision, mais qui à la fin est déchiquetée par le vent.

On a célébré en Borges un funambule de l'artifice et un prestidigitateur de l'horlogerie littéraire et de mécanismes verbaux qui n'avaient d'autres fins qu'eux-mêmes. C'est là un tour que le savant acteur, pour se distraire de sa mélancolie, a joué à beaucoup de ses émules et de ses admirateurs, sophistiqués c'est-à-dire frustes et destinés à n'être que de piètres contrefacteurs de la douloureuse et ironique ambivalence de sa création, qui semble facile à imiter, comme celle de Kafka, mais qui est inimitable, et montre non pas du tout le triomphe enjôleur du sophisme, mais l'aventure et l'égarement de l'intelligence dans la trame élémentaire du monde.

Borges lui-même, dans beaucoup de pages répétitives, ressemble à ses médiocres plagiaires ; il n'est certes pas un intellectuel, ni même un homme vraiment cultivé, puisque son énorme érudition est une compilation de motifs plutôt accumulés que véritablement assimilés, mais il sait être, par moments, un grand poète de l'élémentaire, de cette simplicité suprapersonnelle qui concerne chacun, et il sait dire la lumière d'un après-midi, le bruit de la pluie, l'approche du sommeil, l'ombre de la maison natale, la fraîcheur de l'eau qui rend plus joyeuse, dans un conte admirable, la quête d'Averroès. Il est le poète du courage, de la fidélité, d'une familiarité épique avec la vie et avec la mort — de ces valeurs dont il sait qu'il ne les possède pas, ni dans l'existence ni, à de rares exceptions près, dans l'art et dont il peut seulement dire la nostalgie.

Mais cette nostalgie constitue son génie. Ses dieux, a-t-il dit, ne lui ont pas concédé l'expression qui crée la vie, mais seulement l'allusion qui la mentionne au passage. Son œuvre exprime la mélancolie de cette évocation fugitive, « l'imminence d'une révélation qui n'a pas lieu », l'attente d'un secret qui n'est pas dit. Certains de ses récits semblent n'être que la géniale esquisse d'un récit qui reste à écrire. Dans cette potentialité souvent déçue il incarne le destin de la littérature, à laquelle il n'est plus donné de transmettre des valeurs et de raconter l'unité de la vie.

Pour consoler et tromper ses imitateurs, l'acteur a feint de se féliciter de l'échec que la littérature inflige à l'existence. La grandeur de Borges réside au contraire dans le courage avec lequel il a affronté cette stérilité personnelle qui est aussi celle d'une époque, un courage digne de ses héros — qu'il envie parce que, à sa différence, ils savent mettre la main à l'épée — et qui lui a permis de parler, au nom de tous, des peurs, des ennuis et de la stérilité qui sont notre lot commun. Et c'est ainsi que le bibliothécaire en proie au manque d'amour et de désir a pu écrire, dans *L'Aleph*, une grande parabole de l'amour refoulé et perdu.

La vie de Borges semble se résumer tout entière dans l'écriture, dans une bibliographie : la naissance à Buenos Aires, les études en Europe, le culte des souvenirs patriotiques et militaires de l'Argentine, le bref engagement dans l'avant-garde vite abandonné en faveur d'un classicisme sceptique, la rédaction des chefs-d'œuvre consacrés aux labyrinthes de l'existence, aux paradoxes métaphysiques, à la répétition cyclique des événements, à l'épopée des faubourgs de Buenos Aires. Mais sa mort nous frappe moins comme un deuil pour la littérature que comme celle de Jedermann dans les mystères du Moyen Âge. Elle nous fait penser, ce qui n'arrive pas avec d'autres écrivains, à notre vie, à notre amour et à notre mort.

Sa disparition n'induit pas à la nécrologie édifiante, à

l'hagiographie. Il avait ses myopies et ses duretés mesquines, ses fermetures — péchés et misères dont il répondra à ses dieux. Mais c'est ce qui nous le rend fraternel, qui fait de lui le miroir de notre propre destin. Il y a quelques années, à Venise, il se dérobait avec embarras quand je le remerciais pour ce qu'il avait écrit ; il savait qu'il ne pouvait pas se glorifier de ses mots et que la grandeur de son œuvre à laquelle l'autre, l'acteur, avait mystérieusement et peut-être fortuitement atteint, faisait désormais partie du monde et ne lui appartenait pas plus à lui qu'à moi ou à n'importe qui d'autre. Dans ses dernières années, la grande liberté de la vieillesse l'induisait à apprécier jusqu'à la pacotille de la vie, à flâner de prix littéraires en colloques, même de peu d'intérêt, en se réjouissant des miettes de temps qu'il lui restait et en poursuivant la quête de cette chose infinie et irrécupérable dont tout homme, comme il l'avait écrit, s'aperçoit qu'il l'a reçue et perdue.

1986

PARODIE ET NOSTALGIE

La parodie des *Promessi sposi*, écrite par Piero Chiara et publiée après sa mort, a soulevé une petite tempête dans le monde littéraire, avide comme Iago de tout ce qui peut semer la zizanie et enflammer ses chroniques. À la parodie est liée l'idée d'irrévérence ou encore — comme on a coutume de dire avec des mots qui impressionnent — de transgression et de désacralisation. Très souvent la désacralisation n'est qu'un conformisme déguisé, parce qu'elle s'attaque non à des valeurs dominantes, craintes et respectées, dont la contestation impliquerait de payer le prix fort, mais à des valeurs qui, au moins dans le milieu culturel où vit l'auteur et dont il tire sa subsistance et son succès, ont déjà été sapées et sont un objet de dérision.

Avec tous les égards dus à cet aimable écrivain, présenter la Lucia de Manzoni comme une gourgandine potentielle ou substantielle est très facile, c'est une trouvaille dont on peut a priori être certain qu'elle sera approuvée par le microcosme culturel, puisque c'est exactement ce à quoi il s'attend. Un écrivain authentiquement anarchiste — et rebelle aux idoles du monde jusqu'à l'autodestruction — comme Joseph Roth a plusieurs fois proclamé l'originalité difficile et créative que comporte la fidélité à une loi que l'on a faite sienne et que l'on vit dans toute sa personne, et son mépris pour l'esprit grégaire, que l'on trouve si souvent dans la transgression que l'on commet sans vouloir en assumer les conséquences et en jouant les martyrs quand elle suscite quelques critiques, comme celui qui jette des déchets par terre s'indigne, en se sentant persécuté et donc gratifié, si un agent de police lui dresse une contravention.

Mais la parodie, contrairement à ce qu'on veut souvent croire, n'a pas grand-chose à voir avec la désacralisation ou l'irrévérence ; c'est une forme d'hommage, non d'offense. Tout livre devenu une référence est fatalement destiné à être l'objet d'une parodie ; même mon *Danube* en a eu cinq ou six, dans divers pays et diverses tonalités.

Ce n'est pas par hasard que les véritables objets de parodie, les seuls qui la méritent vraiment, sont les classiques. C'est dans leur face à face avec eux que la parodie se montre pour ce qu'elle est : un hommage à ce que l'on aime. Parodie signifie chant secondaire, qui en accompagne un autre, plus majestueux, au centre des choses de la vie, lui répond, lui fait écho, l'imite. Ce contrepoint latéral sait qu'il est mineur, auxiliaire par rapport au cantus primus qui donne le ton ; celui qui parodie sait qu'il n'a pas la voix assez haute et assez forte pour chanter comme l'auteur de l'œuvre qu'il reprend et module en sourdine, avec quelques variations et peut-être quelques dissonances. La parodie authentique ne se moque pas du texte parodié, de sa grandeur inaccessible mais bel et bien d'elle-même, de sa propre infériorité et de sa distance par rapport à son modèle, de son incapacité — ou de celle de toute son époque — de faire s'élever le chant haut et fort du poète classique.

Parodier les classiques, c'est dire que nous ne sommes plus, que nous ne pouvons plus être des classiques, avoir la même grandeur qu'eux, que nous ne pouvons plus faire entendre la force et la perfection de leur chant qu'à travers le faible écho de notre voix, qui dit notre petitesse et notre nostalgie. La parodie est avant tout nostalgie de quelque chose de perdu et d'inaccessible, qu'on ne peut plus atteindre et exprimer directement, mais seulement évoquer de façon indirecte, par allusion. La dérision des mots est autodérison, aveu de sa propre insuffisance face à la grande œuvre que l'on veut singer, et conscience que de cette façon seulement, dans l'autodérision qui souligne la distance par rapport à elle, on pourra rendre sensible ce que sa grandeur a d'unique.

Dans beaucoup de ses livres, Thomas Mann parodie des chefs-d'œuvre, mais aussi des langages, des formes, des styles et des sentiments reliés aux cordes majeures de l'humanité et de la vie et qui autrement seraient inaccessibles pour lui comme pour tout autre écrivain de son époque, ou alors seraient falsifiés et contrefaits par la pseudo-littérature qui débite de rassurantes et maladroites imitations du classicisme pour se donner et donner aux autres l'illusion que l'authenticité et la poésie sont à portée de main.

Dans la parodie par laquelle Thomas Mann s'approche de la grandeur de l'art et de la vie elle-même il y a une émotion, un respect qui permettent de restituer le sens de cette grandeur. L'*Ulysse* de Joyce est la parodie d'Homère et permet de comprendre et de sentir la pérennité et l'intensité d'Homère ; le *Don Quichotte* dit la poésie de la chevalerie à travers la représentation de l'impossibilité de la reproduire sans la dégrader. La parodie ne détruit pas, mais au contraire conserve et sauve ce texte — et ce monde — original dont elle se fait l'écho avec des variations sur le mode burlesque. L'Italie, qui n'a pas eu de système féodal comparable à celui de la France, n'a pas ou presque pas connu la floraison épique des chansons de geste ni les rêves et les enchantements de la « matière de Bretagne », mais elle a exprimé et sauvé ce monde, dès le début, par la parodie. C'est dans les poèmes de Boiardo et de l'Arioste, dans ces aventures légères comme le vent et accompagnées du sourire de qui a conscience d'être loin de la grande prouesse des anciens chevaliers et de pouvoir seulement la raconter avec une ironie passionnée, que vit tout l'enchantement du monde de la chevalerie.

Rabelais aussi, dans *Gargantua* et *Pantagruel*, crée une épopée en déformant grotesquement l'épos ; et la fureur de Gadda elle-même, qui s'exprime dans la déformation parodique, œuvre pour le sauvetage d'une narration de la vie sans cela impossible. Dietrich Bonhoeffer, le grand théologien protestant mort dans un camp d'extermination hitlérien, parle du contrepoint que, dans la polyphonie de l'existence, les voix humaines apportent au chant de Dieu, dans une confirmation et un enrichissement réciproques. Toute expression, au fond, est une parodie par rapport à la vie qu'elle tente d'exprimer.

Il y a un critère pour distinguer la parodie authentique : c'est quand celui qui parodie se sent plus petit, plus modeste que celui qu'il parodie. Sinon on a d'autres genres littéraires, par exemple la satire qui, à la différence de la parodie, veut détruire sa cible et s'élève, caustique et méprisante, au-dessus d'elle ; ou alors on a le cas pénible de ceux qui se considèrent comme plus grands que les plus grands et deviennent ainsi, sans s'en apercevoir, prétentieux et ridicules.

Tout cela vaut non seulement sur le plan des réélaborations littéraires, mais aussi sur celui, immédiat, de l'existence. Depuis les bancs de l'école, le rire le plus franc est celui qui mêle ironie, auto-ironie et respect : le rire de celui qui, tout en se moquant des autres — peut-être du professeur et du texte immortel qu'il est en train de lire à la classe —, se moque aussi de lui-même, dissipant toute suffisance et jouissant de cette gaieté qui n'appartient qu'à ceux qui sont libres de toute présomption à l'égard d'eux-mêmes et en harmonie avec le monde. C'est pour cela qu'une œuvre est d'autant plus grande qu'elle porte en elle son autoparodie ironique, qui lui donne plus d'épaisseur et enrichit sa signification ; il y a une profonde vérité dans la tradition qui voudrait attribuer à Homère la *Batrachomyomachie,* cette parodie de l'*Iliade.* Certes, bien des fois — beaucoup plus souvent qu'on ne le croit — nous nous autoparodions sans nous en apercevoir quand nous jouons avec une arrogance grotesque des rôles que nous considérons comme d'une importance capitale. Ce sort ridicule échoit à de simples individus mais aussi à des mouvements politiques et à des idéologies, mais cela, comme disait Kipling, c'est une autre histoire.

1996

DE L'AUTRE CÔTÉ

Considérations sur la frontière

Un écrivain polonais, Jerzy Lec, raconte qu'un jour, se trouvant à Pančevo, sur la rive gauche du Danube, et regardant, de l'autre côté du fleuve, vers la rive opposée et vers Belgrade, il avait eu le sentiment d'être encore dans sa patrie, chez lui, parce que cette rive, sur laquelle il se trouvait, marquait jadis la frontière de la vieille monarchie austro-hongroise que, même tant d'années après son effondrement, il continuait à considérer comme son monde, tandis qu'au-delà du fleuve commençait un monde différent. Au-delà du fleuve commençait pour lui « l'autre côté ». Un autre écrivain polonais, Andrej Kušniewicz, commente cette page de Lec en disant qu'il se reconnaît pleinement dans ces sentiments : pour lui aussi cette frontière perdue marque les limites de son monde. Pour tous les deux, Belgrade est de l'autre côté.

Dans chacun des deux cas l'écrivain semble bien savoir où est sa place, derrière quelle frontière il se sent chez lui. D'autres fois, et plus fréquemment, l'identification semble au contraire difficile. Une fois, lorsque j'étais étudiant à Fribourg, dans la Forêt-Noire, et que j'habitais dans une de ces auberges qui sont pour un jeune homme une véritable université du savoir et de la vie, je m'étais rendu, avec quelques amis, à Strasbourg, où je n'étais jamais allé. C'était pendant l'hiver 62-63.

Nous avions pour mentor un monsieur bien plus âgé que nous, qui fréquentait lui aussi l'auberge *Goldener Anker*, À l'Ancre d'Or : un Allemand de la Forêt-Noire comme tous les autres, mais qui avait toutefois connu un destin particulier. Peu d'années après l'avènement du national-socialisme, il avait quitté l'Allemagne, poussé non pas par la nécessité, puisqu'il appartenait à la race aryenne aimée du Führer, mais pour des raisons politiques ou plus encore morales. Son patriotisme de l'humanité n'avait pas effacé en lui l'amour de sa propre patrie et, plus tard, ne l'avait en rien empêché de souffrir de la catastrophe qui s'en était suivie pour l'Allemagne, de la destruction et de la partition de son pays. Quand il avait franchi la frontière entre l'Allemagne et la France, il n'envisageait certes pas d'oublier sa patrie allemande ni de lui tourner le dos : seulement il sentait qu'à ce moment précis et aussi longtemps que durerait le régime nazi, sa vraie patrie, ou plutôt sa vraie place, était de l'autre côté.

La frontière est double, ambiguë : parfois c'est un pont pour rencontrer l'autre, parfois une barrière pour le repousser. Souvent, c'est l'obsession de situer quelqu'un ou quelque chose de l'autre côté ; la littérature, entre autres choses, est aussi un voyage effectué dans le but de se libérer de ce « mythe de l'autre côté », de comprendre que chacun se trouve tantôt ici et tantôt là, que chacun — comme le Jedermann du mystère médiéval — est l'Autre. L'écrivain qui a inventé le paysage littéraire triestin et qui est mort en combattant pour que Trieste soit rattachée à l'Italie, Scipio Slataper, commence son livre *Mon frère le Carso* en essayant de dire qui il est et il découvre que, pour dessiner son identité profonde, il doit l'inventer et dire qu'il est un autre, né ailleurs, quelque part dans ce monde slave qui se trouve en conflit avec l'italianité de Trieste, même s'il fait partie de l'identité triestine.

C'est à Trieste que je suis né et que j'ai vécu jusqu'à dix-huit ans ; quand j'étais petit garçon, Trieste n'était pas seulement une ville de frontière, mais semblait être elle-même une frontière, faite d'une quantité de frontières qui se croisaient à l'intérieur de son périmètre et parfois même à l'intérieur de la personne et de la vie de ses habitants. Les lignes de frontière sont aussi des lignes qui traversent et entaillent un corps, qui le marquent comme des cicatrices ou comme des rides, qui séparent quelqu'un non seulement de son voisin mais aussi de lui-même.

En outre la frontière, à Trieste, est et surtout était une frontière avec l'Est ; ce que j'avais concrètement sous les yeux, quand j'allais dans le Carso jouer avec mes camarades, c'était le Rideau de fer, la frontière qui coupait alors en deux le monde entier et qui passait à quelques kilomètres à peine de chez moi. Au-delà commençait ce monde immense, inconnu et menaçant qui était l'empire de Staline, un monde où il était difficile d'entrer, du moins jusqu'au début des années 50. Mais en même temps ces terres de l'autre côté de la frontière, qui appartenaient à l'« autre » Europe, étaient encore italiennes peu d'années auparavant, jusqu'à la fin de la guerre où elles avaient été occupées et annexées par la Yougoslavie ; je les avais vues et connues dans mon enfance, elles faisaient et font partie intégrante du monde triestin, de ma réalité.

Au-delà de cette frontière il y avait donc, en même temps, le connu et l'inconnu ; il y avait un inconnu qu'il fallait redécouvrir, faire redevenir connu. Enfant, je comprenais déjà, au moins vaguement, que pour grandir, pour me forger une identité dans un monde qui ne soit pas complètement divisé, il me faudrait franchir cette frontière, et pas seulement physiquement, grâce à un visa sur un passeport, mais surtout intérieurement, en redécouvrant ce monde qui était au-delà de la frontière et en l'intégrant à ma réalité.

Au-delà de cette frontière commençait l'autre Europe ; cet adjectif « autre » signifiait certes en premier lieu son appartenance à l'univers stalinien, mais dénotait aussi une ignorance de la part de l'Ouest. Moi aussi, quand j'étais petit, je croyais que Prague se trouvait à l'est de Vienne et je restai un peu surpris devant le démenti de mon atlas scolaire. Cette ignorance très répandue était et est souvent empreinte de mépris, intentionnel ou inconscient. Ce qui se trouve à l'est semble souvent obscur, inquiétant, très mêlé, peu convenable ; il y a une tendance à assimiler l'Est à quelque chose de négatif. Le prince de Metternich disait qu'à Vienne, au-delà du Rennweg, la grande artère qui traverse la capitale autrichienne, commençaient les Balkans, terme qui pour lui désignait quelque chose de confus et d'indistinct, avec une connotation péjorative. Aujourd'hui, à Ulm, très loin à l'ouest de Vienne, on dit qu'à Neu Ulm, de l'autre côté du Danube qui traverse la ville, commencent les Balkans, terme qui, dans ce cas non plus, ne sonne pas comme un éloge.

La frontière est pont ou barrière ; elle stimule le dialogue ou l'étouffe. Mon éducation sentimentale a été marquée par l'odyssée des frontières, arbitraires et inévitables. Il y avait, par exemple, cette appellation, que j'ai souvent entendue dans ces années-là, de « petit Berlin » pour désigner Trieste ; le Rideau de fer était tout proche et, au moins jusqu'au milieu des années 50, séparait la ville de son hinterland et donc d'elle-même, il séparait en deux notre existence. On avait parfois la sensation non seulement de vivre sur une frontière, mais d'être une frontière. La comparaison avec Berlin convenait d'ailleurs beaucoup plus à Gorizia, ville littéralement coupée en deux. « Exactement comme à Berlin », remarquait avec satisfaction maître Krainer, un notaire de Gorizia d'origine autrichienne, en ouvrant ses fenêtres qui donnaient sur la Gare transalpine et en montrant le fil de fer barbelé qui courait quelques mètres au-dessous.

Il y a des villes qui se trouvent sur la frontière et d'autres qui ont des frontières à l'intérieur d'elles-mêmes, qui en sont faites. Ce sont des villes auxquelles les bouleversements politiques ôtent une partie de leur réalité, comme leur hinterland, leur lien étroit avec le reste du territoire national ; l'Histoire les déchire comme on rouvre une plaie et fait d'elles un théâtre du monde, autant dire un théâtre de l'absurde. C'est dans ces villes que l'on fait avec une intensité particulière l'expérience de la duplicité de la frontière, de ses aspects positifs et négatifs : frontières ouvertes et fermées, rigides et flexibles, anachroniques et disparues, protectrices et destructrices.

À Trieste tout cela donnait souvent un sentiment d'incertitude, de non-appartenance, d'extranéité : le sentiment contradictoire de vivre à la fois au centre et à la périphérie de la vie. La ville, qui jusqu'en 1954 était un Territoire libre administré par les Américains et les Anglais, faisait et ne faisait pas partie de l'Italie ; il y était plus facile qu'ailleurs de douter d'avoir un futur ; on ne savait pas qui on était, ce qu'on était, et cela induisait de continuelles mises en scène de son identité. La conscience collective se sentait étouffée de tous côtés par les frontières, mais s'entourait à son tour fébrilement de nouvelles frontières, pour échapper à toute appartenance précise et pour se construire une identité grâce à cette altérité exacerbée. Une ville italienne, qui avait vécu intensément sa passion nationale, et dont les patriotes portaient souvent des noms d'origine allemande ou slave, comme à Prague les nationalistes allemands qui avaient souvent des noms tchèques et vice versa, ou comme certains chefs de file de l'irrédentisme croate en Dalmatie, qui au siècle dernier se réunissaient au café Muljacic à Split et rédigeaient en italien les programmes de revendication croates les plus enflammés. Une ville qui se sentait italienne d'une façon si particulière qu'elle se considérait souvent comme incomprise par les autres Italiens et qu'elle avait par conséquent l'impression de constituer la véritable Italie, comme si de l'autre côté de l'Isonzo — autre frontière fondamentale de la carte géopolitique et mythique — commençait l'Italie officielle et donc moins authentique.

Une ville tout à la fois fière de ses composantes plurinationales et soupçonneuse à leur égard : entre autres la composante allemande et/ou austro-allemande, la grecque, la serbe, la croate, l'arménienne et, surtout, la slovène, sorte de Double secret, refoulé par les uns et exalté par les autres. Quelquefois, en me promenant dans la ville, je me demandais à partir de quel pavé commençait — comme le proclamaient avec emphase les nationalistes — la Slavie, qui s'étendait sur des milliers de kilomètres jusqu'à l'Asie. Peut-être que déjà à l'époque de son âge d'or culturel et économique, au début de ce siècle, Trieste était aussi une ville bloquée, dans laquelle Joyce avait retrouvé Dublin et l'Irlande, la patrie obsédante, insupportable et inoubliable, si nécessaire à l'exilé et au poète : un giron maternel que l'on fuit et que l'on emporte avec soi, une ville qui suscite la manie de toujours parler d'elle en mal, mais surtout de toujours parler d'elle.

Parmi les nombreux autres visages de Trieste se détache le visage juif. Les Juifs, qui avaient joué un rôle décisif dans le développement culturel, économique et politique de la ville, s'étaient identifiés à elle et à son choix de l'Italie, en lui apportant et en lui donnant par ailleurs l'empreinte de la culture, de la civilisation mitteleuropéenne, impensable sans la composante juive.

Trieste — mais cet aspect prend fin en 1938 avec les lois raciales — est l'un des hauts lieux de la présence juive.

Même les frontières du temps étaient, d'une certaine façon, différentes à Trieste : elles se déplaçaient, avançaient et reculaient. Quand je faisais mes études à Turin et que je rentrais de temps en temps à Trieste, chaque fois j'avais l'impression de revenir dans un autre système temporel. Le temps se raccourcissait, s'allongeait, se contractait, se coagulait en grumeaux qu'on avait l'impression de pouvoir toucher du doigt, se dissipait comme des nappes de brouillard. En 1948, à l'époque de la fatidique campagne électorale dans laquelle communisme et anticommunisme s'affrontaient en une partie décisive, l'année 1918, qui avait vu avec la fin de la Première Guerre mondiale Trieste devenir italienne, semblait très lointaine, elle appartenait désormais à l'Histoire; c'était un chapitre d'Histoire déjà terminé, qui ne pouvait provoquer ni débats ni controverses passionnels. Quelques années plus tard, ce passé était soudain redevenu actuel, il s'entrelaçait au présent et d'une certaine façon faisait de nouveau partie du présent, se mêlait à la politique et à la réalité de l'heure.

L'expérience de ces enchevêtrements impliquait un désenchantement précoce, un scepticisme sans illusion à l'égard de toute foi dans un progrès rectiligne de l'Histoire. Dans ce *cul-de-sac* de l'Adriatique, où la mer pousse vers le rivage tous les désenchantements, se sont effondrées plus tôt qu'ailleurs bien des illusions sur le socialisme réel; entre 45 et 48 ont émergé bien des choses qui ailleurs ne se sont révélées qu'en 56 ou en 68, y compris peut-être un pressentiment de cette fragilité du communisme qui a tellement surpris presque tout le monde en 89. Toutefois ces désillusions précoces nous ont précocement mis en garde contre une autre illusion qui allait suivre, celle que la chute du communisme résoudrait tous les problèmes, et elles ont préservé quelques-uns d'entre nous de la honte de donner le coup de pied de l'âne au communisme mourant. Nous avons peut-être été un peu moins surpris de voir resurgir tels quels, voire envenimés, les inextricables problèmes de 1914, gelés pendant tant d'années, et nous nous sommes aperçus que le communisme a laissé aussi un grand héritage, non pas celui des réponses qu'il a données, mais celui des questions qu'il a posées.

Les frontières sont déplacées, elles disparaissent et soudain réapparaissent ; avec elles le concept de ce que nous appelons *Heimat*, la patrie, devient fuyant. Les villes et les individus se trouvent souvent en situation d'*ex*, et cette expérience du dépaysement, de la perte du monde, ne concerne pas seulement la géographie politique mais la vie en général. Mon Stadelmann dit que chacun est un ex quelque chose, même s'il ne le sait pas.

Peut-être que pour moi l'expérience qui est à l'origine de la narration, du rapport qu'il y a entre la narration et les malentendus de la vie et de l'Histoire, remonte à un grotesque et douloureux déplacement de frontière dont, enfant, j'ai par hasard été le témoin, à ce ridicule « Kosakenland » que les Allemands, durant la Seconde Guerre mondiale, avaient promis à leurs alliés cosaques et qui, pendant quelques mois, avait été situé en Carnie, la partie âpre et pauvre du Frioul, jusqu'à la catastrophe finale.

Dans ces terres les Cosaques n'avaient pas seulement transféré leurs tentes, mais aussi leurs racines ; ils avaient transplanté leur passé et leur steppe dans cette région, dont peu de temps auparavant ils ignoraient jusqu'à l'existence. Persuadés de combattre pour la liberté, ils s'étaient mis au service de la tyrannie la plus féroce. Au nom d'une patrie, dont ils étaient à la recherche, et dans le désir de trouver un point fixe, une frontière bien à eux, stable et tranquille, ils dépossédaient d'autres gens de leur patrie, de leurs frontières.

Cette histoire des Cosaques montre que la frontière qui passe entre le mensonge et la vérité est souvent incertaine, même si notre devoir est de chercher à l'établir. La mise en scène de la vérité se tourne souvent en son contraire, la vérité est masquée et se transforme en mensonge ; dans ce cas-là aussi il s'agit d'une frontière que l'on outrepasse ou que l'on confond sans s'en rendre compte. La frontière entre mensonge et vérité, en eux-mêmes séparés par une ligne de démarcation bien nette, comme le oui et le non de la parole dans l'Évangile, est souvent effacée et déplacée par l'Histoire et par l'idéologie.

Mon éducation sentimentale a été marquée par mainte expérience de frontière perdue ou cherchée, reconstruite dans la réalité et dans le cœur. Après celle de ce fantomatique État cosaque, l'autre expérience fondatrice, en ce sens, a été pour moi celle de l'exode de ces trois cent mille Italiens qui, à la fin de la Seconde Guerre mondiale, ont abandonné l'Istrie. La Yougoslavie de Tito, après s'être libérée par son extraordinaire guerre de résistance, n'avait pas seulement repris des terres slaves, mais aussi annexé, avec l'Istrie et Fiume, des terres italiennes. Pendant les années précédentes il y avait eu l'oppression fasciste des Slaves et la sous-évaluation de leurs droits aussi de la part de nombreux Italiens non pas fascistes à proprement parler mais nationalistes. Le sursaut yougoslave, à l'enseigne du totalitarisme, fut violent et indifférencié. Dans ces années marquées par la peur, par l'intimidation et par le crime, près de trois cent mille Italiens abandonnèrent, à divers moments, leurs terres et leurs maisons, pour errer dans le monde et vivre, parfois pendant de longues années, dans des camps de réfugiés. Ces gens, qui avaient tout perdu, étaient souvent incompris et ignorés dans leur drame, ce qui souvent aussi les faisait s'enfermer dans d'autres frontières qui se dressaient dans les cœurs, frontières de l'amertume et du ressentiment qui isolaient ces exilés non seulement de la terre qu'ils avaient perdue mais aussi, bien souvent, de celle dans laquelle ils venaient s'intégrer et qui les ignorait ou les faisait se sentir en partie étrangers.

D'autres frontières, encore plus complexes, se créaient autour de ces exilés qui, bien que souffrant du drame de l'exil et de l'incompréhension de la part de l'Italie officielle, et bien que s'opposant à la violence nationaliste slave qui les avait chassés de chez eux, refusaient d'adhérer aux sentiments nationalistes italiens et donc à tout refus systématique des Slaves et continuaient à voir dans le dialogue entre Italiens et Slaves leur identité la plus authentique. Ils continuaient à considérer leur monde istrien et adriatique comme un monde mixte et composite, pas seulement italien et pas seulement slave mais italien et slave, s'attirant de ce fait la haine tant des nationalistes slaves que des nationalistes italiens et en arrivant ainsi à se retrouver dans une sorte de no man's land idéal, entouré d'autres frontières.

Ces confins orientaux de l'Italie ont été le théâtre d'une autre migration, quantitativement beaucoup plus modeste, mais beaucoup plus ignorée et plus tragique, que j'ai évoquée dans *Une autre mer* et dans *Microcosmes* : je veux parler des deux mille ouvriers italiens de Monfalcone, militants communistes convaincus qui avaient connu les prisons fascistes et les camps de concentration allemands et qui, quand se produit l'exode d'Istrie, abandonnent tout pour aller s'installer en Yougoslavie et contribuer à l'édification du communisme. Quand Tito rompt avec Staline, ils sont persécutés en tant que staliniens et déportés dans deux goulags, où ils subissent des violences de toutes sortes et résistent au nom de Staline, qui à leurs yeux représente l'Idéal et la Cause. Plus tard encore, rentrés en Italie, ils subissent des vexations en tant que communistes et sont en butte à l'hostilité du

P.C.I. en tant que témoins gênants du passé stalinien : ils se retrouvent, une fois encore, de l'autre côté, du mauvais côté au mauvais moment, entourés par les frontières les plus dures et les plus inhumaines.

Sans cette expérience de la frontière, beaucoup de mes livres n'auraient pas vu le jour. *Danube* est tout entier un livre de frontière, un voyage pour tenter de dépasser et de franchir les frontières, non seulement nationales mais aussi culturelles, linguistiques, psychologiques : frontières dans la réalité extérieure, mais aussi à l'intérieur d'un individu, frontières qui séparent les zones cachées et obscures de la personnalité et qui doivent elles aussi être franchies, si l'on veut connaître et accepter jusqu'aux composantes les plus inquiétantes et les plus difficiles de cet archipel qui constitue l'identité.

Il s'agit d'un voyage difficile, qui connaît d'heureux abordages mais aussi des naufrages et des échecs; si le voyageur danubien est parfois capable de passer par-dessus la frontière, de vaincre cette peur et ce refus de l'autre — prémisses de la violence contre l'autre — et d'aller à sa rencontre, d'autres fois en revanche il n'est pas capable d'accomplir ce pas et il se renferme sur lui-même, victime de ses préjugés, de ses phobies et de ses incertitudes. *Une autre mer* aussi est un livre de beaucoup de frontières, physiques et métaphysiques, de la terre et de l'eau, de la vie et de la mort, du sens et du néant.

Toute frontière a quelque chose à voir avec l'insécurité et avec un besoin de sécurité. La frontière est une nécessité, puisque sans elle, c'est-à-dire sans distinction, il n'y a pas d'identité, il n'y a pas de forme, il n'y a pas d'individualité et il n'y a même pas d'existence réelle, puisqu'elle est aspirée dans l'informe. La frontière constitue une réalité, elle donne des contours et des traits, elle construit l'individualité, personnelle et collective, existentielle et culturelle. La frontière est forme, et par là même art. La culture dionysiaque, qui proclame la dissolution du moi dans un magma pulsionnel indistinct, qui devrait être libérateur et qui est en fait totalitaire, prive le sujet de toute capacité de résistance et d'ironie, l'expose à la violence et à l'effacement, désagrège toute unité porteuse de valeurs en un émiettement gélatineux et sauvage. Le moi est comme le baron de Münchhausen, il doit s'extraire des sables mouvants en se soulevant par son propre catogan. Il ne peut compter que sur ce catogan et sur cette position difficile et paradoxale, mais cette condition ironique constitue sa force. L'ironie abolit les frontières rigides et imposées, mais édifie des frontières humaines, flexibles et tenaces ; l'ironie s'oppose à tout mysticisme vague et à toute assemblée totalitaire pulsionnelle, parce qu'elle distingue, articule, redimensionne et autoredimensionne. L'ironie est une guérilla contre l'outrance viscérale et le minimalisme postmoderne ; c'est une vertu tendre et forte.

L'*Odyssée*, livre des livres et roman des romans, est peut-être avant tout une épopée des frontières, de l'individu qui construit sa personnalité, autrement dit qui la délimite par rapport au flux indifférencié, envoûtant et destructeur de la nature qui voudrait le dissoudre ; le moi s'enrichit de son affrontement avec la diversité, mais sans se laisser effacer ou absorber. Le dialogue, qui unit les interlocuteurs, présuppose qu'ils soient distincts les uns des autres, qu'il y ait entre eux une petite, mais incompressible et féconde distance.

Deux modèles d'odyssée se présentent comme possibles à notre époque. D'une part, selon le modèle traditionnel et classique qui va d'Homère à Joyce, l'odyssée comme voyage circulaire, autrement dit comme trajet de l'individu qui part, traverse le monde et à la fin revient à Ithaque, chez lui, enrichi et changé, bien sûr, par les expériences qu'il a faites en cours de route, mais confirmé dans son identité. C'est-à-dire qu'il parvient à une identité plus profonde, en construisant de solides et sûres frontières de sa propre personne, ni obsessivement fermées au monde ni dissoutes dans une chaotique indistinction.

D'autre part il y a l'odyssée rectiligne, celle que raconte par exemple Musil, dans laquelle l'individu ne revient pas chez lui, mais avance en ligne droite vers l'infini ou vers le néant, en se perdant en route et en changeant radicalement sa physionomie, en devenant un autre, en détruisant toute frontière de sa propre identité. Musil raconte l'explosion de l'individualité et donc la rupture des charnières qui lui donnent forme et contour, surtout dans deux personnages de *L'Homme sans qualités*, Moosbrugger et Clarisse, lesquels ne sont plus des individus mais des agrégats de pulsions, des rêves collectifs ou de vertigineuses identifications du moi avec le réel, dans lequel il débouche et se perd, sans instituer de frontière entre lui-même et le monde.

Derrière toute cette littérature il y a, explicite ou implicite, la grande leçon de Nietzsche, explorateur et destructeur de toute prétendue identité individuelle, dissoute par lui en une « anarchie d'atomes », dans laquelle la structure traditionnelle, millénaire, du sujet individuel qui a mis un temps immémorial à construire à grand-peine ses frontières, semble déjà sur le point de se dissoudre, de perdre ses propres limites et de se transformer en une pluralité non encore clairement définie, presque en un nouveau stade anthropologique. Une bonne part de la plus grande littérature moderne et contemporaine est marquée par un double rapport du moi avec ses propres frontières, avec leur dissolution (y compris linguistique) et leur durcissement, tous deux mortels.

On a besoin d'une identité ironique, capable de se libérer de l'obsession de se refermer et aussi de celle de se dépasser. Souvent les écrivains de frontière se trouvent entre Charybde et Scylla, entre la rhétorique d'une identité compacte et celle d'une identité fuyante. Nous connaissons tous et nous méprisons les premiers, les écrivains qui se font les gardiens torves de la frontière — de l'italianité, de la slovénité, de la germanité. Mais les autres aussi, qui les combattent depuis les positions beaucoup plus nobles qu'ils occupent, sont souvent victimes à leur tour d'une autre rhétorique de la frontière, celle de vouloir nier à tout prix toute frontière, de se mettre toujours de l'autre côté, de se sentir, par exemple, à Trieste italien parmi les Slovènes ou slovène parmi les Italiens, ou bien au Tyrol allemand avec les carabiniers et italien avec les Schützen.

Cette position est souvent politiquement méritoire dans un climat d'âpres conflits ethniques, mais risque de devenir une formule stéréotypée, un commode alibi littéraire, et de céder à son tour à ce *pathos* de la frontière que l'on veut refuser, à cette interrogation obsessive sur l'identité qui s'exprime dans la complaisance avouée à ne se reconnaître dans aucune identité précise. Même une littérature de frontière passionnée et ouverte au questionnement, soucieuse de proclamer sa non-appartenance, peut devenir un recueil moisi de lieux communs, comme les dictionnaires de rimes de jadis, prêts à suggérer la rime utile. La critique féroce envers le monde natal, quoique préférable à sa célébration mièvre, devient facilement un *topos* éculé : les écrivains triestins qui font la satire de Trieste, ceux de Prague qui s'acharnent contre Prague, ceux de Vienne qui tournent Vienne en dérision et ceux du Piémont qui n'ont de cesse que de se dépiémontiser sont souvent en équilibre instable entre la libération authentique et la viscéralité conventionnelle.

La meilleure façon de se libérer de l'obsession de l'identité, c'est de l'accepter dans son approximation toujours précaire et de la vivre spontanément, autrement dit en l'oubliant, comme on vit sans penser tout le temps à son sexe, à son état civil ou à sa famille ; mieux vaut même vivre sans trop penser à la vie. Pourvu que l'on soit conscient de leur relativité, il faut accepter ses propres frontières, comme on accepte les limites de son logement.

Vécues de cette manière, avec simplicité et affection, elles constituent un affermissement de la personne, elles aident la personne à se développer. Dante disait que notre patrie, c'est le monde, comme la mer pour les poissons, mais qu'à force de boire l'eau de l'Arno il avait appris à aimer intensément Florence. Ces deux eaux, qui se rencontrent et se mélangent sans effacer leurs limites, se complètent mutuellement. L'une est fausse sans l'autre ; sans le sentiment d'appartenir à cette mer, l'attachement à l'Arno devient une étroitesse régressive, et sans l'amour concret pour son fleuve natal se réclamer de la mer devient une abstraction vide.

C'est peut-être surtout la civilisation juive de la diaspora qui a uni en une vigoureuse symbiose enracinement et éloignement, amour de la maison et fugue nomade qui ne trouve de demeure provisoire que dans une anonyme chambre d'hôtel, dans un hall de gare, dans un café misérable, étapes de l'exil et du chemin vers la Terre promise et donc frontières concrètes, quoique fugaces, d'une vraie patrie.

Dans une histoire juive orientale, d'où j'ai tiré le titre d'un livre sur l'exil, un Juif, dans une petite ville d'Europe de l'Est, rencontre un autre Juif qui se dirige vers la gare avec beaucoup de valises et lui demande où il va. « En Amérique du Sud », répond l'autre. « Ah, réplique le premier, tu vas si loin. » À quoi l'autre, le regardant avec étonnement, répond : « Loin d'où ? » Dans cette anecdote, le Juif de l'Est n'a pas de patrie, pas de point de repère par rapport auquel il pourrait se considérer comme près ou loin, et il est donc loin de tout et de tous, il n'a pas de patrie historico-politique et donc pas de frontières. Mais en même temps il a sa patrie en lui-même, dans la loi et dans la tradition où il est enraciné et qui sont enracinées en lui, et donc il n'est jamais loin de chez lui, il est toujours à l'intérieur de sa propre frontière. Celle-ci devient ainsi un pont ouvert au monde.

Mais la frontière est une idole quand elle est vécue comme barrière, pour repousser l'autre. L'obsession de sa propre identité, qui s'entoure d'autant plus de frontières qu'elle poursuit avec plus d'acharnement une pureté impossible et régressive, conduit à la violence, dont l'atroce et stupide guerre dans l'ex-Yougoslavie est un exemple extrême, mais non unique en Europe. Comme toute idole, la frontière souvent exige un tribut de sang, et ces derniers temps la résurgence des obsessions concernant les frontières, le débridement de particularismes furibonds et viscéraux, où chacun se ferme sur lui-même en idolâtrant sa spécificité et en rejetant tout contact avec l'autre, est en train de déchaîner des luttes féroces. Les différences, redécouvertes et appréciées à juste titre en tant que variantes de l'universel humain, en deviennent la négation et la destruction, si on fait d'elles un absolu. À ce fétichisme, il faut opposer les paroles de Nietzsche qui, prises à la lettre, induiraient en erreur, mais comprises comme métaphore sont éclairantes et vraies : « Pourquoi être hostile à mon voisin, quand en moi-même et chez mes aïeux il y a si peu à aimer ? »

Il n'y a pas seulement les frontières entre les États et les nations, établies par les traités internationaux ou par la force. La plume elle aussi, qui griffonne chaque jour, comme dit Svevo, trace, déplace, efface et reconstruit des frontières, elle est comme la lance d'Achille, qui blesse et qui guérit. La littérature est en elle-même une frontière et une expédition à la recherche de nouvelles frontières, qu'elle déplace et définit. Toute expression littéraire, toute forme est un seuil, une zone à la limite d'innombrables éléments, tensions et mouvements divers, un déplacement des limites sémantiques et des structures syntaxiques, un continuel démontage et remontage du monde, de ses cadres et de ses images, comme dans un studio de cinéma où on réordonnerait sans cesse les scènes et les perspectives de la réalité. Tout écrivain, qu'il le sache et le veuille ou non, est un homme de frontière, c'est le long d'une frontière qu'il se meut; il défait, il récuse et propose des valeurs et des significations, il articule et désarticule sans trêve le sens du monde dans un mouvement qui est un continuel glissement de frontières.

L'écriture travaille aux frontières et à leur glissement au moment où elles s'estompent et vont disparaître. L'engagement moral, le bon combat quotidien, qui imprègne aussi la littérature, impose d'établir et de défendre continuellement des frontières; d'abattre celles qui semblent fausses et d'en ériger d'autres, de barrer la route au mal. Un monde sans frontières, sans distinctions, serait le monde horrible du « tout permis » imaginé avec horreur par Dostoïevski, un monde susceptible de toutes les violences et de tous les abus. En ce sens, on lutte contre des frontières mais c'est pour en instaurer d'autres.

D'un autre côté, il y a la fascination du moment où une chose se fond dans une autre, de l'incessante métamorphose du monde qui est l'essence même de la vie, laquelle consiste donc en un continuel dépassement de frontières. J'ai toujours été fasciné par les limites entre les couleurs, par la façon dont elles s'estompent en nuances dans l'intervalle; souvent le changement de couleur, en particulier quand il se réfère à l'eau, devient le chiffre même du sens de la vie et de la poésie qui essaie de le saisir. Le voyage aussi, structure narrative qui m'attire avec tant d'insistance, se déroule selon un rythme qui est celui sur lequel les frontières pâlissent, s'estompent et disparaissent. Ce n'est pas par hasard que le voyage se fait si souvent sur l'eau : le long des fleuves, dans les lagunes, au point de rencontre entre le fleuve et la mer, dans la réverbération de midi sur la mer qui symbolise la séduction et la destruction immanentes en un absolu sans limites.

L'image insistante de la ligne où l'eau du fleuve rencontre celle de la mer peut être un signe de cette fascination pour le moment où la couleur va s'effacer.

Pourtant tout récit donne une forme à la vie, et donc institue une frontière ; la fascination de l'effacement n'a de sens que si, dans le vertige même de cette métamorphose, on cherche à fixer, pour un instant au moins, une image qui le soustrait à l'indistinct. La littérature est aussi une analyse du cours des passions et des sentiments, de ce processus continu et ambivalent par lequel un sentiment se fond dans un autre qui en est proche, jusqu'à se retourner parfois en un sentiment contraire — et dans ce cas aussi il s'agit d'un franchissement de frontière, de la découverte de leur nécessité et en même temps de leur précarité.

La littérature enseigne à franchir les limites, mais consiste à tracer des limites, sans lesquelles ne saurait exister non plus l'effort pour les dépasser et atteindre quelque chose de plus haut et de plus humain. Les frontières de notre présent historique n'ont, hélas, pas grand-chose à voir avec la littérature, mais avec une dimension beaucoup plus violente et immédiate. Ce qui s'est produit en Yougoslavie révèle le poids terrible du passé et de l'Histoire, le pouvoir létal de pluriséculaires frontières de la haine et de la division. Après les grands événements libérateurs de 1989 qui ont créé la possibilité d'abattre murs et frontières et de construire une nouvelle unité européenne, on assiste à l'édification de nouvelles frontières et de nouveaux murs — ethniques, chauvinistes, particularistes. En outre se profile sur notre avenir le spectre de la migration d'hommes innombrables qui, poussés par la douleur et par la faim, abandonneront probablement leurs racines, leurs frontières, provoquant des haines et des peurs, qui à leur tour conduiront à ériger de nouvelles barrières. Ces déplacements constituant l'un des phénomènes majeurs de notre temps, c'est de la qualité de la réponse qu'on saura leur apporter — réponse qui devrait être libre de toute haine et de toute démagogie sentimentale — que dépendra l'existence ou tout au moins la dignité de l'Europe.

Comme le poète Biagio Marin qui, né à Grado et irrédentiste italien, déclarait en 1915 au recteur de l'Université de Vienne son souhait que l'Italie entre en guerre pour détruire l'empire des Habsbourg, mais qui ensuite, à peine engagé dans l'armée italienne, protestait contre l'arrogance d'un capitaine en disant : « Nous, les Autrichiens, nous ne sommes pas habitués à ce style-là » (ou comme cet homme que j'ai connu autrefois à Fribourg), il faudrait être capable de se sentir de l'autre côté et d'aller de l'autre côté. Il faudrait que chacun ait honte du nationalisme de son pays, dont chacun est toujours un peu coupable.

La Yougoslavie n'est qu'un exemple éclatant d'une maladie mortelle qui couve partout. Quand, il y a quelques années, j'ai vu planter avec un enthousiasme orgueilleux des poteaux de frontière entre la Slovénie et la Croatie, il m'est revenu à l'esprit une histoire que m'avaient racontée des amis estoniens et lettons. En 1929 ou 1930, des étudiants lettons entrèrent en Estonie, montèrent sur le Suur-Munamäki, la colline la plus haute de la côte balte, 317 mètres, soit quatre de plus que le point culminant de la Lettonie, et ils rasèrent ces quatre mètres pour ôter cette suprématie aux Estoniens, lesquels d'ailleurs la reconquirent aussitôt en réamoncelant sur la cime quatre mètres de terre et en y ajoutant même une tour. Il existe aussi des frontières verticales. Il faudrait être capable de voir en elles — même lorsqu'elles se dressent avec orgueil comme le mur de Berlin il y a peu de temps encore — des tas de ruines, comme dans toutes les frontières, et savoir que notre devoir est de balayer ces ruines et de les entasser là où elles gêneront le moins, comme le faisaient en 1945 les fameuses *Trümmerfrauen* berlinoises.

La figure de cette femme qui, avec son balai, déblaie des gravats et des murs lézardés, pourrait être la figure idéale, symbolique, de l'ange de la frontière. Mais c'est une figure improbable : à l'horizon se profilent plutôt les tireurs d'élite armés de leur fusil, postés derrière des frontières de plus en plus hautes, comme des tours de Babel. Il est de plus en plus difficile, dans l'actuelle irréalité du monde, de répondre à la question de Nietzsche : « Où puis-je me sentir chez moi ? »

1993

L'ÉCLAT
ET LE TOUT

Il y a quelques années circulait une histoire drôle se référant tantôt à l'une tantôt à l'autre de ces petites nations qui étaient en train d'émerger d'une situation de minorité ou d'oppression — de la part de peuples plus puissants ou d'États plus vastes dont ils faisaient partie — et qui proclamaient orgueilleusement, avec une emphase parfois naïve quoique compréhensible, leur particularisme et leur jeune force. Cette histoire raconte que la délégation d'une de ces nations ayant accédé depuis peu à l'indépendance ou au moins à une large autonomie se rend à Pékin en visite officielle. « Nous sommes trois millions ! » — ou deux, ou quatre, selon le pays en question —, déclare fièrement le chef de la délégation au représentant du gouvernement chinois qui le reçoit, et ce dernier lui demande avec sollicitude : « Dans quel hôtel ? »

La réplique, comme beaucoup de bons mots, n'est pas du meilleur goût car elle tourne en dérision les sentiments de fierté bien compréhensibles de nations et d'ethnies opprimées, qui se remettent à respirer et à reprendre conscience de leur dignité, exprimant parfois cet état d'esprit dans des formes vives et puériles. Il n'est pas facile de trouver tout de suite le ton juste, dans ses rapports avec le monde, après avoir été longtemps soumis ; le ton juste, cette modestie tranquille qui n'a besoin ni de s'affirmer ni de se faire reconnaître, ce détachement à l'égard de soi-même qui donne plus de sérénité et d'aisance, tout cela naît de la liberté et de la sécurité intégrées comme des données naturelles. La violence et l'injustice, comme toute souffrance, toute douleur, sont une mauvaise école. Elles laissent des traces sur le visage et dans l'âme de celui qui les subit ; les malheureux et les parias sont souvent aussi déplaisants. Mais ils doivent d'autant plus être aidés et aimés, car la faute de ces cicatrices qui les défigurent spirituellement incombe à ceux qui leur ont infligé ces blessures. Les violents et les prévaricateurs, écrit Manzoni, sont responsables non seulement du mal qu'ils font à leurs victimes, mais aussi de celui auquel ils induisent celles-ci, par suite des torts subis. Toute minorité qui sort de la marginalisation — nationale, culturelle, religieuse, politique, sexuelle — tend, au moins au début, au narcissisme exhibitionniste et, jusqu'à ce qu'elle ne s'en libère, en apprenant à vivre spontanément sa propre spécificité et à ne pas trop en faire cas, elle fait la preuve qu'elle est encore, intérieurement, dans une situation d'infériorité.

C'est peut-être à juste titre, même si parfois cela pouvait sembler dérisoire, que l'on a proclamé que *small is beautiful* à l'encontre de la conviction brutale que, selon une formule célèbre, ce sont les gros bataillons qui font l'Histoire ; la redécouverte des différences — et pas seulement nationales — a été une conquête libertaire de ces dernières décennies, la prise de conscience de la valeur irremplaçable de l'individualité, et du fait que dans le petit il peut y avoir le grand, comme une marguerite peut contenir le printemps tout entier. Herder, le grand écrivain allemand contemporain de Goethe, découvrait chez Homère et dans la Bible la créativité aurorale et pérenne de la poésie, mais il la trouvait aussi dans la chanson populaire lettone anonyme qu'il avait écoutée la nuit de la Saint-Jean.

Pourtant cette obscure chanson d'un peuple qui, à la différence des Grecs et des Hébreux, n'a pas été un protagoniste de l'histoire du monde, est belle non parce qu'elle est la voix ignorée d'une réalité périphérique, mais parce que en elle résonne une universalité qui transcende cet endroit écarté et fait partie, tout autant qu'une œuvre illustre, du vaste monde. Le slogan *small is beautiful* est faux, non seulement parce qu'il ne suffit pas d'être petit pour être beau, pas plus qu'il ne suffit d'être faible pour être bon, mais parce qu'il fait offense à la vitalité des cultures locales, en exaltant en elles le localisme, c'est-à-dire ce qu'il y a d'étroit, plutôt que la grande haleine de la vie qui souffle aussi dans les lieux les plus reculés et qui n'appartient pas seulement à elle, mais à l'humanité.

Les localismes tribaux dégradent l'amour du lieu natal parce qu'ils en font un fétiche grossier, l'objet d'un culte idolâtre ou d'un folklore tapageur. Une chose est d'être napolitain, a écrit Rafaele La Capria, une autre de «jouer les Napolitains», en rabaissant Naples et le rapport qu'on a avec elle, et cela vaut pour toute identité. Qui dit culture dit forcément penser et sentir en grand, avoir le sens de l'unité par-delà les différences, se rendre compte que l'amour pour le paysage qu'on voit de sa fenêtre n'est vivant que s'il s'ouvre au reste du monde, s'il s'inscrit spontanément dans une réalité plus vaste, comme la vague dans la mer et l'arbre dans la forêt.

Tout lieu peut être le centre du monde, disait Élan Noir, guerrier sioux et grand poète, fraternellement tourné vers la multiplicité de la vie, mais conscient qu'elle acquiert une signification si elle se reconnaît, à chaque fois, en un centre qui lui confère une unité. Dans mes voyages, danubiens et autres, j'ai traqué des cultures minoritaires et périphériques, des communautés de dimensions parfois extrêmement réduites, comme par exemple celle des Cici, les Istro-Roumains d'Istrie qui selon le dernier recensement comptent huit cent dix individus et que, si j'avais continué à les fréquenter juste un peu plus longtemps, j'aurais fini par connaître tous un par un. Mais la périphérie dans un microcosme n'a de sens que si l'on y rencontre — fût-ce sous les apparences les plus modestes, tel un roi vêtu comme un mendiant — quelque chose de grand, qui n'appartient pas seulement à cet horizon limité.

Les mesures justes — et encore insuffisantes — de décentralisation, les réformes fédéralistes et le développement des autonomies locales, nécessaires pour l'efficacité de l'administration et de l'organisation de la vie politique et sociale, seraient nocives si elles minaient ce sentiment d'être confronté au monde et renfermaient les hommes dans une perspective étroitement particulariste, les rendant incapables de regarder plus loin que les portes de leur ville. L'engagement concret s'exerce toujours dans le cadre d'une réalité déterminée, autrement dit locale, faute de quoi il se dissiperait en une abstraction rhétorique — et l'on peut dans ce cas affirmer qu'on aime l'humanité tout en faisant subir les pires avanies aux hommes, à commencer par ses voisins —, mais il n'y a pas de perspective qui donne sens à un travail sinon celle, vaste, qui induit à se sentir, quand on travaille dans son quartier, citoyen de son pays tout entier, de l'Europe, du monde, à l'égard desquels on est responsable.

Point n'est besoin d'aller à Rome ou à New York pour avoir ce sentiment d'appartenance à un contexte plus vaste que son propre cercle immédiat ; certains pêcheurs et patrons de barque que je rencontre en me promenant parmi mes chères îles de la haute Adriatique le possèdent instinctivement, dans leur manière d'être et de sentir la vie, au besoin sans être allés plus loin que ces îles et en ne pratiquant que leur dialecte — un dialecte parlé spontanément, sans que s'y mêlent les revendications idéologiques régressives des artificieux théoriciens des petites patries et donc, comme toute langue, langage de la vie et de tout le monde.

L'identité n'est pas une donnée rigide et immuable, elle est fluide, c'est un processus toujours en devenir, par lequel on s'éloigne continuellement de ses origines, comme le fils qui quitte la maison de ses parents, et on y retourne par la pensée et par le sentiment; c'est quelque chose qui se perd et qui se renouvelle, dans un mouvement incessant de dépaysement et de retour. L'amour de la patrie, toujours petite et toujours grande, a été exprimé non par ceux qui ont barbarement célébré le sol et le sang, oubliant que ce dernier est toujours métissé, mais par ceux qui ont fait l'expérience de l'exil et de la perte et ont appris, par la nostalgie, qu'une patrie et une identité ne peuvent pas se posséder comme on possède une propriété. Ceux qui ont survécu à l'empire des Habsbourg et qui, dans les États nationaux nés de sa dissolution, se sont toujours sentis des *ex*, enseignent, au-delà même de leur destin et de celui de leur monde, que l'amour des racines a besoin de s'inscrire dans un plus vaste horizon.

Fédéralisme, décentralisation, autonomie locale ne doivent pas être confondus avec les fermetures particularistes; il ne faut pas oublier par ailleurs que tous les grands États unitaires, avec leurs bureaucraties, ne sont pas nécessairement inefficients : les traitements et les services publics fonctionnaient mieux dans l'immense Empire romain que dans l'atomisation du Moyen Âge féodal, mieux dans l'empire des Habsbourg que dans les États plus petits qui lui ont succédé. La lutte contre les rigidités administratives, qui implique des décentralisations et des autonomies toujours plus étendues, ne doit pas se faire au détriment d'une vision d'ensemble, nationale et supranationale. Aucun système ne garantit de la corruption et de la compromission, mais plus vaste — et plus dégagée de la viscéralité des rapports de proximité — est l'entité de référence, et plus facilement sont éliminées les scories et les incrustations qui n'ont qu'un relief circonscrit. Aucune blanchisserie ne garantit une propreté authentique et absolue, mais si on lave son linge sale en famille, le risque de le retrouver encore taché est plus grand.

Toute endogamie — toute identité prétendue pure — est asphyxiante et incestueuse. C'est de Joyce, qui l'a quittée et férocement critiquée, que l'on apprend à aimer l'Irlande, bien plus que de tous ces romans irlandais pleins de jeunes filles aux cheveux roux et de vertes prairies. Dans un éclat il peut y avoir le monde, mais l'éclat n'est quelque chose que si, sans se limiter à n'être qu'un éclat, il est le monde.

1997

L'AVENTURE IMPROBABLE

Sealsfield et *La Prairie aux jacinthes*

L'auteur de romans d'aventures est souvent la première créature de l'univers qu'il a lui-même imaginé, le protagoniste constant et énigmatique des cycles d'exploits sans cesse renouvelés qui cependant ont pour héros d'autres personnages, portant divers noms : inventeur licitement arbitraire et narrateur souverainement extérieur et omniscient, l'auteur finit par s'insinuer dans les pages de ses livres et par devenir un personnage, ou plutôt le personnage de sa propre fiction épique. Le public enfantin ou populaire met sur le même plan le portrait d'Emilio Salgari avec ses moustaches à la hongroise sous la casquette de marin et celui de Sandokan avec son turban surmonté d'un saphir gros comme une noisette. L'auteur de récits d'aventures, libéré de tout scrupule de crédibilité de type réaliste, ressent comme un besoin de garantir la véracité des extraordinaires prouesses dont il fait état par un témoignage direct et personnel, une déclaration d'expérience vécue qui fait de lui le premier et le plus irrésistible de ses héros. Karl May — l'équivalent allemand ambigu de Salgari — conduit ce principe jusqu'à ses conséquences les plus explicites en s'identifiant formellement, chaque fois, avec le protagoniste des cycles historico-géographiques les plus divers de ses aventures : Karl May devient Kara-Ben-Nemsi dans le monde musulman, et Old Shatterhand dans les prairies du Far West.

Cette identification, loin d'être une objectivation de sa propre personne, est une technique de déguisement et de dissimulation. L'auteur se fond par mimétisme dans les paysages exotiques qui sortent de sa plume, mêle les traits de son visage à ceux, stéréotypés et récurrents, de ses personnages et se cache dans la jungle colorée de son œuvre. Si jamais des auteurs parviennent à dissoudre leur propre physionomie dans le tissu impersonnel de l'écriture, comme Barthes en émet le vœu dans le sillage d'une tradition qui remonte à Valéry, c'est aux imparfaits et élémentaires artisans de romans-feuilletons que cela advient, comme s'ils se rendaient obscurément compte que pour eux il n'y a pas de vie en dehors de leur production littéraire simple mais bien agencée, qui épuise totalement leur être. Si un grand écrivain est un iceberg dont l'œuvre écrite ne révèle qu'un huitième émergeant à la surface, un auteur populaire de romans de cape et d'épée ou de scènes de western se résume et se réalise globalement dans ses décors pittoresques. En dehors de ses volumes illustrés de gravures coloniales, il risque de ne plus exister, de disparaître, alors il se défend en essayant de rendre mystérieuse son insignifiance fuyante et de camoufler dans l'anonymat son absence effective de visage. Sa voix, comme l'a observé Michel Foucault à propos de Jules Verne, est incertaine et changeante, elle passe d'une bouche à l'autre de ses personnages, elle se confond et se dissocie sans cesse et surtout elle se cache dans un bruit de fond confus ou dans la feinte impersonnalité d'une information prétendument objective.

L'auteur semble viser à une continuelle « métamorphose de fuite » (selon l'opinion de Canetti), il efface et brouille ses traces, il fournit des données fausses et contradictoires sur lui-même. Il n'a pas de nom, mais souvent des pseudonymes ; il ne se proclame pas auteur, se présentant souvent comme l'éditeur du manuscrit d'un autre ou le divulgateur d'une histoire entendue. Son refuge contre sa propre faiblesse intellectuelle et les complexités de l'histoire irréductibles aux ruses naïves de sa plume réside dans l'anonymat. La multiplication des noms est une autre technique de défense qui participe elle aussi de la réticence, c'est une autre astuce pour garantir son incognito : dès le début du *Roman de Bas-de-cuir*, de Fenimore Cooper, le nom de Natty Bumppo se retranche derrière ses nombreux synonymes : Long Fusil, Œil de faucon, le Coureur de prairie, le Tueur de daims, en plus de Bas-de-cuir. « Il y a un seul refuge possible, écrira Hermann Broch dans *Les Irresponsables*, et c'est de ne pas avoir de nom. Celui qui n'a plus de nom ne peut pas être appelé, on ne peut pas l'appeler. Moi, grâce à Dieu, j'ai oublié le mien [...]. Qui n'a plus de nom vit dans le Non-advenu et rien ne peut lui advenir : il est délivré de tous les nœuds, de toutes les intrigues... » À partir de l'époque de la Restauration au moins, le roman d'aventures est en effet, dans son noyau le plus secret, non pas la chronique — éventuellement puérile — de joyeuses conquêtes, mais bien l'élégie d'un passé à jamais perdu ou l'enregistrement angoissé d'une fêlure intérieure, d'une dépossession et d'une destitution de la personnalité individuelle qu'aucune hyperbole héroïque forcée ne parvient à cacher ou à compenser.

Le récit d'aventures, qui déplace cette aventure toujours plus loin — toujours un peu au-delà de l'horizon de l'expérience concrète — et en sanctionne ainsi la fin, est l'un des premiers documents qui révèlent la crise spirituelle de l'Europe moderne. Les écrivains, qui semblent fournir des canevas élémentaires et des scénographies à l'expansion de l'homme blanc, réagissent en fait à un profond malaise, à un trouble secret qui pousse à la fuite et à l'oubli, nullement à l'affirmation héroïque. Cette sensation semble ensuite s'être transférée des auteurs de romans d'aventures populaires aux grands narrateurs tourmentés qui se servent extérieurement de ces schémas pour exprimer leur univers complexe et troublé. Presque tous orientés, à des degrés très divers, vers des positions plus ou moins conservatrices — de Kipling à Conrad et à Jack London —, les écrivains (grands, médiocres ou mineurs) qui utilisent les structures du roman d'aventures sont les porte-parole d'une scission inguérissable : leur sentiment de l'héroïque tend vers le néant et vers la vanité, comme dans le récit de Kipling *L'homme qui voulut être roi*, dont on ne sait si on doit le considérer comme un compte rendu véridique ou comme la divagation délirante d'un fou qui l'oublie aussitôt.

Charles Sealsfield est maître dans cet art de brouiller ses propres traces dans sa vie comme dans son œuvre. Religieux ayant fui l'Europe de Metternich après s'être défroqué, durant son voyage d'évasion déjà il répand sur ses intentions, de fausses nouvelles qui certes lui servent à égarer la police mais révèlent aussi son goût de l'artifice romanesque (lettres expédiées afin qu'elles tombent entre les mains des autorités, sauf-conduits falsifiés, contacts très étroits avec des fonctionnaires impériaux et avec des loges maçonniques). Si Charles Sealsfield est le pseudonyme de Karl Postl, c'est du nom de C. Sidons qu'il signe sa première œuvre, des carnets de voyage intitulés *Les États-Unis d'Amérique du Nord.* De plus il a l'habitude de faire figurer au début de ses livres — unissant ainsi une tentative de spéculation commerciale et une obscure vocation au dédoublement — des lettres mystificatrices : dans son roman *Le Souverain légitime et les républicains*, paru en 1833 (que Sealsfield avait d'abord écrit en anglais sous le titre *Tokeah ou La Rose blanche* en 1829 — autre titre : *Le Chef indien*), un éditeur supposé parle du traducteur imaginaire d'un encore plus énigmatique auteur américain du récit d'origine, lequel dans une lettre introductive prétendue évoque une visite au président Monroe et sa rencontre avec un vieux chef indien ; à en croire l'édition américaine, en revanche, la trame a été fournie par un récit oral transmis par un juge de paix du Mississippi. Des artifices de ce genre reviennent avec une fréquence insistante dans la production de Sealsfield, lequel se retrancha longtemps derrière le voile d'un pseudonyme et se fit en outre souvent son propre traducteur, de l'allemand à l'anglais ou vice versa, trouvant ainsi un moyen ultérieur de modifier la perspective de ses œuvres. Ennemi acharné de la Sainte-Alliance, il eut par ailleurs de vagues contacts avec Metternich et fut l'agent de Joseph Bonaparte, qui l'envoya en mission à Londres et lui confia la tâche de collaborer à la rédaction du *Courrier des États-Unis*, le journal des émigrés français d'Amérique ; il soutint, non sans perplexité, Jackson et admira Jefferson. Il n'est pas surprenant qu'une des biographies de référence de cet écrivain aux « vies multiples » s'intitule *Le grand Inconnu* : la reconstitution érudite du biographe Castle devient le roman du roman, tandis que le romancier finit par prendre l'aspect d'un personnage.

L'établissement et le contrôle rigoureux de l'itinéraire de Sealsfield dans ses diverses étapes ne parviennent pas à dissiper l'obscurité obstinée qui enveloppe l'écrivain et ses oscillations idéologiques contradictoires ; ils ne parviennent pas surtout à donner une réponse exhaustive à la question fondamentale que pose un auteur de ce genre, à savoir celle qui concerne le public auquel il entendait s'adresser. Né en Moravie en 1793 et mort en Suisse en 1864, continuellement en voyage entre l'Europe et l'Amérique, Sealsfield se tint en équilibre entre les deux mondes, comme s'il avait cherché dans un no man's land mal défini entre la vieille Europe et l'Occident lointain une zone franche pour sa propre incertitude d'apatride culturel. Alors que d'ordinaire un auteur de romans d'aventures se fait le divulgateur des civilisations étrangères auprès de son pays, en se présentant — l'imagination en plus — comme une sorte d'envoyé spécial avant la lettre, Sealsfield joua cette carte — la carte de l'exotisme — sur deux fronts, en décrivant surtout le Nouveau Monde aux Européens, mais aussi l'Europe aux Américains. Le polémiste politique, mû dans ses premiers livres par un fervent engagement moral, enveloppe tout de suite sa matière d'un halo lointain, en la présentant idéalement à des lecteurs qui vivent à une grande distance : en 1827 il écrit *Les États-Unis tels qu'ils sont*, en 1828 *L'Autriche telle qu'elle est*, puis *Les Américains tels qu'ils sont*. Avec un savoir-faire qui concilie habileté et imagination, Sealsfield mêle l'engagement et l'évasion : il se fait voyageur exotique ironique chez lui selon la glorieuse tradition qui remonte aux *Lettres persanes*, et dans le même temps il vise un public étranger et peu informé susceptible de se laisser éblouir par les suggestions du bizarre et de l'invérifiable. Si l'on veut vraiment identifier un cercle déterminé de lecteurs présent dans les intentions de Sealsfield, on peut penser aux émigrants allemands d'outre-Atlantique, qui apparaissent souvent dans ses romans et auxquels sont idéalement dédiées *Les Affinités électives germano-américaines* (1839). Le point de départ de Sealsfield est indéniablement représenté par *L'Autriche telle qu'elle est*, pamphlet violent et efficace contre le despotisme des Habsbourg, inspiré d'un libéralisme illuministe qui lui avait été transmis par le philosophe Bernard Bolzano, son professeur à l'université de Prague, qu'il fréquenta à l'époque où il était dans les ordres.

Cette première œuvre contient déjà les principaux ingrédients idéologiques et littéraires qui apparaîtront dans les suivantes : le goût de la scénographie, la prédilection pour les descriptions somptueuses, la forme théâtrale du récit, la polémique anti-absolutiste, l'anticléricalisme virulent, la fascination pour le monde aristocratique, l'orgueilleuse affirmation de liberté. Les spécifications et les attributs de cette liberté — en faveur de laquelle Sealsfield entonne un véritable dithyrambe également dans *La Prairie aux jacinthes* — en révèlent toutefois un caractère paradoxalement anarcho-patriarcal qui acquerra au fil des ans un accent toujours plus durement autoritaire, d'autant plus autoritaire qu'il se fait davantage partisan du libéralisme.

Sealsfield dévoilera, malgré lui, la poussée conservatrice latente dans une partie si importante du libéralisme européen d'avant 1848. Dans le sillage du roman américain et du roman indien alors en vogue, Sealsfield pousse ses personnages vers des terres inconnues et sauvages, vers des horizons illimités à l'opposé de l'étouffant enfermement européen et vers des sociétés qui sont l'antithèse de celles de l'ancien continent, telles les tribus indiennes idéalisées par Chateaubriand. Le colonel Morse, qui se perd dans l'immensité de la prairie, parcourt un itinéraire mythique, il vit l'odyssée de quelqu'un qui se dirige vers les terres et les mers inconnues de l'Ouest, cet Ouest qui dans la mythologie américaine s'entrelace et se confond avec le Sud en tant qu'espace symbolique de l'aventure. *La Prairie aux jacinthes*, que Hofmannsthal en 1912 inclut dans sa très sélective anthologie de la prose allemande, prend explicitement les accents du mythe : l'irréelle et enivrante splendeur de la végétation évoque un paysage édénique, qui fait penser aux îles Bienheureuses — rappelées par le motif récurrent des « îles d'arbres » dans la mer d'herbe —, dont la beauté est désormais dangereuse et trop intense pour l'homme civilisé qui s'en est détaché depuis des millénaires. La prairie — est-il dit expressément — a « en commun avec le paradis cette caractéristique aussi : la force de séduire et d'enchanter les âmes ». La nature est menaçante, non parce qu'elle serait maléfique, mais parce que sa magnificence originelle a été depuis trop longtemps refoulée par la conscience de l'homme. Le mirage de la montagne éblouissante, sorte de réminiscence du vol fou de Dante, souligne et accroît cette dimension mythique de l'impressionnante aventure de Morse. Il s'agit là d'un des thèmes de prédilection de Sealsfield : c'est dans une tonalité analogue qu'est traitée, dans *Tokeah*, la chevauchée de l'Américain dans la forêt peuplée de Peaux-Rouges invisibles et la marche du marin James Hodge qui s'égare et erre pendant des jours et des jours en territoire indien. Sous cet aspect, les personnages de Sealsfield sont des aventuriers au sens archétypique du terme, des éclaireurs partis en avant-garde et à l'aventure dans des terres nouvelles ; Morse, c'est aussi Robinson, et comme Robinson il se sent poussé par son naufrage au sein de la nature à des pensées religieuses, tournées vers un Créateur sans aucune médiation ecclésiastique.

Mais l'aventure dans un monde sans hommes — ou du moins sans hommes européens —, illustrée par la comparaison récurrente avec la mer, n'exalte pas mais au contraire déprime l'individu. Plus perspicace que beaucoup d'écrivains des terres lointaines — y compris de bien plus grands que lui —, Sealsfield devine que l'aventurier ne fuit pas la société, mais l'étend et la propage ; ses héros sont plus lucides que Bas-de-cuir qui croit échapper au bruit de la hache et ne sait pas qu'il la précède et lui ouvre le chemin. Morse se sauve en sortant des cercles enchantés de ses chevauchées concentriques dans la prairie quand il rejoint les maisons, les hommes, la société, quand il rejoint un endroit où la nature a été enclose, déboisée, défrichée et est devenue propriété. Pour Sealsfield, l'aventure est conquête de la propriété foncière, recherche du trésor caché, autrement dit de la terre ; celui qui périt dans cette lutte n'est digne d'aucune compassion, et celui qui obtient le triomphe le mérite toujours. Sealsfield refuse l'absolutisme et le cléricalisme des régimes européens parce qu'il les considère comme des freins tyranniques et hypocrites imposés à l'énergie expansionniste de l'individu, ou plutôt des forces sociales virulentes en ascension. La démocratie lui apparaît, dès le début, comme le chiffre de cet espace libre et amoral, tandis que l'Amérique se révèle être le lieu où peut se dérouler la lutte ouverte ; sa démocratie est donc une démocratie de l'inégalité, férocement opposée à tout égalitarisme. La société rêvée par Sealsfield est certes une société d'hommes libres et égaux, mais tous ne peuvent pas être considérés comme des hommes de plein droit. L'homme, pour Sealsfield, c'est le propriétaire ; il admire la pensée de Jefferson selon laquelle la dignité de citoyen naît avec la possession de la terre, et il amalgame cette idéologie agraire américaine avec une tradition purement allemande et liée au Saint Empire, avec la « philosophie normande » proclamée dans *La Prairie aux jacinthes.*

Depuis ses premières esquisses d'outre-océan, Sealsfield est un descripteur magistral et passionné de la propriété foncière : les plantations en territoire Natchez, les surfaces cultivables arrachées jour après jour à la forêt, la demeure patriarcale de Murky et de Nathan, la « colonnade dorique » de la maison du maître sudiste, la splendeur de l'aristocratie terrienne, les jardins de magnolias, le domaine exubérant et hispanisant nommé *Le Paradis.* Dans l'aristocratie sudiste et dans son romantisme littéraire Sealsfield — qui fut entre autres significativement accusé d'avoir plagié Simms, l'un des chantres du Sud chevaleresque — voyait une synthèse de politique et d'esthétique, autrement dit un véritable classicisme. Chez Sealsfield vivait encore le vieux principe organique et historiciste qui avait caractérisé le droit commun du Saint Empire et qui avait été affirmé en particulier par Möser, le patriarche d'Osnabrück. Sur la base de ce principe la personne tire sa dignité de citoyen non de son appartenance générique et abstraite au genre humain (soulignée par le droit naturel, par le christianisme et par les législations égalitaires et rationalistes), mais de son individualité historique concrète. L'homme qui a des droits est seulement l'homme libre et l'homme libre est historiquement le propriétaire autonome et indépendant; l'esclave n'est pas une personne et n'a aucun droit. Le despotisme haï par Sealsfield est certes l'autoritarisme obtus des souverains de la Restauration, mais peut aussi être l'absolutisme éclairé d'un prince réformateur ou plus généralement toute intervention d'un État : pour les *aristoï* est tyran quiconque porte atteinte à leurs droits ancestraux. Dans *La Prairie aux jacinthes,* la loi qui condamne le criminel à la pendaison et finalement lui permet de se racheter en mourant pour la communauté dans une bataille est la loi de l'alcade et des anciens du village, explicitement et dédaigneusement opposée à la loi écrite en vigueur hors de la forêt. Nathan le Squatter, prototype du fondateur de la société américaine, n'a que mépris pour les morceaux de papier, les codes et les traités et applique lui-même la loi du pionnier. La propriété de la terre est la prémisse de la liberté : les chefs indiens, dit-on, perdent cette dernière parce qu'ils ont vendu leur terre aux Blancs. Dans le roman mexicain *Le Vice-roi et les aristocrates* (1834), c'est la grande aristocratie terrienne créole qui arrache au vice-roi les garanties parlementaires; le ploutocrate Lhomond établit une équation entre « liberté de la personne et sécurité de la propriété »; l'aristocrate français Vignerol devient propriétaire de plantations en Amérique après avoir échappé à la Révolution ; Sealsfield lui-même se prononça ouvertement et à maintes reprises contre le radicalisme, l'anarchie et le socialisme, dans lesquels il voyait des menaces pour la liberté.

De ces trois menaces, l'une, l'anarchie, devient une valeur positive quand elle prend la forme de l'anarchisme patriarcal, c'est-à-dire de la sauvegarde de la domination absolue du patriarche-pionnier-planteur sur son morceau de terre. L'idéal républicain, considéré comme un absolu, devient impérieusement autoritaire ; le patriarche qui méprise les souverains est un autocrate démocratique (W. Weiss) qui n'admet d'autre évangile ni d'autre droit que sa propre liberté de pionnier et son propre pouvoir de *paterfamilias*. Dans l'Amérique, Sealsfield croit un moment avoir découvert une nation composée totalement et uniquement d'une minorité élitaire, à son tour identifiée aux « Normands » célébrés dans *La Prairie*, c'est-à-dire à une composante anglo-saxonne fondamentale. L'utopie de cette société coïncidant avec son élite se brise dès qu'elle s'organise en formes étatiques et en structures économiques, sombrant dans la « mobocratie » de la plèbe et de la bourgeoisie capitaliste. Les pionniers ne peuvent être les fondateurs d'un État que s'ils ne sont pas enchaînés par les lois paralysantes de l'État constitué. Leur justice accepte le lynchage et le jugement sommaire ; le rude tribunal des anciens — qui juge assurément avec un sens de la justice subjectivement très droit et avec une gravité biblique — est la transposition sur le sol américain de la Sainte-Vehme, et peut bien vite se transformer en Ku Klux Klan.

Il y a indubitablement chez Sealsfield un puissant sens archaïque de la justice, mais l'archaïsme apparaît sous son véritable aspect : celui de la barbarie ; Sealsfield a le mérite de démystifier par avance l'idéalisation du rude *westerner* et de montrer que la rudesse ne peut coïncider avec la délicatesse sentimentale un peu farouche inventée par la mythologie de l'Ouest. La justice de l'alcade, de Nathan ou du *squire* démocratique Copeland dans *Tokeah* est celle chère à Don Quichotte et à Borges, selon laquelle « il n'est pas bon que les gens honnêtes soient les bourreaux des autres hommes, quand ils n'ont aucun intérêt à l'affaire »: pour les gueux mexicains, les *leperos*, il n'y a pas de place dans cette justice. Quant aux Nègres, il est clair que Sealsfield est esclavagiste : tant parce que l'esclavage est une prémisse indispensable du classicisme agraire que parce que les esclaves n'ont aucune tradition de liberté-propriété et ne sont donc pas des individus mais une masse confuse et indistincte. Avec une prescience géniale, Sealsfield reconnaît aux Nègres une seule arme de menace et de salut : la sensualité avec laquelle les prostituées mulâtres subjuguent, dans la solitude de leur cabane-lupanar, le gentleman blanc.

Cet épisode mis à part, l'univers de Sealsfield est un univers asexué, une idylle sudiste et chevaleresque d'où ont été éliminées les passions et jusqu'à la musique, irrationnelle et inquiétante. Un autre ennemi de ce monde, c'est l'argent sous sa forme de capital financier mobile. Le commerce et l'industrie détruisent l'*otium* de l'aristocrate habsbourgeois devenu planteur américain ; dans le roman *Morton ou Le grand Voyage* (1835) le capital apparaît comme un sombre complot mondial, et dans *Les Affinités électives germano-américaines* le mécanisme de la haute finance se profile comme une puissance mystérieuse. Cette angoisse superstitieuse à l'égard de l'argent transforme le paysage urbain de la métropole bourgeoise en un désert sinistre et maléfique : Londres apparaît comme moins sûre et plus dangereuse que la jungle ou plutôt elle devient une seconde nature tout aussi incontrôlable et inhumaine. Le romantisme sudiste, comme le romantisme allemand, évacue le problème économique ; se réclamant de la tradition agraire de Jackson et de Jefferson, Sealsfield tente d'inverser le développement capitaliste moderne en faisant refluer le mouvement commercialo-industriel dans l'immobilité de la propriété foncière : ceux de ses personnages qui se consacrent d'une manière ou d'une autre au commerce ou à l'industrie le font pour accumuler un capital à investir, selon l'utopie goethéenne, dans l'acquisition de terres.

Sealsfield, sur ce point, se rattache de toute évidence au Goethe de *Wilhelm Meister* qui, ayant justement à l'esprit l'utopie américaine, réalise — selon la formule de Giuliano Baioni — « l'exorcisation du diabolisme du capital bourgeois qui se purifie et se sublime dans le calme immobile de la propriété foncière de l'aristocratie ». Pour Sealsfield aussi la noblesse devrait assumer la fonction de conserver la dimension esthétique en la conciliant avec la composante économique, garantissant ainsi la survivance des valeurs humanistes traditionnelles menacées par la déshumanisation industrielle. S'il est certain que Sealsfield ne possède pas l'amère conscience qu'avait Goethe de la précarité d'une telle utopie politico-pédagogique, il n'en subit pas moins ce qu'elle implique d'autocensure répressive, mortifiante et mortifiée : son classicisme même opère un refoulement complet de l'éros, dont la force centrifuge est transférée dans la masse menaçante des esclaves noirs.

Le classicisme agraire révèle vite son caractère d'oppression barbare sur les autres et sur soi-même ; ce substrat d'implacabilité archaïque enveloppée d'humanisme sera toujours la marque — elle l'est aujourd'hui aussi — des polémiques traditionalistes menées contre la civilisation industrielle au nom de nostalgies rurales : la nostalgie de la pureté pour soi-même implique la nostalgie de l'esclavage pour les autres, et ce n'est pas par hasard que le Virgile d'Hermann Broch proclamera, justement au nom de son amour pour la vie des champs, un amour pur et non instrumentalisé, la nécessité que la poésie nouvelle soit la tige entre les pierres de la ville, non la fiction bucolique consolatrice d'une idylle d'autrefois, mais bien le chant intrépide de la vérité présente, si âpre et rude qu'elle puisse être. Certes le monde agraire de Sealsfield baigne dans une lumière d'harmonie patriarcale : dans son *Livre des cabines* (1841), il insiste par exemple sur les liens affectifs très forts qui existent entre les Blancs et les Nègres, entre des maîtres paternels et éclairés et des esclaves affectueux et sages qui en toute confiance les traitent avec familiarité.

Comme d'autres écrivains réactionnaires qui viendront après lui, Sealsfield, parallèlement à sa mésestime — fût-elle bonhomme et paternaliste — pour les Noirs, manifeste un profond respect pour les Indiens, pour la civilisation solaire de ces libres maîtres de terres immenses. En réalité le monde des Indiens se révèle être, notamment dans *Tokeah* (et dans sa première mouture, *Canondah*) une métaphore et une transposition du monde chevaleresque sudiste voué à la disparition. Les Indiens de Tokeah se montrent intrépides dans la bataille, taciturnes et solennels dans les gestes quotidiens, vertueux dans les mœurs et respectueux de la parole donnée, impitoyables dans la guerre et dans la vengeance. Alors que l'opinion commune en Amérique représente souvent les Peaux-Rouges comme des barbares assoiffés de violence féroce et charnelle, Sealsfield les dépeint — en s'inspirant des fresques historiques de Walter Scott — comme de pieux et chastes paladins antiques nimbés par la mélancolie du crépuscule. Le monde des Indiens est le plus souvent décrit au moment où il subit une attaque en traître des Blancs : le pirate franco-créole Lafitte massacre un village endormi ; la douce Canondah est tuée par les Blancs durant sa nuit de noces et nous est montrée morte entre les bras de son mari El Sol, chef des Pawnees ; la cavalerie du vice-roi du Mexique extermine un petit groupe de Peaux-Rouges qui stationnent illégalement sur la place.

Dans le monde de Sealsfield, l'Indien est le véritable aristocrate : c'est Tokeah, le guerrier trahi et déçu, qui refuse de traiter avec Lafitte quand il découvre que celui-ci n'est pas le chef de son peuple, mais un pillard et un marchand d'armes. Le Peau-Rouge est le seul à vouloir être seulement lui-même. Les aristocrates blancs sombrent presque toujours dans le compromis et dans l'ambiguïté, comme San Jago dans *Le Vice-roi* : ils finissent par se transformer paradoxalement en marchands, par révéler tel ou tel trait du bourgeois capitaliste honni à qui appartient l'avenir. À Tokeah et à son peuple appartient en revanche le passé : il se rend en pèlerinage à la demeure de ses ancêtres pour recueillir les restes de leurs ossements et les emporter avec lui dans cette fuite à laquelle le contraint l'avancée des Européens, dans un paysage nocturne lugubre et sentimental inspiré d'Ossian, comme l'a observé Gabriella Rossetto dans une thèse qui reste le meilleur travail d'ensemble sur l'écrivain. La noblesse émigre dans le royaume des ombres, comme les fantômes du Sud ; la prédilection de Sealsfield pour l'éloquence indienne, dont il offre des exemples remarquables, est calquée sur le culte et sur le goût de l'art oratoire, si vifs, comme l'a montré Claudio Gorlier, dans le « travestissement en classicisme » de la culture du Sud.

Comme dans la mythologie américaine de Fenimore Cooper, dans celle de Sealsfield aussi les pionniers cherchent une identification ou au moins une symbiose avec les Peaux-Rouges. Tokeah sauve et adopte Rosa, l'enfant blanche qui grandit avec sa fille Canondah ; Nathan et sa famille héritent de la forêt la force et la fierté indiennes, et même certaines caractéristiques physiques et comportementales ; bien des propriétés des animaux semblent se transférer dans la personne des trappeurs qui les ont tués, conformément à ce « lien de sang direct » qui dans le mythe de la frontière s'instaure entre chasseurs et chassés (Claudio Gorlier). Sealsfield va bien au-delà de la symbiose entre Blancs et Indiens dessinée par Fenimore Cooper dans la figure de Bas-de-cuir — Blanc indianisé — et dans l'évocation de son compagnonnage avec Chingachgook : Sealsfield brise le tabou de l'inceste racial, jusque-là seulement approché symboliquement à travers le thème de l'amitié, et écrit dans *Christophorus Bärenhäuter* (1834) l'histoire de Jenny, la Blanche qui épouse le chef de tribu, après avoir été la femme de Christophorus, et devient reine chez les Indiens. À ce moment, Sealsfield se fait le chroniqueur et le narrateur d'une aventure qui marque la fin de l'aventure elle-même dans son sens le plus authentique : ses pionniers de la forêt et ses juges de la prairie, comme Nathan ou l'alcade, abattent les arbres et traquent les Indiens, s'attaquant à cet espace vide qui se présente à l'individu comme alternative à la société.

L'homme de la frontière, qui fuit la civilisation bourgeoise européenne, est l'avant-coureur du planteur qui à son tour est le précurseur du bourgeois capitaliste et plébéien : le cercle se referme avec un retour au point de départ, à une situation de stabilité et d'inertie ; l'anarchie de l'aventure restaure l'ordre immobile qu'elle avait cru rompre et dont elle voulait se libérer. Rhapsode du mythe de la frontière, Sealsfield en comprend à fond l'inanité et la contradiction, semblables aux chevauchées en rond qu'accomplit Morse dans *La Prairie aux jacinthes* en croyant suivre dans l'herbe les traces des autres cavaliers, qui le conduiraient vers un but libérateur, alors qu'en réalité, sans s'en rendre compte, il foule à nouveau les siennes propres, qui le ramènent toujours à son point de départ. Sealsfield reste ainsi un écrivain de la frontière mais sans le mythe : du mythe il ne sent que la privation, avec une conscience inquiète qui le pousse, comme l'a vu Ernst Alker, à la nostalgie d'une paix modeste et retirée.

Sealsfield s'emploie alors à combler ce vide intérieur avec toutes les ressources de son métier et de la rhétorique, en prodiguant avec diligence une profusion de données, de nouvelles, de détails, de *topoï* de la tradition de la frontière. Sa page enregistre, avec cette très vive acuité sensorielle qu'a soulignée Ladislao Mittner, les crâneries et les fanfaronnades à la Davy Crockett, l'« exagération humoristique » (Gorlier) qui entoure la mort comique et picaresque d'Asa Nollins entre les balles de fusil et les jambons, la cadence brusque du récit oral familier, les caractérisations stéréotypées des personnages standardisés, le jargon anglo-indien des pionniers. Se présentant sous l'aspect du narrateur du XIXe siècle qui dispense également, comme le disait Walter Benjamin, informations et exhortations, Sealsfield remplit ses romans de comptes rendus détaillés sur la construction des canoës indiens, sur les aliments et les vêtements des tribus, sur l'équipement des Texans assiégés par les Mexicains, sur le mobilier de cabanes rudimentaires et de délicieuses maisons de maître ; ces renseignements sont d'ailleurs souvent de seconde main, empruntés à des almanachs ou à des récits écrits par d'autres, et le catalogue minutieux du voyageur dissimule les invraisemblances les plus criantes déjà dénoncées par Fenimore Cooper, les chiffres les plus improbables, les arbres et les fleurs les plus réfractaires au cycle des saisons et à la localisation géographique, les couleurs les plus somptueuses et les plus éclatantes. Gabriella Rossetto a parlé d'une dilatation des formes réelles, d'un « embrassement prédateur » du monde et d'un « délire fantasmagorique et chromatique », d'un « rêve opiacé » qui entraîne toutes choses dans une orgie de couleurs tropicales.

La Prairie aux jacinthes est un magnifique exemple de

cette inventivité de coloriste qui transforme l'océan d'herbe en une immense serre exotique et prête les nettes et irréelles images des lucioles bleutées et des silhouettes des arbres contre le ciel crépusculaire aux divagations fébriles du cavalier épuisé par le jeûne, par la fatigue et par la peur. Les couleurs de Sealsfield ressemblent aux figures rhétoriques qui impriment à son invention et à son discours une charge accumulatrice et amplificatrice : hyperboles, surabondance d'épithètes et de superlatifs, répétitions, antithèses (A. B. Faust). L'aventurier se trouve dans un espace vide que son action ne peut remplir, ou ne peut remplir que négativement, en le transformant en une prison : c'est l'espace vertigineux de la prairie qui prend au piège et étourdit parce que le pionnier qui s'y enfonce comprend soudain qu'il n'est que l'éclaireur du bourgeois qui lui succédera et le supplantera. L'écrivain orgueilleux sent alors se restreindre et devenir vain entre ses mains l'espace de l'épopée, l'authentique « espace ouvert » nécessaire à ses personnages, et il s'évertue à l'étendre artificieusement et à le bonder de faits, de données et de mouvements.

Honnête et savoureux artisan du récit, Sealsfield se rend compte que la nature se soustrait à toute description réaliste et ne peut être évoquée qu'obliquement, par des allusions laconiques et implicites, si l'on veut la placer sur la page comme un vrai paysage poétique et non comme une carte postale. Conscient de ne pas posséder cet art de l'allusion et du sous-entendu et de ne pas pouvoir s'affronter à la difficile poésie du discours indirect, Sealsfield sait d'autre part renoncer à l'addition aride et à la prétendue fidélité réaliste, et s'abandonne à un carrousel d'expressions figurées et de métaphores qui, tout en révélant son incapacité à saisir l'objet naturel dans son intimité, parviennent toutefois à exprimer son intense émotion devant l'immensité du monde, que son écriture ne peut capter. Sa prose assiège et contourne les choses, en leur tournant autour vertigineusement pour les saisir, et recourt à un continuel échange analogique et métaphorique.

Sealsfield représente presque toujours un objet par l'intermédiaire d'un autre : s'il veut décrire la prairie, il la compare à la mer, s'il veut montrer un marécage il l'assimile à une marquise immense qui éteint la lumière dans une brume boueuse, s'il veut parler des fleurs il parle de gemmes et de pierres précieuses ; ses teintes sont toujours violemment changeantes, dans une phase de transition dynamique d'une nuance à l'autre. L'hyperbole et les expressions figurées se substituent, non sans un fort *pathos* de l'irréductible altérité du réel, à la représentation organique. Sealsfield est toujours à la recherche du mouvement, souvent atteint avec des effets d'une efficacité incisive : mouvements de bataille saisis avec une précision minutieuse aussi bien dans l'ensemble largement ouvert des actions de combat que dans des détails isolés traités en premiers plans fulgurants, avec un sens quasiment cinématographique du rapport toujours dynamique entre le personnage humain et le paysage de fond toujours en mouvement et fuyant, rapproché et éloigné au gré des déplacements de l'objectif.

Les scènes mises en évidence et agrandies dans les premiers plans sont souvent des scènes de violence et de mort qui, dans leur précision cruelle et instantanée, ne s'abandonnent ni au goût grand-guignolesque ni à la pitié exacerbée, mais se déroulent rapidement dans une sèche indifférence épique. Dans l'univers de Sealsfield la mort est un événement évident et naturel, que l'œil du narrateur enregistre avec une sobre familiarité, puisque la fresque collective se compose de la succession des destinées individuelles. La vision d'en haut, ignorante de la rébellion de la créature, préserve l'écrivain de la complaisance pour le sang ; dans les récits de Sealsfield on meurt comme dans les films de John Ford, avec un signe discret tel celui de la main du joueur qui dans *La Chevauchée fantastique* laisse soudain tomber son pistolet, et pas du tout dans une orgie de truculence et de protestation comme dans les néo-westerns polémiques.

Cette familiarité épique avec la totalité, qui devrait garantir le dépassement des tragédies individuelles, se réalise dans le souffle puissant de certaines scènes unanimistes, mais disparaît dès qu'elle retombe dans un espace historique concret. Vainement tendu vers la représentation du présent et du futur, Sealsfield ne réussit à trouver un terrain pour l'aventure que dans le passé, dans l'ordre de ce qui est déjà advenu et qui n'est plus susceptible de changement. Ses récits et ses romans s'organisent en une vaste et complexe saga et s'agencent en une structure articulée qui les emboîte l'un dans l'autre et qui se déroule souvent selon une succession inverse de celle de la chronologie réelle, en remontant de l'épisode le plus récent vers le plus ancien. Presque aucun récit n'est autonome : *La Prairie aux jacinthes*, par exemple, constitue un chapitre de — ou mieux une sorte d'introduction idéale à — l'histoire de la guerre d'Indépendance du Texas.

Comme *La Prairie* — dont le récit, dans le *Livre des cabines*, est en réalité souvent entrecoupé d'intermèdes dans lesquels les auditeurs prennent la parole —, beaucoup d'autres de ses nouvelles aussi sont des récits oraux rendant compte de péripéties effrayantes mais révolues, narrées à un cercle d'auditeurs réunis dans une ambiance de bien-être et de sécurité : la lutte, exaltée hégéliennement par l'écrivain comme moteur des vicissitudes humaines et politiques, est projetée dans un passé qui n'est plus à craindre, et réduite à n'être qu'un élément de distraction et de passe-temps, un ingrédient un peu plus piquant dans la conversation d'une société riche et paisible. Vieilli et solitaire, triste et oublié, Sealsfield revient de plus en plus, les années passant, à un monde disparu et irréel, aux îles lointaines d'un passé retrouvé en imagination en deçà du malaise historique. Ses plus beaux récits se déroulent dans des espaces mythiques, sortes de parenthèses dans le flux du devenir politique : les cabanes de la forêt, la cabine du capitaine Murky autosuffisante dans le bois et dans la prairie comme un bateau sur la mer ou comme l'« arche de l'Ancien Testament ». La société se limite à un cercle restreint d'amis et de convives, dans une ambiance de camaraderie et de fraternité, autour d'une table préparée avec un goût pour les mets et les vins qui s'efforce, au-delà d'une satisfaction gastronomique, d'atteindre à une poésie de l'amitié et de la tranquillité, d'une quotidienneté vécue royalement. Son chef-d'œuvre, le célèbre *Livre des cabines* qui comprend justement *La Prairie aux jacinthes,* reste heureusement suspendu dans une dimension intemporelle qui immobilise dans le souvenir , dans des morceaux rapides et vigoureux, la vie colorée et tumultueuse d'une Amérique qui appartient à un hier sanglant déjà enfui.

La projection en arrière sanctionne définitivement l'inactualité de l'aventure. Le roman populaire du XIXe siècle représente l'inversion idéale de la *robinsonnade* du siècle précédent, de l'aventure de l'homme qui reconstruit à partir de rien son destin et son histoire, en édifiant une société utopique qui se pose en modèle alternatif par rapport à celle dont le naufrage l'a séparé. Chez Sealsfield, cette composante utopique n'existe plus : réelle ou métaphorique, la ségrégation insulaire n'est ni un exil à combattre ni un asile où se créer un espace de liberté, mais une parenthèse imaginaire et un espace de la désillusion. Si pour la *robinsonnade* tout homme qui a eu une vie tourmentée peut à bon droit s'appeler un petit Robinson et un *aventurier* pourchassé par le sort mais capable de l'affronter, le roman d'aventures du XIXe siècle illustre la fin des robinsons, leur réduction à de simples voix qui parlent d'évasion.

Le dernier siècle européen de l'aventure possible a été le XVIIIe ; le XIXe a une conscience inquiète de sa précarité. Sealsfield aussi cherche des îles, mais détachées de tout et libres de tout rapport dialectique avec la réalité. De la *robinsonnade* ne lui reste que le goût — devenu un schéma stéréotypique dès le début du XVIIIe siècle — du passé, du cheminement à rebours de l'aventure : chaque Robinson découvre qu'il n'est que le descendant d'un autre, ayant vécu avant lui et qui apparaît comme le seul explorateur authentique de l'inconnu — dont le successeur n'est désormais qu'un écho littéraire, un calque imaginaire. L'aventure apparaît ainsi comme consignée dans le passé : celui qui croit la vivre à la première personne et pour la première fois s'aperçoit qu'il est un épigone, pour ne pas dire une fiction littéraire ou un *flatus vocis*, une voix qui transmet et perpétue un récit achevé, une aventure révolue. Les personnages de Sealsfield aussi sont des échos plus que des protagonistes d'aventures, des rhapsodes du passé, du révolu.

L'œuvre romanesque de Sealsfield est le mélancolique épicédion du voyage. Pour la conscience classique le voyage est un *nostos*, un retour chez soi ; pour la conscience moderne le voyage est une odyssée sans fin qui se projette en avant, parce que le chez-soi se trouve dans un utopique et hypothétique futur libéré, non dans les rets de l'éternel hier : il est dans le Non-advenu, dans le Sans-nom. Si dans le mythe américain, comme l'a écrit Leslie Fiedler, l'Ouest est l'ailleurs, l'Occident repoussé toujours plus à l'ouest par les fugitifs de la conscience européenne en crise, Sealsfield — qui discerna clairement le déclin de l'Europe — s'aperçut, avant beaucoup d'autres, que ces pionniers étendaient en réalité l'empire de la mauvaise conscience européenne. Sur l'Amérique il projeta, avec un sentiment de déception et d'impuissance, ses contradictions de libéral autoritaire dont il ne parvint jamais à se dépêtrer. Ses aventuriers ne peuvent pas rentrer chez eux ni continuer à avancer libres et heureux ; dans la prairie ils se perdent et cherchent à s'abriter du déluge de l'Histoire dans une arche de Noé. Si la conquête de l'Ouest a été célébrée en tant qu'épopée du libéralisme, Sealsfield, qui fut l'un de ses chantres les plus précoces et les plus passionnés, fut aussi l'un de ses premiers amers démystificateurs, parce qu'il en perçut le lien obligé avec la violence et avec l'esclavage. « Comment vont les choses, là-bas ? » aurait demandé Sealsfield sur le point de mourir en parlant des États-Unis à propos desquels, peu de temps auparavant, il avait dit à un ami qu'il commencait à désespérer du salut de sa « chère Amérique ».

1974

L'HOMÈRE DES LAPONS

« Il n'est pas vraiment certain que toutes ces histoires, si nombreuses et variées, correspondent pleinement à la réalité, car jusqu'à aujourd'hui elles n'avaient jamais été écrites », dit Johan Turi au début de son *Récit de la vie des Lapons.* Son livre constitue en quelque sorte l'exorde officiel, en 1910, de la littérature écrite de son peuple, lequel possédait pourtant déjà, en plus d'une poésie orale, également des textes en prose, en particulier des mémoires, quoique en nombre très limité et gisant dans la poussière et dans l'oubli de quelque service d'archives. Turi, qui écrit — et parfois dicte — en 1907-1908 son livre, publié deux ans plus tard, est donc en un certain sens le fondateur, celui qui fixe pour la première fois par écrit son monde, les gens et la vie des gens de chez lui ; il est une source originale, un témoin direct, une autorité.

Mais le chasseur et le berger de rennes, qui passe une année à raconter à l'anthropologue danoise Émilie Demant — et en écrivant avec son aide et sous sa tutelle — la vie des Lapons, n'est pas du tout content d'être le premier écrivain de son peuple, de ne pas avoir de précurseurs ; il raconte la chasse au loup et à l'ours à laquelle il a participé d'innombrables fois, les tempêtes de neige et les fugaces étés boréaux qu'il a vécus, les légendes et les histoires de migrations ou de maléfices passées de bouche en bouche, les traîneaux et les tentes, mais il semble presque qu'il ne lui suffise pas de connaître ces choses par expérience personnelle, il voudrait que quelqu'un d'autre les ait écrites avant lui, pour être sûr de leur vérité.

Le nomade narrateur, qui sous chaque toit et jusque dans un bois se sent prisonnier et arraché à la liberté de la lande et du ciel, a besoin du papier. Malgré lui, il est un écrivain et un homme du XXe siècle et il semble que lui aussi, pour savoir vraiment ce qu'il lui est arrivé, doive le lire le lendemain matin dans le journal.

Le rhapsode lapon, qui durant toute son existence a vécu dans l'éloignement et dans des solitudes inhospitalières, a une conscience instinctive du pouvoir et de la précarité de la parole écrite, conscience qui fait de lui, poète épique capable d'une imperturbable adhésion à la réalité, presque un écrivain moderne. Quand Émilie Demant le rencontra, en 1904, Turi avait cinquante ans ; un portrait montre un beau visage émacié et mélancolique, des yeux bleus mi-clos, habitués à se protéger de la blancheur aveuglante.

Sa famille avait abandonné, alors qu'il était encore très jeune, le territoire de Koutokeino pour se transférer plus au sud, et il avait vécu cette odyssée des Lapons qu'il décrit dans son livre, talonnés par la modernisation qui avançait avec ses industries, ses mines et ses chemins de fer, souvent dépossédés de leurs troupeaux et soumis brutalement à des taxes qui leur rendaient impossibles le pâturage et la chasse, écrasés par l'expansion de la propriété paysanne et bloqués, dans leur nomadisme atavique, par la fermeture des frontières septentrionales entre les États scandinaves.

Chasseur et pêcheur, Turi disparaissait, durant le long hiver, puis reparaissait, inattendu et imprévisible, plusieurs mois après ; en dehors de sa langue maternelle, il ne connaissait bien que la langue finlandaise et avait déjà plusieurs fois ébauché des tentatives d'écriture, en finnois naturellement parce que son lapon lui semblait un parler rudimentaire tout juste bon pour les nécessités de la communication quotidienne et inadapté à la véritable expression. D'un autre côté, son univers poétique était celui de son identité lapone et ne pouvait être exprimé que dans sa langue maternelle et non dans une langue apprise comme on apprend une langue étrangère, ce qu'était pour lui le finnois. Finlandais et Lapons — du moins les rares que, dans une réalité faite de distances énormes et d'immenses solitudes, il pouvait avoir l'occasion de fréquenter — étaient en outre le plus souvent d'accord pour se moquer d'un chasseur et propriétaire de rennes qui avait l'intention de se consacrer à des bêtises en perdant son temps à écrire. Turi, d'autre part, ne voulait pas sortir de son monde de rennes, d'ours et de renards polaires, il n'avait pas l'intention de payer le prix que l'écriture exige si souvent, en imposant par exemple aux chantres de la vie maritime d'abandonner leur casquette de capitaine et la mer et de descendre, pour continuer à la décrire, sur le plancher des vaches.

Même après la publication de son livre (bientôt traduit en plusieurs langues), Turi continua à être celui qu'il avait toujours été. Comme d'autres auteurs — et parmi eux quelques-uns de véritablement grands, tel Élan Noir —, il fait partie de ces écrivains qui, pour s'exprimer, ont besoin, au moins en partie, de la voix et de la plume d'un autre, qui les écoute et les enregistre.

Turi savait écrire, et il écrivit effectivement lui-même son livre, en s'interrompant toutefois de temps en temps pour demander à Émilie Demant des conseils et des suggestions, pour lui expliquer quelque chose qu'il ne parvenait pas à formuler clairement, pour se mettre — quand sa main était fatiguée d'écrire — simplement à parler et à raconter, ce que sans doute il préférait.

Émilie Demant était une amie intelligente et une chercheuse libre de toute arrogance culturelle, qui savait remplir avec humilité cette fonction maïeutique et subalterne, sans être tentée d'assumer elle-même le rôle de l'écrivain, ni de se laisser aller au pastiche, désirant seulement servir d'accoucheuse à un écrivain. Ces œuvres presque intermédiaires entre littérature écrite et littérature orale, dont notre siècle et aussi les années que nous vivons ont fait une riche expérience, constituent un chapitre fascinant dans l'histoire de l'individu qui découvre en lui-même une pluralité d'âmes. Knud Rasmussen, fils d'un missionnaire danois et d'une femme eskimo et pionnier de la culture groenlandaise, quand il parle, dans ses livres, des Eskimos, dit parfois « nous » et parfois « eux ».

Turi n'éprouve pas ce genre de doutes, entre autres parce que ce qui l'intéresse, ce n'est pas la psychologie mais le caractère épique de la réalité, dans laquelle les choses se contentent d'être. C'est un poète homérique, et comme pour tous les poètes homériques et pour Homère lui-même, cela n'a aucun sens de se demander en quoi il croit, quels dieux il vénère et quels autres il considère comme légendaires, quelle est son opinion. Comme dans les merveilleux dessins qu'il esquissait pour mieux faire comprendre à Émilie Demant les scènes qu'il racontait, dans son récit aussi il y a l'église, avec la croix, et il y a les esprits élémentaires qu'on aperçoit derrière l'église ; il représente avec la même objectivité impartiale les manigances des paysans contre les nomades et les habitudes des géants, les *Stallos,* ou des démons, les *Uldas*, qui habitent sous terre.

Son art, épique, est celui de nommer les choses, avec une innocence absolue : les femmes accouchant debout ou à genoux, les vêtements trempés qui gèlent le sexe ou le corps entier, le rigidifiant en statue funéraire, le loup aussi destructeur que le feu, l'ours qui s'accouple avec une jeune fille qui mettra au monde un petit Lapon dont les mains se terminent en griffes, les chicanes des lois qui pour les Lapons, leurs victimes, sont un brouillard impénétrable mais que lui comprend manifestement très bien, la traversée à gué des fleuves par les grands troupeaux de rennes, le vol des morts qui passent à basse altitude, en pliant et en faisant bruire les arbustes, la nuit du milieu de l'été, le vert printanier qui enivre les rennes, de sombres histoires de rites ou de jeux cruels, la souffrance des bêtes toujours traquées et exterminées, des scènes comiques comme celle du Lapon qui veut se marier et qui, quand le prêtre lui apprend la formule rituelle qu'il devra répéter, entre en fureur parce qu'il croit que le pasteur veut épouser sa promise.

Sa poésie qui consiste à nommer n'échappe pas au maléfice, objectif et peut-être involontaire, du catalogue du réel, comme quand il dresse la liste des différents noms du renne mâle selon son âge : *Tsarmäk*, celui d'un an, *Varek*, celui de deux ans, *Vuobbes*, celui de trois ans, *Goddodas*, de quatre, puis *Goassotas Makan*, *Nammalapag* et ainsi de suite. Le renne est le constant coprotagoniste du livre, à la fois moyen de subsistance et compagnie du Lapon, presque son sosie dans l'aventure commune. Mais si Turi est encore enraciné dans cette symbiose avec le monde animal, il sait raconter non seulement avec une extraordinaire intensité mais aussi avec beaucoup d'acuité intellectuelle les désordres socio-religieux survenus à Koutokeino, en 1852, parmi les disciples du pasteur Laestadius, une sanglante et tragique agitation dont la répression — à laquelle prit activement part entre autres le père de Turi — devait contribuer à l'émergence, chez les Lapons, d'une prise de conscience de leur identité.

En errant qu'il était, Turi raconte la guerre épique de l'agriculteur, finalement victorieux, contre le nomade repoussé toujours ailleurs. Pourtant il n'était pas hostile à la modernisation en cours : encouragé et aidé par Hjalmar Lundbom, directeur des mines suédoises de Kiruna, il écrivait aussi pour faire connaître la réalité de son peuple aux gouvernements, afin qu'ils puissent comprendre et satisfaire ses exigences. Son progressisme, chimérique et pathétique à l'époque, l'est peut-être un peu moins aujourd'hui, du moins dans ces régions, même si, à l'évidence, il ne prend pas conscience de la force d'anéantissement de l'histoire universelle.

Le livre de Turi ne prêche pas contre la technique ou la société modernes ; il raconte simplement une réalité, dans tous ses aspects. Il ne donne ni dans l'exotisme ni dans le pittoresque, comme du reste ne le font presque jamais les livres de ce genre. Parmi les siens, Turi n'eut aucun succès : ils ne faisaient pas confiance, disaient-ils, à quelqu'un qui perdait trop de temps à écrire sur les rennes pour pouvoir s'en occuper et donc s'y connaître.

1986

LES NOMS DU CHAMAN

Au début de son autobiographie* qui, sur la couverture, indique comme auteur George Quppersimaan, le narrateur et protagoniste, un Eskimo du Groenland, dit qu'il s'appelle Quarsivaq, mais que sa mère, dans les berceuses qu'elle lui chantait pour l'endormir, l'appelait Naangaannaaq, tandis que pour sa tante maternelle il était Piitsinngiigajik et pour son oncle maternel en revanche Iijarsilarteq. Mais il ajoute aussi qu'il reçut plus tard, durant son apprentissage de chaman, le nom de Qipinngi et enfin, par le baptême, celui de George. Même des mortels ordinaires qui sont nés et ont grandi dans des terres moins lointaines et moins brumeuses peuvent revendiquer plusieurs surnoms et diminutifs, surtout quand ils remontent aux souvenirs d'enfance ou quand ils puisent dans le fonds des jeux érotiques, mais dans le cas de Qipinngi — si l'on choisit de lui donner ce nom en hommage à l'autorité chamanique qui lui est liée — la multiplicité et la diversité des noms reflètent l'incertitude du moi qui raconte et qui semble émerger à grand-peine de l'obscurité de la nuit arctique dans laquelle il vit. Dans cette obscurité, un nom, comme un visage, se confond facilement avec celui d'un autre, homme ou même animal, tout comme l'âme de quel-

* Traduction française : *Mon passé esquimau*, Plon.

qu'un peut — on le voit dans les récits de Qipinngi — prendre la forme d'un ours ou d'un narval.

Dans cet univers, chaque chose, y compris parfois une apparition instantanée et fugace, a un nom ; quand on entend une voix, comme celle de Qippingi racontant sa vie, on ne sait pas toujours avec certitude à qui elle appartient. Tout cela est accentué par le fait que c'est un Danois, Otto Sandgreen, pasteur protestant durant plusieurs décennies chez les Eskimos — ou Inuits, comme ils préfèrent s'appeler — du Groenland, qui dans les années 60 entendit de la bouche du protagoniste le récit de sa vie et la transcrivit.

Peut-être qu'il n'y a jamais de voix originelle, ou du moins que celle qui nous parvient ne l'est jamais ; Homère déjà recueillait et réélaborait des chants et des légendes beaucoup plus anciens, créant une poésie parfaite, destinée à durer aussi longtemps que l'histoire humaine et d'autant plus empreinte de fraîcheur originelle qu'elle est elle-même fascinée par cette grandeur des origines que l'on ne peut atteindre et qui n'a jamais existé.

La collection dans laquelle a été publiée la traduction française de l'autobiographie de Qippingi s'appelle « L'aube des peuples », mais ce monde eskimo n'est pas jeune, il est ancien ; il n'a pas devant lui un avenir radieux, mais plutôt derrière lui des millénaires de peines et de lent dépérissement. Mais cela n'affaiblit pas le sentiment auroral de la vie, qui commence à chaque fois ; même si l'aurore est aussi vieille que Tithon, son époux décrépit selon la mythologie, et si le soleil qui se lève porte les cicatrices de millions d'explosions advenues pendant des millions d'années, chaque matin, comme chaque naissance, renouvelle l'éveil de la création. L'histoire de Qippingi est celle d'un premier face-à-face avec la vie. La littérature, même récente, ne manque certes pas de rhapsodes qui ont recueilli les témoignages poétiques de peuples en marge de la civilisation ou dépourvus de tradition écrite : l'un des cas les plus remarquables — mais ce n'est qu'un exemple parmi tant d'autres — est celui d'Élan Noir, le chef sioux qui dicta son histoire à l'Américain Neidhart.

Mais Élan Noir est une exception, un poète immensément plus grand que son traducteur en langue écrite : à sa différence, Qippingi, l'Eskimo, ne domine pas le monde et son auditeur, il est même au contraire accablé par la dureté des hommes et des événements ; il est timide et nostalgique, angoissé devant le mystère qu'il sent en lui et devant ses expériences avec les esprits mystérieux qui surgissent de l'eau ou arrivent avec le vent, évoqués par les chamans ou de leur propre initiative, pour secourir ou menacer les hommes.

L'histoire de Qippingi, né en 1889, baptisé en 1915, est une histoire de misère, de famine, de solitude, d'oppression et d'initiation. Une ombre l'obscurcit, l'assassinat de son père, qui pèse sur la destinée du protagoniste, lequel durant des années ressent le désir et le devoir de le venger, sans en avoir la possibilité ou le courage, et souffre de cette faiblesse comme d'une infirmité. C'est non seulement la vengeance matérielle qui lui est difficile, mais aussi la vengeance juridique, ritualisée dans le « duel des chants », dans lequel les adversaires règlent conflits et litiges en s'affrontant — devant un cercle d'auditeurs faisant office de jury — à travers des chansons d'invective qui dénoncent les torts subis et les délits commis.

La sentence rétablit la paix entre les adversaires qui, redevenus amis, peuvent continuer leur duel chantant comme un jeu ou une joute poétique.

Le chant est une arme parce que — comme, à un niveau plus élevé, la litanie du chaman en transe — il est capacité de se mettre à l'unisson avec la musique de l'Être, en s'identifiant à son rythme et à sa force ; celui qui est vaincu est exclu de la grande mélodie de l'Être, il est exilé du monde. En ce sens le chant est terrible, comme la lutte pour l'existence, et il n'est pas étonnant qu'il ait quelque chose à voir avec cette lutte impitoyable qui se déroule dans les procès et qu'il devienne un instrument de droit, que Salvator Satta, dans *Le Jour du jugement*, qualifie d'aussi terrible que la vie. Mais le chant, c'est aussi la joie, la fête de la nature qui de temps en temps se distrait de sa loi de création et de destruction et s'abandonne au jeu, comme les petits des fauves qui se chamaillent pour s'amuser en montrant leurs griffes et leurs crocs.

Ce qui est fascinant dans le récit de Qippingi, sec et essentiel comme la succession des faits et des choses, c'est le sentiment de sa propre petitesse et de sa vulnérabilité qui anime l'auteur et qui donne encore plus de sens à sa difficile conquête de la dignité et du courage. Le monde arctique est splendidement évoqué dans sa blancheur et dans ses glaces, dans les kayaks qui parcourent les eaux gelées, dans les animaux — ours, phoques, morses — chassés et en même temps vénérés comme compagnons de voyage, dans la beauté des icebergs et des éblouissants miroirs d'eau qui fait ressortir, par contraste, la dureté et la pauvreté extrêmes de l'existence.

L'histoire de Qippingi est avant tout une histoire à la Dickens, celle d'une enfance famélique et tourmentée, harcelée par la faim, « la pire des choses ». Après la mort de son père, l'enfant vit avec sa mère et le nouveau mari de celle-ci, qui le soumet à des brutalités et à des privations ; dans une très belle page — chargée d'involontaire et grande poésie — on voit la mère, épuisée par les violences et les souffrances, qui prend son fils par la main, le conduit au bord d'une haute paroi rocheuse tombant à pic sur la mer et veut s'y jeter avec lui pour en finir, pour aller là où « on n'existe plus et on ne sent plus rien ».

À ce moment disparaît le monde eskimo avec ses mythes, sa religion et ses dieux ; dans ce bleu azur glacial et vide il n'y a qu'une infinie peine de vivre, il n'y a pas de place pour Silap Inua, l'Être suprême, la force qui pénètre toute chose, ni pour Arnaqàshaq, la déesse marine qui vit au plus profond des eaux sous la garde des phoques, au fond de cette mer où, comme dans le ciel, les Eskimos placent la vie bienheureuse après la mort, tandis que sous terre règne une obscurité infernale. Sur ce rocher il n'y a que la souffrance qui fait sembler la vie intolérable, et seule la peur de l'enfant devant l'abîme arrête la mère, qui le ramène à la maison. Dans les pages finales Qippingi, devenu chrétien, dit qu'il y a eu quelque chose d'étrange à renoncer tout à coup à des usages, des coutumes et des croyances de toujours, mais dans son récit ce monde mythique, abandonné avec le baptême, est encore intact.

C'est avec le même naturel qu'il décrit un ours blanc blessé, un phoque harponné qui s'enfonce dans l'eau ou un chasseur mort dévoré par ses compagnons durant un hiver terrible — et qu'il parle du petit bruant des neiges qu'il ressuscite et qui devient, comme sa mère qui bat des ailes contre les fenêtres de la maison, l'un de ses « esprits auxiliaires », ou qu'il nous entretient d'autres esprits auxiliaires qui se mettent au service des hommes, des voix qui résonnent invisibles dans l'air, des créatures monstrueuses et fantastiques qui sortent des eaux, des bêtes qui volent leur âme aux personnes, de la fabrication des *tupilaks*, sortes d'animaux qui une fois achevés prennent vie et se mettent au service de ceux qui les ont fabriqués (aujourd'hui ils constituent un *souvenir* typique pour les touristes).

Le baptême confère à Qippingi une identité ultérieure, qui n'efface pas la précédente et qui ne le fait pas non plus se sentir partagé entre deux mondes, comme Knud Rasmussen, l'explorateur et écrivain danois-eskimo qui, en parlant des Eskimos dans ses livres, dit parfois « nous » et parfois « eux ».

Qippingi entend les voix, il fait son apprentissage de chaman, il rencontre les esprits auxiliaires. Au début l'expérience du sacré est terrible, puis on s'y habitue et la fréquentation des esprits devient aussi familière que celle des hommes et des animaux. Le contact avec ce qui est au-delà de la normalité quotidienne trouble l'âme de Qippingi, insinue en lui une « nostalgie du chez-soi », un désir de retourner dans le monde commun.

Le désarroi intérieur de Qipinngi, son extranéité douloureuse par rapport à la réalité, l'anomalie de sa personnalité sont les prémisses de son initiation, une altérité psychique qui lui permet d'accéder à l'extase chamanique, d'où il revient, plus fort, à la vie habituelle.

Même la cérémonie de l'extinction des lampes, depuis l'enfance, au lieu de le familiariser avec un éros indistinct et sans problèmes, l'inquiète et l'inhibe, le tient longtemps loin du sexe, qu'à la fin de son initiation il abordera avec le mariage.

Qipinngi fait une distinction entre les chamans, sorciers à qui appartient la sphère de l'élément magique terrestre, et les « tusaamalit », connaisseurs des choses surnaturelles. Lui-même ne se présente certes pas comme détenant des pouvoirs particuliers mais comme un modeste débutant. Il ne partage pas la position ésotérique des chamans qui veulent garder secrètes leurs connaissances, mais considère que ces dernières doivent être dirigées vers le bien général et donc être partagées et communiquées. Il n'y a en lui aucune volonté de se faire valoir par la superstition, mais un fort sentiment du sacré présent en toutes choses et une généreuse ouverture aux autres — caractéristiques qui font du chamanisme, comme l'écrit A. Quack dans le *Nouveau*

Dictionnaire des religions (publié sous la direction de Hans Waldenfels) une forme de religion altruiste, une sauvegarde de l'âme et de la vie contre les forces qui les menacent. Comme la poésie, aucune religion n'est complètement dépassée et abolie par des religions plus complexes et plus élevées, elle continue à éclairer certains aspects de l'existence qui ne peuvent être affrontés qu'en revenant aussi à elle. L'Évangile que Qipinngi apprend avec le baptême ne fait pas taire le bruant des neiges, qui continue à lui parler.

1996

LE CANOË ET LA MORT

« Le petit hamac / est vide… / elle regarde la lune haute sur le cerro /… l'eau du fleuve court vers les rapides — / court ? — … les feuilles s'en vont au vent : / toute la forêt bouge. / Ton canoë aussi / se balance sur le fleuve. / Toi seul tu es immobile / sous la grande Pierre Noire. / Et moi je croyais que toutes les choses / ne vivaient que pour toi… »

L'auteur inconnu de ce poème pour la mort d'une personne aimée, probablement un fils encore tout jeune, est l'un des trois mille Piaroas, une population indienne qui vit, isolée et distincte des autres groupes, en Amérique du Sud, dans la forêt tropicale située entre la Guyana externe et le haut Orénoque. Ou du moins vivait, en 1956 lorsque Giorgio Costanzo fit la connaissance des Piaroas durant une expédition en Amazonie et fut fasciné par leur gentillesse pleine de réserve, par leur individualité nettement marquée et surtout par leur poésie, dont il traduisit et publia, un an plus tard, une petite anthologie. Je ne sais pas si les Piaroas existent encore ; à l'époque, Costanzo constatait la rapidité du processus de leur extinction et prévoyait que dans l'espace de trente ans ils auraient disparu ; mais il se peut aussi qu'ils aient survécu, car la vie, dans le bien comme dans le mal, est imprévisible et se joue parfois des calculs et des projections mathématiques — il est possible que

Trieste non plus ne disparaisse pas totalement d'ici quelques décennies, quoi qu'en disent les démographes qui, de temps en temps, fixent aussi inexorablement l'année précise de sa fin, en se basant sur le rythme de décroissance de sa population. Quoi qu'il en soit, l'un de ces poèmes dont Costanzo dans sa traduction a su conserver l'intensité et la grâce un peu farouche, parle du jour où « il n'y aura plus / que la grande Pierre Noire : / elle écrasera la cabane / et tous les Piaroas »

Le poème cité au début est un grand texte sur la mort, sur l'impossibilité de se la représenter, sur la mutilation radicale qu'elle entraîne, qui frappe au cœur et coupe le souffle. Le poète — peut-être plusieurs poètes unissant leurs voix dans ce chant — ne dit rien de sa douleur, de ses sentiments, de la personne qu'il a perdue. Il dit seulement la stupeur face à ces choses qui continuent à exister, enchanteresses et indifférentes : la lune, l'eau qui coule, les feuillages qui bruissent dans le vent, le canoë qui se balance sur le fleuve. Rien ne révèle la perte de quelqu'un comme la continuation de la vie du monde, qui s'éloigne toujours davantage de ses yeux qui ne peuvent plus regarder.

C'est le scandale intolérable, la blessure de la mort qui, comme celle de Philoctète, le héros grec abandonné sur l'île de Lemnos, ne peut se cicatriser et continue à brûler et à empester l'air. « Le fini ne supporte pas la finitude. Du moins l'homme fini », écrit Rossana Rossanda dans *La Vie brève,* livre d'une rare intensité écrit en collaboration avec Filippo Gentiloni. « Les yeux de l'animal en train de mourir — continue-t-elle — sont pleins d'une insoutenable stupeur. » Certes les choses existent, et pas seulement dans l'esprit et dans les sens qui les perçoivent ; « i robb în », les choses sont, dit un proverbe milanais. La réalité existe, elle est là, irréfutable. Mais les choses prennent sens par la façon dont elles sont vécues et sont donc inséparables des êtres chers avec lesquels et par lesquels elles sont vécues, et dont le visage — est-il dit dans *Le Coquillage* de Marisa Madieri — « se dilue dans les choses, en se confiant à elles », est gardé par elles et les garde à son tour, enferme en lui leur signification. Toute personne aimée fait partie de la trame de notre vie, est une partie de nous-même qui contient une partie du monde ; c'est un horizon, contre lequel prennent place les choses, qui peuvent être effacées si cet horizon s'évanouit, comme les images s'effacent sur un écran qui s'éteint.

Les hommes et les choses de leur vie — les lieux surtout — s'interpénètrent et se confèrent mutuellement une valeur ; certains lieux suffisent en eux-mêmes à tenir compagnie, parce qu'ils contiennent, comme les cercles dans le tronc d'un arbre, l'existence qui y a été vécue et les personnes qui l'ont partagée, contribuant à leur donner sens et forme. Pour les vieillards, les lieux imprégnés de leur vie finissent par devenir plus nécessaires que les êtres grâce auxquels ces lieux ont pris jadis cette signification.

Le poète piaroa anonyme pourrait donc dire tout aussi bien le contraire, tirer réconfort de la présence de ce fleuve, de ce vent, de cette lune et de ce canoë, sentir et trouver en eux cette personne aimée, aussi présente et vivante qu'eux, et sentir la continuité par-delà le déchirement. Les deux sentiments ne s'excluent pas mais s'entremêlent, par ce privilège qu'a la poésie de se situer au-delà du principe de contradiction, privilège qui peut lui permettre d'exprimer dans un même vers le bonheur et le désespoir, de dire que la vie a un sens et en même temps qu'elle est absurde. Les philosophies, les religions, la psychologie doivent d'une manière ou d'une autre comprendre, interpréter, exorciser, classifier la mort, émousser l'anomalie que constitue une réalité incompréhensible et irreprésentable, la faire rentrer à l'intérieur des digues du concept et de l'intelligence, comme la démesure du ciel s'encadre dans le châssis d'une fenêtre. À leur différence la poésie, sans être pour autant plus haute ni plus profonde, ne se préoccupe pas des conséquences de ses propres épiphanies, pas même quand celles-ci peuvent être dévastatrices pour l'ordre de la vie.

Peut-être que la mort est aussi bénéfique, en épargnant les infinies désolations d'une vie immortelle : ce n'est pas pour rien que le Juif errant, dans la légende, est condamné, en guise de peine maximale, à l'impossibilité de mourir. L'existence d'un individu est constituée aussi des autres existences qui l'accompagnent, elle s'élargit jusqu'à comprendre l'existence de ceux qui l'ont précédé et de ceux qui viendront après lui : chacun est soutenu et en même temps accablé par la solidarité et par la responsabilité de l'espèce. Nous aussi peut-être, remarque Toraldo di Francia, nous sommes comme les particules élémentaires, qui vont continuellement au-delà d'elles-mêmes et qui en engendrent d'autres à partir d'elles et des potentialités qu'elles portent en elles.

Mais cela ne diminue en rien le scandale de la souffrance et de la mort. Le poète piaroa qui, après la disparition d'un être cher, a entendu les feuilles bruire et vu l'eau s'enfuir comme si de rien n'était a perçu pour toujours une angoisse indicible, la douleur que l'univers continue comme auparavant, en s'éloignant de celui qui meurt, la cruelle infidélité, l'indifférence qu'il y a dans toute survie.

1996

ÉRASME ET LUTHER : *DE LIBERO* OU *SERVO ARBITRIO*

Dieu, disent les Écritures, a créé l'homme à son image et à sa ressemblance : Érasme de Rotterdam, chrétien fidèle et humaniste irréductible au point d'être devenu le symbole même de l'Humanisme, cite en y adhérant avec ferveur ces mots qui célèbrent la valeur pour lui la plus chère, la dignité de l'homme, rapprochée ici de la perfection même de Dieu. Philologue habitué à déchiffrer avec exactitude non seulement les textes antiques mais aussi les visages des hommes, Érasme savait bien à quel point il est parfois difficile de reconnaître dans la trogne bestiale des hommes peints fidèlement par Bruegel ou par Bosch les traits du Christ ; il savait bien à quel point la cruauté autant que la douleur, le mal accompli autant que celui subi par l'homme rendent précaires la parole biblique, en laquelle il croyait. En présence d'individus bénis par le sort, possédant toutes les vertus de l'intelligence, de l'esprit et du cœur, portés au bien, et d'autres, défigurés dès le début par la maladie, la brutalité dans la façon de sentir, la monstruosité, des tendances infâmes, Érasme se demandait comment il était possible, dans ces cas-là, de parler de la justice et de la miséricorde de Dieu.

Érasme pose cette question dans sa diatribe sur le libre arbitre, en 1524 ; un an plus tard, Luther lui donne une réponse concise et implacable avec son *De servo arbi-*

trio. La confrontation entre les deux textes et leurs auteurs, culturellement et anthropologiquement si différents, est un moment crucial dans ce conflit qui ouvrait une nouvelle époque où allaient naître et se développer la Réforme protestante et — grâce à elle, à la riposte catholique et à un nouveau rapport avec l'héritage de l'Antiquité classique — le monde moderne lui-même.

Sur des modes différents et antithétiques, Érasme et Luther tiennent ce dernier sur les fonts baptismaux et sont emportés par son développement impétueux et démoniaque, qui tend à se débarrasser des valeurs qui lui ont permis de voir le jour. Si l'esprit érasmien de recherche, laïque et tolérant, est l'un des idéaux dont s'honore la modernité, celle-ci détruit la sagesse humaniste et l'équilibre qu'Érasme tire de l'Antiquité classique et de son union avec le christianisme ; dans la nouvelle Europe il n'y aura pas place pour l'idéal classique de sagesse. Un processus de sécularisation qui ne cesse de s'étendre, produit typique de ce monde moderne inconcevable sans le protestantisme, mettra toujours plus en crise la religiosité luthérienne avec ce qu'elle a d'absolu, tandis que la conciliation érasmienne entre foi, raison et savoir finira par dissoudre, comme le fait observer Sergio Quinzio, les vérités religieuses en un « possibilisme » apparemment libéral dans lequel la tolérance est souvent le visage pris par l'indifférence. Si les siècles suivants semblent avoir démenti l'une et l'autre des harangues de défense et d'accusation du libre arbitre, cela n'enlève rien à leur signification qui non seulement perdure, mais se renouvelle perpétuellement et se repropose, sous des formes culturelles diverses, à chaque génération, car, comme la tragédie grecque ou la prédication bouddhiste de Bénarès sur la douleur, la dispute entre Érasme et Luther est l'un de ces épisodes qui naissent d'un moment historique précis et en sont culturellement imprégnés, mais qui transcendent l'histoire et la culture dont ils sont issus pour se tourner vers les choses dernières et poser les questions essentielles sur la vie et son sens ou son absurdité.

Le lien profond avec leur époque et avec les aspects de celle-ci qui peuvent paraître lointains aux générations suivantes est le signe de leur universalité, laquelle n'est authentique que quand l'individu se plonge dans sa propre époque en prenant sur lui ses pesanteurs et ses limites, tandis que celui qui prétend parler du haut d'une chaire soustraite à la contingence et à la relativité de la vie, sans être sali par sa sueur et par son sang, n'est qu'un vain rhéteur. Le Christ, qui pour Érasme comme pour Luther est Dieu incarné, n'annonce pas son évangile du haut d'un ciel éternel et immuable mais du sein de l'Histoire, avec ses promiscuités, ses violences, ses conflits et ses misères.

Même la défaite, au moins partielle, d'Érasme et de Luther est un signe de la vitalité persistante de leur controverse, car une grande pensée ne continue à animer les consciences et la réalité qu'aussi longtemps qu'elle n'a pas été acceptée et donc, d'une certaine façon, fatalement intégrée et neutralisée par le monde, et qu'elle continue donc à opposer à la réalité, aux choses telles qu'elles sont, les choses telles qu'elles devraient être. La Croix — que tous deux vénèrent, même si Luther reproche à Érasme de lui préférer la tranquillité de l'étude — est le symbole par excellence d'une vérité confirmée par un échec retentissant, par une mort humiliante que le Christ endure dans la solitude, ses disciples eux-mêmes l'ayant quasiment abandonné.

La question débattue par Érasme et Luther concerne l'essence de l'homme, de sa liberté et de son destin, la possibilité qu'il a ou qu'il n'a pas de se sauver sans l'aide de la grâce divine. Tous deux refusent la thèse de

Pélage, taxée d'hérésie, selon laquelle l'homme, racheté par le sacrifice du Christ et par le baptême, tient son salut entre ses mains et n'a aucun besoin ultérieur de l'aide divine. Érasme, philologue qui exige la scrupuleuse vérité du texte pour la connaissance de la vérité religieuse et postule qu'il y a unité entre science et foi, se trouve en présence de certains passages des Écritures qui semblent affirmer le libre arbitre et d'autres qui semblent le nier : alors il confronte, interprète, compare, discute pour éclaircir les doutes et les contradictions. Il veut concilier à tout prix la grâce, dont la participation lui semble indispensable au salut, et la liberté de la raison et de la volonté de l'homme, sans laquelle ce dernier, simple instrument d'une nécessité inexorable, serait moralement irresponsable, indigne d'être sauvé autant que d'être châtié. Pour Érasme — et ce n'est pas pour rien qu'il reste fidèle au catholicisme, bien qu'il ait dénoncé l'immoralité et l'intolérance autoritaire de l'Église et que ses livres aient été condamnés et mis à l'index par cette dernière — nécessaire à l'homme est la foi, mais nécessaires aussi sont les œuvres, accomplies en toute liberté et responsabilité ; nécessaire est la moralité des actions bonnes et justes.

Pour trouver une solution intermédiaire qui ne soit pas un simple compromis, Érasme se fraie un chemin à travers distinctions et nuances, il affronte et évite des labyrinthes logiques et théologiques qui à son adversaire Luther, ce « sanglier sauvage », apparaissent comme autant de subtilités grammaticales. Si Érasme nuance et distingue, Luther — qui se proclame barbare et balbutiant face à l'habileté rhétorique de l'humaniste — nie et affirme avec netteté, violence et opiniâtreté. S'inspirant de saint Paul et de saint Augustin et s'attaquant à saint Jérôme — le saint traducteur de la Bible et pour Érasme le symbole de la conciliation entre christianisme et Antiquité classique, amour religieux et amour philologique de la parole —, Luther martèle, avec une puissance parfois prolixe mais très efficace, une seule, monotone et terrible vérité : l'homme, par lui-même, n'est rien d'autre que de la chair destinée au mal et à la corruption, un être esclave du péché et de la nécessité, irrépressiblement enclin à la méchanceté. L'homme par lui-même ne peut rien, il est sous la domination d'une Loi qui fait connaître et accroît le péché, et lui impose des commandements qu'il doit suivre sans être en mesure de le faire, le rendant ainsi encore plus coupable.

L'homme ne peut se sauver que grâce à la foi, en reconnaissant sa misère absolue et en invoquant la miséricorde divine ; aucune bonne œuvre qu'il accomplit ne peut faire de lui un juste, ni moins encore le sauver, parce que tout ce qui ne provient que de lui est mauvais, même s'il peut sembler méritant aux yeux des autres hommes. Confessant sa faiblesse personnelle avec des accents dramatiques touchants, Luther admet être troublé devant le scandale de la douleur qui écrase sans cause apparente tant d'innocents, mais il considère son trouble comme une faiblesse de la chair qu'il faut vaincre, et il condamne la prétention des hommes à juger l'action divine, quand elle leur apparaît injuste et cruelle, à l'aune de la morale et de la justice des hommes. Dieu est caché, irréductiblement autre par rapport à toute conception humaine. Si, comme le disent les Écritures, il a aimé Jacob et haï Ésaü quand ils étaient encore dans le sein de leur mère, on ne peut lui demander compte de ce qui pour les hommes semble être une injustice intolérable.

Les paradoxes de la religion mettent en difficulté les deux antagonistes : Érasme, à qui revient la tâche intellectuellement la plus ardue, celle de concilier la liberté humaine avec la nécessité de la grâce, ne parvient pas à expliquer comment sans cette dernière pourrait naître en l'homme la résolution de faire son premier pas vers le bien, ni même d'invoquer la grâce; Luther, lui, ne parvient pas à expliquer le sens de son exhortation à se repentir, quand elle s'adresse à des hommes qui, s'ils n'ont pas la grâce, ne peuvent pas recevoir ses paroles, et s'ils l'ont n'en ont pas besoin.

Luther, qui admire sincèrement Érasme et reconnaît sa dette culturelle à son égard, s'avoue ignorant par rapport à lui, mais dans la controverse c'est lui le véritable écrivain : il en possède la puissance expressive, la force sanguine et plébéienne, et aussi cette démesure et cette exaspération sectaire qui sont logiquement indéfendables et souvent humainement antipathiques, mais dont la grande littérature a besoin pour éclairer l'abîme et le délire de l'existence. Érasme est savant, plein de finesse, mais son élégance affable risque de faire bien souvent de lui un rhéteur plutôt qu'un écrivain.

Érasme aime la paix, et devant les labyrinthes inexplicables de la foi — mais d'abord de la vie elle-même — il préfère vénérer l'inscrutable en s'en tenant à distance. Luther sait que le Christ est venu apporter non la paix mais le glaive et, même angoissé devant les violents tumultes du monde, il sait qu'ils sont toujours un signe de la vérité de la parole divine, venue apporter le scandale et bousculer l'ordre du monde. Ses affirmations apparaissent inacceptables à qui considère que l'on ne peut pas vivre sans croire en la liberté de l'homme, mais même celui qui croit en la liberté morale de l'homme ne peut pas ne pas ressentir l'impuissance, la faiblesse, l'incapacité de résister à l'assaut de la vie injuste et cruelle, l'absurdité de devoir obéir à un commandement inouï comme celui de mourir. Et c'est Luther qui fait ses comptes avec la puissance dévastatrice de ce qui nous transcende. Kafka montre comment on se sent coupable même quand on n'a rien fait, comment on ressent comme une faute son impuissance face à la vie.

L'insuffisance, l'échec deviennent, indépendamment

de toute volonté ou intention, une action ou du moins une condition coupable, comme parfois — souvent — dans la Bible et dans la tragédie grecque. Le fatum — comme l'a mis en évidence avec une grande force Aldo Magris dans son ouvrage fondamental sur le destin dans le monde antique — risque d'absorber jusqu'au jugement, car l'homme semble naître prédestiné à la faute qui le flétrit et cela apparaît intolérable à qui a la moindre exigence de liberté. Il est certain que dans les moments les plus intenses — dans le bien comme dans le mal — de l'existence on a l'impression de sentir la présence de ce destin, de la totalité qui vous englobe, vous embrasse et vous détermine, de ce que l'on ne peut ni vouloir ni choisir et qui s'identifie avec les expériences décisives de la vie, comme lorsqu'on devient amoureux et que l'amour vous tombe dessus non par votre volonté, mais par obéissance à une loi profonde, qui à ce moment-là vous transcende et vous dit votre vérité. Cette grâce, même quand elle est grâce et non malédiction, est terrible et semble mettre en danger ou nier la liberté et la responsabilité de l'homme. Héraclite identifiait le destin avec le caractère, mais cela ne rend pas moins inquiétante l'ombre qui est projetée sur la liberté humaine.

Peut-être y a-t-il ici une limite objective de l'entendement humain, l'incapacité de comprendre comment la nécessité — cette nécessité que l'on ressent dans certains moments fondamentaux de l'existence — se concilie avec la liberté, sans laquelle est inconcevable et inacceptable tout concept du bien. Cette conciliation et la capacité de la percevoir constitueraient peut-être le salut et le bonheur ; parfois on a l'impression de les saisir, mais ils s'échappent quand on cherche à les enfermer définitivement dans un concept. Moi-même, par exemple, j'ai eu l'impression de les tenir en voyant pendant longtemps, près de moi, une personne dans le même temps accepter le sort qu'elle voyait s'avancer vers elle, accepter sans se révolter la nécessité de la mort, et pourtant combattre avec vaillance contre elle, rendre difficile sa progression, pour lui arracher le plus de vie, le plus de joie possible. Les sept moines trappistes assassinés en 1996 en Algérie par les fondamentalistes ont accepté leur sort avec un courage absolu, sans chercher à y échapper, mais en disant en même temps à leurs assassins de ne surtout pas croire que c'était la volonté de Dieu que la mort dût les frapper par leur main ; ils acceptaient la nécessité et en même temps ils y résistaient. Il faudrait être capable, comme ces religieux, d'accepter l'insondable parabole de l'ouvrier de la onzième heure et en même temps de travailler dès la première.

L'affrontement entre Luther et Érasme est aussi un affrontement sur l'Histoire, sur le fait de savoir si son cours est libre ou obligé. Comme l'a écrit Giacomo Noventa dans des pages inoubliables, il y a une contradiction déconcertante qui voit le luthérianisme fonder la modernité et contribuer aussi à la rigueur morale, alors que c'est la ligne catholique (exprimée entre autres par Érasme) qui fonde — en mettant l'accent sur le libre arbitre, sur l'importance éthique des actes et sur la libre responsabilité de l'homme — les principes de base de la conscience moderne, de l'éthique et de la liberté, en les niant souvent par ailleurs sur le plan de la praxis. Paradoxalement, des principes immoraux génèrent la rigueur morale, et vice versa.

Si l'on regarde avec un certain recul le cours de l'Histoire, on est amené à le voir comme fatal, comme quelque chose qu'il semble pathétique de vouloir arrêter ou modifier avec des interventions d'ordre moral, comme il serait pathétique de prétendre s'opposer avec des idéaux ou des mesures inspirés de l'Arcadie, des idylles pastorales, à ce développement technologique qui prend sans cesse davantage, pour l'Occident, la figure du destin. Mais si l'on regarde l'existence individuelle, on perçoit, avec une évidence concrète tout aussi irrépressible, le quantum de liberté dont elle dispose ; chacun, s'il regarde en lui-même, sait bien quelles sont et quelles ont été les limites de ses choix et de ses actes, mais aussi quelles possibilités il avait entre les mains, qu'il a perdues par sa responsabilité propre. C'est justement parce que la raison est, comme disaient les illuministes, une petite flamme dans la nuit, qu'elle est d'autant plus précieuse ; elle doit être protégée et certes pas éteinte par coquetterie à l'égard des ténèbres ou du mystère. Quand on regarde le futur, justement parce qu'on se rend compte de la force des pressions qui tendent à le placer sur une voie obligée, il ne reste qu'à continuer à être des illuministes, étrangers à toute rhétorique du progrès, mais ironiques, humbles, obstinément fidèles à la foi dans la raison, dans la liberté et dans la possibilité de peser, bien modestement, sur la marche du monde et d'œuvrer pour un réel progrès de l'humanité.

Érasme n'est pas l'humaniste conciliant et dépassé que donne à voir l'imagerie traditionnelle. Il y a un moment où il s'élève peut-être au-dessus de Luther : c'est quand il parle de la mystérieuse sensation instinctive qui l'induit à ne pas croire dans la lutte, dans la polémique, dans la controverse dans laquelle pourtant il a engagé toutes ses forces. Humaniste et homme de dialogue, Érasme sent que celui-ci — s'il ne se fonde pas sur une affinité élective antérieure ou sur une substantielle proximité de vue, qui du reste le rendent superflu — est vain. Le philologue et polémiste qui croit en la raison et en la parole devine que l'essentiel se joue avant même qu'on ne commence à parler, dans les profondeurs mouvantes et insaisissables de la vie dont les hommes s'approchent et s'éloignent inexorablement ; il s'aperçoit que dans le dialogue on ne convainc jamais que celui qui était déjà convaincu et que le destin de la parole et de la raison, c'est l'équivoque. Une telle prise de conscience — pour qui croit en humaniste et en ami de la raison, comme Érasme, dans la parole — n'est pas moins tragique que la vision luthérienne du péché. La grandeur d'Érasme, c'est la symbiose qu'il opère entre la foi et l'ironie, qui s'aident mutuellement et qui aident à vivre. La réticence, l'art d'éluder, le sourire ironique d'Érasme sont l'expression d'une amabilité conservée jusque dans le face-à-face avec le néant et sont l'expression de la force extraordinaire de qui, conscient de la vanité de son raisonnement, continue opiniâtrement à suivre la raison, parce qu'il se refuse à croire que ce néant même soit la vérité définitive.

1995

DISSIMULATION ET VÉRITÉ

En 1641, le discret secrétaire d'un prince publiait à Naples un mince traité qui, presque trois siècles plus tard, devait être redécouvert et arraché à l'oubli par Benedetto Croce. Ce texte bref, qui avait pour titre *De la dissimulation honnête*, témoigne d'un sens certain de l'esquive et masque sa densité sous un ton affable et léger, avec cette réserve qui est le signe de la véritable intelligence, laquelle se sent toujours inadaptée à l'ambiguïté du réel et à la complexité de toute existence. Son auteur, Torquato Accetto, avait été poussé à écrire par la nostalgie d'une vie simple et innocente et par la conscience mélancolique de l'inévitable malignité de l'existence, qui rend si précaire toute simplicité et si vulnérable toute innocence. Dans l'architecture savamment élaborée et inquiète de sa prose, transparente et insondable comme une eau limpide mais profonde, semblent s'être insinués la majesté splendide et lépreuse de cette Naples que Torquato Accetto aimait, le lustre d'une histoire séculaire stratifiée et effritée dans les fresques des palais, les courbes des baies marines et des coupoles, la succession des empires et le mélange de vie et de mort, un grand théâtre du monde dans lequel toute destinée humaine et l'inéluctabilité même du destin apparaissent comme un rôle bref joué selon un dessein divin.

Né au moment où le XVIe siècle s'achevait, et également auteur de poésies, Accetto fut le secrétaire des ducs de Carafa : fonction que les écrits de l'époque qualifient souvent d'« heureuse », privilège de qui connaît les secrets de son maître et subordonne à leur sauvegarde sa vocation pour la littérature. Dans cet exercice, l'écrivain ressent l'humiliation de l'intellectuel asservi, mais il est aussi initié à l'impersonnalité et aux pouvoirs de l'écriture, à ces révélations que seuls concèdent les mots, leur succession, leurs assonances, leurs concaténations. Le secrétaire, c'est l'écrivain qui met son art créatif et combinatoire au service des rêves, des caprices, de la grandeur ou de la banalité d'autres personnes.

Mais en transcrivant ce que lui dicte autrui, le secrétaire apprend le secret de toute écriture. Écrire, c'est toujours transcrire ; de même que le copiste médiéval recopiait un texte ancien, chaque écrivain transcrit un texte caché et insaisissable, le livre indicible de la vie, les mots gravés dans les choses, dans la nervure d'une feuille ou dans le poudroiement des événements, les vérités saisies au vol et au hasard dans la phrase de quelqu'un ou dans l'expression d'une physionomie, dans un geste ou dans une ombre sur un visage qui dévoilent une dimension inconnue de l'existence, une histoire exemplaire arrivée à un ami. Peut-être que ce qui distingue le véritable écrivain, même modeste, c'est la conscience de ne pas être auteur ou créateur, mais réceptacle fortuit ou verbalisateur attentif des épiphanies qui lui sont offertes. Avec ses chancelleries et ses secrétaires, le Baroque, cette civilisation qui savait que l'unique créateur possible était l'éventuel Dieu de l'univers, a saisi cette essence de la poésie, avec un sentiment que nous éprouvons aussi et qui imprègne la grandeur résignée de Borges.

La *Dissimulation honnête*, ont remarqué Giorgio Manganelli et Salvatore Nigro, est le résultat d'effacements, d'omissions et d'élagages d'un texte original, que du reste l'auteur lui-même, dans sa dédicace, déclare avoir réduit des deux tiers, courant le risque de le supprimer complètement, à force de corrections. Torquato Accetto invite les lecteurs à reconnaître les cicatrices de ces coupes en suggérant une littérature procédant par effacement, suppression, non-dit, silence.

Mais l'écrivain baroque exorcise le silence, car sa littérature n'est pas le soliloque de l'arrogante ou malheureuse cavité intérieure, chère plus tard aux romantiques, elle est au contraire « conversation civile », dialogue de l'intériorité avec le monde, dans lequel l'individu découvre sa propre vérité et celle d'autrui, en apprenant à les respecter l'une et l'autre. La dissimulation honnête couvre temporairement la vérité pour la protéger des malentendus et des déformations, pour empêcher qu'elle ne se manifeste de façon inopportune, tombant ainsi dans le faux, qu'elle ne devienne insistance indiscrète ou fanatisme intolérant, manquant de charité envers les autres ou se mettant naïvement à leur merci.

Fausse est la simulation qui feint et veut faire croire ce qui n'est pas ; cette culture d'aujourd'hui qui célèbre la simulation, les masques sous lesquels il n'y a rien et les systèmes de communication qui n'ont rien à dire, est une bergerie arcadienne cultivant l'illusion que, de spots publicitaires en colloques littéraires, la vie s'écoule, joyeuse et innocente comme dans l'Éden, à l'abri de la violence et du mal. Accetto aime l'innocence et l'âge d'or, l'instant et l'éternité dans lesquels la vérité peut resplendir sans voiles, mais il sait que personne ne vit au paradis terrestre et que l'existence est aussi un combat incessant contre la malignité qui se cache en elle, ainsi que l'enseignait Balthazar Gracián, le jésuite baroque. Celui qui ignore la complexité et les conflits qu'implique le fait de vivre et qui s'imagine une réalité tout idyllique, à vivre en toute décontraction, s'expose et expose les autres aux abus de pouvoir et à la tromperie, il finit victime ou complice malavisé des prévaricateurs, sans même s'apercevoir que ce sont des prévaricateurs.

Dans la page d'Accetto, ce n'est pas la répression que l'on trouve, mais la légèreté déliée de l'esprit classique, auquel la conscience de l'ambivalence des choses n'ôte pas la bienveillance et le plaisir, et la liberté du chrétien qui aime le monde sans en écarter ni en voiler les aspects inquiétants. Son livre est au fond un commentaire du mot de l'Évangile, qui recommande d'avoir la prudence du serpent et la simplicité de la colombe. La culture classique, avec sa passion de la totalité et de la distance, est surtout la capacité de comprendre cette parole du Christ : la conscience circonspecte de l'ambiguïté de la vie, du mal que nous sommes toujours en danger de faire et de subir, rend authentique et profonde la simplicité, confère générosité et force d'aimer, prépare à accueillir la grâce de l'existence et à s'abandonner à son jeu. L'ironie vigilante préserve l'enchantement, permet d'être enfant sans retomber en enfance et d'échapper aux tromperies sans céder au cynisme las de celui qui fait profession d'être blasé.

On ne peut ni caresser ni refuser l'ambiguïté ; elle est présente dans les contradictions des choses et de notre âme, et la seule façon de s'y adapter est d'essayer de la démêler tout en sachant qu'on n'y parviendra pas, sans s'y complaire avec mièvrerie ni s'en indigner sottement. Qui se tient sur la précaire frontière de l'ordre côtoie des abîmes ignorés de la banalité stéréotypée et mécanique de la folie, de la monotonie répétitive et égocentrique de l'excentrique, du bizarre, du prévisible et ennuyeux original incapable d'écouter les autres. La dissimulation honnête se meut sur cette frontière, et celui qui la scrute veille à en faire l'usage strictement nécessaire pour ne pas blesser et ne pas être blessé ; il la fait servir à la sauvegarde et non au préjudice de la pureté du cœur. Il est beaucoup plus subtil que les théoriciens unilatéraux du pouvoir, qui dans les grandes cours du XVIIe siècle apprendront et prêcheront le cynisme absolu, la simulation intégrale. Son art est plus subtil car, voyant les hommes comme des brebis parmi les loups, il n'oublie pas la prudence du serpent, mais pas non plus la simplicité de la colombe.

Les philosophes, avec le dogmatisme de leurs systèmes, ont souvent dénigré les moralistes, qui scrutent avec perplexité les mœurs et les replis secrets de l'agir. Schleiermacher, théologien et philosophe romantique, méprisait Knigge, baron jacobin auteur d'un minutieux traité sur les diverses formes de comportement. Mais Schleiermacher annonçait aussi avec beaucoup d'assurance l'avènement d'une vie pure et béatement libérée de toute loi — et cette innocence, ajoutait-il, c'est nous qui l'inaugurons, notre jeune génération.

Le moraliste baroque exhorte à ne pas tomber dans cette présomption ridicule, à ne pas se croire continuellement appelé à annoncer une nouvelle Parole, à douter au contraire d'être dans le vrai, à prendre ironiquement conscience de sa propre vanité. Dans la solitude de sa chancellerie provinciale d'Andria, qui le faisait souffrir, Accetto ne perd pas le sens de ses limites personnelles ; c'est-à-dire qu'il ne cède pas aux séductions de l'isolement, qui font souvent croire au solitaire, méconnu du monde, qu'il est le dépositaire d'une vérité attestée par le martyre de l'injustice qu'il endure. On peut aussi subir un tort et être néanmoins en tort, sans qu'aucun des deux faits ne justifie l'autre.

Investigateur des mœurs, Accetto possède ce « je ne sais quoi de plus » par rapport à l'analyse sociale revendiquée par un autre moraliste baroque, Virgilio Malvezzi : à savoir le regard qui, en scrutant le temps et l'Histoire, saisit une vérité qui les transcende. La poésie baroque, écrit Giovanni Getto, son magistral commentateur, est poésie des choses sujettes à ne pas durer. C'est ainsi qu'Accetto aimait dans la beauté d'une rose et d'un visage au teint de rose la dissimulation de la flétrissure et de la caducité de cette grâce, et qu'il suggérait de dissimuler un peu y compris avec soi-même, quand l'angoisse se fait harcelante, de se promener en dehors de soi-même et de concéder un peu de sommeil à ses propres pensées fatiguées, en fermant un instant les yeux sur la connaissance que l'on a de son sort. La stratégie consciente n'empêche pas mais favorise le soulagement et l'abandon.

1983

L'AUTOMNE ARDENT DE NINON DE LENCLOS

L'enfer des femmes est la vieillesse, disait La Rochefoucauld en une formule au demeurant discutable, puisqu'en général ce sont plutôt les hommes qui se retrouvent plus vulnérables encore et comme perdus quand l'âge, les infirmités et la solitude les rejettent sur le bord de la vie comme des objets fragiles tombés par terre et qu'un balai pousse dans un coin.

La maxime du grand moraliste français n'est certes pas une exception, elle est plutôt l'expression d'un manque de galanterie très répandu à l'égard de l'automne des femmes. Celui-ci arrive même souvent en avance à un degré parfois ridicule, comme s'il y avait une secrète complaisance à découvrir le plus tôt possible les signes de la décadence, à rappeler précocement à la fleur son destin de détritus. Cette attitude est souvent ambiguë ; dans la danse macabre le juste avertissement adressé à la trompeuse grandeur terrestre et la douloureuse tendresse pour la vie fugace se mêlent à l'acrimonie du moraliste heureux de savoir que ces joies pour lui interdites, la magnanime beauté d'un visage et d'un corps, sont condamnées à périr.

Même de grands écrivains amoureux de la vie et des femmes se montrent souvent involontairement pesants quand il s'agit de l'âge de ces dernières. De Madame de Rênal, dans *Le Rouge et le Noir,* Stendhal dit qu'elle avouait la trentaine mais qu'elle était encore plutôt belle ; l'âge de la Maréchale de Hofmannsthal aussi, dans *Le Chevalier à la rose*, est inférieur à celui qui correspondrait plus justement au halo de déclin, fût-il splendide, qui nimbe le personnage, à son adieu passionné à l'amour. Le catalogue de ces précoces mises à la retraite de la vie, en particulier de la vie érotique, décrétées par les hommes en ce qui concerne les femmes, est bien rempli et comprend de nombreux écrivains, grands et modestes, illustres et inconnus. La palme revient peut-être à Kanitz, un professeur allemand qui, explorant au siècle dernier les montagnes et vallées difficilement accessibles de la Bulgarie, écrivait, en se référant aux paysannes du lieu, que personne n'aurait pu reconnaître dans l'épouse de vingt ans, déjà usée, la jeune fille qu'elle était trois ou quatre ans auparavant.

Il est certain que, dans le passé, les conditions sociales, particulièrement dans les classes pauvres et abruties par un dur labeur, faisaient vieillir avant l'heure les hommes et surtout les femmes, souvent doublement chargées de travail, et aucun produit cosmétique savamment élaboré ne pouvait, comme aujourd'hui, y porter remède. Mais dans ces formules expéditives de licenciement généreusement dispensées à la beauté féminine il y avait et il y a souvent un rapport grossier au temps qui passe : l'incapacité de comprendre que le temps — surtout celui de l'existence partagée, vécu dans l'amour, dans l'amitié, dans des liens affectifs de divers genres — n'enlève pas seulement, mais ajoute aussi, comme le courant d'un fleuve, qui entraîne au loin mais apporte aussi de nouvelles choses.

Un visage, avec les années, gagne aussi en intensité, s'enrichit de sens ; un corps longtemps aimé a plus de séduction, plus d'attraits. Certes tôt ou tard advient la débâcle dont parle Guido Gozzano, mais, malheurs et maladies à part, elle advient plus tard qu'on ne le croit. À côté des tenants de la fugacité il y a aussi, dans la littérature, de grands chantres de la durée du charme féminin, de grandes histoires de passion dans l'âge mûr et la vieillesse, de séduction qui perdure. Guimarães Rosa, pour ne citer qu'un exemple parmi tant d'autres, a raconté une magnifique histoire d'amour et de désir pour une femme d'un âge avancé dans son « Histoire de Lelio et Nina », l'une des nouvelles du recueil *Corps de ballet*.

L'une des personnes les plus qualifiées pour réfuter la maxime de La Rochefoucauld était du reste justement l'amie qui l'avait entendue de sa propre bouche, Ninon de Lenclos, experte en séduction et en talents amoureux, dont on disait qu'elle possédait toutes les vertus — étant fidèle en amitié, cultivée, ferme dans ses propos, libre de toute servilité dans ses rapports avec les grands, désintéressée, généreuse —, toutes les vertus sauf une. Personnage important de la vie sociale et culturelle dans la France du XVIIe siècle, celle des salons où philosophie, littérature et galanterie formaient pour les gens de bonne compagnie un tout indivisible, Ninon de Lenclos appartient à la chronique mondaine mais plus encore au mythe, comme il sied à une déesse de l'amour ; ce qu'on sait d'elle est incertain et péremptoire tout à la fois, venant a posteriori par le biais d'une lettre de Voltaire, d'anecdotes rapportées d'après le témoignage d'illustres représentants du Grand Siècle, ou encore retrouvé dans tel ou tel de ses écrits, d'attribution incertaine et vraisemblablement apocryphes, comme ses lettres présumées au marquis de Sévigné.

Changeante dans ses amours et constante dans ses amitiés, Ninon de Lenclos compte parmi ses amants quelques-uns des plus grands noms de l'histoire de France, de Coligny à Villarceaux, du marquis de Sévigné au maréchal d'Albret, de Gourville à Jean Banier et au grand Condé, le génial homme de guerre qui, selon une anecdote qui concerne sa liaison avec Ninon, était peut-être plus valeureux dans les combats de Mars que dans ceux de Vénus. Lectrice de Montaigne dès l'âge de dix ans, Ninon était cultivée et veillait à dissimuler discrètement sous la légèreté la profondeur de ses lectures, dont elle n'aimait pas faire état. Son salon, fréquenté par des poètes et des philosophes, était un petit hôtel de Rambouillet, un centre de la vie mondaine mais aussi culturelle. Scarron lui demandait conseil pour ses romans, Molière pour ses comédies et Fontenelle pour ses dialogues ; dans son cercle de protégés, de protecteurs et d'amis figuraient Corneille, Saint-Évremond, Racine, Boileau, La Fontaine ; elle eut encore le temps d'aider le tout jeune Voltaire.

Pleine d'esprit, sans rien dans l'attitude qui évoquât la précieuse ridicule, c'était, selon ses amis, une femme de caractère, capable de séduire mais aussi de former les personnes qui l'entouraient. Avec sa peau blanche, sa physionomie mobile et expressive et la forme parfaite de ses grands yeux noirs, Ninon — disait Guyon de la Sardière — était belle et le resta toujours. Sa légende est en effet liée à la pérennité de son pouvoir de séduction ; elle ne cachait pas son âge puisque, selon la tradition, à cinquante ans elle en paraissait vingt-cinq. Mais son *charme* n'était pas lié à une fiction de jeunesse, comme celui d'un visage refait par un lifting, il perdurait à travers les marques mêmes des ans, au point que l'abbé de Chaulieu disait qu'entre ses rides se cachait l'amour.

Non seulement l'Histoire, comme le dit le prétendu manuscrit du XVIIe siècle cité par Manzoni dans ses *Promessi Sposi*, mais aussi l'éros est une guerre illustre contre le temps. Trois générations de marquis de Sévigné s'éprirent de Ninon : Henri quand elle avait trente-quatre ans, son fils Charles quand elle en avait cinquante-six et son petit-fils quand elle en avait soixante-seize ; à soixante-dix ans, elle enflamme le baron Banier, fils du général suédois. Sa légende culmine en un épisode que certains — mais ils sont très rares — mettent en doute, et qui est devenu le symbole de sa vie : quand Gédoyn, âgé de trente-deux ans, s'éprend d'elle, Ninon le prie d'attendre trois mois. L'amoureux obéit, un peu surpris dans la mesure où Ninon, intraitable quand c'était non, n'avait pas l'habitude de tergiverser quand elle avait décidé de dire oui. Quand les trois mois furent écoulés et que ce qui devait advenir fut advenu, il lui demanda la raison de ce délai. Ninon lui répondit que la semaine précédente elle venait d'avoir quatre-vingts ans, et qu'elle avait voulu s'octroyer la coquetterie d'un amour consommé au-delà de ce seuil respectable.

La mesure d'une liaison sentimentale de Ninon, l'éternité de son amour semble n'avoir jamais excédé trois mois. Mais Ninon, qui n'exploitait jamais l'éros pour en tirer un avantage social ou financier, ne se vantait jamais de ses conquêtes, consciente qu'elle était que toute vanité est stupide et qu'il est toujours insensé de se glorifier de quoi que ce soit. Elle ne surévaluait pas, mais aurait plutôt eu tendance à mépriser l'amour et le sexe, tout en sachant en jouir ; elle n'y voyait qu'un instinct aveugle, qui donne un plaisir bref et modeste et qui, si on en fait quelque chose de faussement sublime en l'enveloppant de *pathos* sentimental, apporte souvent le mal et la douleur, en masquant l'égoïsme le plus mesquin et le plus prévaricateur derrière la rhétorique de la passion.

Ninon croyait en l'amitié, non en l'amour ; c'était à ses amis qu'elle restait fidèle même dans les moments les plus pénibles, et si elle secourait un amant ou examant en difficulté, elle le faisait au nom de ce sentiment d'amitié désintéressé qui était resté entre eux, indépendamment de l'engouement érotique ou en dépit des tromperies et des illusions qu'il comporte. Son pessimisme à l'égard de l'amour et sa foi en l'amitié s'inscrivent dans une tradition typiquement française qui, des grands romans jusqu'à certains grands films, a fréquemment exprimé ce désenchantement en matière de rapports érotiques et cette confiance dans la solidarité fraternelle. Amie fidèle, Ninon ne devait pas être une mère très attentive, puisqu'elle dut repousser l'un de ses fils qui s'était épris d'elle sans savoir qu'elle était sa mère, ce qui suppose qu'il ne l'avait jamais vue. Cette frigidité répulsive dans un sentiment aussi essentiel que l'amour pour ses enfants révèle la stérilité non seulement de Ninon mais plus généralement de cette société et de sa culture.

Mais, abstraction faite de cette carence fondamentale, il y a dans la légèreté de Ninon une moralité mélancolique et ferme qui lui interdit de faire commerce de son corps pourtant si disputé, autant que de son âme, disputée elle aussi par les jansénistes et les molinistes, qui veulent la convertir — une moralité qui l'induit à dénoncer les injustices subies par les femmes. Vertueuse comme Caton et sage comme Épicure, selon une épigramme, Ninon semble chercher dans la frivolité un refuge contre l'abîme désolé de la vie. L'époque la favorise : quelques dizaines d'années plus tard, la culture française verra s'ouvrir devant elle un vide de la dissolution et du néant, que Mme du Deffand, bien autrement géniale et tout aussi experte dans la guerre contre le temps, saura exprimer avec une grande intensité. Ninon ne peut pas encore connaître ce libertinage intellectuel radical; son scepticisme religieux ne l'induirait jamais à la vulgarité de la maréchale de Luxembourg qui, lisant la Bible, se déclarait scandalisée que le Saint-Esprit pût écrire aussi mal. Ninon ne craint pas le vide et le néant mais bien plutôt la mélancolie et la monotonie de la vie, et, pour se distraire, les galanteries lui suffisent, comme les coquillages pour les enfants ou pour certains peuples des îles lointaines.

Ses lettres — très certainement apocryphes — au marquis de Sévigné, lui attribuent, et ce n'est pas par hasard, un pessimisme désenchanté qui est la prémisse de la moralité. Elles constituent une sorte de roman épistolaire du type — bien qu'au point de vue de la valeur littéraire il y ait un abîme entre les deux — des *Liaisons dangereuses* : une dame donne des conseils avisés et cyniques à un gentilhomme sur la tactique à adopter pour séduire une autre femme et à la fin se trouve prise à son propre jeu, amoureuse elle-même de cet homme et exposée aux chagrins d'amour. Souvent convenues et parfois communes, ces lettres font toutefois écho, non sans acuité, à cette grande production romanesque française qui trouva son apogée avec *Les Liaisons dangereuses*, œuvre qui analysait impitoyablement la passion amoureuse, non pas en mettant le cerveau à la place du cœur — comme on l'a dit parfois en manière de reproche — mais en captant tous les tourments, la nostalgie, l'intensité de la passion du cœur à travers cette analyse rigoureuse et désenchantée, cette exactitude géométrique qui seule peut sonder l'abîme d'un cœur et sans laquelle on en est réduit à un sentimentalisme faux et emphatique.

La femme imaginaire qui écrit les lettres présumées de Ninon démasque la sublimité de mauvais aloi à laquelle l'égoïsme érotique a souvent recours pour travestir ses prévarications et ses manigances, la rhétorique de la passion irrépressible et de sa fatalité mystérieuse, par laquelle celui qui ment et se conduit sans respect à l'égard de l'autre justifie sa propre violence en lui donnant une auréole titanesque, en l'attribuant à une secrète loi supérieure de son cœur, qui la rendrait nécessaire. Sainement attentives à l'aspect physique de l'amour et sensibles, sans vouloir l'avouer et en dépit de leur cynisme immoraliste, à sa réelle profondeur spirituelle, ces lettres défendent cette dernière des mystifications qui la déforment en prétendant parler en son nom et qui induisent à se convaincre qu'on aime même quand on n'aime pas l'autre, mais seulement son propre engouement pour lui et que l'on ne veut pas le bien de l'autre, mais uniquement sa propre satisfaction.

Beaucoup plus tard, et avec une tout autre puissance poétique, Tolstoï écrira dans *La Sonate à Kreutzer* des pages inoubliables sur la fausse idéalisation sentimentale du désir de domination et de la possession sexuelle. Ainsi la *cocotte*, mélancoliquement consciente que l'amour est une guerre dans laquelle il faut être armé, démystifie le culte de la transgression et donne une leçon de morale toujours d'actualité.

Le sexe, est-il dit dans ces lettres, est comme l'argent : bon serviteur et mauvais maître. Ninon aurait probablement eu le droit de l'affirmer, puisque tout laisse à penser qu'elle a vécu selon cette sentence. Même cela ne suffit pas à donner le bonheur, puisque Ninon, pourtant sereine dans la maladie, alla jusqu'à dire que si, quand elle était jeune, on lui avait montré la vie qui l'attendait, elle se serait pendue. Mais ce n'est pas peu de chose, avec cette vision désolée de sa propre existence, d'être quand même arrivée à quatre-vingt-dix ans (selon certains quatre-vingt-cinq seulement) et d'avoir démenti tant de fois l'aphorisme de son ami La Rochefoucauld sur la vieillesse des femmes.

1992

LINNÉ
ET LA DIVINE NÉMÉSIS

En 1735 Linné, visitant un jardin à Hambourg, note sur son carnet l'inscription placée à l'entrée : « Ne fais aucun mal et il ne t'en sera fait aucun, de même que dans le bois l'écho ne fait que te renvoyer ton cri. » C'est l'année où il publie la première édition de son *Systema Naturæ*, cette grande classification qui fera de lui un prince et un symbole des sciences naturelles, un écrivain dont Rousseau disait, en se référant en particulier à sa *Philosophia botanica*, qu'il en avait tiré plus de profit que d'aucun livre de morale. Les grands moralistes, capables de sonder à fond la vie et son anarchie, sont harcelés par le démon de l'ordre, par la passion de cataloguer, de définir ; cette passion de la totalité est vouée à l'échec, car aucun système ne peut brider totalement l'imprévisible irrégularité de l'existence, mais seul le lucide et géométrique amour du système permet de comprendre vraiment l'originalité de la vie, son écart par rapport à la loi.

C'est l'encyclopédie, avec son ordre alphabétique rigoureux et son souci de tout inventorier, qui évoque l'image chaotique et proliférante de la réalité ; quiconque flirte avec le désordre et prend des poses en éparpillant les papiers sur son bureau pour se donner des allures de génie échevelé est un rhéteur inoffensif et bien intentionné, à l'image de celui qui affiche sa distraction ou se vante de sa jeunesse déréglée et pourra difficilement comprendre le caractère démoniaque de l'existence.

Rousseau avait raison de voir dans le grand botaniste suédois un maître de morale, c'est-à-dire de procédures conceptuelles qui éduquent la pensée à pénétrer la multiplicité ambiguë et peu fiable du monde, même si un autre botaniste, Siegesbeck, accusait Linné d'immoralité pour avoir choisi les caractères sexuels des plantes comme élément de base sur lequel fonder sa classification, poussant ainsi les jeunes gens qui se dédient à l'étude des étamines et des pistils à des rêveries licencieuses. Mais l'amour de l'ordre, chez Linné, ne se limitait pas au monde végétal ; cette inscription lue à Hambourg l'avait frappé parce qu'elle établissait dans le domaine de la morale — celui du bien et du mal, de la liberté pour l'homme de choisir tel ou tel autre comportement — une loi aussi inexorable et rigoureuse que celle qui régit le monde physique.

Selon Linné, profondément croyant, l'homme était libre d'accomplir ou non le mal, mais une fois celui-ci accompli se déclenchait — selon sa « physico-théologie » ou « théologie expérimentale » — un enchaînement inévitable de cause à effet, analogue à celui à partir duquel la sécheresse produit l'aridité du sol ou l'ingestion d'un poison entraîne la mort. Linné appelait aussi cette loi « divine Némésis », entendant par ce terme un processus régulateur qui, dans la nature, intervient pour contrebalancer tout excès et rétablir l'équilibre.

Divine Némésis (dans la traduction française *La Vengeance divine*) est aussi le titre d'une œuvre singulière de Linné, restée longtemps inédite. Il l'écrivit partie en suédois et partie en latin, en manière de monitoire pour l'édification de son fils qu'il devait, lui qui était prince des naturalistes, appeler à lui succéder en 1763 à sa chaire de botanique de l'université d'Uppsala, en dépit du peu de talent dudit fils pour cette discipline. Cette *Divine Némésis* — chère à Strindberg, qui ne pouvait en avoir qu'une connaissance partielle — est une œuvre sombre et puissante, dans laquelle le génie du système élabore une féroce et parfaite économie de l'existence. En recueillant et en réécrivant des histoires tirées de la Bible et des textes de l'Antiquité, de la vie de cour en Suède, du milieu universitaire ou de la chronique de la province suédoise, Linné veut démontrer à son fils, comme on démontre un théorème, que tout mal commis est infailliblement suivi d'une punition.

Ces papiers destinés à un usage strictement personnel devaient rester inédits car Linné cite les noms et prénoms des personnes de son monde, et souvent de personnes haut placées, dont il dévoile les turpitudes et les transgressions. La réalité n'est avare avec personne, et pas davantage avec Linné, ni d'exemples d'infamie ni d'événements funestes. La Bible lui fournissait des exemples de violence et de vengeance, d'ignominies que vient venger la colère de Dieu, et des histoires non moins horribles et cruelles lui étaient offertes par le répertoire classique, par la campagne suédoise avec son monde paysan dur et fruste, et surtout par la chronique politique suédoise de cette époque si agitée de luttes entre le pouvoir royal et la noblesse et entre le parti, favorable à l'aristocratie, des « Chapeaux » et celui, bourgeois, des « Bonnets » ; une époque de guerres — de celles de Charles XII à celles contre la Prusse —, de bouleversements sociaux et de coups d'État, de complots, d'exécutions capitales, de banqueroutes.

Dans cette multiplicité de la vie corrompue et semée d'embûches, Linné s'affaire comme parmi la diversité des plantes, persuadé que les destinées humaines se déroulent selon une grammaire précise et que chaque événement, loin d'être fortuit et singulier, a une valeur typologique générale, comme la feuille conservée dans l'herbier. Son génie visuel, éduqué à saisir les moindres détails et à discerner ceux qui sont significatifs et exemplaires, capte les sombres épisodes de cette tragédie que, comme le dit le titre d'un de ses paragraphes, la nature joue sans relâche.

Un mari adultère meurt à des années de distance de son péché, étouffé par la boue dans laquelle il a glissé, des épouses infidèles sont rongées par des cancers de l'utérus ou par d'autres maladies horribles ; le comte Cronhielm tue un paysan, qui le heurte par mégarde sur un lac gelé, et plusieurs années après il est englouti dans ce même lac, dont la glace cède sous lui ; le président d'une commission militaire inique est frappé de paralysie faciale et l'un de ses membres les plus « joyeux et joviaux » meurt de mélancolie ; Melander, professeur de théologie à Uppsala, reste paralysé tandis qu'il est en train de défendre une injuste nomination à une chaire universitaire ; des généraux et des amiraux sanguinaires bombardent des villes et sont ensuite frappés de mort violente, des filles mères étouffent leur nouveau-né et finissent sur l'échafaud ou écrasées par un carrosse, leurs séducteurs connaissant un sort tout aussi peu enviable. Imitant en quelque sorte son rival Buffon, le systématique Linné s'attarde sur le comportement de ces animaux dont, comme le dit son système, l'homme fait partie. Bien souvent les savants, et Linné lui aussi, parviennent facilement à faire cadrer les comptes : il suffit de savoir attendre, comme lui, pour constater qu'une mésaventure s'abat sur un malfaiteur — à tout le moins l'inévitable mort, qui n'est certes pas une peine négligeable. La proportion entre crimes et châtiments est par ailleurs rigoureuse ; une dame qui a donné un soufflet immérité à une domestique se casse une cheville en descendant le grand escalier.

Dans ces fulgurants apologues empreints d'horreur pour la vie, Linné est un grand écrivain qui condense en quelques traits, laconiques et essentiels comme les sagas, l'histoire d'un destin qui se précipite : pécher, voler, tuer, mourir. Comme dans la sombre fatalité qui domine toutes les sagas scandinaves, dans ces récits à caractère épique aussi l'individu est identique à son sort, caractère et destin sont inséparables. La réalité de Linné, c'est un monde scandinave sombre et visionnaire, qui fascinait Strindberg et devrait fasciner Ingmar Bergman — un monde de pièces sombres, de vêtements anciens et pesants, d'hommes silencieux et de morts solitaires. Les noms de ses personnages, qui donnent souvent leur titre aux différentes histoires, se succèdent et se scandent comme le son même de la Nécessité et de la Mélancolie : Norrelius, Bentzelia, Brahe, Horn, Buscagrius, Jaensson, Grubbe, Julinschöld, Kanutius, Krabbe, Kyronius. L'horreur pour l'existence — cette horreur que Linné a exprimée en décrivant la furie destructrice des insectes — s'accompagne d'une soif de justice, qui fait de lui le vengeur des domestiques des deux sexes victimes de leurs maîtres, mais l'amour pour le système et l'obsession biblique de la vengeance sur plusieurs générations induisent le savant à démontrer sa thèse en constatant, avec satisfaction, que le coupable qui meurt impuni est frappé dans la fin atroce de ses enfants et petits-enfants ; une ritournelle qui lui est chère est la sentence latine qui dit que puisque le cochon a péché, les petits cochons doivent pleurer.

La religion est exactement le contraire de la superstition professée par le grand savant et écrivain ; la religion est ce qui transcende l'existence et refuse la loi de l'abattoir, c'est la protestation contre les gémissements des petits cochons. Pour Linné, les malheureux frappés par la malchance sont des délinquants justement punis ; à l'opposé, la foi promet le rachat aux derniers de la terre, à ceux qui meurent dans la boue et dans la souffrance.

Linné ne voyait que les choses qui advenaient, les processus de la nature, et bien qu'il en éprouvât une secrète horreur — malgré les joyeuses promenades botaniques qu'il faisait avec ses étudiants, célébrant triomphalement, au grand dépit de ses collègues, la découverte d'une nouvelle plante —, il devait dire que la loi qui régissait ces événements était juste. Si une cause produit inexorablement un effet, de l'effet on remonte à sa cause ; un malheur ou une maladie deviennent le signe de quelque souillure morale qui les a produits. Qui sait à quel péché, et pas nécessairement de gourmandise seule, était due la goutte dont se plaignait Linné.

1986

GOETHE,
LA PROSE DU MONDE
ET LA
« WELTLITERATUR »

Le jour de son dernier anniversaire, le 28 août 1831, Goethe, âgé de quatre-vingt-deux ans, s'accorde le plaisir d'une excursion à Ilmenau, dans la forêt de Thuringe, et monte jusqu'à la cabane de bois sur les parois de laquelle il a, cinquante ans plus tôt, écrit quelques-uns des plus beaux vers de la poésie universelle, ce très court poème, *Über allen Gipfeln ist Ruh'* (Sur toutes les cimes règne le calme), qui évoque la tombée et le silence du soir, le vent se taisant soudain dans les branches et l'approche de la paix nocturne, qui est aussi une allusion à celle de la mort.

Goethe se répète les derniers vers : « warte nur, balde ruhest du auch » (patience, toi aussi bientôt tu reposeras), en les relisant sur ce bois avec sa calligraphie d'alors. Ce poème vit désormais dans le monde, autonome par rapport à son créateur, comme un arbre par rapport à la main qui l'a planté et exposé aux intempéries ; en 1870 un incendie détruira ce bois et ces mots. Mais déjà, en ce mois d'août 1831, les vers sont protégés par une vitre, car Goethe et chaque moment significatif de sa vie sont désormais un monument historique, gardé avec le respect dû aux antiquités, et cette cabane est un lieu de pèlerinage, un but de visite et de voyage.

Quoique légèrement troublé par ce souvenir — qui est aussi présage — de la tombée du soir, Goethe ne s'attarde pas à des réminiscences personnelles, mais se met à regarder le paysage au-dessous de lui, commente les différentes techniques du travail minier, effervescent dans la région, et se félicite d'une activité qui transforme le paysage lui-même. Son intérêt, jusqu'au bout, se porte sur le monde qu'il a toujours considéré comme plus génial que son propre génie et comme la vraie substance de sa création. Dans son *Wilhelm Meister*, l'abbé enseigne la « Weltfrömmigkeit », la *pietas* attentive à l'objectivité des lois supra-personnelles, qui insèrent l'individu dans le mécanisme abstrait des relations sociales ; Goethe parle même d'une « weltfreudige Mystik », une mystique mondaine, grâce à laquelle le sujet s'identifie avec la réalité et dans le même temps la regarde de loin — comme Lyncée, le gardien de la tour — avec une « hohe, wohlwollende Ironie », une ironie supérieure, bienveillante, parce qu'il en découvre toute la structure complexe et le fonctionnement. Selon l'un de ces détails qu'affectionnent les biographes méticuleux dans la documentation et imaginatifs dans l'interprétation, peu avant sa mort, le 22 mars 1832, vers midi, Goethe s'étant un peu ressaisi des misérables douleurs et des terreurs de l'agonie, voit devant lui l'image d'une belle femme aux cheveux noirs et trace sur ses couvertures, avec son doigt, un grand W, dans lequel certains ont voulu déchiffrer l'initiale de Welt, monde.

C'est un mot qui fascine Goethe dans ses dernières années ; il parle avec ferveur de la nouvelle « Weltliteratur », de la littérature universelle qui est en train de mettre en pièces les vieilles frontières nationales et sociales ; il s'intéresse au projet des canaux de Suez et de Panama, il se moque des philosophes enfermés dans leur chambre à se creuser les méninges pour en tirer des raisonnements abstrus au lieu de regarder par la fenêtre, il n'a que mépris pour les poètes romantiques prisonniers de leurs fantasmes et il affirme, dans une phrase sibylline de son dernier roman, qu'une poésie est d'autant plus parfaite qu'elle se rapproche davantage de la pure et objective transparence de la vie extérieure. Le démon de l'action conduit Faust dans le « grand monde » de la politique et de l'Histoire, et Goethe lui-même, qui voyait dans les processus mondiaux la prémisse de la création poétique, déclare l'inclination qu'il a à s'entretenir avec les souverains et les tyrans.

Mais le monde suscite aussi en lui une angoisse profonde, qu'il domine avec une dignité classique marmoréenne et quelque peu forcée. Goethe était persuadé qu'il vivait un tournant radical de l'Histoire, que la nature même de l'homme était en train de se transformer ; il assistait à la fin d'une civilisation millénaire axée sur l'individu et à l'avènement d'une nouvelle civilisation, impersonnelle et collective, dans laquelle l'art — la création littéraire personnelle, classique et pérenne — n'aurait peut-être plus de sens. Sans se laisser séduire par la politique, Goethe prend très fortement conscience, en particulier dans les dernières années de sa vie, de l'importance que revêtent, pour la littérature, les contenus réels, autrement dit les forces du « grand monde » de la politique, les personnalités ou les mouvements sociaux qui déterminent l'histoire mondiale.

Dans ses essais sur l'*Adelchi* et sur *Le Comte de Carmagnola* de Manzoni, par exemple, Goethe, en plus d'analyser avec attention et de célébrer avec ferveur la beauté poétique des textes, apprécie la « matière à magnifier », qui a offert à l'auteur de grandes possibilités créatives. Il eût à coup sûr approuvé la réponse aimable et modeste de Manzoni à Longfellow : quand le poète américain lui disait son admiration pour *Le 5 mai*, Manzoni se dérobait en répondant que, dans ce poème, « c'était le mort qui portait le vif », c'est-à-dire que la grandeur de cette œuvre venait surtout de son sujet, de Napoléon.

Au cours de sa longue vie, Goethe est le contemporain des grands événements politiques, sociaux et culturels qui président à la naissance du monde contemporain : les Lumières, la Révolution française, l'Empire napoléonien et la Restauration, l'ascension de la bourgeoisie et le début de la Révolution industrielle, le développement de la science, la philosophie hégélienne, la poésie et le nihilisme des romantiques. De tous ces phénomènes qui bouleversent l'ordre transmis par la tradition et modi-fient radicalement l'existence individuelle dont elle met en difficulté la réelle autonomie créatrice, Goethe — qui se considère comme l'un des derniers grands individus — veut faire la substance d'une poésie capable de sauver l'individualité en en exprimant l'éclipse et le déclin. Le second *Faust*, son œuvre suprême, veut être, dans ses structures stylistiques mêmes et dans la dissolution ambiguë des formes traditionnelles qu'elle opère, l'« incommensurable » représentation poétique de cette incommensurable transformation qui s'attaque aux racines de l'héritage européen séculaire, en destituant le sujet et en mettant en crise la survie même de la poésie.

Dans ses dernières années, Goethe parle souvent de la « Weltliteratur », de cette littérature universelle qui se développe sous ses yeux, rendant anachroniques les frontières littéraires nationales. Le terme « Weltliteratur » est ambigu : tantôt il désigne l'échange culturel croissant entre les peuples, tantôt des œuvres littéraires dont l'esprit embrasse des problèmes et des thèmes d'ampleur cosmopolite et, plus souvent, il se réfère à un réseau de rapports internationaux qui concerne moins la littérature que d'autres secteurs de l'activité humaine, à savoir le commerce, l'industrie et l'économie en général, les nouvelles voies et les nouveaux moyens de communication.

Le terme « Weltliteratur » désigne aussi et surtout ces

transformations des structures sociales auxquelles est lié le caractère universel de la littérature nouvelle qui est en train de prendre forme. De ce point de vue aussi l'attitude de Goethe est ambivalente : il s'enthousiasme devant ces visions concrètes d'un devenir tumultueux, il célèbre les nouvelles possibilités qui s'offrent aux hommes, mais il craint aussi que ce processus unificateur n'implique le nivellement et l'aplatissement de la multiplicité et de la vie en une uniformité apoétique, et il pense que cette époque de développement dynamique est, par certains aspects, une époque tardive et sénile, ironique, un âge d'épigones plutôt que de créateurs.

Lui-même a conscience de jouer un rôle déterminant dans ce processus de la « Weltliteratur » et il expérimente, à ses dépens, à quel point ce processus, qui regroupe et parfois même nivelle les différences, est aussi par ailleurs accidenté et irrégulier et crée également des déséquilibres, des insuffisances et des anachronismes. La « Weltliteratur » unit nations et sociétés, mais en arrive aussi à créer un « nebeneinander » discontinu, une présence conjointe et une simultanéité incohérente d'époques diverses, un écheveau de fils et de développements temporels hétérogènes. L'ère moderne est celle de la traduction, et aux Allemands, peuple de la traduction par excellence, Goethe reconnaît — par exemple dans le projet du *Volksbuch*, l'anthologie populaire qui lui avait été commandée par Niethammer — la capacité de « reconnaître les mérites d'autrui ». « Les traductions — ajoute Goethe — sont une partie essentielle de notre littérature. »

Ce sont là des concepts très répandus à l'époque classico-romantique, pendant laquelle est souvent assignée aux Allemands, en tant que nation culturelle plutôt que territoriale, la mission universaliste et cosmopolite de recueillir la moisson de tous les âges — ainsi s'exprime Schiller — ou d'être la conscience critique dans laquelle culmine et se résout l'histoire universelle de la littérature, entendue comme histoire de l'esprit universel.

Mais cette fièvre de traduction ne crée pas un serein panthéon supratemporel de la grande poésie universelle, qui affirmerait la pérennité de sa propre valeur au-delà et au-dessus du temps et de l'espace. Les traductions — qui placent côte à côte dans le *Nebeneinander*, dans la juxtaposition simultanée de la bibliothèque et de la lecture, des valeurs et des siècles divers — mettent aussi en évidence l'affrontement et l'incompatibilité de valeurs qui s'excluent ou du moins s'opposent ; elles mettent en crise la foi en un développement linéaire et unitaire et révèlent l'Histoire — la « Weltgeschichte » — en tant que *collage* de divers stades du développement humain, maintenant rassemblés et placés côte à côte, mais dans une pluralité sans lien, comme dans un bazar.

L'histoire universelle rapproche et met en contact, souvent, comme dit Goethe, avec la violente interpénétration due aux guerres, des nations et des sociétés éloignées qui se trouvent dans des phases de développement parfois radicalement différentes, comme si elles vivaient dans des époques ou des siècles distincts. L'isolement prémoderne des peuples les uns par rapport aux autres ne faisait pas violence à cette distance matérielle qui équivalait, spirituellement et socialement, à une véritable distance dans le temps. L'histoire moderne, en rompant les vieilles barrières, produit ce mélange de temps différents, transformant le monde en un marché ou un magasin dans lequel les époques sont placées l'une à côté de l'autre, comme chez un antiquaire, et produit ce type d'homme éclectique et historiciste, en réalité posthistorique, qu'est l'individu contemporain, l'individu nietzschéen écrasé par la mémoire historique et par la simultanéité de tout le passé, ou l'homme sans qualités de Musil, qui habite — comme dit l'un des premiers chapitres du roman auquel il donne son titre — dans une maison qui est une superposition hybride et un mélange de styles de diverses époques.

Goethe, qui vit assez longtemps pour voir des tasses venant de Chine décorées de scènes tirées de son *Werther*, a déjà pleinement conscience de ce non-style qu'est en train d'acquérir l'histoire universelle et donc aussi la « Weltliteratur », même s'il ne méconnaît jamais les éléments progressistes et émancipateurs implicitement présents dans ce processus, qui le fascine et l'angoisse. Le second *Faust* se donne pour objet de représenter le devenir cosmique naturel et historique, la genèse du monde moderne né de la rencontre entre classicisme antique et civilisation germano-chrétienne et la prophétie d'un peuple libre sur un sol libre arraché à la nature par le travail ; le second *Faust* est toutefois aussi, comme l'a écrit Pietro Citati, une sorte de *café-chantant* dans lequel des figures d'époques historiques différentes ou même d'ères différentes sont les personnages d'une mascarade qui semblent tous défiler simultanément en un cortège cosmique et carnavalesque parmi lequel se meut Faust, séduit mais aussi un peu déphasé, devant cette avant-scène du devenir qui est déjà la parodie et la dérision de l'Histoire, l'opérette dans laquelle vit l'homme posthistorique.

Les rapports de Goethe avec la « Weltliteratur » sont empreints de cette fascination-répulsion pour la dimension mondiale — démesurée, générique et caricaturale — prise par tout phénomène, même modeste, de l'histoire moderne.

Sur le plan purement littéraire, « Weltliteratur » désigne, comme cela a été plusieurs fois et excellemment souligné, tant l'intérêt de Goethe pour les littératures étrangères les plus diverses que le rôle exceptionnel qu'il joue lui-même à l'échelle mondiale. Goethe fait siens les classiques français, anglais, italiens, espagnols ;

il regarde du côté de Voltaire, aime Sterne, transpose la leçon de Goldsmith dans le récit de son amour pour Frédérique, s'appuie sur le génie juif et intègre à son classicisme la morale de Racine, traduit Benvenuto Cellini et se reconnaît dans la poésie persane presque jusqu'à une identification inavouée, lit les grands auteurs espagnols et s'intéresse aux littératures les plus variées, isolées et périphériques ; ce que signifient pour lui Shakespeare et les Anciens, il n'est pas nécessaire de le rappeler.

« Weltliteratur » désigne en outre son rapport personnel direct avec les plus grands et les plus célèbres auteurs de son temps — de Walter Scott à Mme de Staël, de Byron à Nerval et à Carlyle — et son rôle de centre idéal de la culture européenne, sa maison de Weimar étant visitée, pour rendre hommage au maître avec une insistance confinant parfois à la persécution, par l'intelligentsia européenne. « Weltliteratur » signifie aussi la diffusion et le rayonnement internationaux de ses œuvres, qui sont traduites et imitées dans l'Europe entière et lui reviennent en ricochet, lui montrant un visage de lui dont dans l'intervalle il s'est ou voudrait s'être libéré. Tout cela lui révèle l'effet de mise à distance, l'aliénation qu'implique une circulation marchande qui n'obéit désormais qu'à des lois anonymes et objectives, en se soustrayant à ce rapport direct entre auteur, commettant et public qu'un écrivain, dans le petit cercle de Weimar, pourrait avoir l'illusion de dominer, si cette petite ville n'était pas le point nodal du « libre commerce des idées et des sentiments » dans le monde, ainsi que Goethe lui-même appelle la « Weltliteratur ».

Le rapport entre *Werther*, son succès et le werthérisme est un exemple typique des inévitables malentendus dont est parsemé le processus de la « Weltliteratur », vécu dans ce cas précis par Goethe en tant que protagoniste et en même temps, au moins partiellement, en tant que victime. Goethe s'irritait quand, à l'étranger surtout, on le célébrait comme l'auteur de *Werther*, alors qu'il pensait, lui, s'être débarrassé depuis longtemps déjà de cette vieille peau. Le processus de la « Weltliteratur » impliquait un désagréable entortillement du temps, qui allait en avant mais aussi à rebours, contraignant son âge mûr ou sa vieillesse à se retrouver face à face avec sa jeunesse.

Mais il ne s'agissait pas seulement du malaise de l'écrivain classique, qui ne veut plus se reconnaître dans le *Stürmer*, dans le rebelle passionné qu'il fut jadis. Le malaise était plus profond, il découlait de sa conscience d'un malentendu radical et inévitable. Dans sa *Confession d'un enfant du siècle*, Musset devait parler, en superposant Faust et Werther, dans une monumentale mais significative méprise, d'un Goethe « patriarche d'une littérature nouvelle », qui « après avoir peint dans Werther la passion qui mène au suicide, avait tracé dans son Faust la plus sombre figure humaine qui eût jamais représenté le mal et le malheur ». Dès le début Goethe est témoin de ces erreurs retentissantes qui défigurent son œuvre et de surcroît révèlent le climat d'une « Weltliteratur » qui lui est antipathique.

Le succès mondial de *Werther* est l'histoire de ce malentendu révélateur. Chateaubriand parle à propos de cette œuvre de « poison » ; les héros werthériens du même Chateaubriand, de Benjamin Constant, de Senancour ou de Musset s'abandonnent avec délice au « mal du siècle », c'est-à-dire à la mélancolie, à l'inaction et à la désillusion, au spleen, tandis qu'en Angleterre, comme dans beaucoup d'autres pays, *Werther* est jugé immoral ; Foscolo même dit que le suicide de Jacopo Ortis est le fruit de « certains temps », tandis que celui de Werther serait le résultat de la pathologie de certains individus. Le héros d'*Eugène Onéguine* prend des poses byroniennes calquées sur celles — déformées — de Werther ; la liste serait longue, dans un vaste panorama — déjà plusieurs fois brossé par la critique — où figurent auteurs, œuvres, littératures des pays les plus divers.

Les personnages werthériens sont languissamment résignés à la prose du monde, alors que le Werther de Goethe se suicide, observe Franco Fortini, précisément pour des raisons inverses, pour ne pas accepter la scission entre la poésie du cœur et la prose de la réalité. C'est pour cela aussi que Goethe dit que Werther a peut-être eu un sort meilleur que ceux, à commencer par son créateur, qui lui ont survécu.

À lui — l'enfant chéri des dieux, le vainqueur de la vie, le fils de la faveur et de la fortune — le destin avait peut-être vraiment trop demandé, comme il le dit lui-même un jour. Il avait été appelé dans sa jeunesse à chanter la plénitude de l'existence, l'individu qui forge harmonieusement et intégralement sa personnalité, et déploie librement ses forces en harmonie avec le progrès et avec la liberté du monde. Dans les années prérévolutionnaires, Goethe, écrit Giuliano Baioni, exalte dans son *Prométhée* l'autonomie titanesque de l'individu et célèbre le caractère positif de la concurrence et de la lutte, vues comme nécessaires et libératrices. Après la Révolution et face à la transformation radicale de la société européenne, Goethe perd cette confiance et met en évidence, dans son *Faust*, le lien entre progrès et violence inhérent au développement social. La réalité tout entière semble être devenue irréelle comme le papier-monnaie inventé par Méphistophélès, valeur fictive qui n'est garantie par rien et qui pourtant aliène l'individu, en transformant sa nature et en la dissolvant dans la fongibilité d'une valeur d'échange. Hélène elle-même, la manifestation suprême de l'idéal classique autrement dit de l'universel humain parfaitement réalisé dans la beauté de la forme qui comporte aussi l'harmonie morale, est définie comme *Schein*, simple apparence, avec le même terme qui désigne la monnaie de papier.

Goethe prend acte, douloureusement, du fait que la formation totale de l'homme est impossible, qu'il n'y a pas harmonie mais bien contradiction entre progrès social ordonné et pleine expansion des énergies individuelles ; il accepte, à l'encontre de sa nature première, que l'individu soit divisé et résigné à cette division. Il soumet l'exigence de la poésie du cœur — d'une vie bien remplie, riche d'expériences singulières — à ce que Hegel appelait la prose du monde, l'ordonnance prosaïque des choses, le réseau anonyme des rapports sociaux, dans lequel l'individu n'est qu'un moyen, utilisé par le mécanisme collectif à des fins qui lui échappent.

Werther répugne à payer ce prix au cours du monde, il répugne à être un personnage moderne, un héros négatif de la moderne « Weltliteratur ». Dans le célèbre entretien entre Goethe et Napoléon, qui est un grand dialogue sur la nouvelle « Weltliteratur », Napoléon reproche à Goethe d'avoir uni à la passion amoureuse, dans *Werther*, le motif politique. Mais Napoléon était l'un des protagonistes et l'un des artisans de ce monde nouveau, qui exigeait la scission de la totalité individuelle, cette scission entre public et privé que Werther n'avait pas voulu ni pu accepter.

Archaïque et prophétique, Goethe comprenait que la modernité était déjà en train de se désagréger en une négativité ambiguë, irréductible à toute synthèse dialectique ; son *Faust* n'est pas seulement le poème moderne de l'action qui se rachète et rachète ses propres erreurs, mais aussi le poème contemporain du « tracas », de l'angoisse incluse dans l'action, qui d'une certaine façon a besoin de quelque chose d'autre, d'indéfinissable et d'indécidable. Plus traditionnel que Hegel, Goethe répugne à laisser la prose du monde absorber complètement la poésie du cœur ; plus en avance que lui, il met en doute le fondement même de la modernité, le principe de la synthèse dialectique, et ouvre son œuvre — par exemple, comme l'observe Guido Morpurgo-Tagliabue, *Les Affinités électives* — à une irrésolution insurmontable, à une fragmentarité hétérogène et inconciliable. Il ne croit plus en aucune résolution positive des oppositions, en aucun dépassement du négatif ; la contradiction ne peut pas être éliminée.

Il continue à vivre en grand individu, tout en sachant que les grands individus n'ont pas leur place en ce monde, et cette conscience de l'abus qu'il commet confère un caractère démoniaque à son royal contentement. Carlotta von Schiller disait qu'il ne s'appuyait sur rien, et sa vieillesse, avec son mélange de jovialité sensuelle et d'absence abstraite, est tout entière un jeu pour éluder ce néant — un jeu qui, pour un souffle, un soupir, l'empêche d'atteindre la stature de ces six ou sept très grands de la poésie universelle, auxquels il savait lui-même qu'il ne pouvait pas se comparer.

Au désenchantement avec lequel Goethe comprend l'Histoire et la littérature universelle moderne, correspond le sourire de réserve avec lequel il s'en défend (Morpurgo-Tagliabue), évitant le totalitarisme idéologique et social du monde qui est en train de naître sous ses yeux. Expert du nihilisme moderne, qui englobe aussi sa propre création, Goethe le peint dans son second *Faust*, ce grandiose et narquois spectacle de cabaret de la « Weltliteratur », mais parfois aussi il l'oublie et écrit des poèmes de circonstance désuets et des vers conventionnels et coulants, semblables à ceux par lesquels on fête un anniversaire ou l'inauguration d'un refuge alpin. Si le changement du monde le trouble, sa poésie est la loi de la vie qui se renouvelle, du « meurs et deviens ». Il n'a pas de recettes idéologiques pour ces changements : si quelqu'un en espérait une de Son

Excellence le Conseiller, en attendant que Son Excellence — qui, devant une bouteille de vin rouge, gardait le silence — « ait fini de penser », Son Excellence, après avoir pensé, se levait et disait : « Je vous souhaite une bonne nuit. »

1983

IPPOLITO NIEVO
ET LES
MÉMOIRES D'UN ITALIEN

Il y a de grands livres qui, même s'ils sont parfois généreusement imparfaits — peut-être parce qu'ils n'ont pas pu bénéficier d'une dernière finition, ou parce qu'ils pâtissent, dans tel aspect de leur forme ou de leur structure, de leur richesse même —, font partie, bien plus que beaucoup d'autres œuvres habilement irréprochables, des chefs-d'œuvre de la littérature universelle par la totalité, l'intensité et la profondeur de vie qu'ils contiennent et savent faire revivre.

Les *Mémoires d'un Italien,* d'Ippolito Nievo, sont un de ces chefs-d'œuvre, un de ces très rares romans italiens (comme les *Promessi Sposi,* avec lesquels il peut assurément soutenir la comparaison) à la hauteur des grands romans européens du XIXe siècle, même si leur grandeur n'est peut-être pas encore tout à fait admise — en dépit d'une reconnaissance évidente, de nombreux ouvrages critiques remarquables et des traductions — par le grand public et dans la renommée internationale.

Il y a quelques années l'un des principaux éditeurs allemands, qui en préparait une nouvelle publication en Allemagne, m'en parlait avec l'enthousiasme de qui veut proposer aux lecteurs un livre qui reste malgré tout encore à découvrir et non avec le naturel de qui publie un classique ayant sa place dans une collection. En ce sens Nievo est peut-être, pour une part, victime de cet isolement qui entoure encore souvent aujourd'hui la littérature italienne du XIXe siècle, et plus particulièrement le roman.

Les *Mémoires d'un Italien* réalisent à un très haut degré l'idéal et l'essence du roman, la représentation d'un grand événement historique collectif enchâssé dans une expérience individuelle unique, avec laquelle il se fond indissolublement sans en réduire si peu que ce soit la singularité. La vie de Carlino Altoviti, le protagoniste qui est aussi le narrateur, s'insère dans une grandiose fresque historique qui peint la fin du vieux monde d'ancien régime — identifié surtout à travers la vénérable et décrépite République de Venise —, les bouleversements de l'époque révolutionnaire et napoléonienne, la Restauration, les premiers et contradictoires ferments du processus d'unification nationale de l'Italie, dont le garibaldien Nievo n'est pas seulement un participant passionné et actif, mais aussi une conscience politique et poétique.

La grandeur du livre réside dans sa totalité, dans la présence conjointe d'une très forte passion et d'une équanimité épique face aux personnes et aux événements. Le sens profond de l'enracinement dans l'Histoire, qui lui permet de composer un tableau incomparable de coutumes politico-sociales et de saisir en action, dans leur effet concret sur la vie des individus, les tendances et les forces historiques de cette époque, ne l'empêche pas de s'ouvrir avec une force et une fraîcheur poétique exceptionnelles à tout ce qui outrepasse la dimension historique et ne se laisse pas réduire à elle ; à la nature, dont il est un extraordinaire poète, ou à ce passage obscur au-delà de la mort vers lequel Nievo regarde sans se concéder aucune foi mais avec une profonde religiosité.

Le sentiment intense et explicite de la vie comme fait moral n'étouffe pas son attention pour tout ce qui, dans la vie même, excède la dimension éthique ; il n'empêche pas l'enchantement et l'angoisse face au flux démoniaque de la vitalité ignorante de la justice et de la vertu, sans que par ailleurs ce regard intrépide jeté sur les tourbillons séduisants et inquiétants n'affaiblisse la vigueur de l'engagement moral. De la même manière, la critique impitoyable du vieux monde en décomposition n'exclut pas un sentiment de tendresse à son égard ni la reconnaissance de ses mérites, de même que le désenchantement amer et très lucide face aux trahisons et aux échecs des révolutions, décrits sans aucune réticence, ne détruisent pas la foi sans illusions en un progrès pourtant rempli de terribles et repoussantes contradictions.

Les *Mémoires d'un Italien* sont un grand livre qui traite de la formation d'une conscience éthico-politique italienne et européenne, et en même temps un beau livre baigné de tendresse et d'humour, d'un amour à la Sterne pour les petites, les plus infimes choses, un livre de profonde passion. Écrite par un auteur mort à trente ans, cette œuvre comporte, particulièrement dans sa seconde partie, des défauts et des exubérances, quelques longueurs et digressions. Mais c'est une fresque de toute la vie, aimée sans optimisme grandiloquent et sans illusions, saisie en une série de personnages inoubliables qui en illustrent toute la diversité et la complexité, tous les tons, du comique au tragique ; que l'on pense, pour ne citer qu'un exemple, au personnage de la Pisana, la plus belle figure féminine de la littérature italienne, et assurément l'une des plus belles de la littérature mondiale, digne de ce roman qui s'aventure avec une acuité inexorable dans les méandres de l'éros, dans ce qu'il a d'enchanteur et de maléfique, dans ses cruautés et ses insondables ambiguïtés. Entre la cuisine du château de Fratta et le monde, le romancier saisit la vie dans son intégralité, sans aucune réticence, en dépassant même les résistances de ses propres convictions, et en créant une extraordinaire pâte linguistique, l'une des plus remarquables dans le domaine de la narration.

Les *Mémoires d'un Italien* sont un livre qui aide à vivre et aussi à regarder en face la mort. En ces temps où l'Italie semble courir le risque de se désagréger, c'est-à-dire de refaire à l'envers le chemin décrit dans le roman, on pourrait lire aussi ce dernier pour en tirer un amour critique et éclairé de l'Italie et une conception moderne de celle-ci. À la fin du livre, Carlino, octogénaire, entrevoit l'avènement d'une société future dans laquelle le progrès général, à son avis, permettra de dépasser cette multiplicité contradictoire et ambiguë qui caractérise son monde à lui, à l'avantage de la société civile et au détriment de la caricature et du roman. Sur ce point il se trompait peut-être, car la réalité, à tout prendre, est devenue encore plus caricaturale.

1992

QUATRE-VINGT-TREIZE : HORREUR ET GRANDEUR DE LA RÉVOLUTION

Il y a quelque temps Soljenitsyne est allé en Vendée rendre hommage aux victimes de la Terreur jacobine au temps de la Convention et de la guerre civile et européenne de la France révolutionnaire de 1793. Sa démarche n'est pas seulement un geste de *pietas* à l'égard des vaincus d'alors, que la mémoire des vainqueurs a parfois rejetés dans l'ombre, et des souffrances endurées dans le féroce choc idéologique qui renversait un ordre social pluriséculaire ; le pèlerinage de Soljenitsyne entend nier 93 en tant que symbole de la Révolution et racine du monde nouveau auquel elle a donné naissance.

Cette date, 93, qui a donné son titre à un roman de Victor Hugo, n'est plus un simple numéro qu'on écrit avec deux chiffres, c'est le nom d'un personnage immense ; c'est le fantôme d'une subversion radicale de l'Histoire restée inachevée et qui, il y a quelques années encore, semblait à beaucoup la fin de l'Histoire elle-même, un drapeau tombé bien des fois mais destiné à être chaque fois relevé et, un jour futur encore indéfini, hissé au-dessus d'un monde rénové.

Aujourd'hui un discrédit tout aussi généralisé entoure l'idée de révolution et ses principales manifestations historiques, de la Révolution française à la Révolution russe, en n'épargnant que la Révolution anglaise, ressentie comme un moment dans une évolution, moment marquant, certes, mais exempt de tout *pathos* millénariste.

Le *revival* vendéen, qui n'est pas seulement un hommage légitime aux victimes et à leur courage, est bien différent de la critique libérale et démocratique, qui refuse la Terreur et le radicalisme de 93 sans pour autant renier les principes de 89 et des libertés qui en sont issues ; ce que nie implicitement la célébration de la Vendée, c'est la démocratie moderne qui, à travers des fortunes diverses et des rechutes régressives, caractérise l'histoire de l'Occident à partir de la Révolution française.

Victor Hugo, qui tout autant que Soljenitsyne désapprouvait la Terreur et respectait ses victimes, a compris que pour régler totalement les comptes avec l'histoire moderne — et avec les promesses de liberté et de progrès qu'elle fait resplendir, réalise et souvent anéantit — il fallait se plonger non seulement dans 89, année exaltante et que tout démocrate se doit de célébrer, mais aussi dans 93, qui en est l'extension en même temps que la négation ; qui élargit et en même temps détruit les conquêtes de 89, en les niant au présent et en les sauvant pour le futur.

Victor Hugo, qui achève *Quatrevingt-treize* en 1873, est horrifié par le totalitarisme de la Convention, mais il sent que les libertés qui lui sont chères, au nom desquelles il critique les Robespierre, doivent beaucoup à la lutte menée, avec des moyens inacceptables, qu'il se refuse à considérer comme historiquement nécessaires, par des Robespierre. Aussi, dans son discours de réception à l'Académie française, Hugo, qui commence à voir non seulement l'aberration mais aussi la grandeur de la Convention, la définit comme un « sujet de contemplation sombre, lugubre, effrayant, mais sublime ».

Ce dernier terme n'est pas seulement laudatif. Le

sublime est aussi l'inhumain, c'est ce qui transcende et emporte les limites de l'intelligence, de l'imagination et du sentiment ; sublimes sont le vertige de l'infini, l'ouragan, la mort. Définir comme sublime la Révolution ne signifie pas qu'on la désire, pas plus qu'on ne désire la tempête, mais qu'on reconnaît l'apport qu'elle constitue pour l'Histoire.

Dans un de ses premiers poèmes, encore d'inspiration monarchiste, Hugo exalte la Vendée dans laquelle il voit la « sœur des Thermopyles » ; passant ensuite à des positions libérales, républicaines, démocratiques et socialisantes, il glorifie 89, mais condamne l'extrémisme de 93. La fascination qu'il commence à ressentir pour 93 est indéniablement liée à son enthousiasme pour le grandiose et le hors-norme ; la Convention le fascine au même titre que la tempête qui, au début de son roman, se déchaîne contre le navire qui amène en France le marquis de Lantenac, homme de guerre et chef vendéen de la réaction.

Hugo ne change pas d'opinion sur la Terreur, mais il la considère comme l'ultime explosion d'une violence séculaire qui l'a produite et à laquelle elle met fin par la violence. Ce sont les injustices du passé féodal et monarchique, écrit-il à plusieurs reprises, qui ont engendré la guillotine ; dans son poème *Les Statues*, la tête coupée de Louis XVI reproche à ses pères, aux statues des rois de France, d'avoir construit la « machine horrible » qui l'a décapité. Et dans un autre vers il dit : « C'est à travers le mal qu'il faut sortir du mal. » Les violences de 93 semblent à Hugo jaillir de l'urgence qu'il y avait à liquider en quelques mois des siècles d'oppression ; maintenant que cette nécessité n'existe plus, que « l'avenir » qui « commença » alors est déjà arrivé, toute violence doit cesser et faire place à la clémence.

Il est facile de sourire d'une telle foi, et Victor Hugo lui-même, qui a eu le temps de voir la Commune et la

Semaine sanglante, n'a pu la conserver longtemps; ricaner de tout espoir en l'avenir fait désormais partie du répertoire obligé de la vulgarité. Hugo comprend que sans cette foi si souvent démentie il n'y a aucun progrès, aucune libération ; l'idée de révolution est un levain sans lequel on ne peut pas faire de pain, même si on ne peut pas faire de pain rien qu'avec du levain. La Révolution française, pour lui, est un événement capital qui a permis de « briser avec le passé », un accouchement violent de la modernité, « une stipulation pour l'humanité tout entière ».

Il continue à critiquer la violence, mais pas uniquement celle de la Révolution, comme on le fait si souvent. On se montre très compréhensif à l'égard de la raison d'État, avec ses compromissions et ses crimes, quand elle est exercée par le pouvoir traditionnel, mais on la condamne avec un esprit évangélique inflexible quand ce sont les révolutionnaires qui se salissent les mains. Les premiers responsables de cette injustice sont certes les révolutionnaires eux-mêmes, puisqu'ils agissent, et le proclament, au nom de la vertu, mais Hugo n'est pas à ranger parmi ceux qui ont toujours présents à l'esprit — avec une horreur qu'il partage — ces sanguinaires qui n'auraient pour rien au monde manqué un jour de guillotine pendant la Terreur (manqué la « messe rouge », est-il écrit dans le roman) mais qui oublient, avec une bienveillante indulgence, les dames heureuses d'aller voir fusiller, en 1871, des communards parmi lesquels il y avait aussi des enfants.

La foi en un avenir radieux, qui justifie souvent dangereusement les infamies accomplies dans le présent qui le prépare, craque dans *Quatrevingt-treize* avec des grondements de tremblement de terre, parmi des contradictions tempétueuses et des incertitudes magnanimes qui donnent à ce roman une éloquence grandiose.

Hugo parle à travers Cimourdain, héros très pur mais

sombre et fanatique, prêtre jacobin selon lequel « un jour la Révolution sera la justification de la Terreur », dont il a personnellement horreur mais qu'il considère comme un sacrifice nécessaire ; Hugo parle à travers Gauvain, héros lumineux et très humain, qui se bat avec vaillance pour la Révolution et qui est guillotiné par son père spirituel Cimourdain, qui l'aime plus que tout autre être humain, pour avoir violé la cruelle loi de la guerre au nom de l'humanité. « Craignez — dit Gauvain — que la Terreur ne soit la calomnie de la Révolution. »

Dans l'autre camp il y a le marquis de Lantenac, vieil aristocrate impavide et impitoyable, prêt à tout sacrifier, y compris lui-même, à la cause de la réaction, qui décore et aussitôt après fait fusiller un marin auteur d'un acte de courage mais aussi coupable de négligence.

À maintes reprises l'écrivain place sur le même plan la férocité des royalistes et celle des républicains, dans la sanguinaire guerre civile qui est, écrit-il, une guerre de barbares contre des sauvages. Et pourtant il y a une profonde différence objective, pour Hugo, entre l'inexorabilité du jacobin Cimourdain et celle du Vendéen Lantenac. Cimourdain est l'homme du futur et de l'humanité, auxquels il est prêt à sacrifier fanatiquement le présent et les hommes, en plus de lui-même ; son idéal, pour Hugo, implique toutefois une réelle émancipation du genre humain et la conquête de libertés concrètes pour les hommes, alors que le marquis de Lantenac se bat pour perpétuer l'« antique férocité féodale », l'ignorance, la cruauté.

Avec une justice de poète, Hugo fait un portrait beaucoup plus vivant de Lantenac, qui est un personnage en chair et en os, avec la présence physique et sensuelle d'un seigneur d'Ancien Régime, alors que la pâleur fébrile de Cimourdain présente l'abstraction de l'idée et un ascétisme physiquement presque repoussant. Lantenac est même capable d'un geste, inattendu et isolé, de générosité, quand il sauve les trois enfants du brasier, se mettant ainsi à la merci des révolutionnaires, qui le font prisonnier.

Cimourdain se sacrifie lui-même quand il condamne à mort Gauvain, le preux commandant révolutionnaire qu'il aime comme un fils (au point de se suicider après avoir présidé à son exécution) et qui, troublé par le geste de Lantenac, remet celui-ci en liberté, transgressant ainsi la loi et mettant en danger la cause républicaine pour laquelle il se bat et en laquelle il croit. Cimourdain se situe au-dessus de Lantenac, comme l'article d'une loi qui garantit la liberté aux hommes en chair et en os se situe au-dessus d'un homme robuste et impétueux qui s'emploie à fond pour que des hommes en chair et en os restent esclaves.

Gauvain se situe au-dessus de l'un et de l'autre, parce qu'il concilie révolution et charité, liberté et amour, l'Humanité et les hommes, sens de la loi et de l'écart que constitue par rapport à elle chaque existence individuelle. Toutefois il se déclare coupable et considère comme juste sa condamnation, parce qu'il se rend compte qu'en libérant Lantenac il a favorisé la victoire de ceux qui veulent maintenir dans leurs chaînes les hommes que lui-même est appelé à défendre. Gauvain est l'homme idéal du futur, mais c'est Cimourdain qui œuvre à rendre possibles ce futur et cette charité ; Gauvain donne raison à Cimourdain, qui le guillotine.

Dans le conflit entre les différentes réponses à la tragédie historique, la plus haute semble être celle que donne le sergent Radoub, le moustachu, rude et intrépide soldat de la Révolution qui vote contre la condamnation de son commandant Gauvain. Radoub est l'une des rares figures de révolutionnaires — à côté de celle, lumineuse, mais trop idéale, de Gauvain — qui inspire, dans le roman, une sympathie totale. En représentant et en célébrant la Révolution à son pire moment, même si c'est un grand moment, Hugo en a aussi peint, avec une extraordinaire équanimité, les aspects les plus négatifs : en des pages mémorables, il retrace l'improvisation, la hâte, l'excitation collective, la cruauté, le fanatisme qui soupçonne partout la trahison et la punit avant qu'elle ne soit commise, la superficialité, la défiance, la rhétorique obligée, la spirale qui amène la Révolution à dévorer ses propres enfants et à se dévorer elle-même.

Il décrit surtout la fébrilité de l'esprit totalisant, qui réquisitionne entièrement la vie et ne laisse plus d'espace pour l'intimité ni pour l'existence privée, mettant tout sous le regard de tous et obligeant la vie à être vécue en public, dans une exaltation qui exproprie l'individu. La guillotine n'est plus la machine horrible produite par le passé pour détruire l'injustice du passé, mais une sorte de machine érotique obscène. Certaines pages — comme celles qui décrivent les votes pour la condamnation du roi et les femmes dans la tribune qui décomptent les voix en les inscrivant au fur et à mesure sur une liste comme on le fait aujourd'hui pour les prix littéraires — constituent un portrait définitif de la révolution en tant que représentation de masse et cœur de la mise en spectacle qui investit toute la vie moderne, tournant les tragédies en parodies. C'est pour cela aussi que relire *Quatrevingt-treize* aujourd'hui, cela signifie faire ses comptes avec le court-circuit d'orgie ou de prurit révolutionnaire et de cynisme réactionnaire qui a caractérisé les années que nous venons de vivre. Dans son honnêteté, Hugo critique aussi les aspects rétrogrades de la mentalité jacobine, comme la conception traditionaliste que Cimourdain a de la femme, selon lui soumise par nature à l'homme, conception d'ailleurs rejetée par Gauvain, clément et donc modéré, mais sur ce point radicalement démocrate.

À la différence de tous ceux qui ont confondu

orgasme et révolution, Hugo sait que cette dernière n'est pas désirable ; il a le génie d'exclure de son roman toute péripétie amoureuse, parce qu'à son avis le dévouement total et la violence qu'implique la révolution ne permettent pas l'amour. La révolution n'est pas désir, elle est sacrifice pour qui subordonne son propre bonheur au devoir de se battre afin que tant d'autres ne soient pas exclus du bonheur.

Là est la grandeur que Victor Hugo a su faire revivre dans *Quatrevingt-treize* : jusque dans ses délires, ses excès et ses perversions, la Convention est une forge de la civilisation, elle met en mouvement un processus grandiose de libertés civiles concrètes destinées à marquer le futur, elle crée une conscience des valeurs et des droits universels, elle contribue à briser les chaînes du genre humain.

C'est pourquoi, malgré tout, pour Hugo la Vendée est une hydre et les rois qui veulent étouffer la France nouvelle sont des tigres ; tout cela ne reste pas une simple énonciation idéologique mais devient la signification même du roman, son souffle, son *pathos* épique.

Hugo reconnaît l'authenticité subjective des valeurs défendues avec courage par les Vendéens, mais il montre comment l'hydre du passé, l'idéologie vendéenne, manipule et pervertit ces valeurs mêmes en s'en servant comme d'instruments pour pousser les paysans vendéens à se battre, sans le savoir, pour faire triompher l'oppression et la barbarie qui les écrasent. Dans la petite armée révolutionnaire seulement ces valeurs dont les Vendéens font preuve — courage, fidélité, amitié, attachements familiaux — deviennent authentiques également sur le plan historique, sont défendues pour l'humanité tout entière au lieu d'être utilisées en vue de sa division et de son asservissement. Le vrai héros est le sergent Radoub, libre de préjugés séculaires et de sectarisme, capable de vivre gaillardement, de combattre, d'aimer et de pardonner.

Monarchiste devenu républicain et démocrate selon un processus humain beaucoup plus fécond que le ressentiment qui conduit tant de révolutionnaires à devenir ultraconservateurs, Hugo n'oublie pas les valeurs de la vieille France ni sa diversité et ses particularismes provinciaux, que le marquis de Lantenac oppose au centralisme jacobin en des termes très actuels à notre époque de revendication des diversités. Toutefois, dans ce moment historique, c'est un bien, pour Hugo — afin que cette diversité ne soit pas pervertie en instrument de domination — que le centre s'affirme sur la périphérie, que Paris l'emporte sur la France et la France sur l'Europe.

« Temps des luttes épiques », dit l'une des premières phrases de *Quatrevingt-treize*. Épique signifie totalité, cours agité de la vie tout entière, acceptée et célébrée dans sa globalité, dans la tragédie et dans la parodie, dans ses puissantes contradictions. Dans cet océan de la vie et de l'Histoire Hugo se trouve dans son élément, et il en brosse une fresque grandiose et hors normes, avec cette simplification naïve de la psychologie que déplorait Flaubert et avec des accents mélodramatiques qui font sourire mais témoignent de sa grandeur, car seul un grand écrivain peut se colleter avec le mélodrame, avec les grandes passions et les grands effets, les grands gestes et les grands mots, la monumentalité sentimentale. Souvent Hugo s'oublie, il intervient dans le récit en anticipant sur les événements et les conclusions et en parlant, comme un conférencier, à la lumière de ce qui s'est passé plus tard, mais sa puissance rachète ces défauts qui seraient impardonnables dans un roman bien fait. Il invente mais emprunte aussi directement à la réalité personnages, faits et propos, faisant parler le sergent Radoub mais aussi Danton et Robespierre avec la désinvolture du narrateur qui peut d'autant plus qu'il est plus grand se permettre de ne pas inventer mais de citer la réalité, en faisant défiler, comme en une grande parade, l'histoire universelle.

Dans une fresque épique, les contradictions ne sont pas éliminées, mais demeurent, comme dans le tourbillon de la vie et de l'Histoire ; l'admiration et le refus de 93 coexistent sans s'exclure. « Allez ! allez ! faites ! Soyez les hommes nouveaux. Devenez petits », dit avec mépris Lantenac, devinant que la fin de l'Ancien Régime engendrera aussi une médiocrité bourgeoise généralisée. Victor Hugo écoute ces mots, qui seront tant de fois répétés avec une banalité réactionnaire dans les polémiques contre les démocraties, et il les transcende avec la même magnanimité qu'il met à les recueillir. Tout ce qu'il y a de bon dans l'ancienne France continue à vivre en Gauvain, en Radoub, dans le bataillon du Bonnet Rouge, dans ses sergents et dans ses vivandières ; c'est la révolution qui ouvre la voie à l'épique, à la grande vision, qui va au-delà même de la révolution.

1993

OBLOMOV
ET LA VRAIE VIE

Dans le village d'Oblómovka il semble aux habitants que la vie coule « à côté d'eux », comme un fleuve sur les rives duquel ils sont assis à la contempler ; non seulement elle s'enfuit, mais ils ont l'impression de ne jamais la posséder, pas même dans l'instant où elle s'écoule, l'impression que ce n'est jamais *leur* vie. « Quand peut-on donc vivre ? Quand vivre ? », se demande en effet Oblomov, l'immortel protagoniste éponyme du roman de Gontcharov ; dans le harcèlement incessant de tourments et de tracas passagers qui brûlent chaque instant dans la poursuite de quelque objectif à atteindre pour l'abandonner aussitôt après, on n'a jamais l'impression de vivre sa propre vie, mais seulement de la détruire continuellement pour obtenir quelque chose d'autre.

Certains chefs-d'œuvre risquent d'être mal compris du fait même de leur grandeur, particulièrement quand ils se mettent à faire partie, en vertu de cette dernière, du langage et du sens commun, et à se confondre avec un stéréotype. Après *Madame Bovary*, « bovarysme » est devenu un terme courant, familier même à ceux qui n'ont pas lu Flaubert, mais n'ayant plus grand-chose à voir avec la profondeur poétique du roman et du personnage de Flaubert, de sa passion tissue de vrai et de faux, de ce mélange de tourment et de médiocrité qui en fait le visage même de la vie. Le mot bovarysme, qui suggère une insatisfaction et une frustration provinciales produites par un climat social bien précis à un moment bien précis de l'histoire bourgeoise de la France et de l'Europe, peut obscurcir la compréhension du livre.

Formule tout aussi réductrice, l'oblomovisme aussi peut obscurcir la conscience que *Oblomov* est l'un des chefs-d'œuvre de la littérature universelle, digne des autres très grands romans russes et européens du XIXe siècle, même s'il n'est peut-être pas toujours reconnu comme tel. Oblomov n'agit pas, ne choisit pas, ne décide pas ; il est en proie à une inertie qui le pénètre jusqu'au plus profond de son être et lui interdit toute affirmation et réalisation de soi ; son endroit préféré est son lit, où il reste paresseusement étendu à se confronter avec l'envahissement agressif de la réalité. L'oblomovisme, qui lui doit son nom, tend à le montrer comme le simple représentant d'un comportement existentiel et culturel typique de la société russe de son temps, le milieu du XIXe siècle, comme le symbole de la torpeur parasitaire et morose d'un monde et d'une classe pauvres en valeurs et n'ayant guère foi dans l'action.

Tout cela, naturellement, est vrai. Les passions et les destinées des hommes sont insérées dans l'époque où ils vivent, indissociables de leur appartenance à une société ou à une culture données ; la colère et les larmes d'Achille ou la jalousie de Swann n'existeraient pas, et ne seraient pas ce qu'elles sont, sans cette Grèce ou ce Paris dont elles sont aussi l'expression. Gontcharov a vécu entre 1812 et 1891, à une époque où les plus grandes œuvres russes du XIXe siècle voient le jour, parmi lesquelles en 1859 *Oblomov* ; son existence et son art sont inséparables de ce monde dont son livre indéniablement est en premier lieu le portrait. Mais ce qu'on entend couramment par « oblomovisme » tend à réduire son roman presque exclusivement à une caractérisation sociologique en méconnaissant l'exceptionnelle pénétration poétique avec laquelle il sonde non seulement une époque, le XIXe siècle russe, mais aussi quelques-uns des nœuds essentiels de la civilisation européenne moderne dans son ensemble.

La paresse et l'inertie d'Oblomov sont une réponse, grandiose dans sa négativité tantôt très amère tantôt tragi-comique, à une vie qui semble s'être faite, sous certains aspects, toujours plus invivable et irréelle, agressant et prenant pour cible l'individu avec un bombardement fébrile de tâches, incitations, tourments, impulsions, devoirs, demandes, ordres qui l'empêchent de vivre. « Nulle part où on puisse se cacher de la vie », s'exclame avec angoisse Oblomov en se retournant dans son lit ; on ne peut pas vivre, comme on ne peut pas dormir, quand on est la cible de continuelles piqûres d'insectes.

L'existence se neutralise et se détruit elle-même à son propre rythme martelant ; Oblomov cherche la vraie vie, l'harmonie avec le flux du temps, dans la chanson d'Olga, la jeune fille qu'il aime ou croit aimer, mais ce chant s'éteint. La vérité la plus profonde, et peut-être la défense contre l'impossibilité de vivre lui viennent, plus que de cette promesse du chant d'Olga, de la présence de son serviteur, le rusé, paresseux, filou, mais bon et fidèle Zakhar — figure inoubliable qui ne le cède en rien en tant que création poétique à celle de son maître — ou des tendres bras blancs d'Agafia, entre lesquels il trouve une paix semblable à l'engourdissement de la mort mais aussi à l'abandon de l'amour.

L'oblomovisme est un mal et quand Stolz, l'ami actif et positif, offre une possibilité de rachat de l'inertie qui apporte l'oubli, possibilité qui arrive cependant trop tard, le roman représente avec une force poignante la douleur de ce rendez-vous manqué avec la réalité. Mais il n'est pas dit que Stolz, avec son énergie et son efficacité tout allemandes, ait toujours raison, et Oblomov tort. *Oblomov* est une peinture géniale du nihilisme, et ce dernier ne consiste pas seulement dans l'apathie du héros passif mais aussi dans la frénésie d'un activisme destructeur, qui naît d'un rapport perverti avec le flux du temps. Dans un monde qui appelle sans cesse davantage à faire, produire, parler, écrire, commenter, participer, entreprendre, dans une mobilisation générale toujours plus coercitive dans laquelle on a souvent l'impression de ne plus savoir quand on vit, cette indolence d'Oblomov peut constituer une défense extrême de la liberté ; peut-être que sa position couchée sur son lit, qui dure pendant des pages et des pages, est plus digne de l'homme que le continuel « présentez armes ! » qui est à l'ordre du jour.

1992

LE STYLE DU PÈRE, LE STYLE DU FILS

Le 30 mars 1880 Theodor Fontane assiste à la première berlinoise de *La Famille Selicke*, un des premiers drames naturalistes. Cette œuvre sombre et agressive, débordante de désolation existentielle et de protestation sociale, n'était certes pas faite pour lui plaire.

À soixante ans, il n'avait pas encore produit les chefs-d'œuvre — *Effi Briest*, *Le Stechlin* —, dans lesquels il représenterait, avec une impartialité désenchantée, le flux contradictoire de la vie, le déclin de sa Prusse, qu'il aimait mais jugeait sans illusions, ces nœuds de la vie quotidienne dans lesquels s'entrelacent passion du cœur et conventions sociales, l'indéniable déclin de la vieille Europe et les premières fissures de la nouvelle Allemagne. Toutefois il avait déjà commencé à écrire des romans dans lesquels il peignait les insolubles conflits de l'existence en les saisissant dans les détails concrets de chaque jour, dans les gestes légers et irréparables par lesquels les hommes tissent, sans s'en apercevoir, la trame de leur sort, et dans la succession fortuite et impérieuse des circonstances, qui prennent peu à peu le visage du destin. Le narrateur, à qui il ne déplaisait pas de ressembler, avec ses favoris et ses moustaches blanches, à un haut fonctionnaire prussien, et qui unissait en lui un profond sens moral du devoir et une conscience ironique de la vanité de tout, avait cette équanimité épique qui rend justice à toutes les parties en cause et à toutes les voix discordantes de la réalité — en se mettant à l'écoute de qui se bat pour conserver et de qui lutte pour rénover — et qui trouve son style et formule son jugement en faisant parler les choses elles-mêmes. Sa représentation sereine, qui démasque avec une rigueur éthique toute prussienne jusqu'aux injustices et à la décadence de la vieille Prusse, met à nu la crise d'une société de façon beaucoup plus incisive qu'un acte d'accusation explicite et unilatéral.

Ce drame qui triomphe sur les scènes berlinoises crie la misère et souligne le sordide dans un mélange de *pathos* polémique et d'insistance didactique ; les mots semblent tous avoir des points d'exclamation, alors que Fontane privilégie les virgules et les conjonctions, ces « et » modestes et ambigus qui révèlent des relations fugaces et inattendues entre les choses. Si le drame force les teintes et exacerbe les situations, Fontane, lui, évoque l'absurdité et la culpabilité des lois sociales en décrivant avec retenue la fin convenable d'une liaison embarrassante, l'évidence avec laquelle on obéit à un code d'honneur auquel on ne croit plus, une promenade sentimentale le long du fleuve au cours de laquelle s'ébauche le présage de l'inévitable séparation, ou bien une soirée au cercle des officiers, lorsqu'une réplique ou une allusion font soudain comprendre combien est étroit et inexorable le cercle de sa propre vie, et comment il est impossible de le franchir, de sortir au grand air.

Et pourtant Fontane pronostique avec tranquillité que l'avenir appartiendra à des drames comme *La Famille Selicke*. Le vieux monsieur, à qui sont chères les étendues sablonneuses et les lacs silencieux de la Marche de Brandebourg, n'aime pas cet avenir, mais les conservateurs qui stigmatisent l'iniquité des temps et ne veulent pas voir la nécessité du processus historique lui font pitié. Fontane est un père, qui sait se retirer à l'écart quand il s'aperçoit que l'heure des fils est venue, même s'il ne se fait pas trop d'illusions sur cette descendance. Il se rend compte que l'avenir appartient à ces fils, à ces auteurs inconvenants et excités qui n'ont que faire de sa réserve et de sa mesure, et il comprend que l'époque nouvelle, qu'il voit naître, sera tout entière une époque de fils, de brièveté convulsive et de mutation fébrile, dans laquelle il n'y aura pas place pour les pères, pour la continuité et la durée. À la gérontocratie de la tradition, qui obéit à l'autorité de ce qui a été, succède le culte de la jeunesse, de la fracture et du provisoire.

Chez les écrivains aussi, comme chez les hommes, il y a ceux qui naissent avec la vocation, avec le style du père, et ceux qui sont destinés à être toujours fils, à en avoir l'attitude, la constitution psychologique, l'intonation stylistique. Fontane a une personnalité paternelle, compacte et résolue, qui le rend capable de composer avec l'absurdité de l'existence et conscient d'être un comparse latéral sur la vaste scène du monde ; de ne pas brûler d'envie d'occuper le centre, mais de savoir saisir les plaisirs qui se présentent. C'est comme s'il était né déjà expérimenté et apaisé, comme s'il s'était instinctivement aperçu que la réalité est un malentendu, mais sans permettre que cette découverte lui ôte le goût de vivre, ni cette conviction vague mais bien enracinée que la vie, avec toutes ses contradictions, a un sens et une valeur devant lesquels, après tout, on doit s'incliner.

Sa vision épique et paternelle l'induit à soumettre tout détail, y compris celui qu'il représente lui-même, à une totalité complexe, dont il sent le souffle unitaire même dans les moments les plus douloureux, les plus déchirants. Son naturel le porte à respecter jusqu'à ce dont il doute, à se subordonner, fût-ce avec scepticisme, à quelque chose de supérieur, comme un père qui vit et travaille pour sa famille, même lorsqu'il n'est pas parfaitement convaincu qu'à l'absolu l'institution familiale soit une bonne chose.

Quand il prend en main *Le Plaidoyer d'un fou*, la géniale et provocatrice autobiographie de Strindberg, Fontane a un mouvement de répulsion : cette exhibition narcissique et automutilatrice de l'intimité conjugale, ce catalogue de ses humiliations sexuelles, ce linge sale et imprégné de sueur mis bien en vue lui semblent la marque d'un égocentrisme indécent, dégoulinant de ressentiment équivoque. Mais il ajoute aussitôt, avec l'objectivité qui lui est propre, que ce qui fait progresser le monde, ce sont les personnalités dissociées et désagréables telles que Strindberg, les joueurs de hasard et non les messieurs convenables et ironiques.

Strindberg est fils à un point exaspérant, comme s'il était bloqué dans une crise pubertaire qu'il répète obsessivement, avec le goût de l'obscénité et la soif de pureté de l'adolescence, avec l'inconvenance et la candeur de ses petits vices et de ses grands rêves. L'agressive et impudique innocence du fils inspire au père irritation et embarras, mais aussi de la tendresse, et, surtout, une estime mélancolique. Cet âpre désir du fils de se blesser, cette insolente et inopportune arrogance, proviennent d'une fragilité, agaçante certes, mais peut-être aussi nécessaire à une amélioration du monde : ils proviennent de la capacité de se scandaliser, que le père a perdue.

Les ombres et les péchés que le fils découvre dans la famille, dans la société et dans la vie l'induisent, dans la douleur de la déception, à formuler des jugements lapidaires et outrageants, à tourner en dérision l'autel dans lequel il avait cru, et tous les autres du même coup ; à exaspérer, dans l'amertume de sa désillusion et dans son désordre, l'imperfection des choses. Cette raillerie acerbe et douloureuse est injuste, mais sans cette réaction stridente et sectaire face aux torts et aux compromissions il ne naît aucune révolte contre le mal et la douleur, il ne s'entreprend aucune bataille pour adoucir les injustices. L'équanimité paternelle de l'écrivain épique, qui comprend les raisons d'être de tout ce qui est, laisse les choses telles qu'elles sont, avec le bien et avec le mal qu'elles comportent : dans le classicisme paternel s'abrite aussi la coupable respectabilité de M. Duval qui dans *La Dame aux camélias* va broyer Marguerite Gautier et de plus la convaincre que ce n'est que justice.

Fontane se rend compte que pour changer les choses il est parfois nécessaire de recourir à la subversion violente, avec toute la partialité, la morgue et le narcissisme de qui veut transformer le monde et pour le faire doit prétendre avec arrogance être le dépositaire de la vérité, se livrer à des gestes éclatants et emphatiques, se faire le protagoniste de grands événements, brandir sa propre immaturité comme un drapeau. L'écrivain sent venir la fin de l'ère des pères ; en cette époque qu'il voit naître, et qui est la nôtre, les contradictions du réel se font si aiguës qu'elles ne peuvent plus être conciliées au moyen de cette opération intellectuelle si typiquement humaniste et paternelle qu'est la médiation entre les contraires.

L'intensité de la crise et la violence des transformations humaines et sociales mettent en difficulté ce que Giuseppe Bevilacqua, à propos de Fontane, a appelé l'amour conjugal pour la réalité. Les écrivains et leurs personnages ne sont plus soutenus par le sens de la totalité, mais sentent qu'ils ont le devoir d'exacerber les déchirures, de plonger et de s'enfoncer dans les plaies de ces blessures, de montrer du doigt et de crier sans cesse les mutilations qui sont infligées à la vie.

Ce n'est pas Fontane mais Strindberg qui est l'expression de cette incertitude, de cette recherche et de cette autopunition, de ce besoin discordant d'abandonner la perspective de la totalité et de régresser vers le point de vue immédiat, au degré zéro, de l'enfance. Fontane non plus, en réalité, ne prétendait pas connaître le mécanisme de la totalité, regarder les choses d'en haut et savoir comment elles finissent : il sentait de manière très aiguë l'inadéquation et la précarité, mais il considérait qu'à l'incertitude du cœur devait correspondre la tranquillité du geste ; il pensait — et en cela il était profondément père — qu'on pouvait donner la sécurité, même quand on ne la possédait pas soi-même. Kafka, le plus grand et le plus sévère des fils, qui n'a certes pas lésiné sur les accusations portées contre son père, a ressenti comme une faute grave sa propre inaptitude à devenir père, à mettre son angoisse égocentrique au second plan, à donner la certitude et le salut même sans les posséder.

Fontane pensait que le classicisme — c'est-à-dire la compréhension résolue et sans fioritures de soi-même, de ses propres limites et de ses malaises — nous rend libres, mais il s'apercevait que ce style était désormais anachronique et il ne se sentait, comme le dit un de ses personnages, pas du tout en phase avec un processus historique dont il reconnaissait lui-même la nécessité et donc la validité. Il comprenait les raisons de ceux qui le laissaient en arrière dans l'histoire alors qu'eux — les fils, les fugaces maîtres du futur — n'auraient pas pu ni voulu comprendre ses raisons. De son côté il continuait à écrire des romans dans lesquels l'essentiel était confié à des paroles légères et dissimulé dans des conversations simples et profondes comme la vie elle-même, dans des personnages fascinants et insignifiants comme Effi Briest, la protagoniste de son livre le plus célèbre, qu'il faut lire très attentivement pour s'apercevoir que la trame principale en est un adultère.

Cette légèreté élusive, propre à l'art classique qui rend libre, est beaucoup plus ardue et difficile que le *pathos* de l'art contemporain, qui a si souvent besoin d'expliquer, de souligner, de simplifier et de déclamer avec une pédanterie didactique. Ladislao Mittner compare génialement les dialogues de Fontane à ceux de Goldoni ; quelques répliques entre les quatre Rustres disent sur les rapports conjugaux, sur la cuisine et sur la chambre à coucher des choses beaucoup plus inquiétantes et insidieuses, sous leur apparente bonhomie, que les drames expressionnistes avec leurs mâles qui violent et leurs femelles qui châtrent. Fontane, Junker ironique et aimable *causeur,* jamais attentif au « quoi » et toujours au « comment » de la narration, résume son dernier roman, *Le Stechlin,* en disant que c'est l'histoire d'« un vieillard qui meurt et de deux jeunes gens qui se marient, rien de plus... ».

1982

LE SURHOMME ET L'HOMME DU SOUS-SOL

Nietzsche disait qu'il éprouvait en lisant Dostoïevski un sentiment de grande libération et il ajoutait, dans un autre passage, que le surhomme qu'il appelait de ses vœux n'était pas très différent de l'homme du sous-sol créé par l'écrivain russe. Cent ans après sa mort, Dostoïevski apparaît moins comme un classique sereinement admis au Panthéon de la tradition littéraire et de ses valeurs pérennes que la voix d'une furibonde et inconvenante transformation de l'homme, qui est encore en cours et qui nous inclut dans sa précarité, dans son incertitude et dans son désordre. Chaque matin, quand nous ouvrons le journal et que nous y lisons — des titres de la une à la chronique nécrologique ou mondaine — le mauvais roman, au texte décousu et aux pages toutes mélangées, dont nous sommes pourtant sans le savoir les personnages, nous nous apercevons que Dostoïevski, l'écrivain qui cherchait l'inspiration dans les nouvelles sensationnelles et les faits divers extraordinaires, est toujours notre chroniqueur, le témoin et le reporter de notre existence, souvent si aberrante et si banale. Dans ses histoires pleines de fièvre et de fange, Dostoïevski semble représenter ce que nous sommes en train de devenir, il semble décrire cette incertaine transformation de notre nature humaine qui nous fait aujourd'hui ressembler à une espèce animale en phase de mutation.

Dans l'un de ces éclairs de génie qui si souvent finissaient par l'éblouir, Nietzsche pensait que Dostoïevski voulait raconter et célébrer cette métamorphose de la physionomie millénaire de l'homme et qu'il se projetait, au-delà de l'individu traditionnel — lequel, pour Nietzsche, était un pont qui devait être franchi —, vers une forme nouvelle de la personnalité, libérée des hiérarchies morales et spirituelles séculaires, qui avaient emprisonné le libre flux de la vie dans la camisole de force de l'identité individuelle, dans la compacte et tyrannique unité de la conscience.

L'homme du sous-sol proclame en effet que la conscience est une maladie et que le caractère d'un individu, qui impose ordre et discipline à la multiplicité moléculaire et centrifuge de ses impulsions, est une prison. C'est la pensée elle-même, pour l'homme du sous-sol, qui sape le système de la philosophie en contraignant l'esprit à remonter toujours en amont à la recherche des causes premières sur lesquelles faire reposer l'édifice des concepts et des valeurs, pour découvrir cependant que toute prétendue cause première renvoie à une autre encore plus originelle.

Comme le surhomme de Nietzsche, l'homme du sous-sol n'a pas d'assise — de l'être et de la pensée — sur laquelle poser les pieds, ni de terrain vital dans lequel plonger ses racines et d'où tirer sa sève. Dostoïevski se heurte à l'insuffisance des systèmes philosophiques, qui lui semblent bloquer le flux de la vie dans les mailles des concepts, et il se sent prisonnier de l'identité individuelle rigidement définie qui lui paraît reproduire — à l'intérieur de la personne — la répression sociale et enchaîner l'existence. Aucun autre livre de la littérature mondiale ne montre peut-être aussi bien que *Le Double*, le roman le plus accompli, le plus rigoureux de Dostoïevski, comment l'individu se scinde et se multiplie en une pluralité psychique, comment chacun est un autre par rapport à lui-même. Si dans *Guerre et Paix* Tolstoï raconte le rêve dans lequel Pierre Bezoukhov voit les gouttes d'eau individuelles douloureusement en lutte mutuelle prendre chacune sa place dans l'harmonie supérieure de la sphère qui les rassemble et les transcende, Dostoïevski, lui, dit la douleur convulsive de chacune de ces gouttes, qui ne se dépasse ni ne s'apaise dans aucune totalité.

Mais être le témoin d'une époque ne signifie pas en être l'apologiste, et diagnostiquer une maladie n'oblige pas à s'en faire l'apôtre. Kirilov, dans *Les Possédés*, divise l'Histoire en deux parties : « du gorille à la destruction de Dieu, et de la destruction de Dieu à la transformation physique de l'homme et de la Terre ». Dostoïevski scrute sans peur la menace de cette destruction et de cette transformation, sans se retrancher derrière de faciles consolations, mais dans cette hypothèse il ne voit aucune libération.

Dostoïevski n'a jamais cherché à prendre cette virulente maladie du siècle, dans laquelle son analyse pénétrait comme dans les viscères d'un corps en décomposition, pour un remède ou pour un état de santé supérieur. Son œuvre aujourd'hui se lit aussi et surtout comme une satire visionnaire et véhémente de toute cette culture actuelle d'inspiration nietzschéenne et dionysiaque qui, joyeusement vaseuse et confuse, prêche le déclin du sujet individuel et la dispersion centrifuge de son unité, la dissociation de l'identité personnelle dans le magma informe des désirs momentanés et indistincts, l'élimination des valeurs au profit des besoins, le culte vague et indéterminé du corps — ou mieux, suivant la rhétorique des majuscules, du Corps — qui n'est plus la concrète unité psycho-physique de l'individu mais une sorte de divinité impersonnelle, obtuse et mystérieuse, adorée dans ses sécrétions physiologiques avec une superstition fétichiste.

Bien des attitudes de notre époque pourraient figurer dans un roman de Dostoïevski — comme le messianisme terroriste dans les pages des *Possédés* — précisément parce qu'elles sont une parodie qui s'ignore des thèmes dostoïevskiens. Si Dieu n'existe pas, tout est permis, soutient Ivan dans *Les Frères Karamazov*. Pour Dostoïevski, cette éventualité n'est pas du tout libératrice, mais affreuse. Certes il pénètre sans hésitation, avec la hardiesse des grands écrivains religieux, dans les méandres les plus sombres et les plus sordides du monde où tout est licite, y compris toutes les violences et toutes les misères, c'est-à-dire dans un monde où n'existe que le besoin, où n'existe aucune valeur. Pour représenter le mal, Dostoïevski ne peut pas le juger de loin ni de haut, il doit aller le débusquer dans son intimité, le prendre sur lui tel un messie douloureux et pécheur qui prend sur ses épaules, réellement et pas seulement symboliquement, les fautes des hommes ; il doit le vivre dans sa propre chair. Il est à la fois créateur et personnage de son univers narratif ; lui aussi habite dans ces maisons populaires sinistres, dont il donne dans ses romans des descriptions inégalables ; l'abject et le sordide sont aussi en lui, dans son humanité effrontément mêlée et impudique, sans laquelle il ne pourrait peut-être pas comprendre et démasquer le monde où tout est permis.

Dostoïevski sait se fondre jusqu'à l'indécence dans la multiplicité infinitésimale de la vie, en donnant une voix à chaque atome de cette existence anarchique et broyée ; ses grands romans ne craignent pas de se dilater pour faire entendre l'immense rumeur enfiévrée de la vie entière, jusqu'à se perdre presque en elle et dans son indétermination, dans ce grouillement harcelant et indistinct qui parfois, comme le remarque Borges, recouvre et brouille leur trame narrative.

Mais pour Dostoïevski cette fermentation obscure et désordonnée n'a de sens que si l'on saisit sa tension vers l'unité et vers la valeur. Raskolnikov, dans *Crime et Châtiment*, théorise la légitimité du crime et le droit du surhomme à le commettre, jusqu'à le commettre lui-même. Il est un individu moderne exemplaire, avec toutes les tentations et les égarements qui se présentent à celui-ci, avec tous les conflits entre vie et valeurs qui créent la confusion dans nos esprits à tous. Mais Raskolnikov est grand parce qu'il n'est pas un surhomme, mais bien un homme, avec la misère et la passion, la tendresse et la superbe, la générosité et la mesquinerie, l'originalité et la banalité ou l'imbécillité de tout homme. Le drame qui le conduit à massacrer deux vieilles femmes à coups de hache est racheté par la douleur qui le meut et il est authentique, car il incarne une pulsion de violence et une capitulation devant l'aveuglement intellectuel dont personne ne peut se sentir à l'abri.

La pitié participative de Dostoïevski à l'égard de la peine de Raskolnikov — et de son crime même, mais seulement en ce que, comme tout mal, il fait souffrir aussi celui qui l'accomplit — ne l'empêche pas d'en démasquer l'ineptie idéologique. Aucune pensée véritable ne conduit au crime et à sa justification, seules le font la faiblesse et l'insuffisance de la pensée, une pensée qui vacille sous les coups et les blessures de la vie. Personne ne peut s'ériger en juge de celui qui fait du mal, parce que personne ne peut être certain de ne pas en faire, mais pour Dostoïevski le mal existe, et il dénonce la vacuité des idéologies qui veulent se débarrasser de la conscience qu'on doit en avoir.

L'impavide représentation dostoïevskienne du mal ne se laisse arrêter par aucune prudence moraliste et rend justice à toutes les instances de la vie, écoutant les raisons du Christ mais aussi celles non moins profondes du Grand Inquisiteur, attentif lui aussi — même si c'est d'une façon extrêmement différente — au destin des hommes. Mais cette représentation impavide n'a rien de commun avec la plate fascination que la culture semble si souvent éprouver pour la transgression et la violence, surtout quand elles apparaissent mêlées de quelque ivresse érotique, comme si la violence exercée sur quelqu'un durant une orgie sadique devait avoir en soi, uniquement du fait de cette composante orgiaque et dionysiaque, quelque chose qui puisse la racheter et l'innocenter ou la rendre différente d'une violence programmée de façon abstraite. Ce culte de l'immédiateté indistincte falsifie la véritable *pietas* à l'égard du corps, lequel doit être respecté et aimé en tant que signe de la finitude de l'homme, de sa tendre fugacité et non de sa présomptueuse emphase.

Dostoïevski se situe aux antipodes de ce mysticisme physiologique imbécile, qui considère comme sacrées non pas les personnes dans leur totalité physique et spirituelle, mais leurs rognures d'ongles ou les humeurs qu'elles évacuent. Sonia aime et rachète Raskolnikov : non un surhomme ni une multiplicité schizoïde de désirs, mais un homme, sa personne entière et unitaire. Le regard pénétrant que Dostoïevski porte sur le poudroiement de l'existence procure certes cette libération dont parlait Nietzsche, mais la libération réside dans l'unité du regard et non dans la dispersion de la chose regardée. Aliocha, dans *Les Frères Karamazov*, trouve le fondement et le sol de l'être, la terre, et se penche pour l'embrasser. Cette terre est humide, elle est fertile, vitale, mais l'eau qui l'irrigue et la féconde est la valeur de la vie, c'est, dit Dostoïevski dans *Les Possédés*, l'esprit de la vie dont parle l'Écriture, « les fleuves d'eau vive, de l'assèchement desquels nous menace tellement l'*Apocalypse* ».

1981

LE GARDIEN DU PHARE

Pour le centenaire de la mort de Stevenson

Dans un poème, *Le Gardien du phare,* Robert Louis Stevenson dit qu'il se trouve dans une lumière tenue bien haut au-dessus de la mer obscure. Le métier de constructeur de phares, qu'exerçait son père, était traditionnel dans la famille de l'écrivain, qui l'a célébré et lui doit peut-être en partie son amour pour les côtes, la mer et les paysages écartés et solitaires.

Le phare, avec son élancement hardi vers le haut, sa clarté et sa fierté, pourrait être un emblème idéal de son art, qui se tourne lui aussi vers les ténèbres avec une lumineuse gaieté et enveloppe les tempêtes, les aventures, les péripéties tumultueuses et enchevêtrées dans une légèreté aérienne qui confère souvent à l'horreur et à la mort elles-mêmes la légèreté d'une plume et la grâce d'un jeu, sans rien ôter au frisson et à la tragédie.

Stevenson est descendu dans cette mer obscure en dissimulant l'angoisse qu'éprouve celui qui va à la rencontre des ténèbres et du mal sous l'allure enfantine du jeune garçon qui plonge en défiant les vagues avec un allègre courage. Le voyage en mer, si présent dans ses œuvres et dans son existence, réunit ces deux aspects : il est expérience joyeuse, expansion de l'âme et des sens, intense plaisir physique, abandon à l'enchantement de la changeante et fascinante surface du monde, découverte de nouvelles terres, gens, couleurs, séductions et en même temps suspension précaire au-dessus de l'abîme inconnu et sans fond, proximité du naufrage matériel et intérieur.

La vie de l'écrivain — que lui-même, dans ses lettres de Vailima, sa dernière et chère demeure aux Samoa, définit comme un récit « meilleur qu'un poème » — tient dans une sérénité qu'il lui fallut sans cesse arracher aux difficultés et aux souffrances. Déjà du point de vue physique elle a quelque chose de prodigieux, comme le désir infatigable d'un enfant qui, même avec une forte fièvre, continue à courir, à s'enthousiasmer et à s'étonner du monde, à aller à sa conquête.

Stevenson, qui naît à Édimbourg le 13 novembre 1850 et meurt le 3 décembre 1894 à Vailima, est chétif dès son enfance et souffrira toute sa vie d'une tuberculose qui le soumet souvent à des crises épuisantes. Mais sa vitalité est inextinguible ; il vit, sans se laisser abattre, avec sa faiblesse et sa maladie, en toutes circonstances, de l'époque de sa bohème universitaire et de sa révolte contre la tradition religieuse familiale jusqu'à ses voyages en Allemagne, en France, en Amérique, dans les mers du Sud.

Au cours de ces péripéties, vécues dans des conditions malaisées, Stevenson s'intéresse à tout ce qu'il voit et entend, à la réalité humaine et aux histoires imaginaires et fantastiques ; il prête attention à tout et à tous et tire de chaque voyage comme de chaque expérience des écrits documentaires ou de fiction, matériaux pour des récits et points de départ pour un dialogue épistolaire qui embrasse les domaines les plus variés, depuis les détails de la vie quotidienne jusqu'au débat sur le roman, notamment dans ses lettres à Colvin, son mentor et commentateur, et dans celles à Henry James. L'ampleur de sa production, très riche quoique inégale, est un miracle d'énergie créatrice.

La vie et l'œuvre de Stevenson sont une heureuse synthèse d'ordre et de désordre. L'irrégularité et la liberté vagabonde, anarchique, semblable à celle des réprouvés et des fugitifs qui abordent les îles lointaines ou les tavernes de ses récits, sont la loi de son existence, qui ne pourrait pas se laisser enrégimenter dans la prose de la réalité bourgeoise. Mais sa vie nomade et errante révèle un ordre intérieur profond et évoque la simplicité spontanée et active d'une famille harmonieuse, comme celle que fonda Stevenson lui-même avec sa femme Fanny et son beau-fils Lloyd.

Stevenson erre sur les mers lointaines parmi les îles qui s'évanouissent comme des mirages à l'horizon, mais sa journée, au cours de ces vagabondages exposés aux tempêtes et aux rencontres dangereuses comme dans ses romans, se déroule selon un rythme paisible de gestes et d'activités qui ont tous l'attrait de la normalité et des habitudes d'une famille heureuse. Le chantre des pirates et des boucaniers, le narrateur de sombres et insondables scissions de la personnalité comme celle du Docteur Jekyll, l'affabulateur séduit par les histoires de mystère et de cauchemar, est aussi, grâce à son profond amour des choses, un père de famille attentif à la bonne marche de la maison, aux travaux dans le jardin et dans le bois, à cette infinité de choses minuscules et essentielles qui font la trame régulière des jours.

Dans les récits de Stevenson aussi il y a des Robinson, depuis Ben Gunn, abandonné par ses compagnons dans la déserte île au trésor, jusqu'à David Balfour, le jeune garçon enlevé qui, avant de s'apercevoir du mouvement des marées, croit qu'il est isolé sur une langue de terre au milieu de la mer. Mais tout homme, à sa manière, est un Robinson jeté dans le désert de la vie et, comme le héros de Defoe, il se défend avec les vertus de l'ordre et du travail, celles mêmes avec lesquelles, chaque jour, on tient une maison.

Aux Samoa Stevenson ne cherche pas, comme les

autres grands fugitifs de l'Europe, l'oubli de la civilisation et l'ivresse de la vie primitive ; il s'intègre dans la réalité locale tout en restant en contact avec des amis et des écrivains européens et américains, il apprend le samoan, il aide les insulaires contre les vexations qu'ils subissent, il leur apprend à travailler ; il n'y a aucune contradiction entre l'écrivain à succès du monde occidental et le « tusitala », le conteur d'histoires — comme l'appellent les insulaires — qui les leur raconte oralement. Sa vie à Vailima n'est pas fuite mais constante activité ; ce n'est pas par hasard que les indigènes, pour lui manifester leur gratitude, lui construisent une route bien remblayée, protégée de la boue.

Écrivain à succès inséré dans les mécanismes de la production littéraire, Stevenson n'aime pas le grand roman social du XIXe siècle qui raconte et accepte la prose de la réalité, c'est-à-dire le triomphe d'un ordre impersonnel dont les lois sont invisibles aux hommes qu'elles gouvernent, mais il célèbre le *romance*, narration fantastique et épique dans laquelle il y a encore place pour la poésie du cœur et pour la liberté individuelle, pour l'aurore des choses, pour le regard jeté sur le monde comme si c'était la première fois.

Bien des pages de son livre *Dans les mers du Sud* disent cet enchantement et cette capacité d'enchantement dont Stevenson est un maître, avec son écriture nette et cristalline incroyablement apte à capter les sons et les couleurs, le souffle des alizés et l'ombre des cocotiers, le ressac écumeux se brisant sur la plage de Taiaro, les couleurs de l'aube dans la baie d'Anaho, les lames au loin.

Par rapport au grand modèle du roman du XIXe siècle, Stevenson apparaît à la fois comme un épigone et un lointain descendant. D'une part on dirait un narrateur du XVIIIe siècle presque naïvement convaincu, comme les enfants et leurs livres d'aventures, que le monde est encore à la disposition de l'énergie individuelle. D'autre part, comme du reste beaucoup d'auteurs du XVIIIe siècle qui semblent aujourd'hui si proches de nous, c'est un brodeur d'arabesques conscient que l'image totalisante et compacte du monde et de l'Histoire, que reflète le grand roman réaliste et social, s'est brisée, de même que les structures narratives qui l'avaient si grandiosement représentée, et que dans quelques éclats et dans quelques fragments seulement, sortes d'épaves laissées sur le rivage par un naufrage, resplendit l'image de cette totalité perdue.

Stevenson lui aussi a écrit des romans historiques, de *La Flèche noire* à *Enlevé !* mais l'Histoire, pour lui, n'est que le décor d'entreprises aventureuses, une série de gestes semblables à celle de l'ancienne chevalerie. En accostant les îles des mers du Sud, il dit qu'il a la sensation d'être sorti de l'ombre de l'Empire romain, de ses lois et de ses interdictions, du monde des hommes gouvernés par la sagesse de Gaïus et de Papinien. Mais avant même de s'établir dans les mers du Sud, Stevenson était au fond resté étranger à la grande tradition politico-étatique qui, de l'Empire romain aux grands États unitaires, à la Révolution française et au code Napoléon, constitue la structure portante de la civilisation européenne.

Dans les clans des Marquises il retrouve ceux de son Écosse, aimée et représentée dans ses romans : un monde dans lequel la coutume vaut plus que la norme, la parole donnée et le lien du sang plus que la loi écrite, la rébellion de l'individu prêt à payer à la pointe de l'épée plus que les devoirs à l'égard de l'État, et le chant populaire qui célèbre le rebelle plus que les attendus qui condamnent son délit.

Stevenson a été défini à juste titre comme un « Heine écossais », et pas seulement à cause de la présence simultanée, chez ces deux écrivains, d'un amour pour un passé imaginaire et d'une ironie dans le goût de l'Arioste qui, par la conscience qu'elle a de son irréalité, le dissout. Stevenson découvre et aime dans sa bizarre Écosse ce que Heine découvre et aime, non sans ironie, dans la vieille Allemagne : la diversité poétique et colorée d'un monde prémoderne, féodal, qui répugne à l'uniformité et au nivellement imposés par la modernité, que par ailleurs ni l'un ni l'autre, étrangers à toute nostalgie régressive et réactionnaire, ne refusent, pas plus qu'ils ne refusent la sensibilité libérale et démocratique.

Mais cette conscience de la diversité du monde permet à Stevenson de rendre justice dans son œuvre aux figures et aux valeurs irréductibles à la civilisation moderne et destinées à disparaître, comme les pirates de son immortelle *Île au trésor* ou les croyances polynésiennes concernant la présence constante des morts dans la réalité des vivants, croyances que Stevenson rapporte avec objectivité et sans commentaires, conscient qu'il est que la seule façon de comprendre les choses, c'est de les raconter.

La mer obscure n'a pas englouti la lumière du phare mais semble souvent sur le point de le faire. Stevenson est l'auteur de *L'Étrange Cas du Dr Jekyll et de Mr Hyde*, chef-d'œuvre dans lequel le poids angoissant du mal et la fraîcheur de la narration s'équilibrent à la perfection, de *Markheim*, de *Olalla* et de bien d'autres récits dans lesquels les ténèbres sont aux aguets. Tusitala, qui sait enchanter ses auditeurs et ses lecteurs et qui a un talent particulier pour le bonheur, est un expert des déchirements de l'esprit et du cœur, un connaisseur de la dimension infernale, trouble de la vie.

Stevenson est peut-être plus attiré par le mal que par le bien, tout en sachant combien le mal est obtus et opaque et combien la grâce d'Uma sortant de la mer, dans son récit *La Plage de Falesa*, ou la franche loyauté de Jim, dans *L'Île au trésor,* sont plus poétiques et plus intéressantes que le mal qui a la puissance mais aussi l'aspect repoussant de la maladie. Dans *Le Maître de Ballantrae* il représente avec une force d'évocation qui glace le lecteur le lent triomphe du mal sur le bien, la méchanceté de James qui corrompt la bonté de Henry jusqu'à la réduire à une sorte d'idiotie, en une déchéance physique et psychique dans laquelle la blessure d'une âme noble finit par devenir répugnante lésion de l'esprit et du corps.

Maître en matière d'imagination et de technique littéraire, Stevenson pèche parfois par excès, il se laisse entraîner par son éclectisme, écrivant bien des pages qui ne sont pas à la hauteur de ses chefs-d'œuvre. Mais la légèreté mozartienne de ses grands livres lui permet de transformer musicalement la réalité en une fable au souffle harmonieux, qu'il s'agisse d'histoires inventées ou d'une réalité fidèlement rapportée, comme *Dans les mers du Sud.*

Dans ces mers Stevenson devient « Tusitala », le conteur d'histoires, l'ami et le frère des indigènes. Dans ces îles, comme dans les pages qui les racontent, il y a la félicité indicible de la mer, mais aussi une indicible mélancolie. Ces pages s'ouvrent sur l'immensité de la mer à midi, sur des lointains extrêmes à l'ouest dans lesquels, même au moment le plus lumineux de la journée, on devine la tombée d'un grand soir. Beaucoup d'habitants de ces paradis, images par excellence de l'Éden, sont des Lotophages qui attendent la mort et qui pensent à la mort dans une solitude aussi illimitée que l'océan.

Sur cette beauté pèse une torpeur invincible, outre la mélancolie inhérente à toute beauté absolue, qui promet bien plus qu'elle ne peut donner. Ces îles, on les aborde, mais pour en repartir : « Tous s'en aller », dit tristement dans l'une d'entre elles le roi et à chaque départ la mer se referme sur la brève rencontre comme sur un naufrage.

Stevenson, lui, reste à Vailima, et il s'enracine dans cette île, travaillant à écrire des livres comme à réparer sa maison, restant en contact étroit avec ses amis européens et s'intéressant à cet indigène qui lui dit que Cook ne peut pas avoir vraiment existé puisque la Bible ne parle pas de lui. Vailima, où il meurt, est un lieu de vie, mais ces enchanteresses mers du Sud qu'il a sillonnées sont une mer de Calypso, de l'oubli et de la mort.

Mais c'est aussi sur une de ces îles perdues au loin, à Apemama, que Stevenson trouve, en la personne du roi Tembinok, non seulement un tyran ambigu, mais aussi un confrère en littérature. Le roi, parlant de certains vers qu'il a écrits, répond à Stevenson, qui lui demande de quoi ils traitent : « Amoureux et arbres et la mer. Pas tout comme vrai, tout comme mensonge. »

1994

UNE LISEUSE POUR *LES BUDDENBROOK* LES ESSAIS DE THOMAS MANN

Dans le discours qu'il prononça à Lübeck, dans l'hôtel de ville couronné de tours, le 21 mai 1955, à la veille de sa mort, Thomas Mann, se réconciliant définitivement avec sa patrie hanséatique (qui n'était pas seulement une ville mais bien, comme il l'avait définie lui-même trente ans plus tôt, une « forme de vie spirituelle »), parle d'un désir irréalisable, celui que son père, le sévère sénateur Mann, puisse lire *Les Buddenbrook* — en glissant au besoin ce livre gênant, par décence, dans une liseuse qui empêcherait de l'identifier afin que les autres ne s'aperçoivent pas qu'il était en train de lire cette œuvre poignante et cruelle, qui célébrait avec un amour profond ce monde bourgeois dont il était lui-même un pilier, et en même temps en scrutait sans ambages les lézardes, les contradictions et la mort menaçante.

C'était ainsi que le sénateur Mann avait lu *Nana*, de Zola, en cachant la couverture, pour ne pas scandaliser ceux qui auraient pu trouver cette lecture inconvenante et inadaptée à la « sévère conduite de vie » exigée d'un grand bourgeois de la petite ville de Lübeck. Mais *Les Buddenbrook* auraient été une lecture bien plus illicite, plus inconciliable encore avec cette « sévère conduite de vie », parce que cette œuvre montrait la dissolution à laquelle cette conduite, avec sa rigueur justement, menait ce monde, ses valeurs et ses sentiments, sa vie ;

elle montrait ce qu'étaient vraiment l'existence et l'œuvre du sénateur Mann et de la société qu'il représentait. La seule idée que son père lût ce livre, Thomas Mann le savait bien, était « inconcevable » ; c'était une image incestueuse, plus inquiétante et coupable, pour l'écrivain, qu'un inceste limité à la séduction érotique, qui probablement le scandalisait moins. « Il n'existe pas de liseuse — on ne peut la concevoir ni la confectionner — dans laquelle mon père pourrait glisser *Les Buddenbrook* pour les lire », écrit le fils, auteur de ce livre qui raconte l'enchantement, la grandeur mais surtout la mort de sa famille et de toute la civilisation dont elle est le reflet, et qui raconte surtout comment cette mort naît de l'essence même de cette civilisation, de son pouvoir d'enchantement et de sa grandeur.

Le sénateur Mann, en revanche, aurait pu lire les essais de son fils, devenu l'un des grands de la « Weltliteratur », de la littérature universelle. Peut-être cette partie de l'œuvre de Thomas Mann constitue-t-elle la liseuse qui peut permettre d'offrir ce très grand livre — et les autres, nés comme sa suite inévitable — dans une savante et séduisante présentation qui sauve les convenances et préserve un profond respect pour autrui et pour l'auteur lui-même ; pour qui, sans cette liseuse, serait blessé à mort par la lecture de ce livre et pour qui, l'ayant écrit, est cruellement blessé par un sentiment de culpabilité pour sa propre cruauté et, plus encore, par la douleur de voir frappé à mort ce monde, cette grande, sévère et poignante bourgeoisité de l'âme qui, bien qu'il l'ait critiquée et s'en soit éloigné, est pour lui l'humus de son existence et de son écriture, la sève de son ironie et de sa tendresse, la vie même.

Rigoureux dans la scrupuleuse attention qu'ils dédient, à chaque fois, à leur objet, éclairants par nombre d'intuitions critiques et rédigés dans une prose aimable et séduisante, les essais de Thomas Mann — précieux pour la compréhension des sujets qu'ils traitent, qui concernent des nœuds essentiels de la culture contemporaine et de la littérature universelle — sont aussi, et peut-être surtout, un subtil et gigantesque commentaire de son œuvre, une explicitation et une explication des thèmes présents et cachés en elle. Ce n'est pas un hasard si presque tous — et les plus grands — ont été écrits après la Première Guerre mondiale, après cette crise et ce tournant radical qui changent en profondeur l'œuvre de Thomas Mann et le ton de sa voix, même si l'écrivain — devenant désormais un extraordinaire auto-exégète et surtout un médiateur des conflits que jusqu'alors il avait représentés comme incurables et racontés plutôt que commentés — va chercher pendant tout le reste de sa vie à réduire ou à dissimuler cette fracture, à construire une continuité, problématique mais fondamentalement harmonieuse, de son œuvre.

Sa production d'essayiste, qu'il développe constamment — avec une infatigable assiduité, un grand sens des responsabilités et une ironie enjouée — en parallèle avec son travail de romancier, si imposant non seulement par sa qualité mais aussi par son importance quantitative et l'effort qu'il requiert, est l'instrument essentiel de cette construction d'une continuité qui, du fait même qu'elle est continuité, a aussi pour fonction de rassurer et de consoler, en exorcisant l'insoutenable radicalité de la mort, de la décadence et de ses monstres, de l'abîme, des conflits irréductibles qui lacèrent l'unité de la vie et de la civilisation européenne. En ce sens, les essais sont une jaquette ou mieux une immense préface articulée qui rend un peu moins scandaleux *Les Buddenbrook* et les autres œuvres, y compris ces *Considérations d'un apolitique* par lesquelles se clôt définitivement la phase la plus créative et la plus troublante de Thomas Mann, essai-roman gigantesque et déphasé, dépourvu de mesure, plein d'aberrations et de divagations cyclopéennes mais aussi de génie, essai hors norme et démesuré qui contient en embryon, avec une intensité que l'auteur ne retrouvera peut-être plus jamais sur le plan critique, tous les essais suivants qui en sont le développement, la continuation, la correction, la rétractation, le perfectionnement, la « civilisation ».

Dans les essais s'exprime ce que Thomas Mann, en 1937, appelait sa vocation, laquelle, disait-il, n'était pas celle du martyr, mais bien du représentant, conscient de l'être. À cette autodéfinition — donnée en un moment historique difficile durant lequel, face à l'extension du national-socialisme, il assumait de plus en plus le rôle de porte-parole officiel et autorisé de l'humanisme et de la démocratie —, l'écrivain ajoutait quelques précisions encourageantes, en disant qu'il était né pour apporter au monde un peu de sérénité supérieure. Comme beaucoup de propos que dictait à Thomas Mann son sens de la responsabilité éthico-politique et de l'administration contrôlée de son génie et de son image, cette formule aussi tendait à atténuer la vérité de l'affirmation centrale, le malaise de celui qui se sent appelé moins à vivre qu'à représenter la vie.

La conscience de la distance qu'il y a entre la vie et sa représentation — car pour la peindre on ne peut éviter, au moins partiellement, de la perdre — est conscience de la nécessité, pour l'artiste moderne, d'instaurer cette distance et de recourir à cette représentation. Les essais analysent et illustrent ce thème, présent dès les tout premiers écrits de Thomas Mann, tant en le discutant sur un plan général qu'en le captant dans les nuances et les dimensions variées qu'il prend chez les auteurs les plus divers de la littérature universelle, de Goethe à Tolstoï, de Nietzsche à Dostoïevski. Les essais *expliquent* ce thème si complexe et si ambigu y compris dans le sens étymologique du terme, rappelé par Walter Benjamin à propos des interprétations de la parabole, « expliquée, dépliée » comme la feuille dont est fait un bateau en papier, qu'on étale et qu'on aplatit sur le bureau. Une telle explication est aussi réductrice. Les essais de Thomas Mann apportent réellement une « sérénité supérieure » : leur profondeur aimable, leur style harmonieux et affable, leur syntaxe sinueuse et parfaite qui impose un ordre aux ambiguïtés et aux contradictions les plus tortueuses, la sonde qu'ils plongent dans l'abîme et qui aide à l'éviter, le plaisir même de la beauté des mots et des phrases — beauté caressante mais sobre, exempte de tout artifice esthétisant — apportent un réel réconfort, donnent au lecteur l'impression d'être en quelque sorte soutenu et justifié.

Cette sérénité, sur le plan poétique, est une arme à double tranchant, elle a son prix et sa limite. Jusqu'à la Première Guerre mondiale, il n'y a pas de sérénité dans les œuvres de Thomas Mann, sinon celle qui, d'une certaine manière, est toujours présente dans les grands textes, même ceux qui évoquent la mort et la tragédie et dans lesquels on trouve, en dépit de l'horreur, une stupeur enchantée, un souffle profond, l'épiphanie de quelque chose de bouleversant, cette expérience que Pascoli a si bien saisie dans son *Solon* : « Des pleurs de l'aulète plaintif / Tu jouis, puisque dans ton cœur / sa peine se change en bonheur. » Mais cette félicité douloureuse, qu'un chef-d'œuvre comme *Les Buddenbrook* communique indéniablement, n'a que peu ou pas de rapports avec la sérénité et avec la conciliation des conflits ; elle naît au contraire d'un abandon au flux de la vie par-delà le bien et le mal, de l'expression poétique de son insoutenable intensité et de la présence simultanée de ses contradictions en une indissoluble unité, qui la rendent insensée et fascinante, émouvante et brutale, stupide et insondable.

Le grand Thomas Mann est celui des *Buddenbrook*, de *Tonio Kröger* et de *La Mort à Venise*, comme l'avait déjà vu il y a soixante-dix ans Ladislao Mittner ; c'est aussi l'auteur de ce livre disparate et raté, mais grandiose et prenant, que sont les *Considérations d'un apolitique.* Le grand Thomas Mann est celui qui, selon Cesare Cases, dans *Les Buddenbrook* « guette la naissance du dilemme sans encore tenter de le résoudre ». *Les Buddenbrook* enchantent, angoissent, rendent mélancolique mais ne rassurent pas, non plus que *Tonio Kröger* ou *La Mort à Venise* ; les *Considérations* irritent, lassent, encombrent, agressent et heurtent sans égards, elles ont la qualité du vrai livre qui, selon Kafka, doit frapper comme un coup de poing.

À part quelques exceptions souvent d'une très grande intensité de pensée et d'écriture, comme le splendide *Bilse et moi* de 1906, les grands essais voient le jour après 1918, autrement dit après cette véritable descente de Thomas Mann aux enfers du germanisme et de lui-même, jusqu'aux Mères de la crise de civilisation qui marque cette époque, expérience au terme de laquelle Thomas Mann, qui vient juste d'achever ses *Considérations,* commence à les renverser et à changer de route, jusqu'à retourner ses positions en devenant peu à peu un représentant de cet engagement civique qu'il avait dénoncé dans ses *Considérations* comme une falsification idéologique, en se battant — avec une participation de plus en plus active — pour la démocratie, que jusqu'alors il repoussait, et en s'employant à la médiation et à la conciliation de ces contraires et de ces contradictions dont l'incompatibilité exacerbée avait jusqu'alors nourri son art.

De Lübeck, Thomas Mann avait appris à vivre l'esprit bourgeois comme un destin, et cette identification du bourgeois avec l'homme *tout court* lui a permis de vivre et de représenter avec une extrême intensité le déclin de cette civilisation bourgeoise, humaniste, particulariste et en même temps universelle, un déclin qui nous enveloppe encore et duquel Thomas Mann voyait naître les monstres de la décadence, de la barbarie et de l'irrationnel. La ville libre hanséatique où il était né en 1875 était régie par une bourgeoisie qui s'inspirait des corporations médiévales et de la morale du profit ; c'était un microcosme autonome qui répugnait à tout sens hégélien de l'État et à la politique en soi, entendue comme idéologie moderne de l'État et comme ingérence du pouvoir public dans la sphère privée ; c'était l'un des nombreux centres du particularisme allemand, de sa multiplicité romantique, excentrique et démoniaque, qui rendait l'Allemagne différente des autres pays de l'Europe de l'Ouest.

La dignité bourgeoise, fondée sur le dévouement au travail, la droiture et le prestige social, était une représentation en laquelle on croyait passionnément. Dans *Les Buddenbrook*, devant la dépouille mortelle de son oncle Gotthold, qui avait renié l'*éthos* de la famille en faisant un mariage d'amour à l'encontre des raisons d'intérêt et de convenance requises par la tradition, Thomas Buddenbrook pense que cet oncle rebelle n'avait pas eu assez de sensibilité et d'imagination pour comprendre quel sens symbolique profond pouvait se cacher sous la fidèle obéissance à l'enseigne honorée d'une firme familiale et à sa prospérité. C'est de cet *éthos* que Thomas Mann reçoit son sens inflexible et torturant de la forme, la discipline du travail transférée dans un travail artistique discipliné au plus haut point, le respect passionné de la limite qui est amour pour la vie, menacée par l'informe. Peut-être que cette discipline bourgeoise appliquée au travail artistique est le plus solide fil conducteur qui relie toute l'œuvre de Thomas Mann et lui confère son unité, même au-delà de son changement de route du germanisme antidémocratique à la démocratie humaniste.

Si la maison hanséatique était protégée par l'honorable enseigne commerciale, derrière cette enseigne s'élevaient souvent les notes des Lieder, tant aimés de la mère exotique de Thomas Mann et un peu plus loin, du côté de Travemunde, le lieu des vacances sur la Baltique, il y avait la mer, avec la « transcendance musicale » de sa respiration, la respiration épique de la vie qui toujours se renouvelle mais dissout dans son déroulement les formes, les individus, les générations. Dans l'intimité accueillante et nostalgique du Lied, Thomas Mann sentait vibrer la *Bürgerlichkeit*, une patrie bourgeoise du sentiment qui ne s'identifiait avec aucune bourgeoisie, avec aucun ordre social déterminé, mais il sentait cependant résonner l'indicible mélancolie d'une forme qui renvoie au-delà de ses propres limites, d'une félicité qui fait naufrage dans l'infini, d'un abandon oublieux dont le secret se dérobe à ce calcul et à cet effort sans lesquels ne serait pas née la mélodie qui l'exprime. Le Lied est l'essence de l'âme allemande, et les Allemands, le peuple musical par excellence, cherchent la vie, selon Thomas Mann, dans une essence mystérieuse qui échappe aux médiations rassurantes de la raison humaniste, autrement dit dans la mort.

L'antithèse entre la vie, saine mais banale, et l'esprit qui la comprend et la raffine mais la stérilise, est un motif débattu par la culture fin de siècle, que Thomas Mann récapitule et résume. Même si dans *Les Buddenbrook* et dans les autres grandes œuvres écrites avant la Première Guerre mondiale il l'élabore avec une intelligence subtile et une grande intensité, il ne s'agit pas d'un sujet original. Déjà Schiller, dans son essai *Poésie naïve et sentimentale*, premier diagnostic, resté inégalé, de la situation contradictoire de l'art dans le monde moderne, avait bien mis le doigt sur les difficultés qui empêchent l'écrivain de représenter le monde sans le perdre, sur l'antithèse entre la poésie qui s'identifie avec la vie et celle qui, comme la poésie moderne, sent qu'elle l'a perdue et peut seulement exprimer cette absence et cette nostalgie.

Dans son œuvre romanesque et ses essais, Thomas Mann reprend sans cesse, avec de multiples variations, cette opposition, en la déclinant en différents couples de contraires qui n'admettent aucune synthèse dialectique : art et vie, vie et esprit, art et bourgeoisie, nature et esprit, chaos et forme ; créatures aux cheveux blonds et aux yeux bleus qui se satisfont avec béatitude de l'immédiateté et âmes complexes mais desséchées, qui ont le regret de cette immédiateté ; héros de la tension morale comme Schiller, qui luttent de toutes leurs forces pour conquérir la grâce, et démoniaques favoris des dieux comme Goethe, qui incarnent l'inquiétante et multiple énergie vitale.

Thomas Mann est un épigone génial de la grande littérature fin de siècle, qui avait sondé ces problèmes jusqu'à une profondeur encore inégalée à ce jour. Ibsen — que Thomas Mann admirait profondément, au point d'avoir joué le rôle de Gregor Werle, le funeste et charlatanesque fanatique de la vérité sans amour, lors d'une représentation du *Canard sauvage* en 1895 — avait formulé avec une clarté définitive l'insoluble conflit entre vie et représentation, la faute de l'existence et de l'art qui s'entre-dévorent, le dilemme létal entre répression et chaos. Dans *Les Buddenbrook* il y a une dissension irrémédiable entre deux formes également destructrices, la répression — le *pathos* de la bonne tenue, qui endigue la dissolution mais en étouffant la vie — et l'abandon à cette dissolution, qui rompt les chaînes mais aussi toute digue et toute valeur, et débouche sur l'autodestruction et sur la barbarie de la mort. Ibsen et avec lui d'autres grandes voix de la culture fin de siècle, surtout scandinave et mitteleuropéenne, avaient peint le malaise de la civilisation avec une implacable lucidité et avec une douleur profonde, persuadés que les antinomies de ce malaise étaient insurmontables, mais persuadés également de plonger leurs propres racines dans cette *impasse.*

La formation de Thomas Mann est marquée par la constellation Schopenhauer-Nietzsche-Wagner, c'est-à-dire par cette grande *Kultur* universaliste, cosmopolite et en même temps « désespérément allemande » — selon une formule de Thomas Mann lui-même — qui a scruté avec une radicalité inégalable la Méduse de la modernité, le phénomène majeur que constitue la transformation d'une civilisation pluriséculaire, en voyant dans les idéologies du Moderne — libéralisme, démocratie, foi dans le progrès — non un dépassement mais un symptôme et un facteur de ce malaise et de cette crise. Jusqu'en 1918, Thomas Mann se reconnaît — idéologiquement, même s'il est convaincu de s'opposer ainsi à toute idéologie — dans les affirmations et surtout dans les négations des grands « ennemis du peuple » : Kierkegaard, Nietzsche, Schopenhauer, Burckhardt, Wagner (qui par ailleurs, de ce point de vue, n'est certes pas pacifiquement assimilable à la *Kulturkritik* conservatrice et réactionnaire) et d'autres encore.

C'est une culture hétérogène, contradictoire, et pourtant reconnaissable entre toutes, avec cet intraduisible *pathos* que Carlo Antoni entendait vibrer dans le mot même de *Kultur.* Sous ce terme, Thomas Mann réunit dans une approbation enthousiaste d'immenses génies comme Nietzsche et des idéologues nationalistes de pacotille comme Paul de Lagarde. Cette culture a mis à nu, avec une lucidité implacable et libératrice, quelques-unes des contradictions déchirantes, tragiques et triviales, de la société de masse moderne, de ses grandes conquêtes civiles, de ce qu'on pouvait prendre pour des conquêtes et que bien souvent un retournement déforme jusqu'à en faire l'inverse ; il a nié, sous l'effet d'une allergie partisane et incoercible, le progrès démocratique et l'idéologie liée à un tel progrès. Sous ce rapport, une telle critique représente une métaphore éclairante, un levain indispensable à la compréhension et à la correction des sociétés démocratiques et progressistes ; si cependant on prétend en faire son mets principal, voire unique — comme le fait l'idéologie antidémocratique —, et prendre (ou pis appliquer) à la lettre ses métaphores, on tombe dans une rhétorique brutale et grossière, non moins philistine à coup sûr que le philistinisme progressiste abhorré contre lequel elle s'insurge. Thomas Mann lui-même, dans ses *Considérations* — qui pourtant sont tissues de ce genre d'équivoque et non exemptes assurément, à côté d'éblouissantes épiphanies, de mesquineries, de platitudes et de vulgarité —, écrit qu'aucune affirmation de Nietzsche ne doit être prise à la lettre et va jusqu'à admettre, avec l'une de ces ambiguïtés contradictoires par lesquelles il se montre maître dans l'art de dépasser et de renverser ses propres propos, que même la bataille « apolitique » contre l'envahissement moderne et totalitaire de la civilisation devient à son tour politique, mauvaise politique et mauvaise idéologie, pourrait-on ajouter, et d'autant plus mauvaises que persuadées de parler au nom de la vie contre les artifices idéologiques.

Dans ses *Considérations*, Thomas Mann se bat, sous mille formes, contre un danger qui lui semble constituer une menace pour la vie, pour l'art, pour la liberté intime et pour l'Allemagne qui lui apparaît comme la patrie de ces valeurs. Il se bat contre l'idéologie démocratique de l'engagement et du progrès — de la *Zivilisation* — qui absorbe l'individu, en pénétrant jusqu'au plus profond de sa conscience et en étouffant ce qu'il y a de singulier dans sa personne et ses sentiments. Une telle idéologie, à son avis, nivelle les différences, aplatit toute intériorité et toute métaphysique en les réduisant à de simples données sociologiques ou psychologiques, elle substitue à la vérité l'opinion, à la conversation à bâtons rompus le débat et la signature au bas d'un manifeste, à la mélancolie poignante du Lied la phrase toute faite, aux choses dernières l'ordre du jour, et à la *Kultur* la *Zivilisation.*

À cette menace — qu'il enfle avec sectarisme, sans prêter attention au progrès réel apporté par la démocratie ni surtout aux effets désastreux de l'antidémocratie, mais qui constitue une menace effective non seulement pour son art mais aussi pour l'autonomie intérieure de l'individu —, Thomas Mann réagit par le « gigantesque rescrit de douleurs » des *Considérations* définies par lui-même dix ans plus tard comme « un combat d'arrière-garde de grand style — l'ultime et le plus tardif d'un esprit bourgeois allemand et romantique — mené avec la pleine conscience de sa vanité et donc non sans une certaine noblesse de l'esprit ».

Outre sa contestation, souvent réellement sectaire, du *pathos* démocratique et de la propagande antigermanique, Thomas Mann veut défendre le bourgeois allemand, sa fidélité conservatrice et dans le même temps anarchique et vagabonde, contre l'« impérialisme de la civilisation », et dans ce « jacassement des profondeurs » (ainsi que le définissait son frère Heinrich, le « littérateur de la civilisation » par excellence) il s'enlise dans une série de contradictions inextricables. Son bourgeois allemand est le citoyen de la petite ville, qui est en même temps *Weltbürger,* cosmopolite, ouvert au monde, dans un sentiment humaniste de supranationalité qui est l'opposé de tout internationalisme démocratique, parce qu'il se nourrit de germanité même quand il se montre très critique à l'égard de l'Allemagne, comme tous les grands Allemands qui sont des modèles d'« apolitisme », de Goethe à Wagner et à Nietzsche.

Ce *Bürger* est l'opposé du *bourgeois* à la française, cultivé et intellectuel, parce qu'il est nourri des valeurs pérennes du cœur et de la métaphysique, et qu'il se refuse à croire au primat moderne de la politique et de l'État et à leur subordonner les valeurs spirituelles, selon le mot d'ordre de l'intellectualisme progressiste et de sa panpolitisation. Politique et État ont le devoir de protéger des atteintes extérieures la sphère de la *Kultur* et, dans cette fonction, ils doivent être servis sans adhésion intime, mais sans discussion, dans un esprit de discipline et de sacrifice. Thomas Mann concilie ainsi le Reich de Bismarck et Nietzsche qui l'a tant haï et vitupéré, parce qu'il sait bien que la grande culture conservatrice qui dénie toute valeur aux États et aux gouvernements — de Schopenhauer à Burckhardt et à Nietzsche — soutient toujours volontiers un gouvernement autoritaire qui lui permet de continuer à mener ses aventures intellectuelles. Comme l'a écrit Norberto Bobbio, ceux qui affirment refuser et la droite et la gauche sont de droite. Cette attitude, selon Thomas Mann, est une mission et un destin pour les Allemands qui, comme Hamlet, ne sont pas nés pour l'action — pour la politique — mais sont appelés à agir, obligation pour eux tragique.

Les contradictions sont présentes jusque dans l'antithèse, sur laquelle repose le livre, entre *Kultur* et *Zivilisation*, qui permutent leurs rôles. La première est sentiment, vie, organicité, par opposition à l'artificieux mécanisme intellectualiste de la seconde, mais le profond sentiment allemand — désespérément allemand — que Thomas Mann revendique à l'encontre de l'idéologie optimiste du progrès est aussi pour lui, comme tout conservatisme, appel et amour de la mort. Et la vocation esthétique, opposée à la politique, est elle aussi attrait de l'abîme. Même l'opposition entre vie et esprit, thème fondamental de son œuvre depuis ses premiers écrits, se complique du fait que l'esprit apparaît tantôt comme un agent dissolvant dans le sens du rationalisme illuministe, tantôt comme une tension vers une dissolution musicale et dionysiaque, et donc tantôt opposé et tantôt identique à l'art, tantôt *Zivilisation* et tantôt *Kultur*, de la même façon que démocratie et sentiment national allemand tantôt s'identifient (comme en 1848 pour Storm ou Wagner) et tantôt s'opposent radicalement, comme justement dans le conflit entre Thomas et son frère Heinrich, d'où naissent les *Considérations*.

Dans cet enchevêtrement, l'écrivain se raccroche à cette symbiose contradictoire de modernité extrême et d'extrême contestation de la modernité qu'il observe chez les grands Allemands par excellence, de Nietzsche à Wagner, cosmopolites et hostiles à l'internationalisme démocratique, voyant même dans cette symbiose l'essence de la germanité. Il sait que son œuvre, jusqu'à ce moment, a vécu de cette symbiose et il se refuse à accomplir le parcours du bourgeois européen du *Bürger* au *bourgeois*; s'il doit se transformer, son *Bürger* allemand peut et doit devenir un artiste, pas un *bourgeois*. Mais dans *Les Buddenbrook* ou dans *La Mort à Venise* ces valeurs allemandes avaient été vécues et exprimées dans la création littéraire et non pas théorisées ou explicitées ; l'art peut exprimer les contradictions de la vie et de l'Histoire, leur vérité irréductible à toute explication, mais aussi à toute formulation qui en théoriserait l'indicibilité.

Traduites en déclarations idéologiques, ces contradictions deviennent quelque chose d'autre, qui n'a presque plus rien à voir avec elles, tout comme, par exemple, la conception de la vie et de l'Histoire de Gottfried Benn qui, détachée des vers qui l'expriment, devient une idéologie peu originale et perd sa poignante profondeur musicale de vie et de mort. Quand il travaillait aux *Buddenbrook*, Thomas Mann ne se rendait pas bien compte, comme il l'avoue lui-même, qu'en racontant la dissolution d'une famille bourgeoise il racontait une fin beaucoup plus vaste : « Ce que j'étais, ce que je voulais et ce que je ne voulais pas, je ne l'ai su qu'en écrivant. » La grande œuvre se développait en lui en lui imposant sa loi et son autonomie propres, son propre souffle unitaire qui enserrait tous les détails en une totalité organique, cette naïveté épique qui se fond indissolublement avec l'intelligence architecturale et sans laquelle il n'y a peut-être pas de grande œuvre d'art, il n'y a pas la grâce indestructible de Tony Buddenbrook.

Jusqu'à ses *Considérations*, Thomas Mann avait été, à quelques exceptions près, un narrateur, non un essayiste ; ce qui signifie, comme il le dit lui-même, non pas quelqu'un qui parle, mais quelqu'un qui fait parler les hommes et les choses. Dans ses essais — et dans le premier et le plus grand d'entre eux, les *Considérations*, qui d'une certaine façon contient tous les autres —, il parle à la première personne, prend, en dépit d'un goût omniprésent pour les ambiguïtés et les oscillations, des positions explicites ; il veut défendre son univers humain et artistique de la politisation qui le menace, et il est obligé pour ce faire d'en extraire une mauvaise politique.

Nombre de ses âpres dénonciations de la société démocratique, de l'opinion et de son totalitarisme rampant ne révèlent qu'aujourd'hui leur acuité libératrice et constituent — aujourd'hui, pas alors — un anticorps vital dans le monde de l'information, même si bien des pages sombrent dans la fureur et parfois même dans la trivialité, dans un « jacassement » à tout propos et hors de propos. Quoi qu'il en soit, jamais comme dans cet épanchement réactionnaire Thomas Mann n'a été — du moins quand il a parlé à la première personne et non, ce qui est le privilège de l'artiste, en ventriloque à travers ses personnages — aussi sincère ni aussi passionné. Il connaît bien l'inauthenticité latente dans toute prédication et par deux fois il cite, en la faisant sienne, l'injure lancée par Strindberg à Bjørnson, « faux comme un orateur officiel », mais l'intempérance oratoire même des *Considérations* le sauve de la fausseté qui guette les discours nobles, harmonieux et respectueux des convenances.

Thomas Mann prend la défense de cet enchevêtrement et de cet abus « désespérément allemands », dans lesquels il voit l'humus de sa vie et de son art ; dans cette lutte radicale il descend jusqu'au fond de la *misère allemande*, il en fait résonner les cordes les plus émouvantes mais aussi les plus troubles et les plus barbares, le noyau antihumaniste et antioccidental qui bientôt engendrera une si terrible violence. Il y a un amour dostoïevskien pour l'infamie et pour l'indécence qui scande les *Considérations*, et en effet Dostoïevski en est un génie tutélaire avec son sentiment, lié à l'époque, de la crise infernale et messianique de la civilisation et du rôle que, pour la guérir, doit jouer, en plus des Slaves, l'Allemagne pour abattre la civilisation corruptrice de l'Europe, de Rome, de l'Occident. Ce n'est pas par hasard que plus tard, dans un de ses essais, Thomas Mann prendra ses distances à l'égard de cet extrémisme éthico-politico-religieux antioccidental, antilibéral et antidémocratique de Dostoïevski, en exhortant, dès le titre trop bien-pensant, à l'aimer mais « avec mesure ».

Dans les *Considérations*, Thomas Mann, attiré par l'abîme, traverse ce dernier et s'identifie à lui. Mais déjà pendant qu'il accomplit cette descente aux enfers, quelque chose se bloque et pour lui commence une inversion de route. Après la Première Guerre mondiale, la montée du national-socialisme lui fera comprendre peu à peu dans quels abîmes, et pas métaphoriques cette fois, de barbarie peut sombrer ce monde si l'on oppose ses valeurs apolitiques aux valeurs libérales et démocratiques au lieu de les intégrer dans une politique libérale et démocratique, comme il tentera inlassablement de le faire pendant tout le reste de sa vie. L'expérience l'obligera à faire ses comptes avec l'humanité, malgré tout, de la démocratie verbeuse, de la *Zivilisation*, et avec l'inhumanité de la réaction négatrice — comme le sera le nazisme — de ces valeurs mêmes de la tradition allemande qu'elle prétend représenter.

Les *Considérations*, écrit Marianello Marianelli, restent cependant « un lac trouble et riche où presque toute la problématique du Mann d'avant la Grande Guerre conflue, pour en ressortir ensuite, comme certains fleuves d'Europe, mais en gardant dans son cours, toujours plus abondant et riche en méandres, maintes veines tourmentées et reflets de ce lac ». Thomas Mann reste fidèle à ces thèmes, remarque Patrizia Rateni, même s'il en inverse le signe.

Ce n'est pas seulement une horreur croissante pour l'abjection nationaliste et ensuite nazie qui détermine son changement de route. L'Allemagne « apolitique » antidémocratique avait été l'humus de son art, et au début il crut la défendre pour défendre cet humus, pour sauver *Les Buddenbrook*. Mais ce chef-d'œuvre, comme ceux qui suivirent jusqu'en 1914, était né d'une condition imaginative et sentimentale réellement « apolitique », c'est-à-dire inconsciente de l'être ; c'était une expression authentique de cette vieille Allemagne non *bourgeoise*, mais justement à cause de cela elle ne pouvait pas être répétée ou poursuivie par une volonté idéologique explicite, car la naïveté, au sens fort que Schiller donne à ce mot, une fois perdue ne se retrouve plus, et il n'y a rien de plus faux qu'une virginité reconstituée. *Les Buddenbrook* étaient assurément allemands en ce sens supérieur, à la fois intérieur et cosmopolite, ils étaient nés spontanément avec cette intonation, mais écrire d'autres œuvres dans ce sillage, avec la conscience de la germanité proclamée et exacerbée que l'on trouve dans les *Considérations*, ç'eût été écrire des œuvres emphatiquement allemandes et populaires ; non point la musique du cœur des *Scènes de la vie d'un propre à rien* d'Eichendorff ou de l'*Immensee* de Storm, mais la fanfare vulgaire et patriotarde de Paul de Lagarde.

En outre la vérité des *Buddenbrook* avait été le récit de la mort inexorable de ce monde tant aimé, de la vieille Allemagne, et un grand écrivain ne pouvait assurément pas faire semblant de rien et retourner en arrière, en écrivant des romans qui auraient ignoré cette décadence. Il n'était plus possible de continuer à écrire des romans comme *Les Buddenbrook*, une fois perdues cette naïveté et cette innocence et une fois découvert le lien organique qui unissait cet art à ce monde qu'il avait défendu dans les *Considérations*. Les *Considérations* rendaient impossible de continuer à être l'auteur des *Buddenbrook*, et la prise de distance par rapport aux *Considérations* le rendait impossible aussi, quoique pour d'autres raisons ; si pour écrire *Les Buddenbrook* il fallait être « apolitique » sans s'en apercevoir, la découverte de la nécessité de la politique et de la démocratie n'autorisait plus cette narration épique et musicale, et requérait un autre écrivain.

Thomas Mann lui-même, au début des *Considérations*, parle de l'inévitable « révision de tous les présupposés de son univers artistique », après ce livre, il devient progressivement libéral, démocrate, défenseur de la *Zivilisation* sans laquelle il n'y a pas de *Kultur* véritable, mais il le paie très cher sur le plan de la création, car sa vocation et sa nature de narrateur étaient indissolublement liées à ce monde « désespérément allemand » que maintenant il ne peut pas ne pas abandonner. « Il est bien possible », écrit-il lui-même avec lucidité dans les *Considérations*, « que j'aie déjà donné le meilleur de ce qu'il m'était concédé de donner ».

Les grandes pages qu'il écrira plus tard, avec le goût de la composition parodique, par exemple dans *La Montagne magique*, ou dans le splendide début de *Joseph et ses frères*, ne réussissent jamais à dissimuler le fait que, dans son œuvre, le talent — la performance, disait Roberto Bazlen — prend parfois le dessus sur la substance et que l'auteur ne parvient pas toujours à faire accéder à la grâce la masse énorme et complexe de son matériau. La performance ne cache pas, mais au contraire révèle involontairement les incertitudes de la substance : dans *Le Docteur Faustus* se multiplient les renvois et les allusions savantes, mais celles-ci aplatissent et simplifient le roman, comme des écriteaux naïfs qui signaleraient explicitement la présence de sujets qui méritent l'attention. Avec *Le Docteur Faustus*, il semble qu'on fasse un pas en arrière par rapport aux *Buddenbrook* ; comme l'a dit Tito Perlini, c'est un livre qui, écrit à cause d'Auschwitz, semble écrit en dépit d'Auschwitz et des autres horreurs de notre époque, comme un témoignage humaniste plein de noblesse, totalement inadapté à la tragique et radicale transformation subie par l'homme à l'époque moderne et génialement rendue par le grand art moderne, qui n'est plus la musique romantico-démoniaque d'Adrian Leverkühn. *Le Docteur Faustus* est une œuvre irrémédiablement lointaine, au point qu'on croirait volontiers à la fiction imaginée par l'auteur, qui attribue son écriture à Serenus Zeitblom, le pédagogue consciencieux et suranné qui, dans le roman même, ne comprend pas la tragédie dont il se fait le témoin, rendant ainsi évident le fait que la grande tradition allemande n'existe vraiment plus.

Les essais, dans leur ensemble, sont une tentative grandiose pour sauver ce qui peut être sauvé de cette grande tradition allemande, en le transférant dans une conception plus générale, démocratique, européenne, occidentale de la civilisation ; ils expriment la fidélité de Thomas Mann aux amours fortes qui l'ont formé, encore plus authentiques parce que libérés désormais de la contrainte idéologique d'un germanisme antidémocratique. Thomas Mann continue à être ému par le Lied de Schubert, par l'appel de la mort qui y résonne, ou par la poignante musique du cœur d'*Immensee*, mais il ne les appelle plus à la rescousse contre le suffrage universel, il en fait au contraire une corde humaine qui, dans son irréductible autonomie par rapport à toute politisation même démocratique, n'empêche pas d'écrire et de signer des appels contre Hitler ou de s'engager en faveur du New Deal, mais au contraire nourrit d'humanité cet engagement.

Ce sauvetage, cette élaboration d'une continuité dans la transformation, fût-elle radicale, sont beaucoup plus crédibles, beaucoup plus vigoureux intellectuellement et artistiquement que la négation globale qui ne fait qu'inverser le signe dont on affecte ce monde, en le refusant sans rémission et sans trop de distinctions, comme c'est le cas dans *Le Docteur Faustus*, qui condamne l'ensemble de la civilisation allemande et flétrit tout ce que les *Considérations* avaient exalté, avec tout autant de sectarisme et moins de force artistique ou intellectuelle. Mais les affirmations tendancieuses de ce livre se justifient par le fait qu'il s'agissait de lutter contre le nazisme, alors à l'apogée du mal, et que dans un tel combat il n'y a évidemment pas place pour la distance, l'ambiguïté, la liberté et l'irresponsabilité de l'art.

Le sauvetage et la continuité poursuivis dans les essais réconfortent le lecteur ordinaire, le confirment dans son intime conviction, ou mieux dans son expérience évidente qu'on peut très bien aimer Wagner sans pour autant sympathiser même inconsciemment avec le nazisme. De la même façon, un lecteur non imprégné d'idéologie sait depuis toujours que des signatures au bas d'un manifeste, un débat culturel et autres rites de la société démocratique ne sont nullement incompatibles avec l'amour pour la mer et pour le vagabondage, qui à leur tour n'induisent pas à mépriser le droit de vote ou à négliger le devoir (qui reste pour tout flâneur anarchique et musical du vaste monde un devoir et non un plaisir) de se battre contre les injustices et contre quiconque voudrait continuer à les commettre en toute quiétude, en exhortant les poètes à ne pas s'en occuper et à aller se promener avec en tête seulement leurs propres rêves.

Les essais sont — et veulent être — la confirmation que dans le monde de la démocratie et de l'engagement il peut et il doit y avoir place pour le vagabondage sans entrave du propre à rien. En ce sens ils sont aussi auto-exorcisation d'un danger qui, au fil des ans, devient sans cesse plus menaçant pour Thomas Mann, à savoir le danger que le harcèlement de tant de devoirs — appels contre l'injustice et pour la mobilisation antifasciste, messages de vœux à des congrès et à des forces politiques, discours, entretiens radiophoniques, préfaces, sans compter une correspondance démesurée — n'étouffe la liberté irresponsable et bohémienne de l'art, le jeu, l'abandon, la flânerie de l'imagination. Publiés à un rythme régulier, les essais s'insèrent dans une spirale d'engagement croissant. Thomas Mann, qui répond à la moindre lettre d'un inconnu avec une politesse qui tient chacun à distance, et qui veut jusqu'à l'obsession être à la hauteur de ses engagements, est un modèle de dissimulation de sa propre personne, de stratégie défensive unie au respect d'autrui. Il incarne avec beaucoup de dignité une vie bourgeoise résumée et comprimée par le travail qui la mortifie. Déjà dans les *Considérations* Thomas Mann remarquait, non sans mélancolie, qu'il était lui aussi un *bourgeois*, comme ceux qu'il méprisait, du point de vue de cet héroïsme typiquement moderne — et qui lui est antipathique — du rendement, de l'ascèse du bourgeois « surchargé et surentraîné, qui travaille jusqu'aux limites de l'épuisement ».

À part ceux, nombreux, qui sont nés de circonstances particulières, ces essais se regroupent autour des grands thèmes de la création et de la réflexion de Thomas Mann. La figure de Goethe constitue un motif central, déjà présent avant le tournant de 14-18, mais un peu en sourdine, et ensuite développé, dilaté, repris plusieurs fois jusqu'à devenir presque une projection autobiographique, en un savant et ironique processus d'identification, et surtout le symbole de cette alliance entre mythe et humanisme poursuivi avec une décision croissante par l'auteur. Comme cela apparaît surtout dans le magnifique essai *Goethe et Tolstoï*, le poète de *Faust* est, pour Thomas Mann, en premier lieu l'incarnation de l'un des deux types idéaux de la bipolarité qui l'a fasciné toute sa vie : les fils de la nature — irrésistibles, légers, brutaux, séducteurs, démoniaques et inépuisables comme elle — et les fils de l'esprit, tourmentés, réfléchis, moralistes, volontaires, dictatoriaux. Thomas Mann se livre sans cesse à des variations sur cette bipolarité, déjà présente dans la nostalgie de Tonio Kröger pour les heureuses créatures aux yeux bleus et aux cheveux blonds qui ne se posent aucun problème, une nostalgie qui est aussi celle de Nietzsche pour la Vie par-delà le bien et le mal, le désir nietzschéen d'être un animal marin béat et indifférent.

Goethe et Schiller, comme Tolstoï et Dostoïevski, illustrent cette bipolarité, qui pourrait parfois sombrer dans le stéréotype, mais est explorée avec une subtilité poétique fascinante qui inverse sans cesse son signe, en découvrant des abîmes problématiques dans les démoniaques enfants chéris des dieux et une sécurité démoniaque dans les fils compliqués de l'esprit. Goethe — et beaucoup plus encore Tolstoï — révèle une grandeur mythique et une consonance épique avec le flux de la vie, une profondeur insondable qui peut être aussi de l'indifférence, une impudeur d'enfant, la « prétention absolue d'être aimé » qui empêche de distinguer le puissant amour de la vie du narcissisme et autorise à n'aimer que soi-même. Schiller et Dostoïevski pâlissent vraiment, en tant que pôles idéaux opposés, par rapport à ces démons ; comme si Thomas Mann, qui se sentait à coup sûr plus proche d'eux, était plus fasciné par les fils de la nature. Du reste c'est toujours l'esprit — c'est Thomas Mann qui l'a enseigné — qui ressent la séduction de la nature, laquelle ne peut en éprouver aucune ni pour elle-même ni pour lui, lui qui à son tour ne peut trouver que compliquée et pénible, et nullement fascinante, sa propre tension morale et intellectuelle très élevée, son inclination à la critique.

C'est à la nature — et à son travail héroïque, généreux, inquiétant, innovateur et prévaricateur — que va l'admiration morale de Thomas Mann, alliée à une certaine réserve à l'égard de sa tortuosité. À l'esprit revient une supériorité mais aussi un aspect répulsif. Thomas Mann parle d'un « éternel contraste entre la tranquillité, la modestie, la vérité, la force de la nature et l'audace grotesque, fébrile, dictatoriale de l'esprit ». La « noblesse de l'esprit » — pour reprendre l'expression qui donne leur titre général aux essais — consiste alors dans la médiation de ce contraste ; non pas, remarque Tito Perlini, dans une médiation dialectique qui dépasse et élimine thèse et antithèse, mais dans un juste milieu humaniste qui les conserve toutes les deux en une conciliation oscillante, qui devient pour Thomas Mann l'essence de l'humanisme et de la démocratie.

L'effort de Thomas Mann tend à intégrer à la démocratie ces éléments démoniaques, allemands, qu'auparavant il opposait à la démocratie et à la « civilisation ». Il ne voile pas la brutalité, l'arrogance inhérentes à toute force et à toute grâce naturelles, et souligne de tels aspects dans de nombreuses attitudes inacceptables de Goethe et de Tolstoï, à qui la faiblesse est trop étrangère pour qu'ils puissent la comprendre et l'apaiser ; mais il cherche à incorporer ces éléments de vitalité démoniaque dans l'ensemble des valeurs humanistes démocratiques. Conscient de l'« état d'égarement dans lequel l'humanité se trouve toujours face au génie réactionnaire », il cherche à conserver mais aussi à domestiquer la vitalité démoniaque (non démocratique en soi), par exemple en soulignant l'inquiétude, les désarrois, les souffrances des fils de la nature. Ils inspirent un certain trouble par leur impénétrabilité, qui semble ne pas prendre parti, qui semble ne reposer sur rien et qui a quelque chose d'énigmatique, d'indécidable, de démoniaquement neutre.

Absolutisées dans les *Considérations*, ces qualités deviennent, dans les essais, une sorte de vaccin, qui inocule dans l'humanisme une bonne dose de vigueur démoniaque et lui évite de se dissoudre dans l'irrationalité du démoniaque. Efficace en ce qui concerne Goethe et Tolstoï, cette opération n'est pas sans danger si on l'applique à d'autres auteurs — par exemple à Dostoïevski, que le titre d'un essai de 1945 exhorte à lire et à célébrer « avec mesure », avertissement qui, s'il ne s'agit pas du simple refus de cette exaltation mimétique qui induit des lecteurs démunis à se prendre pour des héros de D'Annunzio ou de Hemingway, est une impardonnable prudence moraliste qui fait obstacle à une vraie lecture d'un immense écrivain chez qui tout, le génie comme l'humanité, est démesure.

Le *Bürger* allemand — l'Allemagne elle-même, le germanisme — qui déjà auparavant oscillait entre deux extrêmes opposés (également entre Occident et Orient, mais à cette époque il était plus tourné vers ce dernier) devient un juste milieu entre les deux contraires, une conciliation humaniste sous le signe d'une « noblesse de l'esprit » — expression indubitablement malheureuse, qui suggère une spiritualité vague et historiquement abstraite —, qui n'est autre qu'une métabolisation des valeurs « apolitiques » dans la démocratie.

Goethe devient alors, toujours davantage, le « représentant » de l'ère bourgeoise, l'« exaltation et la transfiguration de ce juste milieu humain que nous définissons comme la bourgeoisie allemande », et qui en 1932, année de l'essai qui porte ce titre, n'est plus l'Allemagne poétique qui s'oppose « à la littératurisation » (autrement dit à la démocratisation, à la civilisation) du monde, comme dans les *Considérations*, ni non plus l'Allemagne suspendue entre l'humanisme de Settembrini et la métaphysique totalisante de Naphta, comme dans *La Montagne magique*, mais une *Bürgerlichkeit* insérée dans la démocratie et devenue humanisme démocratique.

Goethe est aussi un exemple de conciliation entre le caractère concret du particulier — exempt des abstractions idéologiques et des formules génériques chères aux « littérateurs de la civilisation » et repoussées par Thomas Mann même après son grand tournant — et l'universalité humaniste de la démocratie ; entre l'éthique du travail quotidien, de la paisible persévérance dans les devoirs par laquelle Thomas Mann, qui en était un exemple, se sentait pourtant menacé dans son infatigable productivité et l'ironie joyeuse avec laquelle le « mage » (comme Thomas Mann était appelé dans sa famille) savait brouiller les cartes, se moquer du monde, du public et de l'approbation que pourtant il recherchait et acceptait avec révérence.

Dans Goethe, Thomas Mann trouvait un semblable mélange de vitalité démoniaque et d'urbanité, voire d'officialité. Dans ses essais sur Goethe, Thomas Mann dépasse et juge « inféconde » la distinction entre poésie et littérature si nettement affirmée dans les *Considérations* et fréquemment implicite dans ses positions « apolitiques ». Ici poésie et littérature s'unissent et se distinguent — avec une limite toujours fluide — à l'intérieur de la personne et de l'œuvre, elles sont un peu l'âme et le corps d'une individualité ressentie par ailleurs comme unité indissoluble. « Génial administrateur de l'héritage de Goethe », comme l'appelle Giuliano Baioni, Thomas Mann apprend de Goethe — qui est aussi, et ce n'est pas un hasard, le protagoniste d'un de ses romans — les contradictions de la modernité, l'antithèse entre existence artistique et existence bourgeoise, et l'affinité profonde, impossible à éliminer qui existe entre l'écrivain moderne et l'imposteur, le faussaire. Dans ses essais sur Goethe, Thomas Mann atténue cette antithèse, la retourne — imitant en cela Goethe lui-même — en faisant du poète un exemple de conciliation de cette antithèse, mais peut-être cette conciliation un peu trop ostensible est-elle à son tour un trucage de faussaire, digne de l'écrivain qui était aussi le créateur de Félix Krull, le chevalier d'industrie, le divin filou.

À côté de Goethe, l'autre protagoniste des essais est évidemment la constellation Schopenhauer-Wagner-Nietzsche, décisive comme aucune autre présence, jusqu'à la fin, pour la formation et la vision du monde de Thomas Mann. Il voue à chacun des trois un amour constant, fidèle jusqu'à la mort ; c'est un socle dont il ne peut ni ne veut se détacher, et du reste, dans ses essais, il le déclare expressément. Dans ce cas aussi, la radicalité de ces trois grands, qui dans les *Considérations* faisait d'eux des ennemis irréconciliables et des démystificateurs de la modernité démocratique et de la « civilisation », est d'une manière ou d'une autre estompée, retouchée jusqu'à être rendue intégrable à l'*humanitas*, terme qui lui aussi se déplace du cadre « désespérément allemand », à celui des démocraties occidentales. Même le pessimisme de Schopenhauer, si inquiétant dans *Les Buddenbrook*, est imperceptiblement apprivoisé en un plus rassurant « humanisme pessimiste ».

Cette opération n'obscurcit pas la lucidité avec laquelle est perçue l'essence de leur œuvre, la finesse pénétrante de l'analyse, la musicalité fascinante de l'évocation. C'est une opération, du reste, tout à fait légitime et de plus politiquement et moralement méritoire, en ces terribles années de tyrannie et de mort. Au fond c'est ce que fait — sans conscience critique et sans effort — tout lecteur ordinaire, libre de préjugés idéologiques ou anti-idéologiques, quand il s'émeut devant une grande et terrible page qui dit l'abîme de la vie, sans craindre qu'elle trouble son adhésion à une réforme sociale, ni que cette adhésion rende illicite son abandon poétique à l'attrait de l'abîme.

Particulièrement importante est la personnalité de Nietzsche qui accompagne Thomas Mann depuis ses tout premiers écrits jusqu'à bien après *Le Docteur Faustus.* Dans les *Considérations,* la figure et l'œuvre de Nietzsche émergeaient avec toute leur charge subversive et inouïe, dans leur germanité antiallemande et leur portée européenne et mondiale, dans leur ambiguïté « littéraire » entre exaltation de la vie et amour de la mort, destruction de la morale et sévérité morale, dans l'essence métaphorique de cette pensée-poésie qui avait déstabilisé un ordre conceptuel millénaire. Sa seule méprise avait été de faire de Nietzsche un adversaire du XVIIIe siècle (identifié avec le progressisme des Lumières) et le défenseur d'un sombre et démoniaque XIXe siècle, alors que c'est ce dernier, avec son *pathos* épique et moral du progrès, qui est le plus éloigné de Nietzsche, lequel est proche au contraire de la lucidité sèche, désenchantée, cynique du XVIIIe siècle français. Dans son essai de 1947, Nietzsche est représenté et interprété avec une intelligence aiguisée par la ferveur, complice et en même temps détachée, mais à la fin lui aussi est récupéré — et indubitablement amputé de quelques-unes de ses composantes les plus grosses d'avenir — en un

« humanisme de fond et d'accent religieux » qui est certes discernable — et poignant — en lui, mais qui ne constitue pas l'essentiel de son héritage dans l'histoire de la civilisation.

Des trois, la présence la plus marquante dans les essais et la plus développée par rapport aux *Considérations* est celle de Wagner ; le principal essai qui lui est consacré constitua, la chose est connue, l'occasion de l'abandon définitif par l'écrivain de l'Allemagne nazie. En dépit des développements qu'il y ajoute, l'interprétation de Wagner par Thomas Mann reste liée à celle de la passion agressive et malheureuse de Nietzsche pour le musicien, à la double optique qui le caractérise et que Guido Morpurgo-Tagliabue a définie comme un mélange de confession et de mystification, une tragédie authentique et tartufesque, « une tragédie écrite qui couvre la tragédie vécue » ; Thomas Mann lui aussi y voyait un « panégyrique de signe négatif ». Thomas Mann voit en Wagner une prodigieuse symbiose de génie et de charlatanisme, c'est-à-dire une expression particulièrement grandiose de la vulgarité et de la falsification inévitables de l'art dans la société de masse, interprétation nietzschéenne qui demeure éclairante encore que partisane mais qui, en ce qui concerne Wagner, ne doit certainement pas être prise à la lettre ni comme un jugement solidement établi.

La position de Thomas Mann sur Wagner, en dépit de subtiles nuances et différences, est plus nietzschéenne après 1918 ; mais dans les *Considérations* déjà Wagner représente l'ambiguïté de l'artiste allemand et moderne, un critique de l'Allemagne qui semble typiquement allemand aux étrangers ; et dans les *Considérations* déjà il est rapproché de Zola et d'Ibsen pour la technique de composition fondée sur le symbole et sur le *leitmotiv*. Ces éléments sont repris et approfondis en 1933 et en 1937, dans une lecture par laquelle, pénétrant dans les souffrances et la grandeur de Wagner et se reflétant presque dans l'analyse qu'il fait de sa technique de composition, Thomas Mann comprend et représente la puissance de l'art wagnérien et surtout son extraordinaire — sa moderne — capacité d'unir primitivisme mythique et psychologie ou mieux psychanalyse.

Le tournant le plus radical pris par Thomas Mann concerne justement la psychologie. Dans les *Considérations* elle était stigmatisée comme « la chose la plus misérable et la plus vulgaire qui soit » ; tout juste bonne à désarticuler le mythe, à « isoler » d'une manière intellectualiste et donc à « salir » des éléments singuliers de la vie indivisible, elle était par conséquent présentée comme l'antithèse même de la poésie. Maintenant au contraire la psychologie apparaît comme l'alliée du mythe, raison humaniste qui s'aventure dans les ténèbres pour mieux comprendre leur vérité et donc émousser le pouvoir destructeur qui dérive de l'abus irrationnel et obscurantiste des forces obscures de la vie et du sein même de la mort, mais pas du tout pour aplatir ce royaume des profondeurs. L'alliance du mythe et de la psychologie deviendra la formule de l'humanisme expert en ténèbres de Thomas Mann, et sera alliance entre poésie et démocratie — *Kultur* et *Zivilisation* — libérées toutes deux de leurs dégénérescences, en une œuvre d'émancipation réciproque, comme dans son essai sur Freud ou dans son cycle romanesque sur Joseph.

Ses essais les plus beaux sont peut-être ceux qui, tout en analysant avec précision des auteurs et des textes, atteignent le cœur même de l'art de Thomas Mann et de sa « patrie du sentiment » et au fond ne sont pas moins autobiographiques que ceux, magnifiques, sur Lübeck : les essais sur Platen, sur Fontane et surtout sur Storm. En se confrontant avec Platen, Thomas Mann affronte avec une extrême sobriété le rapport entre beauté, mort et éros homosexuel qui imprègne aussi son essai sur Michel-Ange, dans lequel trouvent un écho les troubles qu'il vit dans ses dernières années, et qui avaient déjà fait la matière d'autres livres, au premier rang desquels *La Mort à Venise*. L'homosexualité, socialement stérile, est liée pour Thomas Mann à la beauté et à la mort, à une émotion d'autant plus intense qu'elle est plus douloureuse, et à l'essence de l'éros, de sa symbiose de sacralité et d'indécence. Thomas Mann cherche à sauver et à intégrer aussi l'homosexualité — comme les autres passions « apolitiques », démoniaques et prohibées — dans un humanisme positif qui en dompte la charge anarchique et mortelle, comme cela apparaît dans son intéressant et déplaisant essai de 1925 *Sur le mariage*, thème qui n'était pas des plus heureux pour l'écrivain, puisque déjà sa bien plus célèbre et appréciée *Lettre sur le mariage*, hommage à sa femme Katia, frise, avec son affabilité consommée, l'ennuyeux et ne parvient pas à masquer une pauvreté substantielle, dissimulée sous un prosaïsme volontairement accentué par un sens de la responsabilité et de la retenue qui n'autoriserait que des allusions à des sentiments plus forts tus par pudeur, mais en réalité absents. Élément poétique dans ses romans et d'une perversité troublante dans sa vie et dans ses journaux, l'homosexualité est en tout cas toujours vue par Thomas Mann dans l'optique du XIXe siècle, comme quelque chose qui tient du sacré, mais qui est aussi illicite et mortel.

Le « vieux Fontane » est l'exemple vivant de la germanité profonde qui est en même temps esprit européen et cosmopolite et esprit du récit, génie épique lui aussi national et universel, *éthos* et ironie, fidélité conservatrice et ouverture à la nouveauté, ordre prussien et liberté bohémienne du cœur, complexité dans laquelle Thomas Mann se reconnaissait et dont il se reconnaissait l'héritier et le continuateur à une plus grande échelle. Mais c'est en particulier son admirable essai sur Storm qui introduit, peut-être plus que tout autre, au cœur même de la création de Thomas Mann et de la conception qu'il a du rapport entre art et bourgeoisie. Dès les magnifiques pages des *Considérations*, la signification symbolique que Thomas Mann confère à Storm découle d'un chapitre de *L'Âme et les formes* de Lukács, chef-d'œuvre de l'essai moderne. Toutefois Lukács lui-même avait fait dériver, indirectement, l'image de Storm de l'esprit et de l'atmosphère des premiers romans et récits de Thomas Mann, donnant ainsi le départ à cette complémentarité qui conduira le grand romancier et le grand essayiste à s'éclairer et à se compléter mutuellement. Thomas Mann, qui dans *La Montagne magique* peint Lukács dans la figure de Naphta et qui intervient auprès du chancelier d'Autriche, Mgr Seipel, pour prendre la défense du philosophe hongrois, exilé communiste à Vienne, apprend de Lukács le sens explicite de sa propre « recherche du bourgeois » et lui fournit à son tour l'exemple et la clé pour l'élaboration de sa théorie du réalisme critique, que l'essayiste formule en se fondant sur l'œuvre du romancier. Lukács complète et clarifie l'odyssée mannienne du *Bürger* allemand à l'artiste, avec sa tentative d'éviter le *bourgeois*, en mettant toutefois le doigt sur l'absence funeste, en Allemagne, du citoyen démocrate et sur la nécessité de le trouver ou mieux de le créer, prenant ainsi le contre-pied des *Considérations*.

Dans ces dernières déjà, Storm représentait l'intériorité recueillie, la nostalgie perdue du cœur, unies à une solide habileté artisanale et à un sérieux bourgeois professionnel qui englobe le monde du travail et celui des sentiments. La bourgeoisie — la *Bürgerlichkeit* — est une forme de vie qui attribue la primauté à l'éthique, à l'ardeur au travail, à la régularité et à l'ordre de ce qui se répète et dont on s'acquitte comme d'un devoir ; dans ce tranquille dévouement à la tâche quotidienne s'exprime un monde chaleureux de sentiments, d'affections, de nostalgie, une poésie de la vie simple et mystérieuse parce que simple et quotidienne, un tourment qui est à la fois contenu et sauvé par cette robuste morale bourgeoise.

Telle est la beauté, la beauté de la vie, à laquelle aspire Thomas Mann ; une beauté très différente de l'esthétisme de D'Annunzio que, dans la mesure où il est détaché de l'éthique, l'écrivain repousse avec mépris comme « un truc d'Italiens, sorti de l'esprit de mangeurs de spaghettis ». Thomas Mann pourra dire que son *Tonio Kröger* est une continuation de l'*Immensee* de Storm, la discrète poésie du cœur de la province allemande devenue poésie de la crise qui fissure la civilisation européenne. Dans son essai de 1930 sur Storm, ces thèmes sont développés et approfondis, avec une référence particulière aux poèmes, et ils évoquent admirablement cette patrie du sentiment, familière et nordique — inconcevable sans l'intensité intime et mélancolique des paysages du Nord — dont Storm est la voix et qui constitue le plus pur et le plus poétique paysage de l'âme de Thomas Mann.

À cette sensibilité particulière, à cet accord profond avec la lumière du Nord illustrée aussi dans d'autres essais, par exemple dans celui sur Knut Hamsun, point de référence majeur pour Thomas Mann, s'oppose en revanche une extranéité fondamentale à l'égard de la civilisation austro-habsbourgeoise à laquelle ne sont consacrés que des articles brefs et occasionnels, à peine plus que des compliments de circonstance. Thomas Mann parle avec un respect courtois de Grillparzer, Altenberg, Hofmannsthal et Kafka, mais ses observations ne sont pas au diapason de la complexité de ce monde qui en substance lui échappe, comme cela apparaît avec une évidence particulière dans le cas de Kafka, à la grandeur duquel il rend certes hommage, mais sans même l'effleurer. Dans les *Considérations* aussi ce monde — qui aurait pourtant pu lui offrir une formidable alternative anarcho-conservatrice à la démocratie verbeuse des littérateurs de la civilisation — est absent. Dans ces pages Thomas Mann s'opposait à la modernité progressiste au nom d'une tradition plus ancienne, mais en réalité récente, et même beaucoup plus compromise avec cette modernité occidentale qu'il ne le croyait. Son « apolitisme » allemand est essentiellement protestant, et en tant que tel est une matrice de la modernité révolutionnaire, démocratique et politique. La tradition autrichienne, catholique et baroque, remonte à un œkoumène beaucoup plus ancien et plus profond, à une unité bien plus radicalement « autre » par rapport à la modernité démocratique, et justement à cause de cela extraordinairement apte à s'ouvrir à la compréhension et à l'expression de la crise contemporaine, postmoderne, au monde incertain, fragmentaire et tentaculaire né des ruines de la totalité moderne.

Thomas Mann était étranger à l'œkoumène danubien plurinational; même s'il a perçu avec perspicacité et générosité le génie de Musil, il est resté en dehors de la révolution radicale du langage et du roman accomplie — en une symbiose d'art et de science très éloignée par la forme et par l'esprit du grand souffle épique des romans du XIXe siècle — par la littérature autrichienne du XXe siècle.

La thématique des essais de Thomas Mann est illimitée, signe d'un éclectisme et d'une discipline qui augmentent au fil des ans, en un crescendo d'engagements et de devoirs qui finit par étouffer la vie et pousse à se réfugier, en dernier recours, dans l'académisme et le stéréotype, entre lesquels, dans les occasions les plus inattendues, brille soudain un éclair de génie ou la malice du mage. Géniales ouvertures sur la littérature universelle, tantôt ambivalentes (ses réserves myopes sur Strindberg), tantôt généreuses (quand il admet être incapable d'écrire quelque chose d'aussi grand que *Lord Jim*) ; évocations autobiographiques diverses par leur engagement et leur longueur, suffisamment élastiques pour être modulables presque à plaisir; commentaires des événements politiques de décennies effroyables, auto-interprétation de ses propres chefs-d'œuvre, digressions sur le cinéma et sur le théâtre, entretiens radiophoniques. Un engagement politique pressant et noble, surtout dans la lutte contre le nazisme, qui exige que l'on paie le prix fort, car Thomas Mann se rend compte, comme il l'a lui-même écrit une fois, qu'il s'agit quand même toujours de « prédications » — prédications démocratiques, plus nécessaires en cette heure que des œuvres d'art, mais malgré tout toujours pesantes pour celui qui, dans les *Considérations*, avait vu avec acuité qu'une mobilisation permanente pour exprimer des opinions et essayer de convaincre constituait l'un des risques et des fardeaux les plus lourds pour l'écrivain contemporain.

Parfois, la fonction forgeant au moins en partie l'organe, la prédication risque de devenir une seconde nature, de devenir le style et le ton constant de l'écrivain ; un style parfait mais trop beau, trop lisse, trop rassurant, qui transforme l'absence d'une vraie générosité en une bienveillance cérémonieuse et officielle, dispensée à tous comme on distribue des cigares ou des décorations. Cette décence bien lustrée devient presque indécente dans le ton avec lequel, par exemple, Thomas Mann préface un livre à la mémoire de son fils Klaus, mort par suicide après une vie aux tourments de laquelle la froideur paternelle n'était pas totalement étrangère. Ce qui est intolérable, c'est l'absence de vraie douleur et la noble tristesse, presque satisfaite, avec laquelle Thomas Mann parle de la « vie trop vite conclue de mon cher fils », lequel s'en est allé « sans se soucier de notre douleur à tous », en commentant avec une exclamation rhétorique (« ô combien à l'encontre de mon affection !) le fait d'avoir projeté une ombre lourde sur sa vie et en allant presque jusqu'à se glorifier de ne pas éprouver d'« amertume si à la fin il n'a plus pu penser à nous », comme s'il s'agissait d'un étranger ou de quelqu'un qui aurait été en faute envers lui et non l'inverse. Peut-être que dans tout cela il y a aussi le poids du travail et de l'interchangeabilité de toutes choses, de l'indifférence qu'il produit, au même titre que l'argent.

Comme à Goethe, il a peut-être aussi été trop demandé à Thomas Mann, même si beaucoup lui a été donné et même si, comme disait Cassius, quand nous sommes esclaves ce n'est pas la faute des étoiles, mais la nôtre. Là encore, en persévérant dans cette discipline de fer pour s'acquitter des devoirs requis par le monde, Thomas Mann s'est identifié avec Goethe et avec son sacrifice bourgeois strictement contrôlé. Il y a quelque chose d'héroïque et en même temps de mécanique dans son zèle à prêcher, converser, parler à la radio, prononcer des discours inauguraux, écrire des préfaces, répondre à d'innombrables lettres. Aucun orateur officiel n'échappe au danger d'être objectivement faux, faux en toute bonne foi, comme Thomas Mann l'avait appris de l'injure lancée par Strindberg à Bjørnson. Thomas Mann a affronté ce rôle, qui n'exclut pas les risques de ce genre, élevés parce que proportionnels à la stature de l'écrivain.

Parfois — et il s'agit de quelques-uns des écarts les plus importants — certains éloges de circonstance, à la fois sincères et ambigus, servent à essayer de réparer, dans la vie, ce qui a été déchiré par la vérité de l'art. C'est ce qui se produit, par exemple, avec les hommages adressés à Gerhart Hauptmann dans des occasions officielles. Hauptmann avait fourni à Thomas Mann le point de départ, clairement reconnaissable, de son personnage de Mynheer Peeperkorn dans *La Montagne magique*, image d'une vitalité généreuse alliée à un vide radical et pompeux. Dans les essais, comme dans une lettre à Hauptmann lui-même, il tente de remédier à la blessure infligée à son confrère avec ce portrait, et cette démarche n'est pas de sa part simple duplicité ou habileté diplomatique, mais lui permet d'écrire ces pages, fussent-elles cruelles, pour ensuite s'en distancier sans les renier, afin d'apaiser l'ami qui lui a servi de cible et de sauver ainsi à la fois le livre et l'amitié.

Thomas Mann sait que ces traits de Hauptmann lui ont fourni l'occasion de faire le portrait d'un type humain universel, auquel il n'est pas prêt à renoncer pour ménager quelqu'un, et cela pas seulement par égoïsme d'artiste mais aussi parce que l'éthique de l'art — du travail artistique — exige que l'on représente cette vérité, qui cause de la douleur à un individu et enrichit humainement les hommes. Toutefois il sait que la vérité de la vie, non moins importante que celle de l'art, est plus complexe que cette représentation artistique et ne se laisse pas réduire à elle. Ces précisions, ces distinguos, ces retouches qu'il fait à l'occasion des hommages à Hauptmann ne modifient en rien la vérité de Mynheer Peeperkorn, mais dessinent mieux celle de Hauptmann, empêchant une identification simpliste entre les deux.

Là est peut-être le thème essentiel de l'art de Thomas Mann, de sa grandeur et de sa conscience de la faute ; thème traité dans le bref et splendide essai de jeunesse *Bilse et moi* paru en 1906 et né des réactions que *Les Buddenbrook* avaient suscitées à Lübeck. Le roman, qui reproduit minutieusement tant de figures de la ville, avait exposé son auteur au ressentiment de celle-ci : en partie à cause du manque effectif de charité avec lequel il peint des personnes réelles, abusant d'elles en parasite pour en faire l'objet de sa représentation littéraire plutôt que de s'intéresser avec une véritable chaleur humaine à leur destin ; en partie du fait de l'insurmontable malentendu qui naît toujours entre un monde et l'œuvre qui le représente — avec tendresse, mais aussi avec cette distance critique sans laquelle il n'y a ni poésie ni amour, mais seulement rhétorique obtuse.

Le lien qui unissait Thomas Mann à sa ville était un esprit conservateur critique à l'égard de soi-même. L'esprit conservateur ne peut pas faire autrement, s'il est esprit, mais la ville ne s'aperçoit pas que de cette manière elle est aimée et célébrée, elle se sent plutôt trahie, et elle s'en prend, avec rancœur et injustice, au fils qu'elle fascine. C'est la fatale déception de l'artiste qui veut célébrer et qu'on accuse de dénigrer : les légitimistes habsbourgeois se sont sentis offensés par *La Marche de Radetzky* de Joseph Roth, les généraux soviétiques par *Cavalerie rouge* d'Isaac Babel, l'opinion publique triestine par les écrits de Scipio Slataper.

L'accusation dont Thomas Mann se défend dans *Bilse et moi* est une accusation capitale, qui vise une contradiction radicale de la littérature — et en particulier, mais certes pas exclusivement, de son œuvre —, ce qui donne à sa réponse une portée générale. Thomas Mann avait été moralement rapproché de Bilse, un officier de Lübeck, dénoncé pour diffamation pour avoir dévoilé dans un récit des épisodes de la vie privée de personnes connues dans la ville et facilement reconnaissables dans les personnages caricaturaux et fort peu sympathiques de son récit. Dans les personnages des *Buddenbrook* aussi beaucoup de gens s'étaient reconnus et en avaient été blessés, ce qui les avait induits à fustiger dans ce livre un abominable dénigrement du pays natal.

En se réclamant de grands exemples de la littérature universelle — Goethe, Tourgueniev, Shakespeare —,

Thomas Mann réplique en affirmant avant tout le droit pour la littérature de prendre où ils se présentent les points de départ qui lui sont nécessaires et en proclamant la primauté de la réalité et de la vie sur la pure invention. La vie, comme dit Svevo, est originale, bien plus que l'imagination des écrivains, laquelle est justement enflammée et remuée par des gens qui existent réellement et qui aiment, sentent, souffrent, tombent amoureux, vieillissent, meurent ; par la lumière d'un regard ou par le geste d'une personne en chair et en os, comme par un paysage qui fait partie de la vie — les tours d'une ville, l'ample respiration de la mer sur le rivage — plus suggestif que celui qu'on aurait purement et abstraitement inventé. L'art se trahirait lui-même s'il n'obéissait pas à cette séduction, à cet amour pour la vraie vie qui est la source la plus authentique de son inspiration.

Tout cela est aussi amour pour le monde et pour les gens dont on fait le portrait, mais c'est quand même un abus, et Thomas Mann le savait bien qui n'a pas par hasard peint d'ignobles figures de littérateurs égoïstes comme Spinell dans *Tristan*, parasites qui épient la vie et la douleur des autres sans y prendre part et sans non plus chercher à les adoucir, pour pouvoir les représenter de façon plus prégnante. Mais quand on transforme « un fait en une phrase, qu'est-ce que ce fait a encore à voir avec cette phrase ? ». Un écrivain peut prendre n'importe quel détail de n'importe quelle personne, « la peau noire d'Othello et l'embonpoint de Falstaff » autant que des sourcils épais, tel rôle social ou telle démarche, mais cela lui sert à caractériser une figure complètement autonome par rapport au détenteur de ces signes particuliers qu'il a empruntés, une figure dont les actions et les sentiments n'ont rien à voir avec ceux du personnage réel.

La fidélité à des détails objectifs, qui caractérise le vrai créateur, induit faussement les gens à croire, en se fondant sur la ressemblance de ces détails, que tout le reste aussi est vrai, et à lire comme une série d'indiscrétions et de cancans l'histoire qui suit, et qui est au contraire fictive ou qui est la combinaison et la concentration d'un grand nombre d'histoires arrivées à diverses personnes. Si un écrivain avait emprunté sa physionomie pour le personnage d'une nouvelle qui se révélerait être une canaille — dit Thomas Mann —, il n'aurait pas protesté et ne se serait pas senti offensé ni traité de canaille. Certes Thomas Mann savait bien qu'en soi le devoir éthique et esthétique de la précision, qui constitue le fondement du travail du créateur, comporte toujours une observation critique, une attention qui est aussi maligne — car le créateur n'est pas autorisé à survoler débonnairement et avec indulgence les côtés obscurs et problématiques — et donc froidement objective et sans pitié pour les chutes de tout un chacun dans l'« humain, trop humain ». L'expression nette et appropriée, écrit Thomas Mann, « a toujours quelque chose de hargneux. Le mot juste blesse. La réalité aime qu'on lui parle avec des phrases négligées ; toute précision de l'artiste quand il s'agit de la définir lui reste sur le cœur ». Mais personne n'a le droit de protester en lisant un roman : « Celui-ci, c'est moi, celui-là, c'est un tel », car ce moi et ce un tel ne sont qu'un prétexte pour quelque chose d'autre.

L'artiste qui obéit à sa loi, en s'aliénant le monde — et au besoin en faisant souffrir certaines personnes — accomplit son devoir ; toutefois Thomas Mann sait mieux que quiconque quels risques d'ambition, d'aridité, de froideur inhumaine comporte ce devoir. Cet essai date de 1906, et ignore encore toute cette construction complexe dans laquelle Thomas Mann organisera et composera les thèmes, les passions, les problèmes, les contradictions, les implications, la sévère responsabilité et la joyeuse mystification de sa vie et de son œuvre. Non sans dureté et parfois même non sans acrimonie, cet essai, qui n'apparaît pas dépassé en dépit des grandes évolutions intervenues plus tard, continue à parler avec fraîcheur d'une contradiction qui elle non plus n'est pas dépassée, pas plus que ne le sont en général ces grandes antinomies et bipolarités de la *Kultur* de la fin du XIXe siècle et du début du XXe, si présentes dans les plus grandes œuvres de Thomas Mann. Ici c'est Thomas Mann qui parle, mais en faisant comprendre que le rôle d'un écrivain, c'est de faire parler les autres.

1997

LE SOURIRE DE L'UNITÉ

Ou Hermann Hesse entre la vie et la Vie

Dans *Le Jeu des perles de verre*, le grand roman pédagogique qui constitue, au moins dans les intentions de son auteur, la somme de l'art et de la pensée d'Hermann Hesse, l'un des premiers camarades et amis du protagoniste Josef Knecht à l'école de Waldzell, Carlo Ferromonte, dit que « l'antithèse entre monde et esprit, la bataille entre deux principes inconciliables » s'est révélée à lui sous forme d'« expérience musicale », est devenue pour lui un « concerto ». Toute l'œuvre de Hesse roule, avec une insistance passionnée et parfois répétitive, sur la tentative de concilier les contradictions en en dévoilant l'illusion ou la complémentarité solidaire, sur l'effort pour dépasser dans l'intuition totale de la Vie pérenne et ininterrompue la dissension que constitue chaque petite vie individuelle, qui pour exister doit se distinguer et s'opposer au grand flux du monde. La poésie est appelée à composer en une symphonie les dissonances que représentent les existences individuelles et finies, avec leur angoisse et leur caducité, leur solitude et leur mort.

À cette mission suprême de la poésie — entendue non pas comme création d'œuvres d'art, mais comme souffle ou esprit créateur capable de se fondre dans la respiration du Grand Tout et de participer à l'incessant processus vital — coopèrent les autres disciplines, sciences et activités humaines, en conservant leurs spécificités mais en les subordonnant à cette harmonie poétique qui les transcende et leur imprime une signification universelle. Dans la province pédagogique imaginaire de Castalie, dans *Le Jeu des perles de verre,* tous les arts, sciences et techniques de toutes les civilisations du passé sont cultivés pour distiller une valeur unitaire et omnicompréhensive, qui puisse servir de guide pour le monde dans la mesure où elle en a déjà extrait l'essence et où elle a déjà découvert, derrière la multiplicité des contrastes et des diversités qui constituent ce monde même, l'unité substantielle qui régit et imprègne cette multiplicité mondaine.

Hesse est un grand poète de cette antinomie entre vie et forme — entre unité indifférenciée du Tout et existence individuelle, entre moment dionysiaque et moment apollinien, entre vie et esprit — qui anime une si grande partie de la littérature européenne de la fin du XIXe siècle aux premières décennies du XXe. Écrivain humaniste qui tend vers l'harmonie, Hesse se rend parfaitement compte que toute harmonie, une fois atteinte, n'est qu'éphémère et illusoire, comme les oppositions qu'elle a accordées, et que la dissension resurgit aussitôt, inextinguible comme le flux même de la vie. L'esprit castalien dont parle le passage évoqué devrait avoir déjà résolu le conflit avec le monde, puisqu'il a déjà absorbé et transcendé les contradictions de ce monde, après des années de patiente et ascétique étude contemplative. On pourrait même dire que l'esprit castalien — symbolisé par la perfection du jeu des perles de verre, qui combine et sublime toutes les forces et les valeurs de la vie dans la pureté immatérielle et pythagoricienne d'un chiffre ou d'une loi mathématico-musicale — *est* le monde, il devrait être la formule et la quintessence du monde, sa synthèse. Mais toute synthèse laisse toujours en dehors de larges portions et composantes de la réalité, avec lesquelles elle doit ensuite se mesurer, en une nouvelle antithèse. Parvenu au sommet de la hiérarchie castalienne, Josef Knecht sent que le monde est quand même toujours resté éloigné, hors du tranquille royaume de l'esprit; il sort alors de Castalie pour s'y aventurer, et trouve la mort dans un lac.

De cette dissension aussi Hesse veut faire un concerto, l'harmonie musicale de qui a compris qu'il n'y a pas lutte entre l'esprit et le monde mais que chacun des deux est aussi l'autre. Poète de ce conflit, Hesse l'affronte d'une façon singulière, contradictoire et ambiguë mais originale. Il se tient éloigné de toute résolution dialectique des oppositions, de toute foi en une synthèse hégélienne qui dépasserait et annulerait ces contraires que pour sa part, dans sa vision mystique et panique, il veut maintenir dans leur inaliénable singularité et que par conséquent il refuse de sacrifier à une synthèse ou à un processus de synthèses successives qui les éliminerait. Hesse est par ailleurs éloigné aussi de la médiation de Thomas Mann, qui recherche dans l'oscillation entre les contraires une solution intermédiaire qui les sauve tous les deux en les atténuant dans l'ironie et en s'en distanciant dans la parodie conciliatrice et démystifiante, laquelle permet de « purifier l'air », comme dit Adrian Leverkühn, et de prendre ainsi part, avec détachement mais avec amour, à la fête de la vie. Hesse veut tout; il veut l'identité de l'Un et du Multiple, et il la veut ici et maintenant. Il donne même cette identité pour présupposée et présente, perceptible intuitivement par qui sait s'ouvrir à elle avec humilité et inaccessible à toute volonté de la saisir, qui la perd justement à cause de l'arbitraire et de la présomption implicites dans toute intentionnalité intellectualiste.

Bien des pages de Hesse, et peut-être les plus belles, peignent la révélation de l'identité de la vie dans le tourbillon de ses phénomènes et de ses mutations, que la poésie essaie de capter dans leur unité, autrement dit dans leur simultanéité (puisque la Vie, toujours identique et omniprésente dans son flux ignore les limites catégorielles de l'espace et du temps) en luttant contre les barrières inhérentes à la dimension linéaire du langage, qui désarticule la vision simultanée en une succession temporelle et détache de l'océan de l'indifférencié les individualités distinctes. Knulp, le vagabond du roman homonyme, contemple les collines au soleil couchant en sentant que cette lumière près de s'éteindre et la vie humaine elle-même, belle et brève comme un feu d'artifice sont un concert de béatitude et à la fin, en mourant, il entend de la voix de Dieu la grande vérité : « Toute chose est ce qu'elle doit être. » Emil Sinclair, le narrateur et protagoniste de *Demian*, est à la recherche d'Abraxas, la divinité qui est à la fois Dieu et Satan, et le portrait qu'il en fait est à la fois celui de son ami Demian, de sa bien-aimée Béatrice, d'Ève, la grande mère-amante, et de lui-même. *Le Dernier Été de Klingsor* est tout entier un hymne ardent à l'identité de la vie et de la mort, à la faux aiguisée qui se tient aux aguets dans le feuillage rougeoyant de l'automne, qui est en même temps explosion de couleurs et de vitalité, limon primordial et étoiles lointaines. Dans *Klein et Wagner* le protagoniste perçoit, tandis qu'il est en train de se noyer dans le fleuve où il s'est jeté pour se suicider, la « musique du cosmos », l'unisson merveilleux et terrible de toutes choses.

Siddharta apprend du fleuve ce qu'est la véritable image et la réalité de l'existence, libérée des catégories de l'espace et du temps : le fleuve est toujours le même et toujours différent, il est simultanément source, cascade, cours paisible et embouchure majestueuse ; quand son ami Govinda se penche pour lui donner un baiser sur le front, il voit que le visage souriant de Siddharta, tout en restant le visage de Siddharta, est aussi une myriade de figures, de formes et de transformations, la totalité simultanée de ce qui arrive dans le monde et que seul l'esprit humain est contraint de dissocier, de placer dans un ordre de succession ou dans un rapport d'exclusion réciproque, de désarticuler et de décomposer. *Le Loup des steppes* enfin transfère ce thème à l'intérieur de l'unité psychologique du moi individuel et du mécanisme de ses pulsions et de ses sentiments. Moitié honorable bourgeois et moitié loup féroce, Harry Haller est en réalité une multitude de noyaux psychiques ou de fragments de noyaux psychiques qui se condensent en cristallisations provisoires et se défont et se séparent continuellement ; la dimension la plus véridique de cette vertigineuse alternance de rôles, dans laquelle le principe d'individuation s'exacerbe au point de se nier lui-même et de nier toute forme finie définitive, est la sexualité, dont la prolifération indistincte est amour de la vie tout entière.

L'originalité d'Hermann Hesse dans le traitement de ce thème — qui a inspiré de nombreux grands créateurs depuis la littérature *fin de siècle* jusqu'à *L'Aleph* de Borges ou à *2001 L'Odyssée de l'espace* de Kubrick — tient au fait qu'il cherche non seulement à concilier les contradictions vitales dans l'image de l'unité de la vie, mais aussi à concilier la conception mystique, fondamentalement antirationaliste et amorale, du Grand Un avec une conception et un engagement d'ordre moral, qui se fondent sur le dualisme du bien et du mal et sur le jugement élevé au-dessus de la vie. Il y a dans l'œuvre et dans la vie de Hesse un contraste fécond entre l'irrationalisme de la vision panique et la rationalité humaniste de la position et du choix moral. Dans ses pages résonne sans trêve *das Ja und Amenlied*, la chanson du oui et de l'ainsi soit-il : si Dieu affirme à Knulp que toute chose est ce qu'elle doit être, le fleuve cosmique des créatures révèle à Klein sur le point de se noyer « la seule chose qui existe entre vieillesse et jeunesse, entre Babylone et Berlin, bien et mal, donner et recevoir, la seule chose qui emplit le monde de différences, évaluations, douleur, litiges, guerre est l'esprit humain, le jeune impétueux et cruel esprit humain sous la forme de la jeunesse turbulente, encore éloignée de la sagesse, encore éloignée de Dieu. Il invente des contrastes, il invente des noms. Il déclare certaines choses belles, d'autres laides, celles-ci bonnes, celles-là mauvaises. Tel aspect de la vie est appelé amour, tel autre meurtre. [...] Mais Dieu ne se donne aucun nom à lui-même. Il veut être nommé, être aimé et exalté, maudit, haï, adoré, car la musique du cosmos est sa divine demeure et est sa vie — mais il lui est indifférent qu'on le loue sous tel nom plutôt que sous tel autre, pourvu qu'on l'aime ou qu'on le haïsse, pourvu que l'homme cherche auprès de lui la paix et le sommeil ou la danse et la folie ».

Siddharta en arrive à comprendre que nirvana et samsara — c'est-à-dire absolu et relatif, vérité et apparence — ne font qu'un, et il repousse la doctrine de Bouddha parce qu'il est persuadé que personne ne peut enseigner quoi que ce soit à quelqu'un d'autre et que seule l'expérience vécue directement constitue un enseignement. Dans cette nuit mystique toutes les vaches sont noires, les ongles vernis de la courtisane Kamala et ceux très longs et sales des Samanas, les anachorètes de la forêt, sont équivalents et interchangeables, comme l'amour timide et très chaste de Peter Camenzind, dans le roman homonyme, et l'orgie de groupe dans *Le Loup des steppes* ne se distinguent ni par leur valeur en tant qu'expériences ni par aucun jugement moral.

La culture indienne, dont Hermann Hesse était un bon connaisseur déjà par tradition familiale, avait en effet transmis à ses enthousiastes adeptes *fin de siècle* surtout le refus mystico-religieux du jugement éthique. Dans la *Bhagavad-Gitâ*, le grand poème philosophique sanscrit inclus dans l'épopée du *Mahãbhãrata* et lu avec ferveur en ces années surtout dans les pays germaniques, Krishna, le dieu qui s'est fait l'aurige du héros Arjuna, redonne courage à ce dernier quand il le voit hésiter dans la bataille parce qu'il répugne à tuer ses adversaires, qui sont aussi ses cousins. Au héros miséricordieux qui ne voudrait pas répandre le sang, le dieu enseigne que toute existence individuelle est illusoire, que la vie et la mort de l'individu n'existent pas mais que seul existe le grand flux, par rapport auquel tuer ou ne pas tuer n'est qu'un geste apparent. La logique du vivant, dira plus tard François Jacob dans un langage scientifique mais non moins mystique pour autant, ne connaît pas de vraie solution de continuité et transcende de ce fait la réalité individuelle : l'antique mysticisme panique resurgit de nos jours sous les habits des sciences, biologie ou sociologie, qui semblent replonger le sujet dans le fleuve de l'indistinct.

La conséquence que tire Krishna de cette grandiose vision de la totalité indestructible, qui fait indéniablement naître ce sentiment de catharsis de l'angoisse individuelle que la poésie d'Hermann Hesse a su capter avec une poignante intensité, c'est l'invitation à obéir à la loi de sa caste et aux devoirs de son état sans scrupule de conscience : « Bats-toi, Bhârata. » Libératoire et enivrant, le dépassement-dévaluation de l'individualité et de la conscience peut aussi conduire à la violence, indifférente ou excitée, à l'égard des hommes. La fascination d'un mysticisme tel que celui de la *Bhagavad-Gitâ* a aussi contribué — en particulier sur la terre allemande si sensible et si attentive au *revival* des cultures orientales au siècle dernier — à l'antihumanisme le plus féroce. C'est de l'ivresse et de la catharsis de cette vision panique que se réclame, par exemple dans *Le Soupçon* de Dürrenmatt, le criminel nazi Emmenberger pour donner une justification culturelle à ses atroces expérimentations chirurgicales sur des prisonniers non anesthésiés d'un camp de concentration.

Il va de soi que le grand mystique anonyme d'il y a plusieurs milliers d'années n'est pas responsable des lectures qu'on a pu faire de son œuvre dans les millénaires qui ont suivi. C'est de l'histoire de la culture que relèvent ces modes de lecture pour comprendre non pas le texte et la pensée antiques mais ses lecteurs ou disciples modernes. Hesse, qui ressent si vivement, si intensément le caractère libératoire inhérent au dépassement du moi et à la contemplation de l'Un, ne se dissimule pas le conflit moral que cette vision implique et comporte, brisant elle-même ainsi cette unité de la vie qui est son exaltant objet. « Si rien n'a d'importance — dit son ami à Knulp — il est absurde de vouloir être bon et honnête. Le bien n'existe pas si le bleu vaut le jaune et si la méchanceté vaut la bonté. Chaque homme est alors semblable à une bête sauvage soumise à ses instincts et aussi dépourvue de mérite que de culpabilité. » Dans *Le Dernier Été de Klingsor* l'Arménien renchérit : « On peut dire oui et on peut dire non : ce n'est qu'un jeu d'enfant. Mais le coucher du soleil n'existe pas, le soleil et les astres ne s'en vont pas vers le bas. Pour que le soleil tombe vers le bas en se couchant et remonte vers le haut en se levant, il faudrait qu'il y ait un haut et un bas. Mais le haut et le bas n'existent pas, ou plutôt n'existent que dans le cerveau humain, dans la patrie de toutes les illusions. Toutes les oppositions sont illusion : blanc ou noir est une illusion, vie et mort est une illusion, bien et mal est une illusion. » L'inverse de toute vérité, dit Siddharta, est vrai aussi, tandis que Demian nie catégoriquement le libre arbitre.

Si les conséquences de la vision totale du haut du char d'Arjuna sont l'anéantissement de la raison et l'ivresse de la lutte, Hesse en revanche est un grand écrivain humaniste, un intellectuel pacifiste qui a combattu les exaltations belliqueuses et patriotiques, un esprit lucide et apaisé qui a su comme peu d'autres se soustraire à cette éclipse de la raison qui a submergé tant d'intellectuels et tant d'écrivains, en particulier mais pas exclusivement allemands, dans les premières décennies du XXe siècle. La vie entière de Hesse est un grand témoignage moral, l'exemple d'un homme dont la raison a su constamment résister aux séductions de l'indistinct, au pathos de la lutte et à la fascination du flux amoral de la vie. Poète du Grand Un, Hesse est un homme qui a combattu le bon combat — au sens que donne saint Paul à cette expression — et dont la parole a été, selon le mot de l'Évangile, oui oui, ou bien non non. L'intelligence de Hesse est l'intelligence claire de qui opère des choix, établit des jugements, sait distinguer et refuser. Son œuvre veut se présenter, intentionnellement, comme un message moral élevé, fournir des exemples d'équilibre humaniste et de sage solidarité, avertir et éduquer, dispenser cet enseignement dont Siddharta pensait que chacun ne peut le donner qu'à lui-même. L'harmonie prêchée par Hesse — une harmonie que lui-même possède jusque dans le rythme apaisé et élégant de sa prose, qui impose une noble et majestueuse dignité même aux moments de ravissement esthétique et d'abandon furieux — est une harmonie qui ne découle pas d'une absolution globale de l'existence ou d'une négation de la responsabilité, de ce « tout comprendre tout pardonner » dont Joseph Roth dénonçait la tentation démoniaque.

Les ivresses historiques et politiques n'ont jamais trouvé prise sur Hermann Hesse. Dans l'exaltation belliqueuse généralisée de la Première Guerre mondiale qui induisait presque tout le monde et même Thomas Mann à abandonner les raisons de l'humanité au nom du grand appel de la Vie et de la nature non corrompues par l'intellect, Hesse a fait preuve d'une fermeté désenchantée qui fait de lui un cas presque unique, du moins parmi les écrivains non marxistes, de poète préservé de la séduction transfigurée et mystifiée du grand massacre. Hesse a adressé à ses confrères allemands et européens les pages les plus lucides et les plus passionnées qu'on ait jamais écrites pour démystifier ce sinistre enthousiasme guerrier dans lequel s'accomplissait le déclin de l'Europe. Très inférieur à Thomas Mann sur le plan de la création, Hesse a vu bien plus à fond que lui, dès le début, la crise européenne et le naufrage de la raison. Les romans de Hesse, surtout *Demian*, sont empreints du sentiment du déclin de l'Europe et de son caractère aussi inexorable que le rougissement des feuilles en automne ; à cette peinture sans illusions d'une catastrophe vertigineuse s'oppose l'impavide tranquillité d'un esprit qui ne se joint pas au chœur enivré par cette catastrophe. Il accuse même les Allemands d'avoir trahi l'implication éthique et la clarté rationnelle des mots pour s'abandonner à la fascination immorale, autrement dit indistincte et a-rationnelle de la musique.

Hesse a été lui-même l'une de ces personnalités que l'utopique Castalie de son *Jeu des perles de verre* se proposait de former : une grande personnalité qui, en s'opposant au culte du « divergent, de l'anormal, de l'unique, du pathologique » cher à notre époque — définie par l'écrivain comme « l'âge du journalisme », autrement dit du sensationnel — se réalise en s'insérant « au-delà de toute originalité et étrangeté dans l'universel », en servant « le mieux possible ce qui se trouve au-dessus de la personnalité ». Esprit goethéen de l'ordre et du renoncement implicite dans tout ordre et antithétique de l'identification ardemment désirée avec la totalité immédiate, Hesse propose comme modèle un caractère idéal « que la nature et l'éducation ont mis en mesure de laisser absorber presque entièrement sa propre personne par sa fonction hiérarchique, sans cependant que soit perdue cette forte, fraîche, admirable impulsion qui constitue le parfum et la valeur de l'individu ».

Hesse est un écrivain remarquable non pas tellement quand il dessine ces figures parfaites mais bien plutôt quand il représente la crise du monde et des hommes qui se précipitent dans une direction opposée. Représentant idéal de la civilisation bourgeoise et écrivain bourgeois par excellence, Hesse a compris comme très peu d'autres auteurs la décadence et la décomposition de la bourgeoisie. La peinture qu'il fait de cette crise, dans *Le Loup des steppes* et surtout dans *Demian*, est plus impitoyable que l'analyse qu'en fait Thomas Mann, même si elle lui est inférieure sur le plan de la création littéraire. Hesse n'a pas l'ambiguïté de Thomas Mann, qui nuance son jugement en un jeu diapré et élusif de possibilités infinies, justement parce qu'il n'a pas la confiance de Thomas Mann dans la capacité de la bourgeoisie de renaître de ses cendres et de faire surgir de sa décadence même de nouvelles valeurs. Plus conservateur, sur le plan culturel, que Thomas Mann, Hermann Hesse, qui s'efforce de conserver l'immense patrimoine du passé, formule une condamnation beaucoup plus radicale et précise du présent. Malgré tout chez Hesse l'ironie fait défaut : il y a indéniablement une ironie qui bouscule les plans de la narration, l'ironie du jeu changeant des formes et des illusions, mais il n'y a pas d'ironie tournée aussi vers elle-même, vers son propre jeu ironique avec les formes et vers le message que l'on veut transmettre avec ce jeu. Les choses qu'il veut dire, Hesse les dit avec une netteté univoque, avec une clarté sans détours. Cela a fini par limiter son œuvre à la tradition narrative du XIXe siècle, par l'empêcher d'atteindre sur le plan du langage et des formes à ce dépassement du moi psychologique du siècle dernier qui constitue pourtant la matière de son œuvre.

Là résident son charme et ses limites en tant qu'écrivain, son agréable *humanitas* de narrateur, qui raconte avec l'affabilité sereine de l'auteur de romans du XIXe siècle une crise qui se situe déjà au-delà des frontières de ce roman, et l'amabilité stylisée, étroitement littéraire et noblement maniérée qui enveloppe dans la discrétion d'une politesse très raffinée et quasi stérilisée ses histoires, lesquelles sembleraient excéder les limites du sagement conventionnel pour se diriger vers de plus audacieuses ruptures mais finissent par être reconduites, d'une main légère et modérée, vers quelque chose de convenable, d'équilibré, de mesuré. Peut-être Hesse est-il un grand écrivain moyen, que la profondeur de sa pensée et son intégrité humaine ont haussé au niveau des vrais maîtres de la littérature de notre siècle, auxquels il est inférieur sur le plan de la création mais avec lesquels il soutient largement la comparaison pour ce qui est de la signification humaine et morale que son témoignage personnel et son œuvre ont acquise, rare exemple de cohérence personnelle et d'une âme qui s'est faite l'interprète des douleurs de tous.

L'harmonie panique de *Siddharta* et la totalité libidinale du *Loup des steppes*, Hesse les atteint à partir de son expérience de la douleur, de la souffrance et de la scission, expérience qui l'a induit dès sa jeunesse à établir nettement un jugement moral dualiste sur la vie. Bien avant la Première Guerre mondiale et le national-socialisme, qu'il a entrevu et compris avec une impitoyable clairvoyance, à un moment où de très nombreux écrivains habités d'une foi humaniste éprouvée (y compris Thomas Mann) se faisaient encore à son propos des illusions ou pour le moins restaient perplexes et essayaient de transformer cette perplexité en connaissance ironique, Hesse a condamné la dureté et la cruauté inhérentes au système bourgeois. Lui-même en vient à contempler la grande roue des choses après être passé à travers les duretés d'une conception dualiste exacerbée. Dans *Demian,* Emil Sinclair doit dépasser le dualisme entre le monde lumineux de la maison paternelle et le monde obscur de la brutale réalité. Ce monde est un monde trouble, mais c'est aussi le monde des humiliés et des offensés : Sinclair, pour se trouver lui-même, doit résoudre ce dualisme et Demian, son guide qui au début le sauve des menaces de ce monde, lui apparaît comme un envoyé de cette réalité maternelle obscure.

Ayant grandi dans un milieu rigidement piétiste, Hesse a couru le risque d'être brisé par le triste et inflexible rigorisme luthérien axé sur la séparation fanatique entre le bien et le mal, les valeurs et les erreurs, et sur l'amputation conséquente d'une très grande partie de la vie, celle justement qui la rend aimable, tendre, digne d'être désirée et vécue, celle qui peut donner le bonheur. L'homme indompté qui dans son exil champêtre volontaire de Montagnola est devenu à la fin de sa vie, avec sa belle santé de vieillard sec et solide, un symbole d'activité infatigable était passé à travers l'enfer de la répression qui, autour de la fin du siècle, a broyé tant de jeunes existences et anéanti tant de ferments de vie nouvelle. Hesse a subi personnellement, tout jeune, ce calvaire de l'adolescent opprimé par la société autoritaire que de nombreux écrivains, y compris lui-même, ont représentée dans des pages célèbres : l'obsession puritaine qui tranche à la racine le désir et l'amour, la perte de sa personnalité propre, écrasée et étouffée, le principe du rendement appliqué aux études, qui intègre toute vie dans son rythme angoissant et rejette impitoyablement quiconque ne veut ou ne peut s'y adapter.

Hesse a vécu ce risque de se perdre soi-même, et ce jusqu'aux formes les plus graves de la névrose, de la véritable maladie mentale. Dans son roman *L'Ornière*, qui reste peut-être son chef-d'œuvre sur le plan artistique, Hesse a brossé un tableau sans égal de la tragédie de l'adolescence dans la société patriarcale tardive et déclinante de l'époque de Guillaume II, tragédie d'un passé qui, avant de mourir, veut détruire les possibilités d'un avenir social différent, comme Chronos ses propres fils. Du loup des steppes aussi Hesse nous dit que son adolescence a été brisée par une pédagogie religieuse rigide, qui a retourné à l'encontre d'elle-même, en une haine de soi, les qualités innées du jeune homme, perspicacité, sens critique, soif de vérité.

Écrivain bourgeois laborieux, Hesse a démasqué avant tout l'éthique bourgeoise du travail, en proposant le modèle d'une humanité libre et ludique. Des cauchemars de sa jeunesse et de ceux de ses héros juvéniles Hesse s'est libéré en arrivant au modèle utopique d'une humanité libérée de la contrainte du travail et du rendement ainsi que des renoncements qu'implique cette contrainte. C'est un grand poète du plaisir, de ce qui dans la vie fleurit et se laisse cueillir sans raison, de ce qui est irréductible à la possession : de la lumière des saisons, de l'eau scintillante qui court, des feuilles qui amortissent les pas sur le sentier, de la symétrie de la plantation de bambous et du poudroiement chaotique qui luit au soleil, d'une excursion en montagne, d'un nuage, de l'amour timide ou violent mais dont on jouit toujours. Hesse est le poète d'une nature libérée, dans laquelle la joie est à portée de la main, dans laquelle une promenade en forêt a plus de signification qu'un grand événement historique ; c'est un poète du corps féminin, du désir anarchique et plein de douceur.

Pas toujours à l'abri de simplifications naïves quand il imagine cette nature libérée, Hesse ne s'est jamais fait d'illusion sur la possibilité de réaliser cette liberté dans la société bourgeoise européenne. Poète anticitadin, autrement dit adversaire de l'organisation sociale bourgeoise finissante, Hesse s'est tourné vers la nature, mais a fait de cette nature le symbole lumineux d'une liberté de la personne humaine tout entière rendue à l'innocence, et non un modèle archaïque et régressif de société agraire à opposer à la société capitaliste. Il est l'un des rares chantres de l'idylle bucolique ou provinciale à avoir pris une position politique progressiste plutôt que de sombrer dans l'anticapitalisme romantique. C'est à la lumière de cette plénitude naturelle utopique que Hesse juge la société bourgeoise de son temps, et particulièrement le milieu intellectuel, dont il parvient à identifier les déviances, les blocages, les censures, les mystifications culturelles, les égarements.

Demian et *Le Loup des steppes* restent sous ce rapport une mine d'observations, qui rendent avec une clairvoyance prophétique l'entrelacement d'agitation, d'angoisse et de *bêtise* dont se composait l'image de la bourgeoisie en Europe juste avant et après la Première Guerre mondiale ou pendant l'entre-deux-guerres. Humaniste conservateur en ce qu'il est lié à un héritage de valeurs à sauver, Hesse ne cède à aucune tentation de restauration : dans *Demian,* Pistorius, l'organiste qui pourtant apparaît à Sinclair comme un possible messie ou du moins comme un compagnon de route dans la recherche du Dieu-Satan, échoue à la fin parce que au lieu de se tourner vers l'avenir il s'attarde parmi les ruines de mondes révolus, parmi les vestiges de l'esprit du passé et le rêve du paradis perdu, « de tous les rêves le pire et le plus meurtrier ».

Comme Nietzsche et Dostoïevski qu'il a tant aimés, Hesse se tourne messianiquement vers l'homme nouveau, vers une nouvelle forme du moi individuel. Chacun de ses héros est, comme Sinclair, « un rejeton de la nature lancé vers l'inconnu, peut-être vers quelque chose de nouveau ou peut-être aussi vers le néant ». C'est en ce sens que Hesse imprime un accent révolutionnaire à cette identité de la vie qui est sa propre justification, identité qui autrement pourrait sembler relever d'un irrationalisme obtus. La vérité ultime de Knulp, « toute chose est ce qu'elle doit être », pourrait apparaître, dans une interprétation mystico-poétique, comme la quintessence de l'esprit bourgeois honni, qui justifie les choses telles qu'elles sont en identifiant les faits avec les valeurs et en excluant toute utopie, toute espérance et toute libération de la réalité présente. Mais à Knulp Dieu révèle aussi le sens de son existence, qui a été celui de « vagabonder et d'apporter aux sédentaires un peu de nostalgie de la liberté ».

Le héros de Hesse, porteur de cette vérité et du sens unitaire de la vie, c'est le vagabond, le chemineau, l'homme sans maison ni valeurs, l'errant anarchique. Des vagabonds sans attaches, sans patrie et sans code de valeurs préétablis, voilà ce que sont Goldmund, Knulp, Siddharta et Harry Haller, le loup des steppes ; des vagabonds aussi, des nomades de l'esprit, Demian, son ami Sinclair et le peintre Klingsor qui est chez lui partout et nulle part ; et, déraciné de toute *religio* humaine et sociale, Klein, l'employé fraudeur en fuite. Des errants au sens spirituel, c'est ce que sont non seulement les éternels pèlerins du récit allégorique *Le Voyage en Orient*, mais aussi les enfants si présents dans l'œuvre de Hesse (de *L'Ornière* à *Peter Camenzind* et à *Âme d'enfant*), tant il est vrai que, au moins à partir du romantisme, le vagabond est l'homme qui se soustrait à l'écrasement par l'engrenage social pour n'être que lui-même, libre heureux et propre à rien, comme le fainéant d'Eichendorff, propre à rien parce que seulement capable de vivre et incapable de s'adapter à une quelconque réduction utilitariste de sa personne.

Antithèse de l'adulte unidimensionnel, l'enfant représente la vie dans son intégrité, quand il ne représente pas au contraire l'intégrité vitale déjà broyée par le monde adulte. Les héros de Hesse sont les héritiers du fainéant romantique d'Eichendorff, capable seulement d'errer dans les bois et se refusant à toute intégration dans l'univers bourgeois. La plus haute poésie de Hesse est peut-être celle de l'errance, de la route et des saisons, du long chemin et de la brève halte, de la familiarité aventureuse avec laquelle le vagabond pénètre dans le monde lointain, étranger et pourtant proche. *Narcisse et Goldmund*, l'emphatique et redondant roman médiéval axé une fois de plus sur la dissension-identité entre monde et esprit, est un roman de la vie libre et vagabonde, incoercible comme la nature que traverse son chemin et douce comme l'amour, la halte amoureuse brève mais intense que la route a toujours à offrir à l'errant.

Celui qui ne fait que passer n'a toutefois pas seulement l'attribut de la liberté, il a aussi une fonction morale. Sa mission est d'apporter le désordre dans l'ordre étriqué des bourgeois, de secouer les sédentaires de la sommeillante et donc cruelle étroitesse de leur champ de vision et de leur montrer les lointains horizons d'autres possibilités de vie, comme il le fait avec leurs femmes en allumant en elles, dans la brève rencontre dont il lui est donné de jouir, puisque la caducité est son destin, la nostalgie de l'ailleurs. L'errant est celui qui, ne se soumettant à aucune règle, détruit les valeurs codifiées pour ouvrir le chemin vers d'autres ; il est le porteur ou l'incarnation de la vie changeante et une dans ses changements, qui détruit toute forme rigidifiée et monolithique de la vie elle-même. Il est donc la voix du flux vital qui emporte les certitudes des systèmes particuliers cristallisés, mais cette anarchie qu'il incarne reçoit une charge d'engagement moral et humaniste, parce que son objet n'est pas de prêcher l'indistinct ou l'indifférence à l'égard de l'individuel, mais bien de libérer des possibilités vitales que tout code réprime et inhibe.

Au mystique ascète-errant indien, dont l'inaltérable

sourire est tourné vers les choses suprêmes et indifférent aux misères terrestres, se substitue le modèle du vagabond chinois subtil et sceptique, qui cherche la paix du cœur en corrigeant les déviances humaines et les mensonges sociaux. L'errant est donc esprit, puisque c'est l'esprit qui porte atteinte à la hargneuse et peureuse sécurité bourgeoise, mais il est surtout sensualité, voix du désir rebelle qui revendique, comme Goldmund le pécheur face à Narcisse le saint, sa propre plénitude libre et créatrice. L'errant est l'artiste capable, à l'exemple de Goldmund, de « conjurer par l'esprit le non-sens fascinant de la vie qui passe, et de le transformer en sens », en ce qu'il est l'homme lié à la sensualité, que Narcisse lui-même reconnaît comme plus proche de la grande origine maternelle et supérieure à l'esprit du père.

L'errant est donc pour Hesse, comme le lui avait enseigné Nietzsche, le destructeur des valeurs anciennes. Hesse, en effet, est parmi les premiers à percevoir la charge révolutionnaire des grandes figures dont a l'habitude de s'emparer, grâce aussi à leurs contradictions et à leurs erreurs, l'idéologie conservatrice : Nietzsche et Hamsun, errants et grands poètes de l'errance, sont deux de ses auteurs de prédilection. Déjà dans *Le Retour de Zarathoustra* il met dans la bouche de son dédaigneux et ironique solitaire nietzschéen des réprimandes et des railleries à l'encontre des péchés philistins des Allemands, tels que le nationalisme ou l'obsession d'être incompris et trahis. Naturellement Hesse est trop désenchanté pour ne pas comprendre que depuis l'époque d'Eichendorff la destinée et l'itinéraire du vagabond ont changé eux aussi. Le paysage dans lequel s'aventure l'errant moderne n'est plus la liberté complice du bois, dans lequel on peut être insouciant et heureux, mais le paysage beaucoup plus inhospitalier des villes, le pavé de la métropole moderne inhumaine et aliénée dans laquelle sont en vigueur des lois anonymes et rigides qui mettent bien plus durement à l'épreuve la liberté de l'individu.

Comme Knut Hamsun, qu'il admirait, et dont les vagabonds sans loi errent dans les forêts du Nordland mais aussi parmi les pierres plus amères de Christiana, Hesse fait marcher ses nomades dans les bois comme Siddharta, dans la campagne comme Goldmund ou comme Knulp, mais aussi dans la ville et dans le monde bourgeois, comme Klein et Harry Haller. Dans les deux cas le nomade doit ranimer la vie des sédentaires, mais tandis que dans le monde archaïque prébourgeois il garde intacte sa liberté joyeuse et indomptable, dans la société bourgeoise tortueuse et tourmentée l'errant est menacé dans sa nature intime, il est contraint de vivre en lui-même ces tourments et ces chaînes contre lesquels s'insurge sa rébellion, qui se fait donc nécessairement grinçante et ne peut manifester son héroïsme que dans la dissonance. De même que l'errant de Nietzsche ou de Hamsun est fatalement querelleur et arrogant par rapport à l'abandon désinvolte du propre à rien d'Eichendorff, libre comme l'air, Klein et Harry Haller eux aussi révèlent, au lieu de l'intégrité royale de Goldmund et de Siddharta, une scission angoissante et une sombre prudence défensive.

Dans le monde moderne même l'errant, même le destructeur de valeurs est devenu un bourgeois, au moins en partie : il est un complément du monde bourgeois, comme il est dit dans *Le Loup des steppes*, et il héberge d'ailleurs en lui-même un bourgeois, qu'il s'efforce d'arracher de lui. Hesse a compris la puissance gluante de la société, qui s'insinue jusque dans l'âme de ceux mêmes qui lui sont rebelles, resurgissant et renaissant en eux sous la forme d'un malaise qui les paralyse ou les déforme. La bourgeoisie, écrit encore Hesse dans *Le Loup des steppes*, prospère grâce à la force anormale de ses *outsiders*. L'errant moderne, qui se nourrit de ce malaise qu'il ressent plus que les autres, présente nécessairement des traits équivoques et malins, des symboles inquiétants, c'est le Caïn de *Demian*, fier du signe sur son front qui le rend inapprochable, c'est le solitaire hostile au troupeau ou le guerrier germanique dont le fatalisme exalte la caducité et le désordre contre la durée de la forme latine, c'est le nomade qui méprise les valeurs du foyer et l'*éthos* de la compassion pour célébrer la fraternité des armes et la cruauté de l'*amor fati*, c'est l'aventurier qui aime le défi pour le défi ou le fils prodigue qui veut toujours s'en aller plus loin et ne jamais s'arrêter, avec une incertitude anxieuse qui est l'inverse du courage résolu d'Ulysse, disposé à accepter les défis mais surtout attentif à les éviter, dans la mesure où il n'a pas besoin de démontrer sa valeur aux autres ou à lui-même, et qui erre par désir de revoir sa maison, même s'il est prêt à jouir des haltes imprévues.

Demian est aussi une peinture de cette inquiétude, avec sa représentation subtile et ambiguë du *pathos* du déclin européen, qui entraîne tout le monde, y compris les deux protagonistes, dans l'exaltation de la guerre et dans une fièvre de destruction sacrificielle. Dans *Demian* et dans *Le Dernier Été de Klingsor* il semble que Hesse intériorise profondément l'ivresse de mort de la vieille Europe, la voix de la grande Mère annihilatrice qui appelle à la destruction. Dans *Narcisse et Goldmund* aussi la Mère originelle esquisse au-dessus de l'abîme de la vie et de la putréfaction un sourire énigmatique et cruel. Mais dans *Demian*, comme pour conjurer les possibles conséquences éthico-politiques de cet hymne à la mort, il est dit que toute furie homicide à l'encontre d'un autre homme est dirigée, sans que celui qui tue en ait conscience, contre l'image de quelque chose qui se trouve dans son propre cœur.

Les valeurs que l'errant détruit et recrée concernent surtout, dans les formes les plus variées, le sentiment du moi, principe cardinal de la civilisation bourgeoise. Comme dans l'exercice religieux de l'expiration et de l'inspiration, ce chemin vers le moi passe par la libération à l'égard du moi. Siddharta se consacre à la dépersonnalisation, il réussit pendant quelques instants à devenir héron ou chacal, il s'efforce de retourner à un stade du moi non encore prisonnier de l'unité stoïco-bourgeoise hiérarchisée, à un stade de familiarité confiante avec toutes les choses et de métamorphose incessante, autrement dit de participation à l'être vivant dans son entier. Pour atteindre ce but les voies sont nombreuses et il n'y en a aucune, toutes sont bonnes et toutes sont mauvaises, il faut une volonté de concentration mais il faut aussi savoir se défaire de la volonté ; le but est ici et ailleurs, peut-être est-il inaccessible et peut-être l'a-t-on déjà atteint depuis le début. Siddharta découvre que les hommes-enfants, les créatures plongées dans la superficialité, savent aimer, à la différence de lui-même qui en est incapable, et il essaie de faire comprendre à Govinda que le monde tel qu'il est est parfait en chacun de ses instants, qu'il est déjà cette perfection que s'efforcent d'atteindre les ascètes. Pour Harry Haller, l'intellectuel tourmenté et hors la loi, martyr de sa propre intelligence exacerbée, la sagesse suprême consiste à apprendre à danser et à aimer les choses frivoles. Hesse semble osciller entre saint Augustin, selon lequel celui qui cherche a déjà trouvé, et Kafka, pour lequel celui qui cherche ne trouve pas et seul celui qui ne cherche pas est trouvé par la grâce.

Dans cette recherche paradoxale et fondée sur le paradoxe, comme toute mystique, la poésie de Hesse se contraint parfois à la tautologie à laquelle est contraint tout mystique, lequel peut seulement dire que les choses sont comme elles sont. La douloureuse et monotone révélation de l'identité entre l'Un et le Multiple confère parfois à la page de Hesse le caractère d'une vibrante mais tautologique duplication ou reproduction des choses, qui pourrait durer à l'infini en un inventaire infini du monde. Si dans cet inventaire tout équivaut à tout et si tout participe également de la divinité de la vie, disparaît aussi le sens de l'épiphanie et de sa répétition dans la page, parce que la vie divine existe déjà toujours et partout sans besoin d'aucune illumination et que tous participent également de ce caractère divin, même le bourgeois philistin qui en semble la négation et que la poésie devrait éveiller, contrevenant ainsi à la conscience qu'elle a qu'il n'existe aucune différence entre celui qui dort et celui qui veille. Hesse succombe souvent au péché poétique de décrire explicitement et d'énumérer quasiment sous forme d'addition cette unité de la vie que la poésie ne saisit vraiment que lorsqu'elle la capte indirectement et pour un instant, comme chez Tolstoï dans le ciel que le prince André blessé découvre haut et total au-dessus de lui ; c'est-à-dire quand elle la capte comme un fond que l'on peut évoquer en reflet en parlant d'autre chose, mais qu'il faut renoncer à dire ou à représenter dans tous ses détails, si l'on ne veut pas violer dans la prédication sa plénitude indéfinissable. La totalité, c'est la respiration que l'on perçoit quand Natacha, dans *Guerre et Paix*, danse la mazurka, ce n'est pas la théorisation ou la déclaration de la présence de cette respiration dans cette danse.

Poignantes et ensorcelantes, les paraboles de Hesse sur l'identité de la vie se réduisent à raconter et à répéter toujours la même histoire, comme les trois vies supposées avoir été écrites par Josef Knecht à la fin du *Jeu des perles de verre*. Mais Hesse sait accomplir le miracle de redonner magie et nouveauté à chaque histoire, de la rendre toujours semblable et toujours différente comme le cours du fleuve ou le souffle du vent dans les roseaux. Hesse semble conscient des dangers inhérents à l'oxymore du mysticisme philosophique ou de la philosophie mystique, quand il fait dire à Narcisse que, si Goldmund était devenu un penseur, il serait devenu un mystique, un de ces penseurs/non penseurs incapables de se détacher des représentations et d'atteindre au concept mais aussi de se détacher du concept pour se tourner vers les représentations car, artistes ratés, ils ne savent ni représenter ni abstraire. Les moments où Hesse parvient le mieux à décrire la totalité changeante et identique sont ceux où il renonce à la préciser et à la définir et se limite à y faire allusion dans des images qui renvoient à autre chose qu'elles-mêmes : les formes changeantes des flammes et l'obscur scintillement des ombres qui ondoient sur le fond du lac.

Chez celui qui a le mieux exprimé le sentiment dionysiaque de la vie, à savoir Nietzsche, Hesse a puisé l'acception la plus révolutionnaire du personnage de l'errant, qui l'a inspiré surtout pour *Le Loup des steppes.* Lecteur perspicace et sans œillères, Hesse avait compris que le surhomme de Nietzsche n'est pas un individu exceptionnel, plus fort que la masse au-dessus de laquelle il s'élève, mais plutôt une figure tournée vers un nouveau stade anthropologique, une nouvelle forme d'individu qui se situe au-delà des limites traditionnelles du sujet bourgeois, au-delà des limites de la construction stoïco-humaniste du moi. L'*Übermensch* est l'errant héroïque qui affronte et vit cette phase du passage d'une dimension humaine à une autre. Le loup des steppes, destructeur des certitudes bourgeoises et locataire de chambres meublées bourgeoises, se trouve dans ce stade du passage, pour moitié encore lié à l'individualité traditionnelle et pour moitié déjà au-delà d'elle : « L'homme », dit le *Petit traité* inclus dans *Le Loup des steppes*, « n'est point une création solide et durable [...] mais plutôt un essai et une transition ; il n'est pas autre chose que la passerelle étroite et dangereuse entre la nature et l'esprit». Harry Haller n'est pas une unité psychologique hiérarchisée dans les structures conventionnelles de l'ego, mais plutôt une multiplicité de noyaux psychiques, un agrégat provisoire de pulsions et d'énergies libidinales libérées de la répression de la conscience et dont la charge centrifuge ne connaît pas de frein.

Cette fluidification du sujet dans un pur courant de désir et cette rédemption dans l'«ivresse de la communion festive et de l'union mystique de la joie» — qui peuvent expliquer le succès retentissant du *Loup des steppes*, en dépit de ses effets parfois faciles et de sa banalité substantielle, auprès des hippies américains — ne sont toutefois pas seulement libérateurs. Une ombre de lassitude déçue et de résignation frustrée s'étend sur la sarabande de métamorphoses et de copulations érotiques du loup des steppes, sur sa dilatation et sa multiplication psychiques, qui peuvent aussi apparaître comme un simple trucage d'illusionniste. Peut-être ce grand vieux conservateur avait-il deviné le caractère imposé et non autonome de cette libération psychique et pulsionnelle, massifiée à son tour en une marchandise de consommation fongible par une société qui intègre jusqu'à ses rebelles, ses nouveaux errants subversifs. Dans l'orgie et dans la dépersonnalisation du *Loup des steppes* et dans la consommation frénétique qu'en font les hippies, il y a la catharsis supra-individuelle mais aussi l'interchangeabilité lasse de la foule de *Nashville*, «communion festive» de gens libres et heureux — a écrit dans l'un de ses essais de géologie littéraire Guido Morpurgo-Tagliabue — parce que imbéciles, qui savent ce qu'ils veulent parce qu'ils l'ont déjà et n'ont pas besoin d'autre chose.

Le cercle tautologique de l'identité se referme, en s'orientant vers une impersonnalité passive et hétéronome dont Hesse a peut-être été, sans le vouloir, le prophète inquiet. Mais l'identité consolante et pure de la vie, Hesse la retrouve dans le paysage ancien, dans les peintures effritées de la vieille chapelle votive que Klingsor découvre dans le bois et dont les figures craquelées sont sur le point de redevenir poussière et terre. C'est l'unité qui se révèle dans tous les moments d'élévation et d'apaisement pendant lesquels la vie semble nous dire adieu, comme aux changements de saison ou à la fin d'un amour, mais nous fait entrevoir, dans cet adieu, un nouveau visage de ce qu'elle nous laisse ou de ce que nous avons laissé et qui s'ouvre, dans ce détachement et dans cette reconnaissance, au « sourire de l'unité » de Siddharta.

1977

TAGORE ET LA FLEUR SANS PARFUM

« Cueille cette frêle fleur, prends-la vite ! de crainte qu'elle ne se fane et ne s'effeuille dans la poussière. S'il n'y a point place dans ta guirlande, fais-lui l'honneur du contact douloureux de ta main ; cueille-la. Je crains que ce jour ne s'achève avant que je m'en doute, et que le temps de l'offertoire ne soit passé. Bien que sa couleur soit discrète et que timide soit sa senteur, prends quand même cette fleur à ton service, et cueille-la tandis qu'il en est encore temps. »

C'est un poème de Tagore, le grand poète indien, tiré de son plus beau recueil, *Gitanjali* (*L'Offrande lyrique*), dont j'avais, il y a bien longtemps, dans ma jeunesse, trouvé sur un étal de bouquiniste à Milan une vieille traduction italienne d'Arundel del Re*, publiée en 1914 en un mince volume par le courageux éditeur Carabba, de Lanciano.

Gitanjali est un recueil de chants, qui des lèvres du poète semblent passer à celles des mendiants et des vagabonds dans l'ombre des rues, chansons d'amour adressées à une aimée ou à un aimé et en même temps, et surtout, à Dieu, présent en toutes choses, dans tous les visages et dans toutes les apparences de la vie.

* Ici c'est la traduction d'André Gide (1913) qui est citée *(N.d.T.)*.

Celle-ci devient alors une fête discrète mais enivrante et sereine, le voyage d'un errant qui parcourt, humble amoureux et joyeux, les routes du monde, rachetant chaque fois ses moments de faiblesse ou d'aridité personnelles par la faculté qu'il a de se plonger dans le souffle du Grand Tout et de le retrouver en lui-même.

Le voyage a lieu dans la pénombre, même s'il est égayé par des réalités enchanteresses et lumineuses, qui procurent autant de jouissance que des rencontres amoureuses. Quand la petite lampe qui éclaire le chemin s'éteindra, l'errant sera arrivé chez l'hôte qui l'attend et il se trouvera dans une clarté de plein jour.

Dans tout mysticisme panthéiste, il y a le risque de trop chanter les louanges, de voir trop facilement le rachat de la souffrance, de ne pas s'apercevoir du déchirement, de la tristesse de vies inutiles vécues dans le noir et dans le vide, de l'abjection, de l'horreur qui éteignent toute fête et enténèbrent jusqu'à la face de Dieu.

Tagore et les poètes qui comme lui chantent la signification inépuisable de la vie et enseignent à ne pas craindre la mort ne peuvent pas faire oublier que l'instrument dont ils jouent célèbre souvent les belles et grandes choses, les humbles aussi, certes, mais à condition qu'elles soient fleuries et dignes d'être tressées en une superbe couronne.

Mais dans ce poème, Tagore se tourne aussi vers ce qui demeure en dehors du psaume de gloire, vers ce qui semble voué à un destin d'inutilité, à une fleur de rien du tout. Elle semble exclue même de la splendeur universelle, elle ne peut trouver place dans la guirlande divine, sa couleur et son parfum sont trop fades pour chanter la majesté de l'univers. Peut-être qu'avec cette fleur on ne peut rien faire ; on ne peut tresser aucune couronne, on ne peut s'en servir pour orner aucun trône ni aucun autel, on ne peut même pas l'offrir en cadeau. Mais ce n'est pas pour autant qu'on peut l'oublier ; on doit rendre honneur à son insuffisance et lui faire une caresse.

Cette attention à l'égard de celui qui n'est presque rien et bientôt ne sera plus rien, de celui qui est né pour que personne jamais ne le fête ni ne se souvienne de lui, est une riposte à l'oubli, qui dévore celui qui ne peut être adopté pour aucun but, et est plus admirable même que le courage tranquille avec lequel l'errant de Tagore, après une vie difficile mais riche, accepte la mort.

1994

L'ÂGE, RIEN D'AUTRE QUE L'ÂGE

Pour les cent ans de Jünger

Goethe n'appréciait pas le radicalisme réformiste de Jeremy Bentham, trop éloigné de sa prudence conservatrice élusive, mais il l'admirait d'avoir su atteindre encore plein de vigueur un âge vénérable. Une vieillesse encore lucide et indomptée a quelque chose de royal et invite au respect, comme un vieux chêne ; elle peut aussi comporter une certaine brutalité, souvent présente dans la force, de quelque genre qu'elle soit, et dans l'hommage que l'on rend à la force. Peut-être que la capacité de survivre implique souvent une certaine dureté, l'art de continuer sans trop prêter attention à ceux qui n'arrivent pas à garder la cadence et qui tombent au bord de la route, et d'enjamber sans se troubler les nombreux cadavres dont est jonché le chemin d'une longue existence.

Force et dureté n'ont pas manqué à Ernst Jünger, aujourd'hui au seuil de ses cent ans. Un tel âge prend aussi une signification symbolique, parce qu'il résume, encore vivant et plein de vitalité, tout un monde qui, sinon, aurait disparu. Cent bougies sur un gâteau d'anniversaire, c'est beaucoup, surtout quand celui que l'on fête semble presque en mesure de les éteindre toutes en soufflant une seule fois ; célébrer le centenaire de Jünger signifie faire ses comptes avec un siècle entier, et l'un des plus terribles de l'Histoire. La vieillesse d'un écrivain peut être une forme de cette hétéronomie littéraire qui induit, remarque Guido Morpurgo-Tagliabue, à apprécier une œuvre également selon des valeurs extrinsèques à sa valeur littéraire en soi ; le dernier survivant d'une époque ou d'une grande génération artistique se trouve investi d'un rôle représentatif qu'il n'aurait pas si les autres grandes personnalités de son monde étaient encore en vie. L'auréole qui ceint la tête fragile de Jünger brille elle aussi d'une lumière qui n'est pas toute sienne, mais provient de beaucoup d'autres à qui les dieux, qui aiment, dit-on, ceux qui meurent jeunes, n'ont pas permis d'arriver jusqu'à nous.

Jünger a été un combattant de la Grande Guerre, et de cette expérience sont nés ses écrits les plus forts, les plus originaux ; il a vécu, tantôt en y participant tantôt avec un détachement ambigu, l'époque démoniaque des totalitarismes, des conflits planétaires et de la transformation technologique du monde. Dans le premier de ses très nombreux livres, *Orages d'acier*, paru en 1920, Jünger célèbre la guerre comme « expérience intérieure », ainsi que le dit le titre du volume suivant, publié en 1922. Comme beaucoup d'autres intellectuels européens, et avec la même absence d'imagination, Jünger exalte la guerre en tant que régénération primordiale de la société et de l'individu, libérés de tout ce qu'il appelle péjorativement « bourgeois », c'est-à-dire du réseau de médiations qui a étouffé la vie et son énergie originelle.

De la Grande Guerre n'est certes pas sorti cet « homme nouveau » tant attendu, mais bien un triste mouton, prêt à obéir aux nouveaux tyrans, au fascisme, au nazisme et au stalinisme. La guerre a été comprise et vécue bien plus à fond par ceux qui l'ont haïe et qui ont su l'affronter comme une horreur nécessaire pour se défendre d'une menace ou de l'esclavage, sans prendre le bain de sang pour l'eau lustrale d'un rite sacrificiel. Celui qui a besoin de la guerre pour sentir la poésie de la vie n'est qu'un banal philistin, incapable de voir les visages, les couleurs, les saisons autour de lui. Mais ce qui rachète Jünger de ce culte stéréotypé de la guerre, c'est la précision stylistique cristalline avec laquelle il retrace le chaos des combats, le courage et la violence, les gestes de celui qui donne ou reçoit la mort, que sa plume fixe dans l'éternité de leur instant absolu.

Cette froideur d'entomologiste rapproche les hommes des insectes observés par Jünger, spécialiste passionné de papillons, dans ses *Chasses subtiles* (1967), et représente le don le plus éclatant de l'écrivain, cette inexorable exactitude sans laquelle il n'y a pas de poésie. Elle permet, en outre, de saisir avec sécheresse l'ivresse orgiaque de la guerre et cette impersonnalité dans l'action qui caractérisent la transformation anthropologique du siècle. L'expérience ascétique de la douleur, à laquelle Jünger consacre un essai remarquable en 1934, deviendra trop souvent ostentation complaisante d'impassibilité, de sang-froid, d'identification affichée avec ce que son propre destin a de démoniaque, et n'évitera pas toujours la vulgarité implicite que comporte toute exhibition de raffinement aristocratique et de sublimité sibylline — attitudes par lesquelles on s'imagine refuser la civilisation de masse, alors qu'on est conditionné par elle, et qui deviennent une façon de poser au solitaire, recherchée et singée par la consommation de masse. Jünger a affirmé, dans son journal de 1942, que « le style se fonde sur la justice » ; il a dit aussi, en 1943 : « Le bon styliste. Il voulait écrire "Mon action a été juste", mais comme cette phrase ne sonnait pas bien à son oreille, il a écrit "injuste" ».

Jünger a perçu l'identité entre style et justice, sans laquelle il n'y a que bouillie sentimentale ou artifice vide, mais n'a certes pas toujours été à la hauteur de cette exigence formulée si clairement. Ce style aurait dû, selon lui, être aussi et surtout un style de vie, l'attitude d'un individu supérieur capable de se fondre dans la totalité organique de la société tout en restant en son for intérieur un insoumis, libre des idéologies qui donnent sa cohésion à cette totalité sociale. Fasciné par l'aventure individuelle, Jünger en annonce le déclin, décrété par le pouvoir dépersonnalisant de la technique, qu'il dénonce et en même temps exalte comme nouvelle force mythique et dionysiaque capable de dépasser l'individualisme bourgeois cher au libéralisme et à la démocratie. Dans deux œuvres remarquables — *La Mobilisation totale* (1930) et *Le Travailleur* (1932) — qui peignent une société totalitaire, sévèrement hiérarchisée et sans classes, dans laquelle l'individu s'intègre pleinement, Jünger a saisi quelques-uns des éléments majeurs des processus collectifs contemporains, en en mettant en relief la dimension démoniaque et l'importance décisive.

Avec l'avènement du nazisme s'achève peut-être la période créative de Jünger. Il se place en retrait du régime hitlérien, rebuté par sa barbarie mais surtout par sa démagogie plébéienne, à laquelle il oppose la rigueur de son *éthos* militaire et aristocratique. Son roman *Sur les falaises de marbre* (1939) est une dénonciation allusive du Léviathan nazi, mais générique et voilée dans sa représentation sous les couleurs de la fiction. Ce n'est certes pas le courage qui manque à Jünger pour formuler une condamnation plus précise, courage que de toute façon personne n'aurait eu le droit d'exiger d'un autre dans une situation aussi terrible ; ce sont sa culture et sa vision du monde, fondées sur un idéal hiérarchique et sur le culte de la puissance, fût-elle entourée d'une aura de spiritualité, qui rendent stérile sa position, en dépit de la dignité qu'il a su conserver jusque dans l'œil du cyclone.

Jünger se considère comme un « sismographe du néant », expert dans ce nihilisme qui a investi l'Occident et ses valeurs, mais Heidegger, dans un débat amical de l'après-guerre, pouvait lui objecter que sa métaphysique de la technique et de la puissance, et son langage littéraire qui en est le reflet, ne peuvent pas régler les comptes à fond avec le nihilisme. Prosateur impeccable et de haute tenue dans l'élégance et la netteté limpide de livres comme *Approches, drogues et ivresse,* consacré à son expérience de la drogue, Jünger estompe dans des romans allégoriques et d'anticipation comme *Héliopolis* (1949) la force expressive en émaux de blason, qui transforment les réalités en un séduisant mais précaire plateau de cinéma. Le Jünger « méchant » des premiers livres, qui exaltent la guerre et l'épreuve du feu est un écrivain beaucoup plus vigoureux que celui, « gentil » et méditatif, des années suivantes, malgré l'intensité et la lucidité de bien des pages de ses journaux. D'autres écrivains, bien plus coupables et plus compromis que lui avec le mal et la tyrannie, comme Hamsun ou Céline avec leur malheureuse et dégradante adhésion au nazisme, sont bien plus grands que lui par la radicalité avec laquelle ils se sont immergés, comme des messies pécheurs, dans la boue et le cancer de l'époque, dont ils ont donné un témoignage lancinant ; le cynisme de Gottfried Benn, qui réduit la vie et l'Histoire à leur essence nue et désolée, s'exprime en une glaciale et bouleversante magie stylistique auprès de laquelle le style de Jünger apparaît comme une noble patine.

Jünger ne devrait pas offrir l'occasion de répéter le jeu éculé des condamnations et des réhabilitations, de la part de la gauche et de la droite qui cherchent à se désarçonner idéologiquement. C'est un écrivain significatif, qui doit être lu et respecté, mais assurément pas un grand écrivain, et même son enviable longévité ne peut lui conférer la puissance qui manque à son souffle poétique. L'âge, disait un autre vieillard, Knut Hamsun, n'apporte pas nécessairement la sagesse ou d'autres valeurs ; bien souvent il n'apporte rien d'autre que l'âge.

1995

KITSCH ET PASSION

Hannah Arendt et Martin Heidegger

Peu avant d'épouser Hannah Arendt, Heinrich Blücher lui écrivit une lettre dans laquelle il lui disait que leur vie commune ne ferait jamais obstacle au libre épanouissement de sa personnalité. Combattant courageux dans les rangs spartakistes et homme généreux, Blücher, second mari d'Hannah Arendt, fut pour elle un compagnon loyal, mais ce n'est pas ce rapport fondé sur le respect et l'égalité qui marqua la vie d'Hannah, peut-être parce que, comme l'écrit Dostoïevski, seuls comptent pour nous ceux que nous aimons, tandis que ceux qui nous aiment, c'est comme s'ils n'existaient pas.

Blücher l'aimait, mais elle avait le malheur d'aimer Heidegger, et elle fut probablement émue non par l'amour sincère et libre dont témoigne cette lettre de Blücher en septembre 1936, mais bien par la première lettre que lui avait écrite Heidegger le 10 février 1925, une lettre onctueuse et faussement profonde dans laquelle le grand professeur de l'université de Fribourg, l'un des maîtres de la philosophie de ce siècle, commençait à séduire l'étudiante de dix-neuf ans en faisant l'éloge de son intelligence et de son âme, en s'offrant paternellement comme guide pour l'aider à rester fidèle à elle-même, en disant qu'il comprenait les indicibles inquiétudes de sa jeunesse et en lui demandant de comprendre la terrible solitude de sa vie à lui, ascétiquement sacrifiée à l'étude et à la connaissance.

Avec cette lettre — modèle de la manière dont on peut simuler y compris pour soi-même des sentiments apparemment sincères et très utiles pour tyranniser les autres, en les mettant au service de sa prétendue hypersensibilité — commence une malheureuse histoire d'amour, qui a été reconstituée avec rigueur par Elżbieta Ettinger. Après une première phase de passion, transformée ensuite en tendre amitié, cette histoire va durer pendant toute leur vie, avec de grands vides et des interruptions liés à de tragiques événements historiques tels que l'avènement du nazisme, l'exil pour la Juive Hannah, la Seconde Guerre mondiale, l'Allemagne divisée et entièrement occupée à régler ses comptes avec son passé et les horreurs de l'extermination.

Martin Heidegger et Hannah Arendt sont et restent deux protagonistes du « terrible XXe siècle », deux personnalités dont la grandeur et l'importance ne peuvent être diminuées par une liaison sentimentale dans laquelle il n'y a de grand que le courage d'Hannah et surtout la fidélité de son attachement, que ne parviennent à effacer ni le temps ni les immenses combats et crimes advenus à cette époque. C'est sur Heidegger, incontestablement le plus grand des deux, une figure centrale de l'histoire de la civilisation, que cet épisode jette une lumière tantôt torve tantôt mesquine, en s'entrelaçant à sa compromission avec le nazisme.

C'est Heidegger qui a fait de ce lien une péripétie qui transcende la sphère privée de l'affectivité et implique sa responsabilité politique et morale — et celle de la culture dont il est un représentant —, parce qu'il a lui-même mélangé sa vie privée et sa vie publique, en instrumentalisant cyniquement, vers la fin de sa vie, son histoire d'amour avec Hannah pour occulter les traces les plus sordides de ses errements nazis et se faire réhabiliter et même encenser en tant que victime présumée au lieu d'être considéré comme un complice du IIIe Reich. L'histoire de la géniale Juive allemande s'éprenant du génial professeur allemand qui se trouve être aussi un antisémite obtus est, entre autres choses, un symbole presque trop facile du heurt tragique entre la culture allemande et la culture juive-allemande, qui a été l'âme de l'Allemagne, avant que celle-ci ne l'assassine.

Le début de cette histoire n'a rien de très original. Hannah est fascinée par le philosophe et par cette grande philosophie allemande qu'il incarne et qui a scruté et vécu comme peut-être aucune autre ce tournant de l'histoire contemporaine, la transformation radicale du monde à cette époque, l'exil et la recherche de la vraie vie, de l'authenticité existentielle. Sans cette philosophie, comme sans la culture juive et sa tragédie, ne seraient pas nés plus tard les grands livres d'Hannah Arendt, de celui sur le totalitarisme à celui sur la banalité du mal.

L'étudiante tombe amoureuse, avec élan et avec une disponibilité totale, de son professeur, lequel agrée cet amour mais ne tombe pas amoureux à son tour, pas même quand il vit une expérience érotique qui bouscule ses habitudes méthodiques — qu'il protège d'ailleurs scrupuleusement, en fixant à la minute près l'heure des rendez-vous et en interdisant à la jeune fille de lui écrire. Elle accepte toutes les règles et précautions imposées par le maître, bien qu'elle ne soit pas une fragile Marguerite séduite par Faust, mais une personne libre et décidée, qui sait ce qu'elle veut.

Aimer signifie aimer l'autre, le respecter, vouloir son bien et vouloir, même quand cela peut être douloureux, qu'il soit lui-même. Hannah Arendt sait aimer, elle n'a jamais la prétention de manipuler Heidegger et tâche de ne pas s'apercevoir qu'elle est manipulée par lui. Heidegger, finalement heureux d'être gouverné d'une main de fer par Elfriede, son inflexible et efficace épouse teutonne et nazie, ne connaît que l'amour de soi : il a besoin d'être l'idole de la jeune femme et il a besoin d'elle comme d'un « stimulant » — pour citer ses propres mots — qui lui fasse sentir l'intensité de la vie. Il alterne à son égard tendresses, ordres, mélancolies, flatteries, prises de distance, sentimentalisme, sans compter quelques petits poèmes kitsch comme seule la culture allemande, dans ses pires aspects qui constituent une involontaire autoparodie, peut en produire.

Cette culture est grande par son horizon à la fois poétique, philosophique et religieux, qui lui permet de descendre jusqu'au fond de la vie et de l'Histoire, de s'ouvrir à ce sens du divin et de l'absolu d'où naît une très grande poésie, par exemple le lyrisme brûlant de Hölderlin. Mais il suffit de s'écarter, ne serait-ce que d'une nuance, de cet absolu pour tomber dans un *pathos* redondant et vulgaire, dans le mauvais goût de l'emphase et de l'onction religieuses, qui est à la religion ce que le faux est au vrai. C'est de cette culture allemande qu'est née non seulement une haute spiritualité, mais aussi sa caricature, cette prétention de fréquenter le divin comme on prend le thé et d'avoir le monopole du sacré, le dégradant ainsi en pacotille — même le berger de l'Être, que Heidegger se proposait de devenir, peut se déclasser pour n'être plus que son administrateur délégué, tout comme la profonde intériorité qui résonne dans les Lieder est déformée en rhétorique sentimentale.

Sur l'histoire d'amour entre Hannah Arendt et Heidegger pèse, à cause de ce dernier, ce semblant sentimentaliste d'infini qui paraît sublime et ne sert — comme aurait dit Hermann Broch, lui aussi aimé plus tard par Hannah Arendt — qu'à contrefaire la réalité et le sentiment authentique de l'infini. En lisant cette histoire d'amour très — trop — allemande on ressent le manque de cette laïcité sèche nécessaire au vrai sentiment, capable de regarder en face la vie dans son inextricable mélange de séduction et de laideur, de vérité et de tromperie.

On ressent le manque de cette lucidité poignante et désenchantée avec laquelle les grands écrivains français, de Mme de Lafayette à Laclos, de Flaubert à Proust, ont scruté les enfers de la passion, l'enchevêtrement de perdition amoureuse et de cruauté rapace, sans dorer la pilule et sans feindre une impossible innocence du cœur.

Comme le rappelle Ernestina Pellegrini dans *Nécropoles imaginaires*, son excellent ouvrage sur la représentation de la mort dans la littérature du XIXe siècle, Flaubert fait ses comptes avec ce qu'il appelle lui-même les « latrines du cœur », et c'est cette capacité de se confronter avec la misère d'Éros qui lui permet d'en saisir aussi sans rhétorique tout l'enchantement, l'abandon, le frisson.

La liaison sentimentale, interrompue par la volonté de Heidegger en 1928, se profile sur le fond de l'Allemagne de ces années-là, avec sa prodigieuse floraison intellectuelle et sa crise politique grandissante. La vie des deux amants s'entremêle avec celle de figures telles que Husserl ou Jaspers, lui aussi fasciné par Heidegger en dépit des torts que celui-ci lui a fait subir.

Je suis né assez tôt pour connaître, quelques décennies plus tard, cette atmosphère extraordinaire de l'université de Fribourg, encore hantée par quelques-uns de ces grands personnages, et de rencontrer certains de ceux qui figurent dans les pages de ce livre : Hans Jonas, le jeune étudiant qui procure à Heidegger l'adresse d'Hannah Arendt et que j'ai connu quand il était un vieux et vénérable professeur ; Benno von Wiese, flirt de jeunesse d'Hannah (chose qui donna à Heidegger, quand il l'apprit, le soulagement typique de l'égoïsme masculin dans ce genre de circonstance), devenu plus tard un pontife des études germaniques. Je le revois à Turin, gros et hautain, donnant une conférence à laquelle nous avions dû faire venir même ceux de nos parents qui ne comprenaient pas l'allemand pour qu'il ne s'indignât pas d'avoir un public trop clairsemé. Ce monde culturel avait sa grandeur, mais il était endogame et, comme toutes les endogamies — secte religieuse, chapelle artistique, groupe politique, salon littéraire, club fermé ou coterie universitaire —, il était possessif et paralysant pour qui en faisait partie, et induisait ses membres à être des succubes de ses hiérarchies et à adorer comme des idoles ses autorités. Pour être libre, pour ne pas se laisser séduire par des maîtres désireux de former des âmes et de modeler des disciples, il est nécessaire d'être intellectuellement polygame et polythéiste ; si Hannah avait eu aussi d'autres intérêts, si elle avait fréquenté d'autres milieux et connu d'autres amitiés, elle aurait été plus libre et plus heureuse.

Cette liaison prend un tour diabolique bien des années plus tard, quand ils renouent après la guerre, l'exil, Auschwitz. Hannah vit aux États-Unis, elle est devenue une grande essayiste, témoin et analyste des enfers de ce siècle. Heidegger a été suspendu de ses fonctions d'enseignement — dans lesquelles il sera réintégré entre autres grâce à elle — à cause de ses compromissions avec le nazisme. Il n'a pas commis de crimes, mais nombre de petites et honteuses infamies envers des maîtres (comme Husserl), des collègues et des étudiants juifs et aussi catholiques. D'autres grands de ce siècle compromis avec le nazisme, comme Céline et Hamsun, ont pris des positions beaucoup plus condamnables — et moins prudentes —, mais ils en ont endossé la responsabilité, alors que Heidegger a voulu se faire passer quasiment pour une victime du nazisme, manquant ainsi pitoyablement d'honnêteté et de dignité.

En ce sens, sa conduite durant le nazisme n'est pas seulement un comportement privé, moralement répréhensible mais sans importance sur le plan culturel, elle est au contraire à rattacher au rôle global qu'il a tenu et à sa pensée, si élevée par bien des aspects dans l'ordre de la spéculation. Chez le philosophe aussi il y a parfois quelque chose de mesquin qui sied mal à un berger de l'Être ou à un lieutenant du néant, pour citer deux de ses définitions, et qui convient plutôt au professeur qui, dans le costume folklorique des paysans de la Forêt-Noire qu'il aimait porter, ressemble, sur certaines photos, à l'un des sept nains.

Hannah, qui lui est restée fidèle dans le fond de son cœur, contribue à sa réhabilitation ; elle ne veut pas voir ses actions les plus mauvaises et les plus viles, elle veut croire aux mensonges dont Heidegger — avec perfidie et sentimentalisme, écrit Elżbieta Ettinger — s'enveloppe et l'enveloppe. Pour elle, Heidegger est toujours l'homme aimé, d'un amour désintéressé qui la pousse à aider aussi sa famille ; pour lui, Hannah est un excellent instrument, étant donné son prestige international et son passé de Juive persécutée, à utiliser pour être réhabilité et rentrer dans les rangs de l'honneur et de l'autorité.

Hannah s'obstine à croire à ses falsifications. Deux fois seulement elle admet vis-à-vis d'elle-même qu'« il ment toujours » et qu'il est « un assassin potentiel ». Cette lucidité est de courte durée, et Hannah retombe vite dans la soumission respectueuse à son égard ou à l'égard de l'image qu'elle a gardée de lui tant d'années dans son cœur, et elle se fait presque complice, elle, l'amante intrépide de la vérité, de ses contrefaçons qui ne mystifient pas seulement une vie privée, mais une page de l'histoire du monde. Heidegger lui en est reconnaissant, avec tendresse même, mais quand il n'a plus besoin d'elle il la tient éloignée et ne lui permet pas de le distraire de ses études, selon le stéréotype de l'homme de génie qui apprécie d'être revivifié par une femme, mais qui lui dit ensuite de se retirer et de le laisser travailler.

Dans son livre mémorable sur le procès d'Eichmann, Hannah Arendt a découvert la banalité du mal qui, avec son aura infernale, est aussi stupide et kitsch. Elle n'a pas eu le courage, elle si hardie humainement et intellectuellement, de découvrir qu'un amour aussi peut être à la fois bouleversant et banal, qu'on peut s'éprendre aussi d'un être entaché de bassesse. Où trouver une réponse à ces contradictions ? « "Au fond du cœur", à ce qu'on dit », répond un personnage de *Swing*, de Stefano Jacomuzzi, « "mais il y a là un grand désordre, et on ne peut pas s'y fier" ».

1996

AU-DELÀ DU LANGAGE : L'ŒUVRE D'HERMANN BROCH

Dans une scène de *La Nuit* d'Antonioni on voyait, dans la main d'un personnage, un exemplaire des *Somnambules* d'Hermann Broch, dans la traduction publiée chez Einaudi. Mais les chefs-d'œuvre de Broch, quoique loués, ne sont pas encore aussi connus qu'ils le mériteraient. L'écrivain, né à Vienne en 1886 et mort aux États-Unis en 1951, est peut-être resté plus à l'écart que d'autres écrivains autrichiens, grands et moins grands, qui durant ces dernières décennies ont joui d'une célébrité croissante, plus que méritée pour certains — par exemple Musil et Canetti — mais souvent indûment étendue à des personnalités médiocres, qui avaient pour seul mérite de venir de la Mitteleuropa habsbourgeoise.

Les écrivains autrichiens les plus facilement assimilés appartiennent à deux catégories : les nostalgiques du monde d'hier transfiguré en image de l'ordre et de la sécurité, et les aruspices de la crise, pour qui la vieille Autriche est la Babel du désordre et de la banqueroute des valeurs, le laboratoire du nihilisme, le modèle de toute la civilisation contemporaine fondée sur le néant.

Broch effarouche les nostalgiques, parce qu'il a démystifié la joyeuse Vienne fin de siècle, dans laquelle il ne voit qu'apocalyptique vide de valeurs masqué par le kitsch de l'opérette, et il est suspect aux postmodernes admirateurs du vide et qui se laissent séduire par lui, parce qu'il soumet ce dernier à une critique implacable, rationnelle et en même temps religieuse, d'une religiosité détachée de toute confession, symbiose originale de judaïsme et de catholicisme, présente aussi, sous des aspects différents, chez Joseph Roth.

Dans les deux cas il s'agit d'une vision qui, justement parce qu'elle est empreinte du sentiment du sacré, se révèle particulièrement apte à comprendre le chaos contemporain, ses vérités et ses idoles. Broch propose des valeurs fortes mais mises en fuite par le délire de son époque qui est encore la nôtre ; si l'abondante consommation de littérature autrichienne a été souvent influencée par l'engouement pour l'excentrique, l'irrationnel et le sophistiqué, Broch — avec la clarté de son éthique, de sa formation scientifique et de ses conceptions religieuses également opposées à toute complaisance vulgaire à l'égard de l'occulte — ne fournit guère d'aliment à ce goût, que lui-même fustige en tant que kitsch et auquel il oppose le sentiment de la totalité de la vie, empreinte d'un sens qui lui confère son unité.

Cette unité de la vie — et du grand style poético-philosophique qui la peint et la fonde tout à la fois, comme il l'a écrit dans de mémorables et remarquables essais — s'est brisée, et Broch a mis à nu tant cette désagrégation que la stérile complaisance à son égard ou que les tentatives factices pour la dissimuler en restaurant des idéaux en miettes ou en substituant aux valeurs authentiques désormais perdues d'édifiants succédanés idéologiques ou sentimentaux.

Broch est un génial démystificateur du somnambulisme, autrement dit de cet auto-éblouissement par lequel les hommes se dissimulent à eux-mêmes leur propre vide, avec une horrible bonne foi qui est la plus grande des falsifications et qui induisait la grand-mère de Biagio Marin, comme le raconte le poète, à lui dire : « Souviens-toi que celui qui pèche sans le savoir se damne sans le savoir. » Marin, à juste titre, considérait ce propos comme l'une des plus grandes leçons de morale qu'il ait jamais reçues. Si parfois, dans certaines circonstances qui font que, en dépit de tout effort, il n'est vraiment pas possible de se rendre compte de la situation et des valeurs réellement en jeu, ce qu'on appelle la bonne foi peut être une circonstance atténuante, souvent elle est au contraire une circonstance aggravante, parce qu'elle est le résultat d'un long travail de corruption de sa propre conscience, étourdie, enivrée ou obscurcie par l'habitude du mensonge et du mal, jusqu'à devenir incapable de distinguer le bien du mal, jusqu'à se convaincre qu'elle est dans le juste alors même qu'elle se souille de fautes parce qu'elle ne veut pas regarder en face la réalité, la difficulté et la responsabilité de choisir, la nécessité de juger et d'être jugée. Si l'on commet une violence ou une injustice en sachant qu'on fait le mal, il y a au moins la possibilité de se corriger et de réparer ses torts ; possibilité qui n'existe pas quand on est obtus au point de ne pas s'apercevoir de ce qu'on fait ou arrogant et aveugle au point de le considérer comme juste. Presque tous les pires coupables sont d'une épouvantable bonne foi et accomplissent leurs crimes en toute ignorance ; les racistes qui lynchent un malheureux étranger sont convaincus que, d'une manière ou d'une autre, celui-ci mérite leur violence et qu'il est juste de l'éliminer de la société. S'il doit y avoir un jour du Jugement, cette ignorance, cette espèce d'innocence obscène, sera sans doute mise à leur charge, comme le pensait la grand-mère de Biagio Marin.

Cette ignorance ne concerne pas seulement le domaine moral, mais le rapport avec la réalité tout entière, l'existence et l'Histoire, et l'incapacité de les regarder en face sans hésiter, de soutenir leur tension brûlante et nue. Plus cette tension se fait déchirante, plus les hommes qui craignent de ne pas la supporter s'en défendent en tâchant — et ils y réussissent — de ne pas la percevoir clairement, en vivant comme des somnambules, mot qui donne son titre à la grande trilogie romanesque de Broch (1929-1932).

Le monde, pour Broch, ressemble à cette loge vide réservée dans chaque théâtre de chaque ville de l'empire des Habsbourg à une éventuelle visite du souverain, qui évidemment n'y apparaît jamais ou quasiment jamais, de sorte que le centre idéal de cette civilisation est quelque chose qui manque, qu'il n'y a pas, et qu'on s'efforce de couvrir d'une profusion d'ornements éclectiques, comme les édifices en faux Renaissance ou en faux gothique du Ring à Vienne. Dans ses essais comme dans ses romans, Broch montre avec génie l'aridité, l'irréalité — et donc aussi l'angoisse, l'impuissance vitale et affective — d'un monde sans valeurs ; en mêlant des éléments régressifs (comme l'idéalisation du Moyen Âge) et une sensibilité extraordinairement apte à se plonger dans le délire de l'époque, en particulier dans l'immense délire de l'entre-deux-guerres, Broch montre l'irrationalité d'une civilisation qui se croit rationnelle parce que chacun des compartiments séparés entre lesquels elle est fragmentée fonctionne avec circonspection, sans voir qu'il le fait seulement pour son propre compte, de sorte que l'ensemble, c'est-à-dire la vie, la réalité, la personne même, est un chaos.

Broch est un grand artiste quand il peint, par exemple dans *Les Somnambules* ou dans *Les Irresponsables,* l'aliénation de l'individu qui, ayant perdu un système de valeurs, le remplace par de misérables et factices simulacres, par des idoles psychologiques, idéologiques ou sentimentales fabriquées par l'opinion commune ; cet individu est le somnambule, qui ne veut pas s'apercevoir qu'il dort et qu'il erre dans l'irréalité, accroissant ainsi son propre néant et son obscure angoisse.

Dans la page de Broch, cette grandiose thématique d'ordre historique s'insère dans la réalité concrète de l'existence, du corps, des sentiments, du sexe. Nourri de mathématiques — et, en cela aussi, fils de cette culture autrichienne qui devait sa grandeur surtout à la symbiose entre poésie et science —, Broch a démasqué le caractère démoniaque du siècle, le mal totalitaire dont il a souffert personnellement en tant que Juif contraint à l'exil en Amérique sous le nazisme, et ce mal tout aussi sinistre qu'est l'impalpable, la volontairement inconsciente connivence avec le totalitarisme, mise en œuvre jusque dans les gestes quotidiens.

Nostalgique de l'ordre, Broch savait que la vérité de son temps était le désordre et que le devoir moral du poète, comme l'a dit Elias Canetti dans le discours prononcé pour ses cinquante ans, était d'être le chien de son époque, de ne pas s'enfermer dans sa propre pureté mais au contraire d'aller flairer dans tous les coins, y compris les plus sordides, la vérité, repoussante au besoin, de son époque, en allégeant la douleur et en débusquant le mal caché parmi les immondices.

Selon Broch, le roman expérimental d'avant-garde — Joyce, Kafka — peut être pour l'époque contemporaine ce qu'Homère et son grand style étaient pour le monde antique. Le roman devient pour l'écrivain un outil de connaissance qui permet de capter l'esprit de l'époque, en racontant la vie, les sentiments et les pensées des hommes dans lesquels elle s'incarne. Pour faire le portrait d'après nature d'une époque — l'époque contemporaine — qui s'est désagrégée en une atomisation centrifuge et hétérogène et qui a perdu toute unité de valeur et de style, le roman doit se faire polyphonique et polyhistorique, assumer dans sa structure la multiplicité incohérente des styles de l'époque elle-même et son absence d'unité et de centre. Le roman doit être à la fois récit épique, hymne et poème, réflexion d'essayiste, théorie philosophique incarnée et vécue dans l'existence des personnages, en une expérimentation des formes épiques qui fait de Broch l'un des plus audacieux novateurs du genre romanesque.

Un chef-d'œuvre comme *La Mort de Virgile* s'avance jusqu'aux frontières extrêmes du roman. « Poète malgré lui », ainsi qu'il se définissait lui-même, Broch considérait que l'art était appelé à exprimer ce que la philosophie n'était plus en mesure de dire, à savoir la valeur ou tout au moins l'exigence de valeur ; pour jouer ce rôle l'art devait déclarer sa propre insuffisance, se considérer comme un serviteur, irremplaçable toutefois, de quelque chose de plus grand, à quoi lui, mais lui seul, ne pouvait que renvoyer. La création littéraire est pour Broch le geste qui, à la limite de l'inexprimable, montre ce qui se trouve de l'autre côté de cette frontière — « au-delà de tout langage », comme dit la dernière phrase de *La Mort de Virgile*; de l'autre côté de cette frontière il y a l'absolu, et la poésie ne peut pas l'atteindre, mais elle peut conduire les hommes jusqu'à ce seuil, en leur indiquant que ce qui compte vraiment est au-delà, mais en rappelant que la raison et la morale interdisent de définir présomptueusement l'indicible, comme le font les faux prophètes.

Le poète est semblable à Moïse, qui ne peut pas mettre le pied sur la Terre promise, mais sait indiquer le chemin qui, à travers le désert, va dans cette direction. « L'impuissance de l'écriture à vaincre le mal qui existe dans le monde », comme le remarque Giorgio Cusatelli à propos d'Elias Canetti, est ressentie intensément aussi par Broch, mais c'est dans cette conscience que réside la signification — y compris morale — de l'écriture elle-même.

La Mort de Virgile aussi — publié en 1947 après des années de travail — exprime avec une poésie brûlante une douloureuse condamnation de l'art. Ce roman est un monologue intérieur de cinq cents pages qui embrasse les dernières heures de Virgile, le moment où sa conscience s'éteint et, avant de se dissoudre dans le Grand Tout, revit son existence entière et fait enfin fusionner simultanément tous les plans de la réalité — personnel, historique, cosmique — en s'enfonçant dans son océan illimité. Né de cette littérature autrichienne si sensible au rapport fluctuant entre la vie et les mots, ce livre constitue un effort extrême du langage pour exprimer sa propre extinction dans le silence, le geste ultime de la forme au bord de l'informe. Comme les mots, l'individu lui-même se dissout dans l'infini de la mort, en effaçant, avant de s'évanouir, tous les faux signes. Broch, souligne Ladislao Mittner, sait se confronter à fond, sur tous les plans, avec l'absolu de la mort.

Dans les époques de crise, comme celles vécues par Virgile ou par Broch, la poésie révèle surtout la nécessité d'aller jusqu'au fond de la crise, de parcourir le chemin dans le désert et dans le vide jusqu'à mener apocalyptiquement à son terme la destruction du mal et avec lui du monde ancien, qui doit mourir afin que, messianiquement, puisse advenir le salut et naître le nouveau.

La Mort de Virgile a un extraordinaire pouvoir d'évocation de ce qui fait la trame de la vie, l'amour, l'angoisse, la faute, le bonheur, le rêve et la mort. Broch est parvenu à écrire une œuvre très hardie et toutefois compréhensible, empreinte de problématique philosophique et de tension cognitive et qui pourtant a la fluidité d'un chant lyrique ; il est parvenu à créer un langage qui, quoique chargé d'idées et de constructions abstraites et parfois pesantes, se résout en musique et semble remonter aux sources mêmes de toute expression.

La poésie, qui pour Broch est « impatience de connaître », est contestation du pouvoir. Virgile est poète parce qu'il veut vouer aux flammes *L'Énéide*, empêchant ainsi le pourtant grand et sage Auguste de s'en servir pour glorifier l'empire. Le poète moderne ne peut pas célébrer, il doit au contraire renier toute Cité terrestre ; si le poète homérique des origines pouvait chanter les armées, les hiérarchies et les héros, ce serait mentir que de faire l'éloge d'Auguste, ou d'un leader politique du XXe siècle. Si Virgile renonce finalement à brûler *L'Énéide*, c'est, remarque Renato Saviane, au nom d'un sacrifice encore plus haut : il comprend qu'il doit assumer la responsabilité de ses actes et que, après avoir chanté l'Empire dans son poème, il ne peut effacer cette compromission, par ailleurs respectable, avec le pouvoir et se présenter innocent et pur devant la mort, mais qu'il doit prendre sur lui, même au moment suprême, le fardeau de cette faute.

Dans une page splendide du roman, le poème de Virgile se dépouille de ses noms, se libère de toute nomenclature glorieuse et de tous ces mots par lesquels on se donne l'illusion de saisir l'ineffable, et redevient murmure indistinct, respiration du monde, flux de la vie et aboutissement dans la mort, dans le silence d'où naît et où retourne tout langage. Écrivain inégal, non exempt de *pathos* redondant et d'idéologie régressive, Broch est une voix qui aide à comprendre notre présent et qui, écrit Luigi Forte, reparcourt le « chemin de l'angoisse d'un siècle », en disant la « grande nostalgie d'une patrie qu'il est permis de présager dans la douleur, dans la solitude glaciale de toute créature ». Comme toute grande œuvre poétique, le livre de Broch rend sensible la petitesse d'une littérature incapable de se projeter au-delà d'elle-même.

1993

VAINQUEURS
ET VAINCUS

Le roman, qui dans l'une de ses nombreuses ébauches rédigées pendant plus de trente ans devait comporter mille huit cents pages et qui dans son actuelle édition fragmentaire en compte six cents, s'appelait, dès le début, *Vainqueurs et vaincus.* Son donquichottesque et prodigue auteur, Herbert Eisenreich, n'a pas réussi à mener à terme son gigantesque projet ni à lui conserver le titre qui lui était si cher depuis tant d'années et qui au dernier moment s'est révélé inutilisable juridiquement, parce qu'il appartenait déjà à un autre livre, d'ailleurs d'un tout autre genre, publié dans l'intervalle. Jusqu'à la fin et jusque dans les détails les plus marginaux, Eisenreich, écrivain autrichien rétif et paradoxal, a été le stratège pointilleux de ses propres naufrages et de ses propres défaites. Il a corrigé, perfectionné, retouché jusqu'à la fin, sur les épreuves déjà paginées, son roman, paru sous le titre *Le temps mis de côté,* avec pour sous-titre « Fragment » ; il le limait et le modifiait en luttant contre le cancer qui était en train de le détruire et qui altérait peu à peu sa mémoire.

Peut-être que personne n'a expérimenté d'une façon aussi tragiquement directe, dans sa chair, la vérité de cette remarque de Flaubert, selon laquelle on n'achève jamais une œuvre mais simplement, à un certain moment, on se désiste et on la laisse en l'état. Peu après la publication de son roman, Eisenreich est mort : dans son combat hautain et acharné pour terminer son livre, il ressemblait de plus en plus à l'un des personnages de son roman en morceaux, Josef Wurz, qui dans la fiction narrative était l'auteur du livre.

Écrivain à succès durant les années 50 et 60, traduit dans les langues les plus diverses et honoré des prix les plus prestigieux, Eisenreich a été un témoin de la renaissance, dans l'après-guerre, de l'Autriche qui — après la tragédie de l'Anschluss et du conflit mondial dans lequel, jeune appelé de vingt ans, il fut blessé — recommençait à vivre et à construire son existence, son identité, son indépendance et un rôle politique spécifique de médiation et de neutralité entre les deux blocs. Quand Eisenreich, né en 1925, publie ses premiers livres, l'Autriche est encore un pays occupé par les quatre grandes puissances victorieuses, elle a encore ce caractère provisoire, insaisissable et mystérieux rendu avec une poignante et chaotique intensité dans *Le Troisième Homme.* Avec sa vie nomade en Autriche et en Allemagne, ses divers métiers, son activité d'écrivain et de journaliste de radio, son hésitation entre une vie retirée à la campagne et le théâtre du monde viennois, Eisenreich est une figure de ce bouillonnant et nostalgique après-guerre que l'on retrouve dans ses livres. *Le Temps mis de côté* aussi est une chronique de cette génération, et qui veut comprendre aujourd'hui comment on en est arrivé à l'Autriche actuelle, ce qu'il y a derrière et sous sa façade, trouve dans ce roman inachevé et noblement raté une sorte de journal quotidien des choses et des sentiments qui se sont sédimentés peu à peu, jusqu'à construire et former le présent.

Avec le titre *Vainqueurs et vaincus* qui lui tenait tant à cœur, Eisenreich n'entendait pas se référer à la guerre mondiale, ni à des puissances, à des classes sociales ou à des forces politiques qu'elle avait amenées au succès ou à la ruine. À l'instar des écrivains qu'il reconnaissait comme ses maîtres — Doderer, Gütersloh —, Eisenreich découvre dans les événements historiques et politiques, qu'il relate cependant avec le réalisme précis et vigoureux du journaliste attentif aux faits et aux détails, la parabole d'une épreuve existentielle, de l'éternelle confrontation entre l'individu et la loi objective de la vie.

Le vainqueur, selon cette poétique qui est avant tout une conception morale, c'est celui qui sait admettre sa propre insuffisance et ses propres défaites sans les mettre sur le compte de la méchanceté des autres ou du désordre du monde, qui ne se laisse pas éblouir par ses propres idiosyncrasies et qui n'idolâtre pas ses faiblesses, mais reconnaît, au-dessus de lui, des valeurs et une loi, par rapport auxquelles sa psychologie ou son vécu personnel sont d'une importance secondaire. Le vaincu, c'est celui qui se rebelle contre l'objectivité du réel, contre la place qui lui est assignée dans la connexion du Grand Tout, et qui ne voit que lui-même, la vanité et la misère de son égoïsme.

Eisenreich s'est proclamé disciple de Doderer et de Gütersloh, de leur « roman total » et thomiste dans lequel toute déchirure individuelle se recompose dans l'harmonie de la totalité, grâce aux corrélations qui la rattachent au réseau de tout ce qui advient et lui confèrent une signification même quand l'individu, submergé par l'angoisse et incapable de s'élever au-dessus d'elle, ne parvient pas à la voir.

Eisenreich a fini ainsi par redécouvrir et célébrer la grande tradition autrichienne baroque, avec son sens du monde créé par Dieu et dans lequel tout a une valeur, et par exalter le roman réaliste qui maintient l'équilibre entre la subjectivité du moi et l'existence concrète du réel, plutôt que de dissoudre le second en un illusoire jeu de miroirs du premier.

Autour de lui, pendant ce temps, le monde changeait,

et avec lui la littérature ; celle, engagée, réaliste et humaniste de sa génération était en déclin tandis qu'il en naissait une autre, bien plus grande et plus glacialement impitoyable ou furieusement négatrice : les romans des Peter Handke et des Thomas Bernhard qui allaient le déloger de son rôle d'écrivain représentatif et le vouer à un destin d'opposant, marginal et pathétique mais toujours ironiquement et dédaigneusement invaincu. Dans des critiques polémiques incapables au demeurant de faire obstacle au succès montant de cette nouvelle génération, Eisenreich reprochait violemment à Handke et à Bernhard une incapacité de représenter le monde, une dissolution maniériste de la réalité ou une arrogante coquetterie expérimentale, un nihilisme complaisant et lucratif, la prose stéréotypée de l'*enfant terrible* qui n'est en fait qu'un *enfant gâté* créé et soutenu par l'industrie culturelle.

Sa passion partisane l'égarait, car Handke et Bernhard, à sa différence, ont écrit des livres très remarquables ; même les représentants mineurs de cette nouvelle génération qu'il rejetait rénovaient la littérature autrichienne, alors que lui, il restait un auteur des années 50 et du début des années 60.

Son regard, ébloui mais aussi aiguisé par le mépris moral, saisissait toutefois génialement le philistinisme objectif inscrit non dans les auteurs à titre individuel, comme il le croyait, mais dans l'engrenage de l'industrie culturelle qui leur permet de s'exprimer. À cette génération de fils contestataires et rebelles, acides et iconoclastes, Eisenreich opposait le style du père, qui sait assumer ses responsabilités et connaît le devoir de comprendre, de pardonner et de respecter ; il affirmait l'ordre, la discrétion, la mesure, la foi en Dieu et peut-être aussi, en son for intérieur, en François-Joseph.

Sa passion de l'ordre et de la discipline était d'autant plus sincère qu'il était lui-même incapable de vivre selon de tels modèles; ses mariages successifs se désagrégeaient, il ne savait gérer ni ses finances ni ses manuscrits, il s'empêtrait dans des complications éditoriales, il travaillait énormément mais différait de plusieurs années, voire de plusieurs dizaines d'années, la remise des œuvres qui lui tenaient à cœur et qui étaient annoncées et attendues. Comme tout vrai conservateur, il était anarchique; de son désordre il ne voulait peut-être et ne savait à coup sûr tirer aucun avantage, le transformer en marque d'originalité et en faire ainsi un brevet de succès.

L'éclatante et scandaleuse asocialité de Thomas Bernhard, qui viole les bonnes manières et vilipende en permanence les autorités publiques, est un comportement accepté et rémunérateur qui génère non pas la marginalisation mais l'acceptation sociale. Les transgressions et les intempérances d'Eisenreich lui ont en revanche valu la sanction disciplinaire du monde littéraire.

Tout cela ne suffit pas à lui donner raison, car le génie poétique suppose aussi de savoir contrôler et gérer son désordre personnel, comme sait le faire Bernhard, plutôt que d'y succomber, comme c'est le destin du dilettante et comme il est advenu à Eisenreich. Mais son existence a été éclairée par l'aventure; il était l'écrivain qui joue sa vie dans les livres qu'il écrit et qui s'expose au risque d'échouer. Les auteurs qu'il a injustement combattus ont écrit de grands livres, mais ne connaissent, ne peuvent connaître, étant donné le système dans lequel ils sont intégrés, aucun risque; aucun livre de Peter Handke ou de Thomas Bernhard ne peut être, sur le plan commercial, un échec.

Le véritable roman d'Eisenreich, ce n'est pas *Le Temps mis de côté*, mais bien plutôt l'histoire tourmentée de l'écriture de ce fragment, histoire qui le voit plutôt en personnage qu'en auteur. Mais qui ne préférerait être Sherlock Holmes plutôt que Conan Doyle? Même le cancer qui a détruit Eisenreich et son courage semble obéir à une cohérence tragique. « Ma mémoire faiblit » — m'écrivait-il avec une magnanime et affectueuse insouciance en m'envoyant *Le Temps mis de côté* — « Je vous souhaite toutes sortes de bonnes choses ».

1986

LE PONT ÉCROULÉ D'IVO ANDRIĆ

Une photo de 1920 ou 1921 montre Ivo Andrić se penchant du balcon d'apparat d'un palais romain, probablement l'ambassade du Royaume des Serbes, Croates et Slovènes auprès du Saint-Siège, où il travaillait en tant que conseiller. Souriant et tiré à quatre épingles, avec de fines moustaches qui lui donnent un faux air de Méphistophélès, et ne laissent en rien présager la grande mélancolie de ses pages et de son visage de l'âge mûr. Andrić se présente de face et regarde ironiquement vers le bas, comme s'il posait pour la photo de genre d'un diplomate élégant. Sur cette image, Ivo Andrić est au seuil de la trentaine ; il a derrière lui son enfance et son adolescence dans sa Bosnie natale, à Višegrad sur la Drina (qu'il immortalisera plus tard dans son œuvre la plus célèbre) et à Sarajevo, ses études à Zagreb, Vienne et Cracovie, son activité dans l'organisation national-révolutionnaire Jeune Bosnie et son arrestation pour ce motif par la police autrichienne, sa polémique contre les écrivains ivres de fureur guerrière pendant la Première Guerre mondiale et un volume de proses lyriques, *Ex Ponto*, qu'un autre écrivain plus ou moins son compatriote, le Serbe Miloš Crnjanski, a salué comme un livre « écrit dans l'agonie et avec la honte de ses propres larmes ».

Le plus grand écrivain de la Yougoslavie, qui a tant

contribué à créer le sentiment poétique de son unité culturelle, fût-elle bigarrée et contradictoire, et qui est mort en 1975 — probablement persuadé que cette unité si difficilement atteinte à l'issue d'un processus pluriséculaire tourmenté était un fait acquis — est aussi un symbole, et presque une incarnation de cette identité composite qui s'est dissoute dans le sang, de cette dense et pléthorique irréalité rassemblée dans le mot « Yougoslavie ».

Andrić naît le 10 (peut-être le 9) octobre 1892 à Dolac, un village de Bosnie à la périphérie de Travnik. À la Bosnie — à sa beauté et à sa civilisation, creuset où se mêlent Orient et Occident, le croissant islamique et l'aigle à deux têtes des Habsbourg — Andrić restera toujours fidèle. Si la patrie d'un écrivain est le lieu qui s'imprime indélébilement en lui comme métaphore du monde, comme paysage dans lequel il rencontre la vie et reçoit le don de la raconter, Andrić est un écrivain bosniaque et il a fait de la Bosnie l'un des décors que la littérature universelle ne pourra plus ignorer.

La Bosnie est la toile de fond de grands romans tels que *Il est un pont sur la Drina* (1945) et *La Chronique de Travnik* (1945) et de nombreuses nouvelles, dont beaucoup sont splendides ; c'est le paysage extrêmement concret et en même temps musical et symbolique des histoires dans lesquelles Andrić fixe la tristesse de la puissance et la solitude de la gloire, la paresseuse apathie qui s'empare de ses Vizirs au moment de la domination la plus méprisante, l'entrelacement tantôt lent tantôt furieux de l'Orient et de l'Occident, de plusieurs vagues de peuples, croyances et passions.

Non seulement dans son roman le plus célèbre, mais aussi dans des nouvelles, Andrić est obsédé et séduit par l'image du pont : pont jeté au-dessus de fleuves impétueux et d'abîmes qui séparent peuples et religions, pont sur lequel on se bat, on s'affronte, mais on finit par se mêler et se confondre. Toute sa Bosnie, en ce sens, est un pont et de ce fait elle est en quelque sorte le symbole, le noyau le plus important et le plus authentique de ce qu'Andrić voulait que fût la Yougoslavie composite ; ce n'est pas par hasard que la Bosnie a été la victime la plus meurtrie de la dissolution fratricide de la Yougoslavie et la destruction de ses villes splendides, de cette Sarajevo si urbaine et si chère au cœur de l'écrivain, est le visage le plus atrocement vrai de l'atrocité insensée dans laquelle est morte la Yougoslavie.

Membre, quand il fréquentait le lycée de Sarajevo, du mouvement Jeune Bosnie, Andrić était aussi par ailleurs président d'une de ses sections pour la jeunesse, qu'il avait lui-même fondée et qui s'appelait Association de la jeunesse progressiste serbo-croate : il n'y avait donc pas de contradiction entre se sentir bosniaque et se sentir serbo-croate, binôme affirmé à son tour en tant que réalité solidaire. Durant les dernières années de la Première Guerre mondiale, Andrić proclame son appartenance à la nationalité et à la littérature croate ; après le conflit il se reconnaît dans la Serbie, le « Piémont » des Balkans, qui fut l'artisane de l'unité yougoslave, parce que lui tient à cœur la présence conjointe de toutes les diverses composantes ethniques, religieuses et culturelles de son monde dans un ensemble supérieur — même s'il a lui aussi ses fermetures rétrogrades à l'égard des Albanais — et il voit dans la Serbie l'élément capable de réaliser cette identification, par rapport à ce qui lui apparaît comme des tendances séparatistes en Croatie.

Il se sent donc écrivain serbe, opérant en ce sens aussi certains choix linguistiques, mais seulement parce que, à ce moment de l'Histoire, « serbe » lui semble le terme qui équivaut le mieux à « yougoslave », ce dernier, à son tour, n'étant que la dilatation de « bosniaque », de ce creuset de l'Histoire et de la vie, de cette unité perçue dans les différences et produite aussi par les conflits, que lui a apprise sa terre natale. Andrić part vivre à Belgrade mais continue à écrire sur la Bosnie, comme le disent déjà les titres de ses œuvres les plus célèbres ; même quand il situe ses histoires à Istanbul ou à Belgrade — comme par exemple *La Cour maudite* (1954) et, en partie, *La Demoiselle* (1945) — il ne fait qu'élargir les frontières de sa Bosnie, cœur de cet univers humain et culturel constitué pas uniquement mais essentiellement par l'élément turco-islamique et par ses mélanges avec les peuples de l'est et du sud de l'Europe centrale.

S'étant installé à Belgrade et retiré dans un isolement radical durant l'occupation allemande, Andrić se reconnut dans la nouvelle Yougoslavie issue de la Seconde Guerre mondiale, malgré une réserve qui l'induisit à se mettre progressivement à l'écart de toute vie officielle et à se consacrer exclusivement à l'écriture, avant et après le prix Nobel qui lui fut attribué en 1961. Il était, c'est certain, devenu aussi belgradois, et c'est à Belgrade qu'il mourut le 13 mars 1975.

À Belgrade existent une fondation Ivo Andrić, qui organise des colloques sur lui et s'occupe de son œuvre, un centre de documentation et un musée à sa mémoire installé dans l'appartement où il vivait, rue Proleterenskih Brigada qui s'appelle aujourd'hui Andrićev Venac. Cette modification toponymique rend hommage à l'écrivain, mais s'insère involontairement dans ce processus qui est en train de détruire et a détruit son monde. Dans une brochure publiée par la Fondation à l'occasion de son centenaire, quelques photos commémoratives montrent Andrić dans sa chère Bosnie. Cette brochure est imprimée à Belgrade, d'où sont parties les bombes qui ont dévasté la Bosnie, les lieux tant aimés d'Andrić.

Certes les bombes sont parties surtout mais pas seulement de Belgrade, et celles venant d'ailleurs ont encore accru, et pas seulement matériellement, le déchirement du monde de l'écrivain. L'écrivain serbo-bosniaque Božidar Stanišič, réfugié en Italie, a décrit, dans un récit d'une grande intensité traduit par Ljljana Avirović l'incendie de la bibliothèque de Sarajevo sous les bombes, qui revêt une tragique valeur symbolique.

Narrateur enraciné dans un unanimisme épique, Andrić est pénétré par le sentiment que la vie ne se perd pas dans le temps mais se sauve dans la construction durable de l'humanité ; le pont sur la Drina ressemble au bouclier homérique d'Achille, en ce qu'il reflète un monde entier dans lequel tout a un sens. Les eaux de la Drina passent, mais pas en vain, sous les arches et les si nombreuses existences, appartenant à des peuples et à des temps divers, elles ne se dissolvent pas mais s'agglutinent jusqu'à devenir presque des pierres de ce pont. Andrić a eu la chance de recevoir un héritage archaïque au moment où celui-ci se transformait en modernité, de vivre la transition de l'ancien au contemporain, et il a pu ainsi être un écrivain du XXe siècle racontant des péripéties et traitant des thèmes auxquels le roman au XXe siècle n'a généralement plus accès.

Plus encore peut-être que dans son très célèbre *Il est un pont sur la Drina*, la grandeur d'Andrić s'impose dans ses nouvelles, où la sagesse se mêle à l'humour, la fable à la tragédie, et qui semblent racontées par la voix anonyme d'un chœur. Il sait évoquer la mélancolie des Vizirs qui effacent leurs œuvres et leurs paroles, aussi bien que l'histoire picaresque de l'éléphant amené en Bosnie, la cruelle férocité de Mustapha le Hongrois, la beauté d'Anika ou la folie du pope Vujadin, dans des pages d'une puissance déconcertante ; il semble parler au nom d'une tradition ancienne et maîtrise parfaitement l'écriture contemporaine la plus sobre.

Andrić est un poète de la profondeur du temps. Il voulait fixer, pour la conscience de la nouvelle Yougoslavie qu'il avait vue naître avec joie, la multiple richesse de son passé sur le point d'être englouti par l'oubli, et il pensait avoir recueilli avec piété les tragédies du passé en les composant en une unité qui était à la fois héritage et dépassement de l'histoire et des conflits qui l'avaient formée au fil des siècles.

Aujourd'hui cette unité s'est brisée et le temps a reflué, il est retourné à ces anciens affrontements féroces dont Andrić avait recueilli l'écho dans le passé et qui sont redevenus actuels et présents. La destruction des ponts — comme celui de Mostar — est un symbole tragique de la désagrégation du monde d'Andrić. Le pont se ruine et ses pierres s'entrechoquent avec fureur, elles ne sont plus les parties solidaires d'un édifice, mais des projectiles qui le détruisent. La profondeur du temps, que l'aède de la Drina avait recueillie et recomposée, rejette à la surface le sang et la pourriture accumulés au long des siècles et qui n'ont pas été absorbés dans le flux de l'Histoire ; le supplice cruel de l'homme empalé, sur lequel s'ouvre *Il est un pont sur la Drina*, ne semble pas appartenir aux siècles lointains mais redevenir actuel.

Andrić lui-même, avec son roman inachevé *Omer-Pachà Latas*, sombre histoire d'un renégat qui sème la mort et le carnage en Bosnie-Herzégovine au siècle dernier, voulait écrire un avertissement contre le danger d'une résurrection des spectres fratricides en Yougoslavie.

Cette dernière n'existe plus désormais que dans la pensée et le cœur de ses meilleurs écrivains, bien différents de beaucoup de leurs confrères irresponsables qui, sur cette terre qui est aussi la leur, se sont faits et se font les porte-parole de cette haine imbécile. Cet esprit existe — pour ne citer que quelques noms — dans l'œuvre de Predrag Matvejević, témoignage humain et littéraire d'une courageuse défense de la liberté et du profond sentiment cosmopolite d'une humanité irréductible à toute fermeture nationale ; il existe dans les récits et les essais ou les poèmes des Croates Ranko Marinkovic et Tonko Maroevic et du Serbe Dragan Velikić, qui a grandi en Istrie. Mais la littérature, même la plus haute, est impuissante contre les fureurs chauvinistes car, comme disait Schiller, contre la bêtise les dieux eux-mêmes luttent en vain.

1992

LES POINTS DE SUSPENSION DE MONTALE

Je ne sais s'il existe une histoire constituée de la littérature jamais écrite, des livres faits de pages blanches, comme celui, célèbre, que Virginia Woolf offrit à une amie, en le lui présentant comme s'il s'agissait de son œuvre la plus personnelle, la plus sentie ; certes l'art contemporain est riche — passion et mystification étant ici constamment intriquées — de ces silences et de ces absences, de vides dans lesquels on veut reconnaître l'unique ou la plus authentique expression de la vie, c'est-à-dire de l'impossibilité de la vivre et de la représenter. Naturellement il y a silence et silence, et l'on ne saurait confondre une page blanche qui dans son vide fait allusion à des sentiments et à des valeurs inexprimés et inexprimables et les pages blanches des cahiers qui, dans les papeteries, attendent le client.

Le document que je peux mettre à la disposition de l'historien de la littérature des pages blanches entre indubitablement dans la catégorie des textes significatifs, dans lesquels le vide, l'espace non rempli par les mots, constitue un message, dit quelque chose. Il s'agit d'un feuillet à carreaux arraché à un bloc-notes, qu'Eugenio Montale m'a fait parvenir, il y a douze ans, par l'entremise d'une amie commune, Nora Baldi. Sur ce morceau de papier sont écrits, d'une graphie un peu tremblante, seulement le nom du destinataire, c'est-à-dire le mien, et deux lignes en dessous celui de l'expéditeur, la signature de Montale ; sur les deux lignes intermédiaires figure une série de points de suspension.

À la différence de nombreux et plus éminents exégètes de pages blanches, je suis en mesure de déchiffrer sans risque d'erreur ces points de suspension, parce que la messagère qui m'a apporté ce billet de Milan à Trieste m'a transmis ce que Montale m'envoyait dire, sans vouloir le mettre par écrit. C'était en mars ou en avril 1975 ; quelques semaines auparavant, dans un article paru dans le *Corriere della Sera*, j'avais exprimé mon accord total avec la position que Pasolini avait prise à cette époque dans la polémique sur l'avortement et j'avais parlé de sa capacité de témoigner des déchirements de la collectivité et de l'époque, parce que c'était directement, dans sa propre personne, qu'il les vivait.

Peu de temps après cet article, en conversant à Milan avec Nora Baldi qui était allée le voir, Montale lui avait dit que je ne devais pas parler de Pasolini, même dans les cas où il pouvait avoir raison, que ce nom, de toute façon, je ne devais pas le citer, et il l'avait chargée de me transmettre cette injonction. Comme un officier quand il reçoit de son supérieur un ordre qui lui paraît risqué et hasardeux, l'aimable et diligente estafette pria le poète de coucher par écrit cette interdiction. Montale la regarda d'un air amusé et innocent, il marmonna qu'il était trop vieux pour s'empêtrer dans des discussions et des controverses, et il lui dit qu'il écrirait un billet, mais en partie seulement, et qu'elle, en me le remettant, comblerait oralement les lacunes du message. Et c'est ainsi que j'eus en main ce fragment : « Cher Claudio Magris... Votre Eugenio Montale. » Quelques années plus tard, alors qu'on fêtait son prix Nobel, je lui dis en plaisantant qu'au fond j'aurais pu remplir à mon gré ce chèque en blanc littéraire et le poète élusif des choses âpres et dures, le maître de l'escarmouche ironique avec le néant, répondit que c'était là peut-être l'un des seuls textes de lui qui resteraient.

Les deux grands protagonistes de cette petite anecdote ont disparu l'un et l'autre ; leur fin — celle normale de Montale et celle hors norme de Pasolini — a été à sa manière cohérente, dans les deux cas, avec leur vie et leur œuvre. L'histoire de ce billet est un apologue qui montre une opposition radicale entre les deux poètes qui, au cours de ces dernières décennies, ont scruté le plus complètement l'enchevêtrement, le marécage, le désert de notre histoire. Dans l'ironie avec laquelle Montale dissimule dans ses points de suspension, comme en un ballet, son aversion pour Pasolini il y a, probablement, la pudeur méprisante du poète selon qui la réalité a rendu superflus le moi et ses émotions — tout moi, celui transcendantal par la bouche duquel parlait dans les siècles passés l'inspiration poétique et celui psychologique et individuel de chacun, y compris de l'auteur du billet. Ce dernier contient un jugement meurtrier, une condamnation sans appel, mais la sentence n'est pas mise sur le papier puisque son auteur n'existe pas ou c'est comme s'il n'existait pas, il est quasi inexistant, il n'est personne ; l'agacement de Montale pour l'exhibition égocentrique et transgressive de Pasolini ne lui fait rien perdre de sa lucidité, laquelle l'empêche d'accorder trop de crédit à cette irritation même. Après tout, cette affaire est minuscule, tout cela n'est qu'une plaisanterie et le feuillet reste blanc ou presque.

Montale disait qu'il vivait à cinq pour cent, sa vérité poétique était l'expérience profonde et de ce fait réticente de ce faible pourcentage d'existence, et sa poésie était une confrontation intégrale avec l'aridité, un défi à cette dernière qui devenait nécessairement cohabitation quotidienne et identification avec elle. Pasolini était, selon sa propre expression, « vitalité désespérée » ; sa poésie était immédiatement physique et corporelle,

elle ne faisait qu'un avec la pulsation de la vie et avec la foi que dans cette obscure pulsation, même dans les moments les plus troubles et les plus désordonnés, il puisse y avoir une rédemption : c'était une vie à mille pour cent, dans le bien et dans le mal, dans l'espérance et dans le péché. Quelqu'un comme Montale, qui ressentait comme superflu son propre moi, ne pouvait pas ne pas éprouver de répugnance envers quelqu'un qui, comme Pasolini, vivait comme si le moi était un messie douloureux et pécheur, et comme si ses passions, ses désirs, ses nostalgies et ses sécrétions pouvaient racheter le monde.

Montale était impersonnalité, retenue, pudeur, scepticisme et autoscepticisme païen, distance, sobriété, rigueur dépouillée jusqu'à la sécheresse de ses os de seiche décharnés et déshydratés; Pasolini, avec toute son intelligence critique aguerrie, était subjectivité exacerbée jusqu'à l'exhibition impudique, espérance messianique, proximité viscérale et mélangée, narcissisme effronté et égocentrique, limon primordial irrigué par l'eau de la vie, fût-elle boueuse et fangeuse. Tous deux ont été poètes. Montale l'a certainement été bien davantage; la raréfaction et le renoncement extrême de son œuvre montrent les fissures à travers lesquelles brille la lumière de la poésie exilée. Sa réserve impersonnelle, sa dignité et son assurance qui se suffit à elle-même et n'a pas besoin de s'exhiber ni de recevoir des confirmations sont une leçon aujourd'hui plus que jamais nécessaire. Mais dans la sobre distance de ces points de suspension il y a aussi la froideur de quelqu'un qui passe à côté de la douleur et des bassesses humaines et qui continue son chemin.

Pour témoigner poétiquement des drames de la réalité, il faut parfois descendre directement dans ses gouffres, fussent-ils boueux, s'approcher de l'existence jusqu'à risquer l'indécence et la promiscuité; l'égolâtrie d'un moi qui se place toujours au premier plan, en proclamant sa vitalité douloureusement ressentie et son propre martyre, apparaît souvent insupportable et se déforme facilement en involontaire autoparodie, mais sans cette participation physiologique et affichée il n'est pas possible, dans certains cas, de montrer du doigt le scandale de la misère et de l'obscurité des créatures.

Chez tout rédempteur chrétien il y a une pointe d'intériorité mise effrontément à nu et de *pathos* sentimental allergique à toute logique, des inconvenances qui offensent la décence de l'esprit classique et stoïcien, lequel s'interdit de transgresser l'ordre et l'honnêteté, de confondre les tripes et la raison, de violer le principe de contradiction et de tout mélanger au nom du cœur. Mais sans cette transgression de l'ordre, du bon goût, voire de l'honnêteté intellectuelle elle-même, parfois ne serait pas possible le cri qui dénonce ce qu'a d'intolérable la douleur et exige la rédemption.

Sans la « vitalité désespérée » il n'y aurait pas quelques-unes des révélations essentielles de la condition humaine et historique. Cette vitalité complaisante et continuellement absoute dans chacune de ses manifestations, mêmes violentes et coupables, est toujours à un pas de la chute la plus grotesque et la plus pénible, elle sombre facilement dans la caricature ridicule et dans l'arrogance, comme cela a parfois été le cas pour Pasolini lui-même. La vitalité désespérée a un égocentrique et infantile besoin d'auto-affirmation, qui rend parfois insupportable sa fréquentation. On passe plus volontiers une soirée avec quelqu'un qui est convaincu que le moi, y compris le sien propre, est superflu et qui reste donc à sa place avec une liberté supérieure et un aimable désenchantement, sans indiscrétion et sans prétention. Mais pour défendre quelqu'un, comme le fit Pasolini en cette occasion, il faut une étincelle de foi, il faut croire que celui qu'on défend n'est pas totalement superflu. Non pas une foi clinquante et tonitruante, mais justement une étincelle, qui peut cohabiter au fond du cœur avec le pessimisme le plus amer et le plus cynique, et qui peut s'accorder aussi avec la perplexité et la légèreté des points de suspension du billet de Montale.

1987

OUI, C'EST L'HOMME

Pour la mort de Primo Levi

Primo Levi est (je devrais dire était, depuis que la terrible nouvelle m'est parvenue, mais en réalité les êtres et les valeurs *sont*, simplement, et parler d'eux au passé n'a pas de sens) surtout la magnanimité, la force d'être bon et juste malgré les injustices atroces qu'il a subies. Il m'en a donné une leçon il y a quelques mois, la dernière fois que j'ai parlé avec lui. Je lui avais téléphoné parce que je n'étais pas sûr d'avoir cité exactement, dans un livre que j'allais faire paraître, le nom d'un professeur français qui avait nié l'existence des chambres à gaz. Primo Levi m'avait confirmé le nom, et je lui avais demandé pourquoi il ne l'avait pas mentionné dans son livre *Les Naufragés et les rescapés.* « Oh ! — m'avait-il répondu — c'est quelqu'un qui a cette idée fixe, et à cause de ça il a perdu sa chaire et ruiné aussi sa vie familiale, alors je n'ai pas voulu m'acharner contre lui. »

J'ai corrigé l'expression féroce que j'avais utilisée dans mon texte : si Primo Levi parlait sur ce ton de cet homme, je n'avais certainement pas le droit de me montrer plus dur que lui. C'est l'une des plus grandes leçons que j'ai jamais reçues, une leçon que Levi nous a donnée et nous donne à tous. Il a connu Auschwitz et non seulement il a résisté à cet enfer, mais il n'a pas permis à cet enfer d'altérer sa sérénité de jugement et sa bonté, de lui infuser une haine qui aurait pourtant été légitime, d'obscurcir la clarté de son regard. *Si c'est un homme* — un livre que nous retrouverons au Jugement dernier — offre une image presque légèrement atténuée de l'infamie, parce que le témoin Levi raconte scrupuleusement ce qu'il a vu lui-même et, plutôt que de mettre l'accent sur l'horreur de l'extermination, comme cela aurait pourtant été logique et compréhensible, il y fait allusion avec pudeur, par une sorte de respect à l'égard de ceux qui ont été anéantis par l'extermination à laquelle lui, in extremis, a échappé.

C'est là le plus précieux héritage de Primo Levi, qui le hausse bien au-dessus de toute prestation littéraire : la liberté jusque devant le mal et l'horreur, l'impénétrabilité absolue à leur violence, qui non seulement détruit mais aussi empoisonne. Dans cette souveraineté tranquille il incarne la royauté juive du sabbat, mêlée à la confiance du savant en la nature et en la matière dont nous sommes faits. Cette autonomie d'ordre religieux par rapport aux contingences temporelles, fussent-elles terribles, avait fait de lui un homme et un écrivain épique, ironique, désenchanté, amusant, comique, précis, tendre ; il ne lui passait jamais par la tête qu'il était — et il l'était en effet — une célébrité mondiale et il accueillait avec une respectueuse gratitude le moindre collégien qui s'adressait à lui pour une rédaction ou un compte rendu.

Sa mort fait venir à l'esprit la parole juive selon laquelle le monde peut être détruit entre le matin et le soir. Mais la mort ne détruit pas la valeur, et celle de Levi ne détruit pas Levi ; rien ne serait plus insensé, face au mystère insondable de son choix, que de se demander pourquoi ou de confronter la vitalité dont il a fait preuve à Auschwitz à sa décision d'aujourd'hui. Dans le désarroi et la douleur où nous sommes plongés, davantage pour nous que pour lui qui nous laisse plus seuls, nous ne pouvons qu'embrasser Primo Levi et le remercier de nous avoir montré, par sa vie, de quoi pouvait être capable un homme, de nous avoir appris à rire même de la monstruosité et à ne pas en avoir peur.

1987

QUI ÉCRIT LES LOIS NON ÉCRITES DES DIEUX ?

Il y a dans la littérature mondiale, a écrit Paul Valéry, des figures et des personnages d'une telle grandeur qu'ils échappent pour ainsi dire au contrôle de leur créateur, au point « qu'ils deviennent après lui des instruments de l'esprit universel » ; et, continuait le poète français, « ils débordent de ce qu'ils furent dans son œuvre [... et sont] voués à jamais à l'expression de certains extrêmes de l'humain et de l'inhumain et, par là, déliés de toute aventure particulière ». Valéry écrivait ces mots pour justifier son audace d'avoir osé reprendre le personnage de Faust, mais il pensait aussi à d'autres grandes figures — Ulysse, Antigone, Médée, Œdipe, Électre, Don Juan — susceptibles de réincarnations toujours nouvelles, et donc immortelles à travers les métamorphoses perpétuelles qui chaque fois sont capables de représenter symboliquement, selon des approches différentes, le sens et le destin de l'humanité, et d'exprimer, non à travers la vague abstraction de l'allégorie mais dans une péripétie individuelle concrète et historiquement située, des aspirations et des significations universelles. De tels personnages donnent l'illusion d'avoir une existence à eux, quasi indépendante de leur créateur, au point que Miguel de Unamuno pouvait affecter de se mettre en colère contre Cervantès, en l'accusant de ne pas avoir compris la grandeur de Don Quichotte.

Paradoxes à part, ce n'est pas un hasard — ni encore moins un mystère ineffable et irrationnel — si ces figures ne sont pas restées seulement des créations individuelles mais ont fasciné des générations dans les temps et les pays les plus divers, proposant des clés pour comprendre les plus profondes raisons historiques et existentielles de la civilisation, et continuant à se présenter à chaque époque enrichies par le souffle des siècles, par les accents de tant de voix, grandes et petites, qui ont plusieurs fois renouvelé et transformé leur caractère. Cette richesse polyédrique semble leur conférer une marge d'inachèvement, d'espace laissé à l'imagination du lecteur pour inventer, prolonger ou s'identifier.

Antigone est l'une des plus grandes de ces très grandes figures — qui, remarque George Steiner, proviennent toutes de l'imaginaire collectif du mythe grec, avec pour unique exception Don Juan, le seul des personnages mythiques universels à avoir été créé par la civilisation postclassique, chrétienne, puisque même Faust, à y bien regarder, est une réélaboration géniale et polyédrique de Prométhée. En outre Don Juan semble être l'unique personnage mythique — faisant partie de l'imaginaire collectif et donc disponible à la réélaboration de la part de beaucoup d'autres artistes et potentiellement de tout artiste — à avoir été inventé par un créateur individuel précis, Tirso de Molina. Les autres, par exemple Ulysse ou Jason, semblent nés des obscures prémices d'une imagination collective créatrice de mythes : les poètes qui les premiers leur ont donné une forme destinée à rester indestructible au cours des siècles, comme Homère dans le cas d'Ulysse, ne les ont pas inventés, mais les ont tirés de légendes et de traditions qui déjà pour eux — déjà pour Homère — appartenaient à une antiquité confuse et lointaine.

Antigone, destinée à revivre dans des dizaines, des centaines d'œuvres au fil des siècles en une prolifération qui est loin d'être achevée, puisqu'elle continue aujourd'hui, est plus ancienne que la tragédie homonyme de Sophocle, chef-d'œuvre absolu de la littérature universelle avec lequel l'imagination et la conscience de l'humanité n'ont cessé et ne cessent de se confronter. Comme toutes les très grandes œuvres poétiques, *Antigone* n'appartient pas seulement à la littérature ; c'est une œuvre qui affronte à leur base les raisons, les contradictions et les lacérations de l'existence, et qui est donc aussi une œuvre philosophique et religieuse. *Antigone* est un texte de cette philosophie et de cette religion qui, pour comprendre concrètement la vie, ne peuvent se limiter à la formulation théorétique de la vérité, mais insèrent la vérité et la recherche de la vérité dans la brûlante réalité de la vie elle-même, là où les problèmes et les interrogations s'entrelacent aux désirs, aux espoirs, aux peurs et deviennent destin, histoire concrète et vivante d'un homme, aimer souffrir mourir.

La poésie s'élève à la hauteur de la pensée et de la foi, qui ont besoin d'elle pour pénétrer dans la vie des hommes et l'embrasser complètement, en dépassant l'isolement abstrait de la pure spéculation intellectuelle et métaphysique. Dans les grands textes des origines, comme par exemple ceux des présocratiques, il n'y a pas de distinction entre poésie, science, réflexion et religion, mais un discours poétique unique qui tente de saisir la totalité du monde, de dire ce qu'il est et quelle est sa signification. La philosophie a besoin des poètes pour comprendre la réalité et son sens ; la pensée de Platon a besoin de dialoguer avec la poésie d'Homère, celle d'Aristote avec les grands tragiques et celle de Hegel — mais aussi celle de Heidegger — avec *Antigone*.

Pour une bonne part, la philosophie et la littérature des deux derniers siècles sont, comme le montre George Steiner, une confrontation permanente avec *Antigone*, une tentative de la recréer et de trouver en elle les réponses aux interrogations fondamentales sur l'existence et sur l'Histoire. Seul le *Livre de Job* scrute aussi à fond le tourment de vivre. Pour Hegel l'*Antigone* de Sophocle est « la tragédie sublime par excellence et, à tous points de vue, l'œuvre d'art la plus parfaite que l'esprit humain ait jamais produite » et sa protagoniste, la « divine Antigone », est « la plus radieuse figure humaine qui soit jamais apparue sur la terre », tandis que pour De Quincey elle est « fille de Dieu avant que Dieu ne fût connu », et que Friedrich Hebbel voit dans cette tragédie « le chef-d'œuvre des chefs-d'œuvre, au niveau duquel on ne peut rien mettre, ni d'ancien ni de moderne ». La lecture de Sophocle, et en particulier de son *Antigone*, constitue un nœud dans le fil qui relie Hegel, Hölderlin et Schelling, et d'où naît un moment fondateur, un tournant, dans l'histoire de la pensée et de la civilisation contemporaine, et Hegel semble parfois placer la figure d'Antigone au-dessus de celles de Socrate et même de Jésus-Christ, et parle, à propos d'Antigone, d'un « moment du jardin de Gethsémani ».

Goethe, qui dans sa recherche d'une conciliation semble parfois éluder le tragique — même s'il définit son *Faust* comme une « tragédie », malgré le salut final, d'ailleurs ambigu —, emprunte bien des traits à Antigone pour son Iphigénie, figure d'une très pure humanité qui obéit, comme l'héroïne de Sophocle, à un « commandement plus ancien » que la barbare loi positive qui exige des actions inhumaines, et évoque un conflit inquiétant entre civilisation « grecque » et « barbarie », dans lequel le bien et le mal ne se tiennent pas univoquement d'un seul des deux côtés. Pour Kierkegaard, Antigone est une figure de la « faute innocente » et de la radicalisation tragique des rapports éthico-familiaux ; pour Hölderlin, elle est une figure de ce conflit tragique qui voit le divin — et les violentes révolutions historiques qui suscitent une terreur sacrée — faire irruption dans le cercle de la vie de l'individu, en déterminant entre celui-ci et les dieux un conflit qui est l'essence la plus profonde et la plus déchirante du tragique, parce qu'il provoque la destruction sauvage de l'individu pur et divinement possédé, qui doit se dresser contre Dieu même si — ou plutôt du fait justement que — il en est le plus digne fils.

Pendant deux siècles se sont succédé beaucoup d'Antigone, de celle d'Alfieri à celle de Brecht, de celle d'Anouilh à celle de Smolé, de Romain Rolland en appelant à l'« éternelle Antigone » contre la guerre à Heinrich Böll se servant dans l'un de ses textes de la tragédie grecque pour représenter les rapports entre piété, terreur et mensonge dans l'Allemagne en proie au terrorisme et à sa répression. Toute réélaboration, commentaire ou reprise est une interprétation du nœud central de la tragédie, le conflit entre la loi de l'État — représentée en l'occurrence par le décret de Créon, qui interdit de donner une sépulture à Polynice, mort en combattant contre sa propre ville et sa patrie — et les « lois non écrites des dieux », le commandement éthique absolu qui impose à Antigone d'ensevelir son frère tombé dans la guerre fratricide, d'observer la loi éternelle de l'amour fraternel et universel et de la *pietas* due aux morts, loi qu'aucun droit positif ne peut enfreindre sans perdre par là même sa légitimité.

Certes, *Antigone*, ce n'est pas seulement cela ; c'est aussi, comme le remarque George Steiner, une somme de tous les rapports et conflits humains essentiels : entre vieillesse et jeunesse, société et individu, monde des vivants et monde des morts, hommes et dieux, *éthos* masculin et féminin, amour et sacrifice, sphère de la vie privée et profanation publique de son intimité, martyre du cœur exposé sur la place publique.

Antigone est en opposition surtout avec Créon, mais aussi, dans un rapport d'union sentimentale intime et en même temps de différence radicale de personnalité, avec sa sœur Ismène, douce comme elle mais qui tremble devant la transgression de la loi et ses conséquences, et avec Hémon, le fils de Créon, qui l'aime et qu'elle aime, mais à l'amour duquel il lui est interdit de s'abandonner, parce que sa piété la voue à la mort et au royaume des morts. En outre Antigone, par son sacrifice, purifie et rachète la longue suite de fautes de sa race, depuis les dents du dragon tué par Cadmos jusqu'au parricide et à l'inceste d'Œdipe. Antigone, encore, est avant tout « sœur » — c'est sur ce mot que s'ouvre la tragédie de Sophocle —, c'est-à-dire figure de ce lien fraternel qui joue un rôle si déterminant dans l'histoire de la civilisation — des premiers âges au triangle philadelphique du piétisme, du culte classique au culte romantique de l'amitié, de l'*Orestie* à l'*Edda* et à la *Chanson des Nibelungen* — s'opposant ou se superposant à chaque fois au lien amoureux et à la relation verticale entre parents et enfants.

Mais *Antigone* est, en premier lieu, conflit entre Antigone et Créon, entre les deux lois qui, à travers leurs personnes, s'affrontent. Sans en arriver à exalter Créon, comme l'a fait récemment Bernard-Henri Lévy, ceux mêmes qui se sont sentis le plus émus par la grandeur spirituelle d'Antigone ont souligné, observe George Steiner, que Créon n'est pas seulement un tyran, car s'il n'était que cela, dit Heidegger, il ne serait même pas digne d'être opposé à l'héroïne. Hegel, si troublé par la sublime figure d'Antigone, voit dans sa rébellion contre l'ordre de Créon non seulement un commandement universel, mais aussi un culte de la famille et des liens du sang et donc un culte souterrain, infernal, inférieur, une morale personnelle et privée à laquelle l'État ne peut pas se soumettre mais que l'État, tout en l'honorant comme sacrée, doit soumettre à sa propre actualisation, plus haute et plus objective, de l'universel humain ;

on ne peut pas placer la famille au-dessus de l'État sans provoquer une régression tribale.

Tragédie, de ce point de vue, ne signifie pas opposition du bien au mal, d'une pure innocence à une faute atroce, mais conflit dans lequel il n'est pas possible d'assumer une position qui ne comporte aussi inévitablement, même dans l'héroïsme du sacrifice, une faute. La grandeur d'Antigone, infiniment supérieure à Créon selon Hegel, consiste en ceci qu'à la différence de Créon Antigone sait que son choix très exigeant est aussi coupable, alors que Créon l'ignore, du moins tant que le malheur ne s'abat pas sur lui aussi. Il faut ajouter que la *pietas* d'Antigone ne devient une valeur universelle — ce qui se produit en effet dans la tragédie de Sophocle, comme pour répondre par avance aux critiques de Hegel — que si elle s'étend des frères de sang à tous les hommes ressentis comme des frères, dépassant ainsi tout *éthos* tribal ou national.

Pour Hölderlin, qui traduit et réécrit Sophocle avec des résultats d'une incomparable puissance poétique, *Antigone* est la tragédie de la rencontre du divin et de l'humain, rencontre qui est élévation suprême mais aussi lutte dévastatrice, dans laquelle fatalement l'homme, être limité, transcende et brise ses limites, déchaînant une force vitale illimitée — « aorgique », comme l'appelle le poète — qui, dans son affrontement avec l'ordre divin organique, ordre terrible et en même temps salvateur, l'amène à l'autodestruction. Les époques révolutionnaires sont un aspect historique de cette tragédie libératrice et destructrice, dans lequel la rédemption que le héros individuel apporte au monde — en mettant à bas l'ancien ordre oppressif et en en instaurant ou du moins en en faisant entrevoir un nouveau, spirituellement supérieur — comporte une culpabilité, que le rédempteur-coupable doit payer par sa mort.

La tragédie est donc conflit entre loi, *Gesetz*, et commandement moral, *Gebot*, qui ont tous deux leur valeur. Mais *Antigone* est la tragédie éternellement actuelle du devoir de choisir entre ces valeurs, avec toutes les difficultés, les erreurs et aussi les fautes que ce choix, dans des circonstances historiques spécifiques, implique. La loi positive, en elle-même, n'est pas légitime, même pas quand elle émane d'un système démocratique ou du sentiment et de la volonté d'une majorité, si elle foule aux pieds la morale ; par exemple une loi raciste, qui prescrirait la persécution ou l'extermination d'une catégorie de personnes, ne deviendrait pas juste du seul fait qu'elle aurait été votée démocratiquement par une majorité dans un parlement régulièrement élu, chose qui pourrait arriver ou est arrivée.

Une violence infligée à un individu ne devient pas juste du seul fait que ce qu'il est convenu d'appeler le sentiment général l'approuve, comme voudrait le faire croire une sociologie mal comprise. L'antisémitisme en Allemagne à l'époque du nazisme ou la violence contre les Noirs en Alabama correspondaient certes au sentiment d'une large, peut-être très large, partie de la population de ces pays, mais ce n'est pas pour autant qu'ils étaient justes. Parfois peut se révéler exact ce que crie le docteur Stockmann dans *Un ennemi du peuple* d'Ibsen : « La majorité a la force, mais pas la raison ! » Et c'est alors qu'il faut obéir aux « lois non écrites des dieux » auxquelles obéit Antigone, même si une telle obéissance, c'est-à-dire désobéissance aux lois iniques de l'État, peut avoir des conséquences tragiques.

À ce stade se pose une question terrible, et à son tour tragique : comment fait-on pour savoir que ces lois non écrites sont celles des dieux, autrement dit que ce sont des principes universels, et non pas au contraire des préjugés archaïques, d'aveugles et obscures pulsions passionnelles, conditionnées par qui sait quels liens ataviques ? Nous sommes convaincus à juste titre que l'amour chrétien du prochain, les postulats de la morale kantienne qui nous invitent à considérer tout individu toujours comme une fin et jamais comme un moyen, les valeurs illuministes et démocratiques de liberté et de tolérance, les idéaux de justice sociale, l'égalité des droits de tous les hommes dans tous les lieux de la terre sont des fondements universels qu'aucun Créon, aucun État ne peut violer. Mais nous savons aussi que souvent les civilisations, y compris la nôtre, ont imposé par la violence à d'autres civilisations des valeurs qu'elles considéraient comme des valeurs humaines universelles et qui étaient au contraire le produit séculaire de leur culture, de leur histoire, de leur tradition, lesquelles se trouvaient être simplement les plus fortes. Quand un Dieu parle à notre cœur, il faut être prêts à le suivre quoi qu'il en coûte, mais seulement après nous être demandés avec le plus de lucidité possible si celui qui nous parle est un Dieu universel ou une idole de nos obscurs gouffres intérieurs. Si la majorité n'a pas raison, comme le crie Stockmann, on peut facilement succomber à la tentation d'imposer par la force une autre raison, qui à son tour n'a pour elle que la force. La désobéissance à Créon comporte souvent des tragédies non seulement pour qui désobéit, mais aussi pour d'autres, innocents, qui sont atteints par les conséquences.

La tragédie, mais aussi la dignité humaine tiennent au fait qu'à ce dilemme il n'y a pas de réponse toute faite ; il n'y a qu'une recherche difficile, non exempte de risques, y compris moraux. Nous savons tous qu'il est illicite d'imposer ou d'interdire par la force la profession d'une foi religieuse, d'imposer ou d'empêcher avec un fusil d'aller à l'église, mais en présence du membre d'une secte qui voudrait laisser mourir son enfant plutôt que d'accepter qu'on lui fasse une transfusion sanguine nous sommes prêts à intervenir pour imposer par la force cette transfusion salvatrice ; nous croyons —

dans ce cas nous savons peut-être — que nous sommes dans le juste, mais nous savons aussi que cette intervention est le premier pas sur un chemin qui pourrait nous conduire à la fin à imposer toutes nos convictions morales par la force.

On ne peut pas se soustraire à la responsabilité de choisir des valeurs universelles et de se comporter en conséquence ; si l'on renonce à cette prise de responsabilité, au nom d'un relativisme culturel qui met toutes les attitudes sur le même plan, on trahit les « lois non écrites des dieux » d'Antigone et on se fait complice de la barbarie. Mais il faut bien se rendre compte de ce qu'a de pesant, de tragique cette responsabilité, et de la difficulté de résoudre une telle contradiction. Tzvetan Todorov discerne chez Montesquieu une voie médiane idéale entre le juste relativisme culturel, respectueux des différences, et le quantum nécessaire d'universalisme éthique sans lequel n'est pensable aucune vie politique, civile et morale.

C'est là un point central depuis toujours, et plus que jamais aujourd'hui, à notre époque dramatiquement appelée, comme aucune autre avant elle, à concilier la foi en l'universel et le respect des différences. Encore une fois *Antigone*, deux mille cinq cents ans plus tard, parle à une génération de son présent, nous parle de notre présent. Le droit naturel, avec ses principes universels inviolables, s'oppose à la norme positive injuste ; la légitimité récuse la légalité inique. L'État est le serviteur du bien commun et quand au contraire il en vient à l'opprimer, l'obéissance à ses lois injustes devient une faute — un péché, disent les théologiens — et la rébellion un devoir. Mais, pour ne pas tomber dans une autre faute, c'est-à-dire pour ne pas jeter bas la légalité — irremplaçable protection civile et démocratique de l'individu — au nom d'une légitimité qui, dans la mesure même où elle est vague et sans fondement juridique, ne serait qu'une idéologie potentiellement totalitaire comme toute idéologie, il n'y a qu'une voie, rappelle Norberto Bobbio : se battre pour créer une légalité plus juste sans se limiter à opposer les « voix du cœur » aux normes positives, mais en faisant devenir normes, nouvelles normes plus justes, ces voix du cœur, en les transformant et en les soumettant à une vérification de leur cohérence logique et de leurs répercussions sociales — vérification qu'implique toute norme et toute création de norme.

Un grand juriste, Tullio Ascarelli, voyait dans l'*Antigone* de Sophocle non pas l'opposition abstraite entre conscience individuelle et norme juridique positive, entre individu et État, mais bien plutôt la lutte de la conscience pour se traduire en normes juridiques positives plus justes, pour créer un État plus juste. Créon, à la fin, prend conscience que sa loi était inique et il est prêt, même si c'est trop tard, à la changer. Les « lois non écrites des dieux » sont progressivement écrites dans des lois humaines plus justes, même si leur transcription est interminable et si à chaque loi positive la conscience oppose l'exigence d'une loi supérieure. La tragédie, ce n'est pas que ce processus soit interminable, cette perfectibilité permanente serait même plutôt sa gloire ; c'est bien davantage toutes les raisons que l'on a de craindre que le processus ne s'interrompe et que d'inhumaines et effroyables rechutes ne fassent régresser l'Histoire — aucun progrès ne lui étant garanti a priori — vers la barbarie, la civilisation vers la sauvagerie et la cohabitation pacifique vers la haine. La tragédie, c'est que même les pas en avant de l'humanité exigent le sacrifice d'innombrables Antigones, qui aujourd'hui encore continuent à ensevelir des frères, des fils, des pères, des compagnons arrachés à la vie par la violence des hommes.

1996

CES LOIS NÉCESSAIRES

La rébellion contre la loi fascine souvent beaucoup plus que son observation. Cette admiration est juste et méritée quand elle va à celui qui s'insurge contre une loi inique : on vénère comme des héros et des martyrs Hans et Sophie Scholl ou le théologien Bonhoeffer qui, comme Antigone, se sont rebellés contre les lois d'un État — en l'occurrence l'État nazi — qui foulait aux pieds l'humanité, et ont dans cette rébellion sacrifié leur vie. N'en déplaise aux cyniques et aux réalistes de pacotille, qui croient qu'il suffit d'avoir peu de scrupules pour être des Machiavel et connaître la vérité effective des choses, si le monde ne périt pas on le doit en bonne partie à ceux qui savent écouter la voix des « lois non écrites des dieux » et leur obéir, quelles qu'en soient les conséquences et quoi que proclament les législateurs du moment.

La loi, à elle seule, ne suffit pas, même si elle est inattaquable formellement ; une société juste a besoin — des voix s'élèvent souvent ici et là pour le dire et le répéter — de valeurs éthiques et d'individus capables de se forger une personnalité autonome, de chercher et de fonder des valeurs dans lesquelles croire, de se donner des critères pour distinguer le bien du mal et se comporter en conséquence. Si l'individu n'a pas cette volonté et cette force, aucun mécanisme juridique ne pourra lui donner la capacité de s'orienter dans la vie et de vivre d'une manière libre et créative son rapport aux autres et à son propre destin ; aucune norme juridique, dirait Kipling, ne peut faire de lui un homme.

Je ne crois pas toutefois que les individus soient aujourd'hui moins capables de choisir entre le bien et le mal qu'ils ne l'étaient hier, et surtout je ne crois pas qu'il y ait un lien entre une prétendue impuissance ou du moins irrésolution morale et l'expansion du champ d'action législatif et juridictionnel d'une justice appelée à s'occuper de problèmes toujours plus nombreux, qui en d'autres temps étaient laissés à la discrétion des individus et « à la spontanéité de leurs comportements », comme l'écrit par exemple Ernesto Galli Della Loggia en dénonçant, avec beaucoup d'autres, cette croissante, et selon lui négative, ingérence de la loi.

La polémique contre la loi, qui ne cesse d'enfler, ne vise pas, comme elle aurait le droit et même le devoir de le faire, uniquement la prolifération monstrueuse des lois, souvent inextricables, tortueuses ou indéchiffrables, au point d'obscurcir plutôt que de promouvoir la certitude du droit, niant ainsi leur raison d'être et faisant obstacle au but même auquel elles doivent d'exister. Mais la polémique antijuridique ne se limite pas à réclamer un élagage salutaire, une simplification et un éclaircissement des taillis de la législation. Elle tend à contester et à limiter l'idée même de la loi et de l'État, à souhaiter que la société soit toujours plus livrée à sa spontanéité, à une évolution sans entraves de ses forces, toujours plus affranchies des contraintes juridiques et des articles de lois.

Dans ces prises de position on décèle, cachées parmi beaucoup de critiques et de propositions justes, des tendances aberrantes. Il n'est pas vrai que le droit lèse nécessairement la créativité éthique individuelle. L'extension même du droit à des sphères toujours nouvelles, si on l'allège de certains excès formalistes, se comprend, en ce qu'elle est inévitablement liée au développement d'une société toujours plus complexe ; une tribu dans la forêt n'a pas besoin de code de la route, ou du moins pas d'un code aussi compliqué, même si elle se préoccupe d'établir qui a plus ou moins un droit d'accès à un sentier de chasse. La cession d'un igloo entre Esquimaux n'exige pas une réglementation aussi détaillée que celle qui est nécessaire au marché immobilier d'une métropole. Les Esquimaux, avec leur poésie intense et mélancolique, sont bien loin d'être frustes et sauvages, mais celui qui acquiert ou vend des biens immobiliers en opérant à l'intérieur de la forêt enchevêtrée des lois qui régissent un État moderne n'est pas nécessairement moins créatif qu'eux.

Une société de plus en plus complexe crée de nouveaux rapports entre les hommes, de nouvelles formes, licites ou illicites, de confrontation et donc éventuellement de conflit et là où existe un conflit, même uniquement potentiel, il doit y avoir un droit pour le régler et le résoudre de manière civile. Les transformations sociales génèrent de nouvelles possibilités de vie et de développement, mais aussi de prévarication, d'abus, de violence et donc rendent nécessaires de nouvelles normes qui protègent leurs victimes éventuelles. S'il y a des armes plus puissantes, il est indispensable de mieux contrôler leurs utilisateurs. Il serait insensé de déplorer le développement technologique et social, qui crée souvent des conditions de vie plus humaines pour des fractions plus importantes de la population, ou de regretter la simplicité des anciens temps, plus simples certes mais non exempts d'oppressions, d'injustices et d'iniquités. Mais une nouvelle réalité peut comporter, à côté d'avantages, de nouveaux dangers, qu'il faut endiguer. La loi protège les faibles, étant donné que les forts n'en ont pas besoin ; ce fut la plèbe, à Rome, qui demanda et obtint les douze tables, fondement du droit romain écrit.

La loi ne doit pas, pour courir après une réalité qui évolue, changer les principes qui l'inspirent, comme le voudrait un sociologisme mal compris selon lequel l'éthique et le droit devraient s'adapter passivement à l'évolution de la réalité, expression vague qui ne veut pas dire grand-chose, car on ne comprend pas bien ce que serait cette réalité, à laquelle les individus — qui se trouveraient donc en dehors d'elle — devraient dans tous les cas se conformer. Les principes qui inspirent l'éthique et le droit — l'égale dignité de tous les hommes, la protection de chacun d'eux contre toute violence — n'ont pas à changer avec les époques ; si l'habitude de commettre des agressions racistes se répand, ce n'est pas pour autant que la morale doit cesser de les condamner, ni le code de les poursuivre. Mais c'est justement par fidélité aux principes qui la fondent que la loi doit adapter ses normes pour frapper les nouvelles formes de violence qui peuvent surgir, pour faire face aux nouveaux problèmes qui peuvent apparaître. Les embryons congelés puis décongelés deviennent des individus qui doivent être protégés dans leurs droits successoraux, et ainsi de suite.

Demander de nouvelles lois face à de nouveaux problèmes ne signifie pas renoncer à la morale et à l'engagement personnel, mais signifie donner une réalité concrète aux impératifs et aux commandements de la morale. Certes, il ne faut pas créer de nouvelles lois superflues, quand pour résoudre les problèmes on peut avoir recours à celles qui existent et à leurs potentialités implicites. Mais quand un individu peut être lésé par un autre, le cas échéant d'une manière et sous des formes nouvelles, on ne peut abandonner à la conscience morale individuelle la décision de le léser ou non. Tout homicide aussi est un fait moral avant d'être un fait juridique, un péché avant même d'être un délit, mais la loi qui le poursuit et qui certes ne supprime ni n'absorbe ni ne dépasse sa dimension morale, comme l'enseigne *Crime et Châtiment*, n'est pas un arbitre de la conscience. De nouvelles possibilités techniques de mettre au monde des enfants sont seulement techniques, mais ces enfants mis au monde ont droit à l'assistance de ceux qui les ont engendrés, et si ces derniers refusent de la leur apporter, leur causant ainsi un préjudice, c'est à la loi de les y contraindre par la force.

Toute loi, avec son formalisme et son autorité, apparaît facilement antipathique. Don Quichotte n'aimait pas que des hommes d'honneur se fassent juges des péchés d'autres hommes, et il aurait préféré que ce soit sa lance de chevalier qui défende les faibles persécutés, mais les faibles persécutés ne se sentiraient pas suffisamment protégés par sa très noble et fragile lance. Beaucoup d'œuvres littéraires, injustes même quand elles sont grandes, ont regardé avec froideur le droit, le considérant comme aride et prosaïque par rapport à la lumière de la poésie et de la morale. Et pourtant la loi a sa poésie, profonde et mélancolique ; elle est tentative de faire pénétrer concrètement dans la réalité vécue les exigences de la conscience, une tentative fatalement vouée au compromis, parce que contrainte à tenir compte des limites du réel, mais grande justement de cette confrontation difficile et ingrate avec la dure prose du monde.

Si les « lois non écrites des dieux » se contentent de s'opposer abstraitement à la loi positive, elles peuvent se révéler extrêmement dangereuses ; si pour Antigone elles s'identifient à une valeur que nous considérons tous comme universelle, un fanatique peut considérer comme un commandement divin la voix intérieure qui le pousse, au nom de sa morale ou de sa religion, à empêcher les femmes de faire des études ou à tirer sur

Yitzhak Rabin. Sur le plan politique, une moralité pure, même noble, mais déconnectée de la loi, peut devenir violence de justicier, et aller jusqu'au lynchage. Celui qui a volé, peu importe que ce soit pour lui ou pour son parti, doit aller en prison, mais il doit payer sa dette à la justice sur la base de la qualification juridique de son délit, non sur celle du sentiment ou de l'indignation morale.

La légitimité morale réchauffe le cœur bien plus que la froide légalité, mais la démocratie, a écrit Norberto Bobbio, se fonde sur des valeurs « froides » telles que la légalité. Ou mieux, elle se fonde sur la légitimité uniquement à partir du moment où cette dernière s'est traduite en légalité, en lois positives plus justes et plus aptes à protéger les hommes. Il sera donc non seulement inévitable mais bon de promulguer toutes les lois que le cours des choses rendra nécessaires. Ce n'est pas un travail amusant ; il peut sembler vétilleux, et pourtant il demande de l'imagination. Les Anciens, qui avaient presque tout compris, savaient que légiférer peut être un acte poétique : beaucoup de mythes nous disent que les poètes fondateurs ont été aussi les premiers législateurs.

1996

Dans une scène de *Furyo*, le splendide film d'Oshima, l'un des protagonistes, un officier anglais prisonnier des Japonais pendant la Seconde Guerre mondiale, dit, avec une énergie désespérée et têtue, qu'il ne veut pas se réduire à haïr tous les Japonais. Il dit ces mots tandis qu'il est violemment frappé par ses geôliers, qui s'acharnent sur lui avec une brutalité répugnante, obéissant à un antique code de cruauté et de violence rituelles. Le prisonnier maltraité résiste à la plus pernicieuse des tentations, celle qui induit un homme à identifier le mal commis par quelques individus avec le peuple entier auquel ils appartiennent, avec leur race, avec leur civilisation ; celui qui cède à cette tentation se met à la merci d'une haine aveugle et obtuse, qui lui ôte toute faculté de jugement et de discernement, toute liberté de l'intelligence et du sentiment, toute possibilité de dialoguer avec les hommes. Cette fureur le rend prisonnier de la bestialité autant que le sont ses abjects persécuteurs qui lui ont instillé, avec leurs sévices, le venin de la haine. Les violents, disait Manzoni, sont responsables non seulement du mal qu'ils font à leurs victimes, mais aussi de la perversion à laquelle ils les induisent en les poussant à commettre à leur tour le mal.

L'officier, dans le film d'Oshima, résiste à cette tentation de la haine indifférenciée au moment le plus difficile, celui même où il subit une violence ; il murmure ces mots sous les coups de ses bourreaux. Oshima est un artiste, non un prédicateur ; avec la sobriété épique des vrais narrateurs, qui laissent parler les faits sans avoir besoin de les commenter avec une emphase didactique, il laisse le spectateur vivre par lui-même la complexité de ce processus moral et psychologique, en se trouvant impliqué inconsciemment dans le film qu'il regarde, comme nous sommes impliqués, souvent sans le savoir, dans les contradictions de la vie qui se déroule sous nos yeux.

Le spectateur prend soudain conscience, et il en est troublé, de l'obscurité féroce et incontrôlée qu'il porte en lui, il comprend à quel point il est lui aussi exposé aux impulsions sauvages et régressives d'une rétorsion aveugle, à l'excitation de la vengeance. En assistant aux violences infligées par les soldats japonais aux prisonniers anglais, il sent que quelque chose, au plus profond de lui, se réjouit à l'idée de la défaite du Japon, avec ses hécatombes et ses tragédies, ses villes détruites, à la fin de la guerre, d'une manière atroce. Il sent que lui aussi, potentiellement, peut être pris dans la spirale de la vengeance et devenir son instrument aveugle, un complice et un thuriféraire de la barbarie la plus abjecte.

Le film d'Oshima a une grande force morale, puisque la morale est la capacité de regarder, sans illusions édifiantes ni sentiments idylliques et bucoliques, la personne humaine dans sa totalité, avec tout ce qui grouille en elle, le potentiel de grandeur mais aussi d'infamie latent dans tout individu. Cette force morale est indissociable de l'intensité poétique du style ; si le narrateur imperturbable et laconique devenait un pédagogue loquace et sentencieux, prodigue de nobles avertissements et de dénonciations indignées, son récit perdrait cette vérité acérée qui le grave dans l'esprit du spectateur, et ce dernier ne ferait pas l'expérience d'une révélation qui le touche au plus profond, mais se sentirait tout au plus exhorté et averti, comme un élève par le proviseur.

Les artistes cèdent souvent à la rhétorique didactique, à cette crainte de ne pas être pleinement compris qui conduit à la redondance et ruine la poésie, comme on ruine l'effet comique d'une histoire drôle si l'on se met à expliquer dans le détail en quoi il consiste. Même un maître comme Bergman n'échappe pas toujours à ce genre d'aplatissement, comme quand, par exemple, dans la séquence finale de son magnifique *Fanny et Alexandre*, il gâche en partie la scène du banquet, image de la poignante fête de la vie cherchée dans la simple amabilité quotidienne, avec la tirade d'un toast-homélie qui théorise et illustre explicitement cet enchantement et cet amour des petites choses que le film évoquerait avec beaucoup plus d'intensité sans cette prédication, s'il se contentait de montrer la séduction de la table dressée, les sourires sur les visages, les berceaux des deux dernières nées.

Si l'auteur se met à souligner, à expliciter et à interpréter son œuvre, faisant concurrence au critique, il en dissout l'ambiguïté et en appauvrit le sens. Le grand art est ambigu, mais pas par coquetterie à l'égard des valeurs ou pour s'amuser à en montrer l'inconsistance et l'interchangeabilité ; cette complaisance dans la futilité, c'est la voix de fausset avec laquelle celui qui ne sait pas chanter tente de faire croire qu'en réalité il est en train d'imiter les chanteurs sans voix. Le grand art est ambigu parce qu'il dissimule les valeurs et les passions, dans lesquelles il croit — l'amour de Swann pour Odette, la loyauté de Lord Jim, le courage de Don Quichotte — dans l'incertitude quotidienne, dans les imprévisibles contradictions des événements, dans la fragilité psychologique des individus.

La faiblesse de Lord Jim, les tortuosités de son cœur,

ignorées de lui-même, le labyrinthe insidieux des événements n'enlèvent pas leur sens aux valeurs qui le guident, à son exigence d'expiation et de rachat ; ces valeurs sont crédibles justement parce qu'elles sont vécues par un individu, avec tout ce qu'il y a en lui d'incertain, de trouble, d'obscur, et non pas incarnées par un personnage monolithique et héroïque comme un monument commémoratif. Le grand art est ambigu parce qu'il montre la grandeur qui peut se cacher dans ce limon argileux dont nous sommes pétris.

Il y a dans le film d'Oshima, qui connaît la netteté des problèmes essentiels, une ambiguïté implicite du fait même que la cruauté de ces soldats japonais est donnée à voir par un artiste japonais. Fasciné par la parfaite impartialité du récit, le spectateur s'aperçoit, s'il ne résiste pas, comme l'officier anglais, à la haine généralisée, qu'il finit lui-même par haïr tous les Japonais, et donc aussi Oshima, l'auteur qui montre cette cruauté.

Celui-ci réussit à opérer une véritable catharsis, comme les tragiques grecs selon Aristote ; son film met en lumière et désamorce, en l'étalant au grand jour, la violence des Japonais et de la haine envers les Japonais. En ce sens, le film est une fable qui raconte et éclaire les méandres de tout conflit qui déchire les hommes.

Avec l'équité du narrateur épique, Oshima refuse de s'en tirer facilement, en n'attribuant la violence qu'à des individus isolés ; il sait bien que certaines formes de violence résultent d'une civilisation tout entière et la mettent en cause. Dans les sévices infligés aux prisonniers ne s'expriment pas seulement les excès de quelques soldats, mais bien l'*ethos*, la forme, le rite de toute une civilisation, sa familiarité sacrale avec la cruauté et avec la mort. On ne peut pas se soustraire à la confrontation avec cette civilisation dans son ensemble, au dilemme entre le devoir d'en respecter les lois intimes — avec le risque d'en justifier aussi la violence — et le devoir de juger ces lois et ce qu'elles impliquent pour les hommes, au risque de leur faire violence au nom de ses propres valeurs et coutumes, avec l'arrogante conviction de pouvoir s'ériger en juge d'une autre civilisation au nom de la sienne propre.

Mais le protagoniste du film, le prisonnier anglais qui à la fin est exécuté, se souvient d'une faute qu'il a lui-même commise autrefois et des cruels rites d'initiation imposés aux nouveaux dans un *college* anglais. Dans cette brève scène est évoquée, de façon inoubliable, une brutalité qui appartient, elle aussi, non pas seulement à quelques individus, mais à une civilisation, à une tradition, anglaise en l'occurrence. Cependant cette violence obtuse — consacrée elle aussi, comme l'autre, par les siècles, par les souvenirs, par l'autorité de la tradition — pourrait induire une victime, ou un spectateur, à haïr — à haïr, dans ce cas, d'une manière tout aussi absurde et barbare, tous les Anglais ; ces odieuses pratiques estudiantines illustrent les cruautés dont est entachée elle aussi la civilisation occidentale.

Il n'y a rien de plus ambigu qu'une tradition perpétuée au fil des siècles, car en elle s'entrelacent valeurs et aberrations, aménité et violence, fidélité au souvenir des aïeux et soumission aux infamies qu'ils ont perpétrées et laissées en héritage. Oshima sait magistralement représenter, avec une lucidité impitoyable et en même temps avec respect, cette intrication d'aménité et de violence, qui dans le film s'incarne surtout dans le personnage du commandant du camp et dans sa passion homosexuelle pour le prisonnier, traitée avec une délicatesse et une discrétion qui font de ce film l'un des plus beaux récits d'amour homosexuel, l'une des rares œuvres d'art qui posent avec une authentique profondeur le problème de cette passion.

Toute tradition a son nœud d'aménité et de violence, ses dieux. Oshima semble vouloir nous rappeler au respect pour les dieux d'autrui, mais aussi insinuer le soupçon que bien des dieux étrangers peuvent être des idoles barbares au même titre que tant de fétiches de chez nous ; que l'*éthos* du samouraï peut cacher une vulgarité ritualisée comme celle de l'ancien *college*. Aux traditions, aux usages, aux lois écrites dans les codes ou dans les rites il faut opposer, quand ils font offense à l'humanité, les lois non écrites des dieux, comme Antigone. Naturellement il n'est pas facile de distinguer ce commandement universel d'une conscience qui parle au nom de l'humanité, de l'arbitraire d'un sentiment subjectif qui naît d'un simple état d'âme et prétend s'imposer à tous. Le mal, est-il dit à la fin de *Furyo*, dérive de la présomption d'être dans le juste. Mais la condamnation de cette violence dogmatique qui fait offense à l'homme se réclame à son tour d'une exigence universelle de respect des autres, ressentie comme pierre de touche absolue de l'agir.

Dans la dernière scène du film, le Japonais condamné à mort pour crimes de guerre — mais peut-être, suggère Oshima, seulement parce que ce sont les autres qui ont gagné — souhaite « Joyeux Noël » dans la langue de l'ennemi ; ces mots, appris par cœur et prononcés avec effort dans la langue de ceux qui sont en train de l'exécuter, sont déjà au-delà de toute logique de violence et de vengeance.

1984

LA BOURSE DES VALEURS

Il est inévitable d'éprouver un certain embarras quand on parle des valeurs, surtout dans un sens général ; avec les valeurs il arrive un peu ce qui arrivait à saint Augustin avec le temps, dont il disait qu'il savait bien ce que c'était tant qu'on ne le lui demandait pas, mais qu'il ne le savait plus quand on lui demandait d'en donner une définition. La dimension la plus authentique des valeurs est celle qui les voit non pas proclamées ou déployées mais insérées dans l'existence quotidienne, vécues à fond et traduites dans la manière d'être et d'agir. Les valeurs, comme l'a enseigné une fois pour toutes Max Weber, ne se démontrent pas, elles se montrent ; c'est justement pour cela, comme le savait bien le même Weber, qu'elles sont l'élément fondamental, la chose la plus importante de la vie — ou, comme il disait, le démon de la vie de chacun — et que les déclarations de principe les faussent presque inévitablement en sombrant presque inévitablement dans la rhétorique ou dans la prédication.

On entend beaucoup de plaintes sur une Europe de la monnaie, privée d'âme. Il est permis de douter que l'âme puisse être opposée à la monnaie, comme s'il y avait une antithèse entre l'esprit — quoi qu'on mette sous ce terme — et l'économie ; l'esprit, qui dirige le vivre et l'agir selon des valeurs que l'on reconnaît comme fondamentales, n'est authentique que s'il se traduit dans la manière d'être et de se comporter, si donc il devient aussi une manière de voir et de pratiquer l'économie, de lui donner un sens. Il est évident que les valeurs — et leur exigence — doivent être revendiquées dans une culture qui, de plus en plus, ne considère la vie qu'en termes de besoins, d'efficacité, d'utilité ; même dans ce cas, les valeurs ne doivent pas être opposées aux besoins, mais doivent inspirer la manière dont on les considère, dont on les satisfait, ou dont on les sacrifie à quelque chose de supérieur. L'Europe de l'après-Maastricht a besoin de la conscience et de la défense du principe de valeur, de cette exigence de valeurs universelles qui constitue, depuis plus de deux mille ans, l'essence de la civilisation européenne.

Ce principe est menacé tant par le nivellement croissant des différences, des particularismes individuels, que par leur atomisation sauvage, qui idolâtre et isole des différences en une négation de toute universalité. Le développement des contacts entre peuples et cultures différents, qui crée des problèmes délicats mais constitue un enrichissement vital, pourra engendrer des situations difficiles, dans lesquelles le choix entre le nécessaire relativisme culturel et l'affirmation de valeurs imprescriptibles — les lois non écrites des dieux — pourra prendre un tour dramatique. Beaucoup de différences — d'usages, de coutumes, de traditions — peuvent et doivent être dépassées, contre toute fermeture imbécile, dans un dialogue fraternel, à l'enseigne de valeurs qui transcendent les différences en une commune universalité. Mais il pourra, il peut se présenter des situations dans lesquelles les cultures, les groupes, les individus proclament, ressentent comme des valeurs pour eux imprescriptibles ce qui à d'autres peut apparaître comme inacceptable et inhumain.

La démocratie, qui est fille de la tradition européenne

et en constitue l'essence, consiste en un effort incessant, qui n'arrive jamais à des conclusions définitives, pour distinguer entre les positions, même durement opposées mais ayant un droit égal à s'exprimer et à se confronter librement, et les positions que, douloureusement mais nécessairement, on doit exclure de ce dialogue et de cette confrontation libres, de même qu'il faut permettre à une formation politique de se battre pour promouvoir l'étatisation ou la libéralisation dans le domaine économique, mais qu'on ne peut lui permettre de se battre pour promouvoir la violence raciste. Dans la société pluriethnique et multiculturelle du futur, que l'Europe devra toujours davantage prendre en compte, il sera toujours plus nécessaire, justement pour maintenir le plus ouvert possible l'esprit de dialogue et d'acceptation fraternelle à l'égard des différences, d'établir un quantum imprescriptible d'universalisme éthique, à ne sacrifier en aucun cas.

Parmi les éléments qui ne pourront pas ne pas continuer à être fédérateurs — et il y va de la survie même de la civilisation européenne dans son sens fort — figurent le sens de la valeur fondamentale de l'individu et la rationalité. Sous les formes les plus diverses, la civilisation occidentale s'est toujours fondée sur ce sens de la valeur fondamentale de l'individu, en opposition avec la totalité, exaltée par d'autres traditions. C'est une vision que l'on retrouve, pour ne donner que quelques exemples, chez les stoïciens avec leur droit naturel, dans le concept chrétien de personne, dans les garanties élaborées par le droit romain et ainsi de suite, jusqu'aux grandes conquêtes du libéralisme, de la démocratie et du socialisme, formes diverses mais qui ont en commun de mettre l'accent sur l'individu, sur sa valeur inaliénable, sur la nécessité de le protéger. Les transformations sociales, qui ont créé et créent tant de libertés, risquent aussi, paradoxalement, de mettre en péril cette valeur inaliénable de l'individu. Ce qui semble en péril aussi, en dépit de la croissante rationalisation technologique, c'est la rationalité, assaillie par un irrationalisme toujours plus répandu, par un bric-à-brac d'occultisme et de superstition.

Le besoin se fait sentir d'une pensée anti-idolâtre, d'une pensée forte capable d'établir des hiérarchies de valeurs, de choisir et donc de donner plus de liberté, de donner à l'individu la force de résister aux pressions qui le menacent et à la fabrique d'opinions et de slogans. Ce n'est pas par hasard que le totalitarisme *soft* et colloïdal du pouvoir médiatique repose sur des idéologies faibles et gélatineuses, qui mettent l'individu sans défense à la merci des forces anonymes qui le manipulent, lui ôtant cette ruse du serpent (cette conscience des conflits) sans laquelle, comme il est écrit dans l'Évangile, il n'y a pas non plus l'authentique simplicité de la colombe.

Seule une hiérarchie de valeurs peut empêcher que le moi individuel ne perde son unité et sa solidité et ne se dissolve, comme disait Nietzsche — en s'en réjouissant, de son point de vue, ou en s'obligeant à s'en réjouir — en une « anarchie d'atomes », en une multiplicité de noyaux psychiques et de pulsions désormais délivrées de la cuirasse rigide de l'individualité et de la conscience. Aujourd'hui la réalité, de plus en plus virtuelle, est le décor de cette possible mutation du moi.

Ce moi qui n'est plus un individu — lequel construit sa propre personne sur des valeurs — mais un pullulement centrifuge et indistinct peut comporter certes une reconnaissance plus flexible de la liberté d'autrui, mais il comporte aussi le risque de diluer cette liberté dans l'indifférence, de mettre à égalité tout avec n'importe quoi, en une sorte de bazar indifférencié, dans lequel la parité devient caricature d'elle-même, comme si, par exemple, la solidarité et le racisme étaient de simples options. Évidemment ce n'est pas avec un barbare dogmatisme idéologique ou religieux que l'on peut faire face à ce danger ; l'unique riposte est la recherche incessante, humble, sans dogmatisme, de hiérarchies de valeurs. L'industrie culturelle semble abolir toujours davantage ces hiérarchies, ces différences entre ordres de valeurs. Mais ce grand coït collectif qui place sur le même plan Kant et l'immondice des messes noires, qui ne prend jamais position mais place côte à côte, comme cela arrive dans les journaux, des « opinions » est le contraire de tout dialogue, de toute rencontre entre personnes et mondes différents. L'industrie de fabrication de l'opinion ne donne la parole à tout le monde qu'en apparence, car en fait elle neutralise et noie les contradictions réelles en un chœur substantiellement monotone, qui chante plus ou moins la même chanson et ne permet pas vraiment qu'on la mette en discussion.

C'est une homogénéisation gélatineuse, dans laquelle les différences et les individualités disparaissent, chaque chose semblant interchangeable avec n'importe quelle autre et perdant ses caractéristiques propres. Ce monde, qui sous certains aspects semble être celui du futur, au moins pour l'Occident, un monde dans lequel tout est permis, depuis la faute de grammaire jusqu'à la profanation, n'a plus rien à voir avec les mélanges authentiques et les véritables subversions de hiérarchies par lesquels les grands poètes, les fondateurs de religion et les révolutionnaires politiques ont toujours abattu les barrières dressées entre les hommes et les cultures.

Une autre valeur à défendre, ou peut-être à retrouver, est le sens de l'État. Giuliano Amato a raison d'attirer l'attention sur le rôle irremplaçable des États, à l'encontre de la rhétorique actuelle des localismes, qui souhaite sur un mode de plus en plus viscéral et furibond leur dissolution. Quand dans sa jeunesse on lit *Les Trois Mousquetaires* et qu'on tombe amoureux pour toujours de ces aventures qui se succèdent avec la légèreté du vent, on ne prend évidemment pas parti pour les gardes du Cardinal, qui obéissent à une ténébreuse raison d'État, mais pour le courage et la loyauté de d'Artagnan ou d'Athos. Et pourtant le cardinal de Richelieu, qui tisse ses trames, est en train de construire un État moderne, avec ses lois supérieures à l'égoïsme des divers corps sociaux, et de briser le pouvoir anarchique et excessif des grands seigneurs, qui veulent maintenir leurs orgueilleux privilèges et défendre l'inégalité contre la loi. Richelieu, qui interdit le duel, empêchant ainsi les nobles de se faire justice eux-mêmes, incarne le triomphe du droit sur une barbarie tribale quand il réserve à l'État seul l'exercice de la force pour réprimer les délits et protéger les faibles, autrement à la merci des puissants.

L'État moderne, autoritaire à sa naissance, va ensuite évoluer peu à peu, entre autres sous l'influence d'autres traditions politiques, en particulier celle de l'Angleterre, vers des formes libérales et démocratiques, qui devront s'affirmer à l'encontre de ses structures autoritaires et absolutistes mais qui ne pourraient pas exister sans la formation de l'unité de l'État aux dépens du particularisme féodal anarchique. Les pays qui parviennent tardivement à cette unité, comme l'Allemagne, en subissent des conséquences néfastes et deviennent plus aisément la proie des dictatures.

Aujourd'hui l'aversion pour les gardes du Cardinal, si inférieurs dans leurs duels avec les intrépides mousquetaires, est encore plus facile, du fait qu'on assiste à une décomposition et à une dévaluation de l'État, qui n'a rien à voir avec la critique de l'État social, avec laquelle elle est arbitrairement confondue. Cette dernière elle-même est souvent ambiguë, parce qu'elle mélange trois plans fondamentalement différents. Une chose est de déplorer les perversions de l'État social, comme l'attribution de pensions — par incurie ou par fraude — à de faux invalides et d'autres cas de parasitisme. Ces critiques, en elles-mêmes, ne récusent pas l'État social, pas plus que dénoncer un policier corrompu, brutal ou inefficace ne signifie contester la nécessité de la police.

Autre chose est de mesurer, en sachant se montrer responsable, les limites matérielles au-delà desquelles, dans la situation et dans le moment où l'on se trouve, on ne peut pas aller, dans l'assistance aux citoyens, sans tomber dans une démagogie ruineuse pour tout le monde. Ce sens de la limite — et la disponibilité qu'il faut garder pour la franchir dès que c'est concrètement possible — n'est pas un refus de l'État social. Et autre chose encore — et que cette fois on doit fermement refuser sur le plan des principes — est d'affirmer que chacun ne doit penser qu'à soi et que si quelqu'un meurt de faim à côté de moi il ne faut pas se demander combien il est légitime de me faire débourser pour l'aider, mais simplement laisser chacun aller son chemin et lui aller à la mort. Cette position a des origines fort anciennes, elle remonte à Caïn demandant avec irritation : « Suis-je le gardien de mon frère ? »

Mais même la plus malveillante critique de l'État social ne doit pas être confondue avec ce dénigrement croissant de l'État, qui lui oppose les localismes tribaux, caricature insultante de l'amour authentique pour la terre natale, et surtout les corps sociaux et les pouvoirs économiques affranchis de l'égalité devant la loi. Tout cela fait ressembler notre époque à la fin de l'Antiquité et de l'Empire romain ; ce n'est pas par hasard que la contestation de l'État s'accompagne de celle du droit, et du vœu que celui-ci soit de plus en plus remplacé, dans la réglementation et le gouvernement des choses, par l'économie. Les marchés, qui à juste titre s'accommodent mal de frontières d'ailleurs de plus en plus dépassées, tendent à réclamer leur autonomie par rapport aux lois et aux dispositions générales ; on incline à affaiblir les constitutions « formelles » et à souhaiter leur remplacement par des constitutions « matérielles », c'est-à-dire par l'ensemble des comportements, réactions et intérêts qui articulent la vie sociale.

Le retrait de l'État de l'activité économique exige au contraire un affermissement de la loi. Paradoxalement, un État communiste pourrait avoir moins besoin de droit parce que, en gérant par lui-même toute la vie économique et sociale, il n'aurait pas besoin de lois pour régler les conflits d'intérêts mais tout au plus de règles d'organisation, comme un règlement scolaire qui prescrit l'emploi du temps et la répartition des salles, et qui n'est pas encore un code. Ce n'est pas par hasard que l'une des faiblesses de la pensée marxiste a été sa sous-évaluation du droit, souvent considéré comme une simple superstructure ou un formalisme conservateur par nature.

Plus il renonce à être un acteur économique, plus l'État doit garantir, avec la certitude de la loi et la force de l'appliquer, le déroulement ordonné d'activités qui, toujours plus complexes, deviendraient sans cela une anarchie incontrôlable, source de conflits et d'abus sans fin. Le simple contrat, l'accord entre les parties, ne peut se substituer à la loi, laquelle permet d'en évaluer la validité, de le dénoncer s'il n'est pas valide et d'en imposer l'exécution si l'un des deux contractants ne le respecte pas. Dans le cas de grands accords séparés, on pourrait faire confiance à une régulation automatique opérée par les coutumes non écrites et par les mécanismes de réaction et de contre-réaction de la dynamique sociale ; une entente entre une grande industrie et un grand syndicat peut être déjà suffisamment garantie contre les conséquences désastreuses, pour chacune des deux parties, de sa non-application. Mais dans un réseau toujours plus complexe de relations directes et indirectes entre agents de divers types et de force différente, il est difficile de penser qu'un mécanisme autorégulateur suffirait à protéger toutes les parties — certaines étant plus et d'autres moins capables de se défendre —, et à éviter des répercussions indésirables ; pour donner quelques exemples banals, que l'on pense aux rapports entre industries et atteintes à l'environnement, ou au travail au noir que la « constitution matérielle », autrement dit la situation du moment, favorise souvent.

Aujourd'hui l'État est mis en discussion par les anarcho-capitalistes (peut-être par ailleurs prêts à en réclamer l'intervention face à une plèbe en furie, mais rétifs quand il s'agit de payer les taxes nécessaires au renforcement pourtant souhaité de la police).

L'anti-État a des traditions multiples. Dans la Prusse de Frédéric II, des écrivains comme Herder rêvaient de la dissolution de l'État-machine instauré par ce roi au profit des communautés rurales des paroisses. Les anarchistes proprement dits ont toujours désiré la fin de l'État, qui serait remplacé par des associations humanitaires et égalitaires. Mais l'anti-État actuel des ultralibéraux a des accents différents, parce qu'il exalte l'inégalité et refuse toute protection du faible dans la jungle ou dans le Far West de la vie, et que c'est pour cela qu'ils refusent l'État et cherchent à affaiblir le contrôle de la loi et du droit.

Certes, État et droit semblent prosaïques et moroses ; les choses essentielles de la vie — l'amour, l'amitié, l'aventure, la mort — adviennent sans codes et le cowboy est plus fascinant que le bureaucrate, même si la littérature autrichienne nous a donné d'inoubliables portraits du bureaucrate et de sa profonde et ambiguë poésie existentielle. Mais si le Far West est séduisant, avec son héros généreux qui se porte au secours de la jeune fille sans défense contre les méchants *pistoleros* qui veulent lui prendre son ranch, on doit se demander ce qui se produirait si n'arrivait pas ce héros providentiel, qui justement dans la réalité n'arrive presque jamais. Et le western enseigne qu'il y a besoin d'un shérif, avec lequel commence l'œuvre de la loi et de l'État, sans lesquels les faibles restent exposés à la violence des forts.

Le libéralisme dit que la liberté d'un individu s'arrête là où commence celle d'un autre ; les anarcho-capitalistes, qui ne se préoccupent pas de ces limites et de ces protections, n'ont pas plus le droit de se déclarer libéraux que ne l'aurait un stalinien. La réputation de l'État est certes ruinée par les étatolâtres, lesquels en font une valeur absolue et oublient qu'il est au service de l'individu — de tous les citoyens — et non l'inverse, et qu'il a été mis en place pour mieux protéger l'individu, ce qui n'est pas le cas avec les dictatures de Hitler et de Staline. Mais les dictatures sont la négation de l'État, tombé entre les mains de groupes privés de toute légitimité, de ces pouvoirs que les Romains appelaient globalement *latrones*.

La diversité de la vie, bien inestimable, n'est pas nécessairement humiliée, elle peut au contraire être protégée par l'État. Les grands États du monde — de l'Empire romain à celui des Habsbourg — sont des exemples d'une très riche variété de nations, de cultures, de paysages humains, d'usages, de traditions. Cette diversité est défendue par la *lex romana*, applicable en Gaule comme en Afrique, par l'effigie de François-Joseph gravée dans les monnaies utilisées en Galicie comme dans la région de Salzbourg ou par le pas cadencé du gendarme impérial-royal, qui empêche les seigneurs féodaux de maltraiter le paysan et les nationalités les plus puissantes d'opprimer les plus faibles.

La diversité rendue possible par l'ordre d'un État n'est pas forcément inférieure à celle du Moyen Âge émietté et anarchique, cher au goût postmoderne. Napoléon, qui institue et répand, avec son code, l'égalité juridique des citoyens et abolit les discriminations à l'encontre des Juifs, est plutôt le fils des gardes du Cardinal que des nobles avec leur caprice du duel. La civilisation et la démocratie libérales sont du côté de Napoléon, du code qui abat les murs du ghetto, et non du côté de celui qui bâtit ces murs ou qui en tout cas laisserait quiconque ayant la force de le faire installer des ghettos pour y enfermer qui bon lui semblerait. Sans la loi il n'y a ni ordre ni liberté ; l'éclipse du droit laisse le monde à la merci, comme diraient des anciens Romains, des *latrones.*

1997

LE TEMPS DES OPTIONS

Une époque peut parfois être résumée par un mot clé qui, comme une marque de fabrique, en indique les tendances et les aspects les plus frappants, la rhétorique dominante. Les trois mots qui ont scandé les trois époques vécues par Indro Montanelli — lui parle d'ères — sont, comme il l'a écrit dans le *Corriere della Sera*, fer, éventuel et flexible. Nos années à nous pourraient être définies par une attitude qui les caractérise dans les domaines les plus divers de la vie et de la pensée, comme le temps des options. Religions, philosophie, systèmes de valeurs, conceptions politiques s'alignent en bon ordre sur les gondoles d'un supermarché et chacun — selon le besoin ou l'envie du moment — prend sur un rayon ou sur un autre les articles qu'il veut, deux packs de christianisme, trois de bouddhisme zen, deux hectos d'ultralibéralisme, un petit morceau de socialisme, et les mélange selon ses goûts en un cocktail personnel.

Dans ce climat culturel il est de plus en plus difficile de se définir de manière précise, c'est-à-dire limitée, de choisir une chose et d'en exclure une autre. Si l'on est chrétien, on n'est pas bouddhiste, et vice versa, même si l'on vénère comme il se doit, dans les deux cas, le très haut enseignement du Christ et de Bouddha, et si l'on apprend beaucoup de leur exemple. On ne respecte une conception du monde que si on la prend au sérieux jusqu'au bout, si l'on se confronte rigoureusement avec la vérité qu'elle annonce et avec sa propre capacité d'y adhérer vraiment ou pas. Déclarer à l'étourdie qu'on est musulman ou chrétien — et, pourquoi pas, les deux à la fois — en se laissant porter par un élan sentimental superficiel et prétendre estomper et amalgamer les différences entre ces deux religions en une sauce personnelle, c'est faire offense à leur sérieux et à leur dignité. Ce qu'une philosophie ou une foi soutiennent avec force, c'est une unité organique, et non une salade dont les divers ingrédients sont chacun une *option* qu'on peut prendre ou non selon l'envie du moment. Aujourd'hui au contraire tout semble se réduire à des options, à des éléments que l'on acceptera ou refusera à sa fantaisie, sans que ce choix n'implique une alternative entre une adhésion ou un refus de l'ensemble. Le New Age, pour prendre un exemple, est une expression typique de cette attitude vaguement spiritualiste qui picore çà et là dans les assiettes de l'absolu, en mixant le tout en une bouillie du cœur bien intentionnée.

Ce syncrétisme exacerbé est typique des moments de passage d'une civilisation à une autre ; ce n'est pas par hasard qu'il était florissant à la fin de l'Empire romain et de la civilisation antique, époque à laquelle la nôtre ressemble de plus en plus, quand prospéraient des cultes superstitieux de toutes sortes et que l'on fabriquait de nouvelles idoles avec les dieux délabrés de tous les panthéons. Cette dissolution a trouvé alors dans le christianisme une nouvelle idée-force capable de donner à la réalité un sens et une unité. Aujourd'hui il n'est pas possible de savoir si une vision du monde — et laquelle — pourra recomposer une unité ; le christianisme lui-même, pour la première fois, est en très grand danger de disparaître définitivement

La tendance à tout réduire à des options est une

défense pour un monde déboussolé dans lequel il est objectivement de plus en plus difficile de dire ce qui est nécessaire et fondamental. Ce nouveau syncrétisme est différent de celui, universel, pratiqué de tout temps par chaque homme, qui a fait et continue de faire siens autant le désespoir de Hamlet que le rire des amants de Boccace ou la joie de saint François d'Assise. Nous prenons tous, légitimement, beaucoup de choses, parfois différentes voire opposées, de toutes parts, car la vie n'est pas dogme ni système, mais on ne rend justice à sa contradiction créatrice que si l'on distingue et respecte les différences qui s'affrontent en elle, si on ne les mélange pas en une confuse orgie de groupe.

Tout choix éthique concret s'opère dans l'imprévisible chaos de l'existence, dans le vécu de tel moment et de tel individu, mais cela ne signifie pas que l'on doive a priori adapter à chaque fois une loi morale à la situation. L'éthique existentielle — a écrit, en prenant sa défense, le grand théologien catholique Karl Rahner — tient passionnément compte du caractère concret et unique de chaque expérience, mais elle est différente de la passive et conformiste éthique de la situation, qui ne fait que s'adapter à cette dernière. Simone Weil avait une foi ardente, mais aussi des doutes sur certaines affirmations — pas vraiment fondamentales, mais qui n'étaient pas non plus de simples options — de l'Église, doutes qui l'induisirent à s'arrêter sur le seuil de cette dernière et à s'abstenir, par respect, des sacrements. Une telle attitude est beaucoup plus religieuse que celle qui consiste à communier sans même savoir si l'on a ou non observé les normes prescrites pour s'approcher de l'Eucharistie.

L'optionnel inspire, bien évidemment, surtout les choix moraux, car il est particulièrement commode de choisir à son gré entre les commandements et les interdictions ; un eunuque acceptera volontiers et avec conviction les interdictions ascétiques et le puritanisme rigide, un boit-sans-soif effacera la gourmandise de la liste des péchés capitaux et aucun coupable de fraude fiscale ne mettra ses agissements en relation avec le septième commandement, qui dit : « Tu ne voleras pas. » La sphère de l'optionnel ne cesse de s'étendre, annexant un territoire après l'autre. Elle a envahi et continue à envahir progressivement jusqu'au terrain de la loi, de ce qui est, ou devrait être, imposé ou interdit par le code pénal comme une exigence impossible à éluder.

Les récentes affaires, plus ou moins — en réalité toujours moins, presque pas du tout — mystérieuses d'enlèvements de personnes ont été relatées d'une manière qui peu à peu efface la distinction entre comportements licites et illicites, ou la met en doute eu égard à une situation et à un état d'esprit particuliers, diluant progressivement le concept même de délit dans ses diverses gradations et spécifications, définies non plus par la certitude du droit mais par la précarité des circonstances et des sentiments. La zone moralement grise — autre mot qui plaît beaucoup et qu'on répète comme un gimmick psychédélique — s'élargit comme une tache de graisse et dans la zone grise rien n'est juste ni interdit, mais tout est optionnel et donc licite.

Au lieu des indicateurs de jadis, auxquels on pardonnait quelques peccadilles en échange de mouchardages utiles, il y a aujourd'hui des « familles » de seigneurs du crime, avec lesquels l'État « traite » presque d'égal à égal, comme dans des tractations entre États souverains, leur conférant ainsi crédibilité et légitimité ; toute question négociable est, par définition, de l'ordre de l'option. Tous les « Tu dois » et « Tu ne dois pas » pâlissent ; l'enlèvement lui-même, imperceptiblement, se transforme, il ne suscite plus l'exécration qu'il suscitait naguère et devrait toujours susciter, mais finit par apparaître comme une activité anormale et critiquable certes, mais quand même, qui sait, peut-être compréhensible dans certaines situations, vu que la société est inique, que la vie est complexe, que le cœur est troublé et que juger est toujours difficile. Si cela continue, la Société anonyme d'enlèvements de personnes pourrait bientôt être cotée en Bourse.

Même les discussions sur la justice sont de plus en plus aberrantes ; plutôt que de tourner autour de problèmes urgents et concrets (l'accélération des procédures, la séparation des carrières des magistrats, la correction ou la sanction d'erreurs ou d'abus), elles évoquent souvent un affrontement absurde et demandent presque de choisir son camp entre juges et délinquants, comme si accomplir des délits et les poursuivre étaient deux activités d'une égale dignité entre lesquelles on peut choisir, en fonction de ses propres convictions et inclinations, comme on choisit, pour les vacances, entre la mer et la montagne ou comme on choisit de voter pour les conservateurs ou pour les travaillistes. Il semblerait presque que la magistrature préoccupe et occupe les politiques plus que la mafia, qui rançonne, empêche toute liberté, tire à bout portant sur des enfants. Seul un tel climat éthico-culturel peut expliquer, par exemple, comment a été possible cette phrase inouïe, inconcevable de Berlusconi qui a comparé les magistrats aux Brigades rouges — les assassins de Bachelet, de Croce, de Casalegno et de tant d'autres, y compris les nombreux juges tombés en défendant la loi et les citoyens contre le terrorisme. Je suis certain que Berlusconi — qui a exercé la responsabilité de gouverner l'Italie et qui est à nouveau candidat à cette fonction — est le premier à s'être repenti de cette sortie qui ne peut que se retourner contre lui ; il est grave et symptomatique que même les protestations contre cette déclaration aient été trop peu indignées, comme si elles n'en ressentaient pas suffisamment l'énormité.

Tout ne peut pas être optionnel. Choisir selon son bon plaisir, comme dans un menu, est agréable, et quand c'est licite il est normal de le faire chaque fois qu'on le peut, car il n'y a aucune raison d'être avare de plaisirs avec soi-même. Mais quelquefois on ne le peut pas. À sa fille qui l'exhortait à céder, à donner au roi des raisons de sauver sa tête, Thomas More, de la prison où il attendait d'être exécuté, répondait qu'il aurait été très heureux de le faire, parce qu'il n'était pas un maniaque du moralisme mais au contraire aimait la vie et notamment la bonne chère, mais que cette fois-ci, ajoutait-il, crois moi, ma chère Meg, je ne peux vraiment pas.

1998

L'IGNORANCE EST UNE VERTU

Les journaux ont récemment parlé d'un sondage effectué en Angleterre, d'où il ressortirait que de nombreux prêtres anglicans ne savent pas bien quels sont les dix commandements. Les brefs commentaires se gardaient, à juste titre, d'insinuer que l'Église anglicane était moins bien formée que les autres Églises, sœurs ou rivales dans l'annonce de l'Évangile. Entre les lignes, tout au plus, se lisait une certaine admiration pour cette ignorance présumée, comme si elle suffisait, à elle seule, à attester une mentalité plus ouverte et une âme plus sensible, libre de tout formalisme schématique et donc plus créative et plus capable de charité chrétienne.

Dans les nuances, même inconscientes, de ces commentaires affleurait non pas un jugement sur le clergé anglican — certainement pas moins digne que d'autres ni, comme c'est le cas de toute institution humaine, moins exempt d'imperfections, mais bien une attitude de plus en plus répandue dans notre culture, qui ne concerne pas seulement l'Église et les religions, mais l'existence en général. Si un prêtre, de n'importe quelle confession, ignore le Credo dont il est appelé à témoigner et ne se préoccupe pas de combler cette lacune, il semblerait évident de lui suggérer de changer de métier, comme à un professeur de mathématiques incapable de faire une multiplication ou à un médecin qui ne saurait pas où se trouvent la rate ou la clavicule.

Et pourtant les manifestations d'ignorance sont souvent saluées avec sympathie, comme si elles étaient le fait du génie ou du moins la marque d'une sensibilité supérieure à la froide connaissance de notions systématiques. Ce n'est là que rhétorique grossière. Certes, il est évident que la possession des notions ne suffit pas ; il ne suffit pas de savoir où se trouve l'œsophage pour être un bon médecin ni de maîtriser la grammaire et la syntaxe pour être un véritable écrivain. Mais il n'est pas moins ridicule de supposer qu'il suffit de ne pas connaître les bases de son métier pour en transcender la *routine* machinale et accéder à une originalité supérieure. Tous ceux qui ignorent la grammaire ne sont pas des poètes, pas plus que ceux qui s'empêtrent dans le théorème de Pythagore ne sont des mathématiciens géniaux, libérés des formules séculaires et ayant donc accédé à une fière créativité.

Cette dernière s'affirme toujours dans la confrontation avec les normes et les lois, même si c'est pour les dépasser et en instaurer de nouvelles, comme le poète qui rénove et révolutionne la langue, mais à travers la connaissance de sa structure et de ses fondements. Les schémas et les classifications ont une forte charge de passion et de poésie, parce qu'ils sont l'effort pour mettre de l'ordre dans le chaos du monde et pour comprendre, évaluer, embrasser la réalité et la vie. Les schémas et les classifications sont évidemment inférieurs à cette dernière, qui ne se laisse pas enrégimenter et qu'il serait naïf d'envisager de pouvoir toujours affronter avec des règles toutes prêtes, en rangeant chacun de ses phénomènes imprévisibles dans des cases fabriquées à l'avance. La mappemonde ne contient pas le monde et ne dispense pas du risque et de la séduction de s'aventurer dans ses labyrinthes.

Mais la mappemonde donne couleur et relief à la réalité, montre pour la première fois des mers et des terres lointaines, apprend les grandeurs et les distances, allume des rêves et des nostalgies ; les explorateurs intrépides qui partaient jadis à la découverte de l'inconnu étaient mus, dans leur cœur, par l'amour des lointains, mais ils ne péroraient pas avec emphase d'amour et de lointains, ils travaillaient avec des sextants et des compas, mesuraient des angles et des circonférences, faisaient le point de leur navigation en mer, et c'était en cela que consistait leur poésie.

Notre culture, enracinée dans une époque hautement rationalisée et dominée par le savoir scientifique et technologique, est obsédée par la peur de l'artificiel et de l'inauthentique, par l'angoisse de perdre la fraîcheur et la spontanéité, et par le préjugé commode et rhétorique selon lequel l'*esprit de géométrie*, la rigueur conceptuelle, rognerait les ailes à l'*esprit de finesse*, la spiritualité et l'âme. En mettant en avant ce malaise et en s'en faisant un alibi pour la paresse intellectuelle, on prétend qu'il suffit de montrer une absence de clarté logique pour sembler riche de sentiments. Ainsi, pour éviter l'effort de la chercher vraiment, on affecte de croire que la vraie vie, la vie authentique, est facile et à portée de la main, et on affiche une fausse simplicité de l'âme, faisant ainsi la caricature et la parodie de ces valeurs que l'on prétend affirmer, comme les cartes postales et les prospectus qui montrent des forêts toujours vertes et des mers toujours bleues sont la falsification de cette nature qu'on affirme aimer. Tout cela ne révèle pas la force des sentiments, mais l'aridité et la banalité masquées par une bouillie sentimentale. Sans une libre et sèche sobriété laïque il n'y a pas de véritable foi ni de véritable amour de la vie.

Il y a quelque temps, dans une émission de télévision, une charmante jeune fille parlait avec gravité de sa recherche spirituelle inquiète, réfractaire à tout système au point que, disait-elle, si un après-midi elle rencontre quelqu'un qui lui parle avec enthousiasme du bouddhisme, le soir elle est déjà devenue bouddhiste, probablement pour un soir seulement. Peut-être pensait-elle que son attitude pouvait scandaliser ceux qui respectent les codes et les catéchismes, alors qu'en réalité elle offensait non seulement le bouddhisme — l'un des grands patrimoines de l'humanité, qu'il est injurieux de prétendre connaître en deux heures —, mais surtout l'esprit de libre recherche, qui exige patience, attention et respect pour son objet, conscience de la difficulté qu'il y a à le comprendre et capacité de se soumettre à l'effort nécessaire pour y parvenir. Pour s'abandonner à l'enchantement de Natacha dans *Guerre et Paix* il est nécessaire pour le moins de lire les mille pages du roman de Tolstoï, sans avoir la prétention de le comprendre et de l'aimer en en lisant une version abrégée en cent pages, un *digest* comme en offrait jadis une revue célèbre. Ceux qui défendent l'âme, la poésie, le cœur, la créativité, ce sont peut-être aujourd'hui ceux qui n'en parlent pas et qui apprennent, avec l'élan et la pudique patience de l'amour, les grammaires de la réalité, avec leurs règles et leurs exceptions, qu'il s'agisse du Décalogue, des équations ou des figures rhétoriques du langage. Le royaume des cieux, est-il écrit, n'appartient pas à ceux qui disent sans cesse : « Seigneur, Seigneur ! »

1997

QUAND
C'EST LA LOGIQUE
QUI FAIT UN PIQUÉ

Après la tragédie, le grotesque. Un biréacteur EA6B des *marines* américains a percuté les câbles du téléphérique du Cermis, à Cavalese dans le Trentin, provoquant la mort de vingt personnes. Les causes et les responsabilités de la catastrophe doivent être établies par l'enquête de la magistrature, et il est évidemment exclu de formuler un jugement sans attendre ses conclusions. Mais il est incroyable — et ce serait sinistrement comique, s'il n'y avait pas eu vingt morts — qu'on ait trois jours durant discuté sérieusement pour savoir si l'avion, au moment de l'accident, était en dehors de sa route, comme s'il pouvait en être autrement. Au ministre Andreatta, qui précisait que le biréacteur avait abandonné à la hauteur de Riva la route autorisée, un inénarrable général, Guy Vanderlinden, commandant en chef des *marines* de la zone Méditerranée, répliquait tranquillement que « tout était en règle » et que l'avion « était sur la route réglementairement autorisée par le commandement de la base d'Aviano ».

Le général — mais aussi quiconque s'attarde ne serait-ce qu'une minute à prendre en considération ses déclarations — ne sait évidemment pas ce qu'est la logique la plus élémentaire. Si un avion percute un téléphérique, il n'y a que deux possibilités : ou bien c'est l'avion qui a dévié de sa route, pour un motif quelconque (incident, avarie, erreur, tempête, défi du pilote), ou bien c'est le téléphérique qui est sorti de son parcours établi, qui a fait un bond en l'air dans le ciel et a percuté l'avion. Il n'est pas nécessaire d'être un génie ni un expert en aéronautique pour considérer comme plutôt improbable cette seconde hypothèse, que le général pour sa part considère de toute évidence comme la plus crédible, car si au moment de la collision l'avion était sur sa route, cela veut dire, nécessairement, que le téléphérique avait arbitrairement changé de place et d'altitude, et que l'aviation militaire des États-Unis pourrait poursuivre en justice le personnel malveillant ou incompétent préposé au téléphérique pour les dommages causés à son biréacteur.

Parcours réglementaire sur la route assignée, répétait sereinement le stratège, et ses collègues lui faisaient écho. Mais si telle était la route assignée, et si donc il était prévu qu'à ce moment-là l'avion se trouverait à cette altitude-là et à cet endroit-là, il n'y a que deux possibilités. Si le commandement qui a autorisé cette route savait qu'à cet endroit et à cette altitude il y avait le téléphérique, il s'agirait d'une collision voulue et donc d'un massacre prémédité. S'il ne le savait pas, cela veut dire qu'il s'agit de personnes incapables d'établir une route ou enclines à l'établir à tort et à travers, et il n'est guère exaltant de penser que c'est à des personnes d'une telle incompétence qu'on a confié le commandement d'une base militaire importante pour la défense de l'Occident.

Nul ne contestera qu'aucune des deux hypothèses implicites dans les propos du général Vanderlinden et de ses collègues n'est vraisemblable ; il est évident que — si ces deux hypothèses ne sont vraies ni l'une ni l'autre, et effectivement elles ne le sont pas — l'avion devait se trouver en dehors de sa route et que c'est faire injure à l'intelligence, et se moquer des victimes en insultant à leur mémoire, que d'accepter seulement d'en discuter. Ce qui est arrivé ne peut s'expliquer que par un incident ou un défi criminel de pilotes qui ont voulu voir s'ils réussiraient à passer sous les câbles de ce téléphérique.

Nous avons au moins le droit de connaître la vérité. Les responsables devraient comprendre que, comme le disait Biagio Marin, à dire la vérité et à être honnête, on ne fait pas que sauver son âme et sa conscience, mais à la fin on y gagne encore, parce qu'on affermit sa propre dignité et donc aussi son prestige. Si une grande puissance se sentait mise en péril par la vérité de ce qui s'est produit à Cavalese, il y aurait lieu de douter qu'il s'agit d'une grande puissance. Même les phrases de circonstance embarrassées et les tentatives pour occulter cette vérité devraient comporter un minimum de retenue et ne pas offenser encore les victimes par une absence totale de pudeur. Il serait moralement moins grave d'essayer de camoufler cet avion ou de dire qu'il n'était pas américain, plutôt que d'affirmer que ce vol, à ce moment précis, était réglementaire. Quand, au moment de la prise de pouvoir des communistes à Prague en 1948, Jan Masaryk, leur adversaire, tomba — vraisemblablement parce qu'on l'avait poussé — du balcon où il se trouvait, le régime déclara — et c'était peut-être un mensonge — qu'il s'était suicidé, mais n'eut pas le courage de dire qu'il n'était pas tombé ou que cette chute faisait partie de la praxis normale de gouvernement.

Il est décourageant de constater, même dans un épisode comme celui-ci dans lequel les faits parlent d'eux-mêmes, indiscutablement et terriblement, comme des « piliers de granit », a écrit Eugenio Scalfari, à quel point on perd le contact avec la réalité et la maîtrise de ce qui est le propre de l'intelligence, à savoir la logique la plus élémentaire, en brouillant la vision des choses, en la noyant sous les arguties. Même les manifestations globalement antiaméricaines contribuent à entretenir la confusion, à confondre la réalité de ce qui est arrivé et qui ne peut pas en soi mettre en discussion l'existence des bases militaires, qui doivent rester ou non selon que leur utilité est avérée ou non dans le cadre de la politique européenne. Certes l'O.T.A.N. a été créée pour défendre l'Occident contre la menace soviétique ; fort heureusement cette menace n'existe plus, car il serait préoccupant que la liberté et la démocratie soient défendues par des armées commandées par des hommes qui ne savent pas raisonner. Les grands hommes de guerre, au contraire, se distinguent par leur lucidité, leur logique, leur rigueur intellectuelle, leur capacité d'affronter et de dominer les événements, comme on l'apprend en lisant les exploits d'Hannibal ou les écrits de Jules César ou de Moltke, le vainqueur de Napoléon III à Sedan, que l'on a appelé le « penseur de batailles ». Par bonheur se sont élevées hier en Amérique des voix autorisées qui remettent le débat sur les rails du bon sens et de la raison.

Violer la logique, c'est faire violence non seulement aux concepts, mais aussi et surtout à la vie et aux sentiments, car cela signifie brouiller les cartes et confondre les rôles des victimes et des coupables, altérant ainsi l'ordre des choses et attribuant à des événements des causes et des auteurs qui ne sont pas les leurs.

Les offenses à la raison sont toujours aussi des offenses au cœur. En attendant que soit établie la vérité sur cette tragédie et que les responsables soient appelés à en répondre devant la loi, il serait opportun que quiconque soutient que cet avion, au moment du drame, était sur sa route normale soit contraint à suivre un cours intensif de logique, à apprendre ce que veut dire formuler un jugement ou ce qu'est le principe de non-contradiction. Ce sont là, depuis Aristote, les fondements de la pensée de l'Occident, de la liberté et de la démocratie, et il serait souhaitable qu'ils fussent familiers à ceux qui ont pour mission de les défendre.

1998

LES SINGLES,
LE COUPLE
ET LE SAVON

Selon une enquête conduite par l'institut Infratest Burke, et rapportée récemment par les quotidiens, les couples consomment moins de savon, de parfums, de crèmes, de lotions et de déodorants que les singles. Ces résultats viennent conforter, à la satisfaction mal dissimulée de l'opinion générale, l'image du « mariage tombeau de l'amour », lieu commun aussi rebattu que ceux qui consistent à dire que de mère, on en a une seule (affirmation du reste remise en cause par les biotechnologies) ou que les Italiens sont de braves gens. On pourrait peut-être discuter les critères de l'enquête ; si un usage rare de la douche ou du bain est indubitablement éloquent et indique qu'un individu a peu de respect de soi et encore moins le désir de plaire ou de ne pas déplaire à un autre, il n'est pas dit que celui qui use modérément de spray et de lait de toilette entre dans cette catégorie.

On ne peut pas être propre sans se servir de savon et de shampooing, mais on peut l'être tout en s'abstenant de cosmétiques et d'antirides, de même qu'on peut être attirant sans s'exposer à la lampe à ultraviolets ou faire du jogging jusqu'à être couvert d'une peu appétissante sueur. Pis encore, il y a dans l'excès d'attention accordée à son corps quelque chose d'ascétique et d'asexué, une aura d'hygiénisme physique et spirituel comme celui de beaucoup de publicités pour des produits d'hygiène et de beauté, qui rend absolument neutres, non désirables, les corps ainsi cultivés et exhibés dans tant de spots télévisés. Dans le visage de beaucoup de femmes élégantes, qui prennent soin de leur beauté sans rien laisser au hasard, il y a parfois — entre les liftings, les autobronzants et ce pli dur qu'a imprimé à leur bouche la volonté de toujours tenir leur rang — quelque chose de stérile, de conventionnel, qui rend ce visage beaucoup moins désirable que celui qui se serait magnanimement laissé marquer par les plaisirs, les soucis et les fatigues de la vie.

La Maréchale du *Chevalier à la rose* de Hofmannsthal ou celle de *L'Éducation sentimentale* de Flaubert — très belles et désireuses de plaire mais enclines aussi à se laisser porter par le cours de la vie et du temps qui passe — ont beaucoup à enseigner, y compris dans la chambre à coucher, aux silhouettes irréprochables des revues de mode. Une des grandeurs de la Mitteleuropa est son éros, impensable sans l'abandon et le désenchantement appris du catholicisme et du judaïsme, sans cette familiarité avec les choses dernières et avec le corps dans ce qu'il a d'élémentaire, familiarité que Joseph Roth a racontée dans *La Légende du saint buveur* et qu'Ermanno Olmi a génialement mise en évidence dans son film homonyme ; l'intensité passionnelle du protagoniste, vagabond déguenillé et ivrogne, serait inconcevable s'il utilisait trop de cosmétiques.

Ce n'est pas par hasard qu'un des fils les plus remarquables de cette civilisation, Freud, a mis en garde contre la manie de la propreté et contre ceux qui se lavent continuellement ; soustraire trop d'éléments et de signes de ce qu'il y a de physique dans un corps — trop d'humeurs, trop de plis, trop de rides aussi — signifie le raréfier, lui ôter sa sensualité. Le vent chaud de l'été, chargé d'odeurs vagabondes, sied mieux à Éros que l'air conditionné trop aseptisé. L'abus de produits de parfumerie de la part des singles est peut-être aussi lié à un culte de soi aride et policé, caractéristique de qui ne partage pas ce qui lui est donné, la vie le lit la table et le temps, quelque chose comme la gymnastique matinale, très utile pour la sciatique mais assez peu séduisante.

Le *Piccolo* de Trieste rapporte le commentaire d'un sociologue, Willy Pasini, à l'enquête en question. « Le couple », constate avec désolation ce spécialiste, « n'est pas au service de la consommation ». Jusqu'ici, je le confesse, j'avais toujours pensé que c'était la consommation qui était au service des gens, qu'ils vivent en couple ou séparément. Quand, il y a une dizaine d'années, dans un grand hôtel de Moscou, des gens se présentaient furtivement à la porte de ma chambre pour me demander du savon et du dentifrice, il me semblait que cela révélait l'échec du système soviétique dans un secteur fondamental de l'existence quotidienne, mais je pensais que l'on faisait tort aux personnes privées de dentifrice, et non au dentifrice. Cette phrase innocente, qui inverse les vrais rapports de valeurs, dénote la tendance idolâtre qui progressivement, sous des formes diverses dans des circonstances politiques et sociales diverses, imprime sa marque à une culture. Autrefois — ou plutôt naguère, même si cela semble loin déjà — incitation à consommer et société de consommation étaient des expressions honnies, selon une pose idéologique qui les considérait quasiment comme des insultes et voyait en elles la corruption du monde provoquée par le capitalisme. Consommer des biens — ceux qui sont nécessaires et, si on le peut, également ceux qui sont superflus et égaient l'existence — n'est certes pas un mal, comme le savent les personnes défavorisées qui n'ont pas les moyens de le faire ; combattre la scandaleuse pauvreté du monde signifie essayer de donner à d'autres la possibilité de consommer et, il faut le souhaiter, non seulement du pain, mais aussi du fromage et des glaces. Il est évident qu'il faut hiérarchiser la consommation, en donnant la priorité aux hôpitaux sur les piscines, et administrer rationnellement — et donc parfois, s'il le faut, à la spartiate — les ressources, mais ce bon sens élémentaire et responsable n'a rien à voir avec le triste ascétisme moraliste souvent implicite dans les idéologies hostiles à la consommation.

Mais si le développement de la consommation ne doit pas être condamné avec rigueur, il est ridicule d'en faire une valeur suprême, un mécanisme qui serait à lui-même sa propre fin, auquel les hommes devraient s'adapter dans tous les secteurs et qu'il faudrait encenser comme un dieu *parvenu.* La société de l'opinion a horreur de la pensée laïque qui, indépendamment de toute conviction ou absence de conviction religieuse, signifie équilibre, capacité de distinguer, d'attribuer à chaque personne et à chaque chose ce qui lui revient, d'apprécier sans adorer et de critiquer sans diaboliser. Aujourd'hui on parle de consommation, de marché, comme on parlait naguère de dirigisme ou de planification de l'économie, ou pourquoi pas de révolution, en fait comme de formules magiques, de Sésame ouvre-toi. Le marché est un système très efficace et irremplaçable de circulation des biens, c'est une valeur centrale dans le domaine de l'activité économique, mais ce n'est pas l'univers ; savoir faire fonctionner une entreprise est fondamental, mais tout n'est pas entreprise et il est ridicule et improductif, par exemple, de considérer comme telle l'Université, comme on tend à le faire avec un *pathos* totalisant selon lequel hors de l'économie il n'est point de salut. Consommer ou épargner sont deux activités conditionnées par la situation économique du moment ; certes on vit plus joyeusement de consommation que d'épargne, mais ce n'est pas une raison pour en être les esclaves idolâtres. Si le couple n'était vraiment « pas au service de la consommation », comme le déplore le sociologue, ce serait quelque chose à porter à son crédit, qui le rendrait plus libre, plus transgressif et donc érotiquement plus piquant que les singles qui ont fait allégeance au gel pour les cheveux ou à la crème au rétinol. Évidemment, si elle et lui se contentent de ne pas se laver, c'est une autre histoire…

1998

L'ÉCOLE :
RIRE ET LIBERTÉ

Je ne sais si la réforme de l'enseignement qu'on annonce, et qui dans son ensemble paraît sensée et opportune, prévoit aussi la modification des règlements intérieurs des divers établissements ; du reste je ne connais pas ceux qui sont en vigueur actuellement, et qui sont vraisemblablement différents de ceux de mon époque. Dans le règlement de mon lycée, il y avait un alinéa inoubliable, qui interdisait aux élèves de fumer dans l'établissement et dans ses « attenances ». S'il avait été dit « aux abords », il ne se serait rien passé, mais ce mot désuet et pompeux était irrésistible, en sorte qu'un ami et moi écrivîmes au proviseur une lettre dans laquelle nous lui disions que, la mort dans l'âme, nous devions lui signaler qu'un de nos camarades — auquel nous sommes liés, aujourd'hui comme alors, d'une amitié qui s'est renforcée au fil des ans — fumait derrière les colonnes qui se trouvaient en face du lycée, de l'autre côté de la rue. Naturellement, ajoutions-nous, nous ne savions pas si lesdites colonnes devaient ou non être considérées comme des attenances ; nous espérions que ce n'était pas le cas, qu'il ne s'agissait pas d'attenances, mais ce n'était assurément pas à nous, humbles et modestes élèves, d'établir quelles zones devaient être considérées comme des attenances. C'était le cœur déchiré que nous devions dénoncer un ami très cher, mais l'inclination des sentiments et l'amitié, mouvements spontanés et irréfléchis du cœur que, comme on nous l'avait enseigné en cours de philosophie, la vertu et la raison regardent avec suspicion, devaient être sacrifiés au Devoir à l'égard de l'Institution scolaire. Nous fûmes, à juste titre, punis, mais sans sévérité, parce que ce lycée, dont le classicisme affiché était — à juste titre — un objet de risée, était aussi riche d'humour et en savait plus long que ses élèves qui — eux aussi à juste titre — se moquaient de lui et apprenaient à l'aimer et à le respecter y compris à travers le rire.

L'authentique sérieux des études, qui peut et doit être sévère, mais sans se prendre trop au sérieux ni vouloir écraser les élèves, est indissociable de la vivacité du jeu, qui ne signifie pas superficialité ni dérision frivole. Le vrai jeu est léger mais aussi passionné et donc sérieux; il est rare, dans la vie, qu'on s'adonne à d'autres activités avec l'élan qu'on mettait, enfant, à se jeter dans les jeux. Le jeu — celui qui n'est pas encore perverti par l'ennuyeux et mortel fanatisme de la compétition, qui substitue au plaisir la poursuite d'un record inepte — est liberté, ironie, conscience des fictions dont est tissue la vie et participation intense mais folâtre à leur manège; à la différence des adultes, qui si souvent idolâtrent le rôle qu'ils sont en train de jouer et en font un faux absolu qui les écrase, les enfants qui jouent aux gendarmes et aux voleurs savent très bien qu'ils ne sont ni gendarmes ni voleurs, mais dans ces courses et ces poursuites ils mettent toute leur ferveur.

L'école doit enseigner beaucoup de notions et, pour répondre aux exigences de l'époque et aux vertigineuses transformations du monde et des manières de le comprendre et de l'organiser, beaucoup de techniques, de plus en plus complexes. Mais elle doit enseigner toutes ces choses dans un esprit qui rende intérieurement libres les élèves et les étudiants y compris à l'égard du monde et de ses exigences. Mon ancien lycée, avec toutes ces « attenances » qui le scandaient et l'articulaient, nous a appris à rire mais aussi à respecter les choses et les enseignants dont nous riions et surtout à rire de nous-mêmes, à nous rendre compte de la modestie et de la précarité de tout savoir en face de la vie et en premier lieu de nos opinions et convictions. Je crois que cela a été une précieuse leçon contre l'arrogance, la morgue intellectuelle, le fanatisme sous tous ses aspects, la présomption.

Cette leçon de liberté était incontestablement liée aux études classiques, à l'importance qu'elles donnaient au sens et au culte des mots, depuis les plus grands, ceux qui sont immortels, jusqu'à ceux qui prêtent à rire comme « attenances » ; étudier des langues anciennes, qui ne servent à rien dans l'immédiat, apprendre les tours périphrastiques, aoristes et autres *esse videatur* aide à comprendre l'ordre du monde et de la pensée, prémisse de la capacité de jugement et donc de liberté et de morale, mais révèle aussi la force et la valeur de ce qui en apparence n'existe plus et peut sembler gratuit ou bizarre. Tout cela apprend à ne pas se faire une idole des pressantes, hautaines et menaçantes prétentions du monde.

Mais si les études classiques ont cette haute fonction dans la formation de l'esprit et de la personne, il serait orgueilleux ou pathétique de la leur assigner à elles seules, en dépréciant injustement d'autres approches de la réalité et d'autres parcours d'études, potentiellement tout aussi créatifs. Une telle attitude offense les études classiques qu'elle croit exalter, car elle en dénature la vitalité persistante en la déclassant en tradition conservatrice bien fourbie qu'elle oppose à la nouveauté et à la vie ; si le latin et le grec servent à ne pas apprendre les langues modernes ou l'informatique, cela veut dire qu'on a trahi leur signification. Ouvrir l'école, dans toutes ses filières et à tous ses niveaux, au savoir scientifique et technologique, c'est être fidèle à l'authentique esprit classique, tourné vers l'intelligence du monde et de la nature, de cette nature qui, comme la musique, a été la grande absente de l'enseignement en Italie, par la faute de la réforme Gentile. Je me souviens des colères dans lesquelles entrait Biagio Marin — qui avait pourtant été un fervent élève de Gentile — quand, se promenant avec moi dans le parc de Miramare, il s'apercevait que je ne savais pas distinguer ni nommer la plupart des plantes et des arbres, que lui au contraire avait appris à connaître — et à aimer — de sa vieille école autrichienne, sainement positiviste et attentive à la réalité, sans la connaissance de laquelle la poésie elle-même ne saurait exister.

La réforme annoncée — pour autant qu'on puisse en juger, ses traits étant encore incertains — met opportunément l'accent sur de nouvelles disciplines et de nouveaux champs du savoir négligés jusqu'ici, outre qu'elle donne davantage à chacun la possibilité de choisir sa voie sans être arrêté par des difficultés d'ordre économique, et au moment où il est le plus à même de le faire. On peut espérer que de cette réforme, si elle entre en application, naîtra une école concrète, libre de toute idéologie et surtout de la manie pédo-psycho-sociologique des débats permanents, qui noient la culture, la recherche et la personnalité dans des bavardages inconsistants et pseudo-démocratiques, jusques et y compris sur le thème « Comment déscolariser l'école » pour citer une expression malheureuse qu'il arrive d'entendre jusque dans des instances officielles ; une école, enfin, capable d'enseigner réellement des notions, qui certes n'ont aucun sens si elles ne sont pas assimilées par un esprit qui en fera des éléments de la formation de sa personnalité, mais sans lesquels la formation reste un vain mot. Pour comprendre la réalité il ne suffit pas de connaître les quatre opérations ou la date de naissance de Jules César, mais il ne suffit pas non plus de se tromper sur les chiffres et les dates.

L'ouverture à la diversité du monde, des cultures, des valeurs et des techniques ne dispensera pas d'établir une hiérarchie des valeurs et des jugements, mais elle devra rendre capable de les formuler et de respecter les différences sans renoncer à l'exigence du jugement ; elle devra rendre capable de s'apercevoir que saint Paul et Lucrèce expriment deux conceptions opposées du monde dont chacune a sa grandeur, mais que le satanisme est une stupidité indigne même d'être réfutée, et que certaines chroniques doivent finir dans un petit coin du journal plutôt qu'en première page.

C'est surtout la hiérarchie des valeurs qui aujourd'hui vacille dans tous les domaines, et une école digne de ce nom pourrait contribuer à combattre ce phénomène, en apprenant à distinguer entre Mozart, les Beatles qui font de la bonne musique et méritent assurément d'être écoutés mais qui ne sont pas Mozart, et ce qui ne vaut même pas la peine qu'on en parle. La démocratie ne consiste pas à mettre sur le même plan la correction linguistique et les fautes de grammaire, mais à donner à chacun la possibilité de penser, de s'exprimer et de juger correctement. De ce point de vue, l'une des tâches les plus urgentes, dans toutes les filières scolaires, est de redonner la capacité de s'exprimer en italien et d'organiser linguistiquement et conceptuellement un discours, capacité qui a très fortement diminué, dans les groupes sociaux les plus divers, depuis une vingtaine d'années.

Si cette bouillie confuse et compliquée, sans syntaxe ni logique, sévit si fréquemment, les principaux responsables en sont ceux qui présument — et ils y sont souvent autorisés par leur profession et leur position — qu'ils peuvent répandre et enseigner la culture, beaucoup plus que les simples consommateurs et usagers, comme on les appelle. On entend rarement dans la rue, au café ou dans l'autobus des incongruités linguistiques ou conceptuelles comparables à celles qui sont proférées sur bien des estrades et des tribunes. À l'époque de la culture de masse, qui constitue un grand progrès général, ce n'est pas tellement aux masses que la culture fait défaut, mais bien plutôt à un grand nombre de pseudo-élites, qui donnent le ton dans le domaine culturel et grâce à qui ce qu'on lisait il y a trente ans pour se distraire chez le coiffeur, amours et chagrins de têtes plus ou moins couronnées, devient l'objet de débats philosophiques et de cours universitaires.

Des personnes appartenant à l'*establishment* culturel font souvent montre, en public, d'une incroyable ignorance des bases, des points de référence essentiels de notre civilisation et de notre vie, des choses dont la connaissance devrait aller de soi. Il est symptomatique que dans un film américain récent et plutôt bien fait, qui se passe à Chicago, *Seven*, un policier, s'étant convaincu que pour découvrir un assassin il doit lire *La Divine Comédie*, aille se la procurer dans d'étranges bibliothèques moisies comme s'il s'agissait d'un mystérieux manuscrit disparu, ignorant à l'évidence qu'il peut trouver cette œuvre en édition de poche dans n'importe quel *bookshop*. Ce genre de choses ne doit pas être dramatisé, car après tout il s'agit d'un petit tribut versé au grand processus de chambardement général des barrières, qui a été et qui peut être encore un immense progrès; mais il ne faudrait pas que le prix à payer devienne trop élevé.

De ce point de vue, il n'est pas opportun de se laisser séduire par le mythe d'une autonomie souvent mal comprise, surtout quand il s'agit de l'Université. La seule autonomie acceptable, c'est l'articulation souple, attentive aux exigences particulières de la situation, d'une conception de base commune. L'emphase d'une autonomie sauvage, au nom de la notion de territoire, peut conduire à des désastres. Ce sont les disciplines humanistes et les sciences humaines qui y sont le plus exposées, à cause de cette inexpugnable ambivalence qui est leur grandeur mais peut aussi devenir leur parodie. Il semble difficile d'obtenir le titre de médecin en ne connaissant que l'acupuncture — cela dit sans vouloir contester ses mérites —, tandis qu'il est plus facile d'imaginer un italianiste qui, au nom du territoire, aurait lu *L'Amoureux de la nonne*, œuvre en dialecte vénitien du bon Giacinto Gallina, mais pas *La Divine Comédie*.

La réforme semble animée d'une ferveur totalisante qui voudrait tout embrasser, du cinéma au jardinage, mais l'école ne peut pas tout enseigner. Il est non seulement inévitable, mais également bon que les élèves, surtout ceux qui sont déjà un peu plus âgés, apprennent beaucoup de choses par eux-mêmes, sans et au besoin contre l'école. Demander à l'école de tout dire et de tout donner, c'est prendre le risque, en faisant des élèves des assistés, de les éduquer à la passivité et de nuire à leur formation ; ils ont raison de demander qu'on leur fasse lire et discuter un roman sorti la veille, mais quelquefois ils le demandent sur un ton qui montre qu'il ne leur vient pas à l'esprit qu'ils pourraient aussi le lire tout seuls. L'école ne peut pas être une vache avec une infinité de pis d'où sortent tous les types de laits possibles ; si des préservatifs sont mis à la disposition des élèves, il faut souhaiter qu'aucun collectif ou conseil de classe ne demande qu'on aide leurs utilisateurs à les mettre.

Une école digne de ce nom, adaptée à la réalité et à la société, inclut aussi ce jeu de rôles très sain qui a toujours vu les élèves essayer, comme de juste, de copier et de faire copier leurs camarades, et les enseignants, comme de juste, essayer de les en empêcher. Les choses se détériorent en une rhétorique sentimentale et imbue d'elle-même quand on remplace ce jeu par des assemblées qui le discutent solennellement. L'enseignement est au service des élèves et des étudiants quand il les libère de conditionnements économiques et sociaux et offre à chacun d'eux les mêmes possibilités de développer sa personnalité, quand il les respecte sans les flatter ni les aduler et leur apprend à ne pas exprimer vaniteusement leur propre opinion, mais à observer et à connaître la réalité avec cette attention à l'objet qui constitue la véritable indépendance intellectuelle, la capacité de voir et de connaître, non de pontifier avec prétention.

Mes camarades et moi sommes reconnaissants à un professeur qui, quand l'un d'entre nous, avec l'inévitable présomption de l'adolescence, commençait à répondre à une question qu'il avait posée en disant : « Moi je pense que... » nous interrompait en nous enjoignant de ne jamais penser mais d'apprendre des faits, des noms et des dates. Alors déjà — c'est à lui, non à nous, qu'en revient le mérite — nous comprenions que c'était la bonne manière de nous apprendre à penser.

1997

ÉLOGE DU COPIAGE

Une fois, au lycée, notre professeur d'allemand nous avait donné à préparer, à un camarade et à moi, un exposé sur les chants populaires de Brentano et d'Achim d'Arnim, cœur profond de la vieille Allemagne et du *Lied* romantique. Nous étant procuré le livre — une édition en caractères gothiques avec des illustrations représentant des vagabonds dans la forêt et des bourgs médiévaux aux ruelles étroites et aux arcs en ogive —, nous le montrâmes à plusieurs reprises en classe au professeur qui, chaque fois, comme s'il avait oublié qu'il nous en avait déjà parlé, prenait pour point de départ ces lettres anguleuses et ces paysages recueillis pour nous faire une belle leçon sur l'Allemagne, ses rêves et ses enchevêtrements, sa culture. Naturellement nous étions ravis de faire passer les heures sans qu'il nous interroge et sans avoir rien de nouveau à apprendre pour le lendemain. Et nous étions convaincus que le professeur, qui avait tellement de classes et d'élèves à suivre, ne s'était rendu compte de rien, jusqu'à ce que, après une semaine de cette aubaine, comme je levai le doigt pour demander l'autorisation de sortir un moment, il se levât d'un bond en nous disant que, si nous lui faisions voir encore une fois ce maudit livre, les gifles allaient pleuvoir.

Ce petit épisode montre par l'exemple ce qu'est une

école qui fonctionne comme il se doit, en donnant, sans en avoir l'air, maintes leçons de culture et de vie. Chacun joue son rôle : les élèves, comme c'est naturel, essaient d'esquiver les devoirs et les interrogations, et l'enseignant les laisse faire juste assez longtemps pour qu'ils se croient futés, jusqu'à ce qu'ils soient pris en faute et, entre autres choses, ils apprennent précocement à ne pas faire les malins, ce qui n'est pas rien. Avec toute cette comédie, en outre, on finit, presque sans s'en apercevoir, par apprendre aussi les *Lieder*, on découvre une poésie secrète et prenante et on se prend à l'aimer, comme cela nous est arrivé grâce à cette mise en scène. C'est alors que j'ai connu pour la première fois, en même temps que mes camarades, ce monde poétique de la vieille Allemagne, et peut-être que, en substance, je n'en sais pas beaucoup plus aujourd'hui, même si j'enseigne depuis de nombreuses années la littérature allemande.

Si nous avions été animés par un zèle sacré ou par la présomption d'accomplir une « recherche », comme on dit, peut-être en manière d'alternative polémique à l'enseignement officiel, nous aurions probablement peu compris et moins aimé cette poésie empreinte de nostalgie et d'ironie, de liberté bohémienne : il y a peu de chances qu'un bûcheur indéfectible ou un contestataire arrogant, gâtés l'un et l'autre par une idéologie timorée ou agressive, s'abandonnent à la musique vagabonde de ces chants. Ainsi, en essayant de profiter de ces poèmes pour étudier un peu moins, avons-nous appris à les aimer et donc à les connaître.

Cette anecdote m'est revenue à l'esprit quand j'ai lu que les élèves d'un établissement milanais, le lycée scientifique Allende, après avoir proclamé solennellement l'importance de l'apprentissage individuel et l'exigence de travailler en groupe mais sans se décharger de l'effort sur les autres, ont juré de ne pas copier. Il y a indéniablement de la noblesse dans cette attitude, dans cette volonté d'étudier et de réagir (en affirmant des valeurs telles que l'engagement personnel et la loyauté) contre une superficialité, une ignorance, un manque de motivation et un refus de l'effort et de la discipline trop répandus. Mais je ne sais pas si les formes sous lesquelles s'est exprimé ce louable état d'esprit sont celles qui conviennent.

D'abord, le copiage (en premier lieu le fait de faire copier les autres) est un devoir, une expression de cette loyauté et de cette solidarité fraternelle avec qui partage notre destin (peu importe que ce soit pour une heure ou pour une vie) qui constituent un des fondements de la morale. Passer un petit billet au camarade en difficulté apprend à être ami avec celui qui se trouve à côté de nous et à l'aider même si cela comporte des risques, peut-être aussi quand, plus tard, ces risques, dans des situations dangereuses ou même dramatiques, pourront être plus graves qu'une observation portée sur le registre de classe. Celui qui, connaissant un peu mieux l'informatique ou le latin que son voisin de table, n'essaie pas de lui communiquer sa copie restera probablement toujours un beau salaud (le terme approprié serait à vrai dire un autre, plus imagé mais inconvenant) et se convaincra peut-être que cette bonne note sur son bulletin, hasardeux et précaire comme tout bulletin, est de la plus haute importance : autrement dit il deviendra un imbécile.

S'il revient aux élèves de copier, il revient évidemment au maître de les en empêcher, et le jeu fonctionne bien si chacun y tient son rôle sans faire de l'acte de copier un crime ni le revendiquer comme un droit contre la répression scolaire. Les choses se gâtent en revanche quand tout le monde veut tout faire et que l'école, ou l'existence entière, devient un Comité universel permanent, au sein duquel les enseignants exhortent les élèves à manifester leur créativité en refusant d'étudier et les élèves se mettent à la place des professeurs pour rénover pédagogiquement les cours, au lieu de les sécher de temps en temps.

Ce faisant on ne s'amuse plus, comme on ne s'amuserait plus au *scopone* si chaque joueur, au lieu d'essayer de faire rasette, d'avoir les quatre couleurs ou le sept bon, essayait de faire gagner les autres pour leur éviter des frustrations. Et si l'on ne s'amuse pas, on apprend très peu, parce que les choses à apprendre — les fascinantes choses du monde, les arbres, les pays lointains, l'histoire qui nous a faits, la matière dont nous sommes composés, les questions sur où nous allons et d'où nous venons, les mots qui racontent les passions, les mécanismes qui font circuler les biens, se déplacer dans l'espace et communiquer en temps réel avec les antipodes — deviennent de pesants devoirs à accomplir ou à contester et dont en tout cas se débarrasser le plus vite possible.

Prêcher ne sert à rien, que ce soit pour ou contre les valeurs : celles-ci peuvent seulement être montrées, mais sans qu'on ait l'air ni l'intention explicite de les inculquer. Peut-être est-ce la seule manière de les assimiler avec toute sa personne, dont elles deviennent une substance vécue, comme on apprend à aimer la mer non parce qu'on a été exhorté à le faire, mais parce qu'une fois on a été amené par quelqu'un sur la plage à une certaine heure et dans une certaine lumière. Il en va peut-être de même pour la loyauté, la justice, la fraternité envers tous les hommes quelles que soient leur origine et leur culture, valeurs et sentiments que nous faisons nôtres presque sans nous en apercevoir, parce que quelqu'un, d'une manière ou d'une autre, nous a fait comprendre et sentir que la vie, sans eux, n'est qu'une fosse à fumier.

À l'école on devrait aussi et surtout jouer et rire, de soi-même et des autres, non moins grotesques et piteux ;

rire ensemble, toutes les fois que l'occasion s'en présente, est une richesse inestimable qui aide à supporter la vie si souvent invivable et intolérable, oppressée non seulement par la souffrance et par l'injustice qui finissent toujours par triompher, mais aussi par la gravité obtuse qui participe elle aussi de l'insuffisance du Créé.

Il est donc permis de penser que de bons garçons prêts à copier et à faire copier deviendront des gens de bien sans illusions et généreusement solidaires. Certes, même copier comporte des risques, comme nous eûmes l'occasion de nous en apercevoir quand toute notre classe, devant un passage difficile de Thucydide que nous devions traduire et qui dépassait nos intelligences, le copia dans une traduction italienne qui circulait sous les tables, mais en nous trompant tous en chœur de passage et en en copiant un qui n'avait rien à voir avec celui qui nous avait été assigné. Mais il ne faut pas se décourager pour quelques incidents de parcours, inévitables dans une saine communauté scolaire.

1997

UNE BOULETTE DE PAPIER, OU DU PRÉJUGÉ

Ce devait être en avril ou en mai 1956, à Trieste. Nous étions au lycée, en seconde, et, pendant un cours de grec, l'un de mes camarades, Cecovini, avait lancé une boulette de papier qui était allée inopinément finir sa course sur le crâne chauve du professeur, penché sur son bureau à lire le registre. Le professeur avait levé les yeux, regardé l'élève qui était assis en face de lui au premier rang, De Cola, et l'avait identifié sans hésiter comme le coupable. « Toi, mon cher De Cola, qui t'amuses à lancer des boulettes de papier... » L'accusé avait vivement protesté de son innocence, mais en vain, car le professeur continuait, débonnaire et imperturbable, à lui dire : « Hein, mon cher De Cola, tu as l'habitude de tirer des boulettes de papier... Tu aimes jouer les Pandares, les archers troyens, hein... »

Quelques minutes plus tard le vrai coupable, en homme d'honneur, se leva et dit : « Monsieur, c'est moi. » Ce à quoi le professeur, lui donnant un coup d'œil distrait, répliqua : « Ah oui, c'est toi... Bon. N'empêche que toi aussi, De Cola, avec ta manie de lancer des boulettes... » À dater de ce jour, chaque fois qu'il entrait en classe, notre professeur de grec, qui connaissait et enseignait parfaitement sa matière, apostrophait aussitôt De Cola : « Toi, qui tires toujours des boulettes… Je sais, je sais, l'autre fois c'était Cecovini, mais toi aussi, avec cette déplorable habitude… »

Je n'ai jamais oublié cette heure de cours, qui révélait ce qu'est le mécanisme du préjugé et démontrait à quel point il s'enracine profondément en nous, sans être même égratigné par les démentis qu'apporte la réalité. Le fait que De Cola n'avait pas, cette fois-là, lancé de boulette était, pour le professeur, quelque chose de fortuit, d'accidentel, tout comme était accidentel que cette fois-là ce soit Cecovini qui l'ait fait. Nécessaire et fondamental à ses yeux en revanche était le fait que, selon lui, dans la nature de De Cola il y avait une propension coupable à lancer des boulettes, même s'il n'en lançait pas. De la même manière, l'antisémite convaincu que les Juifs tuent dans des sacrifices rituels des enfants chrétiens n'a jamais vu aucun Juif commettre cet homicide, et admet peut-être qu'aucun crime de ce genre n'a jamais été prouvé ou ne s'est jamais vérifié, mais cela ne trouble en rien ses certitudes, puisque ce qui compte à ses yeux, ce n'est pas que les Juifs accomplissent ou non tels ou tels méfaits, mais qu'au fond d'eux-mêmes ils soient enclins à les accomplir.

Une telle conviction, justement parce qu'elle ne se fonde sur rien, ne peut pas être réfutée et reste, inextirpable et souveraine, dans les profondeurs de l'âme, dans ces cavités de l'inconscient et dans cette bouillie du cœur sur lesquelles la logique et le principe de non-contradiction semblent malheureusement avoir très peu de pouvoir. Quand, par exemple, un ministre de la Santé a déclaré que, en ce qui concerne le sida, le préservatif n'offre pas une garantie absolue contre la contagion, personne ne s'est demandé si cette affirmation était fondée ou non, si le préservatif offre une sécurité à cent pour cent ou une probabilité à soixante-dix ou quatre-vingts pour cent de ne pas contracter la maladie. Comme il s'agissait d'un démocrate-chrétien, on a supposé a priori, sans aucune vérification, que son affirmation était nécessairement viciée, qu'elle devait avoir sa source dans une bigoterie répressive.

Les exemples sont innombrables, tantôt grotesques tantôt tragiques, et vont des préjugés séculaires qui ont infligé violences et discriminations à des catégories entières de population — peuples, classes sociales, femmes — à ces entêtements butés qui emprisonnent chacun de nous, chaque jour, dans de ridicules et mesquines fermetures d'esprit.

En bon illuministe, je ne prends même pas en considération ces complaisances à l'égard de l'irrationnel et de la superstition que sont l'astrologie, la parapsychologie et en règle générale tout ce qui est « para », et je trouve inconvenant que la télévision nous inflige l'horoscope en même temps que les prévisions météorologiques; mais j'ai rencontré un jour un astrophysicien distingué, tout aussi opposé que moi à ce bric-à-brac obscurantiste, qui ne voulait à aucun prix admettre que nous étions d'accord; il prétendait sans en démordre qu'il y avait entre nous une différence de point de vue que par ailleurs il ne savait pas indiquer, parce qu'à l'évidence il était convaincu, au plus profond de lui, qu'un homme qui s'occupe de littérature ne saurait être un esprit rationnel et qu'il doit, ne serait-ce qu'un peu, s'abandonner à une magie de fête foraine. Je suis en train d'établir une liste d'exemples chez les autres parce que, « à cause de la contradiction qui ne le permet pas », je ne puis dénoncer mes propres préjugés obscurs, qui par définition, portés à la lumière, se dissoudraient et n'existeraient plus, mais je n'ai certes pas l'illusion d'être plus éclairé que ce professeur de grec ou cet astrophysicien.

Cette lointaine boulette de papier, plaisante dans son aménité comme tant d'heures joyeuses et bruyantes, est difficile à digérer pour qui sait que, comme on l'a dit, la raison est une petite flamme et l'univers une immense et sombre nuit, mais que nous n'avons que cette flamme et que c'est justement pour cela qu'elle est si précieuse, qu'elle est notre seule chance de salut.

Un authentique illuministe, libre de tout triomphalisme naïf, doit savoir, pour mieux la protéger, avec quelle facilité cette flamme peut être éteinte par les vents de la vie. Peut-être que dans le marais le plus profond cette lumière vacille, que les distinctions qu'elle opère ne permettent pas de s'arracher aux sables mouvants du préjugé et du ressentiment dans la nuit où tous les chats sont gris et où tout semble coexister avec son contraire, dans une cohue de concepts indistincts et de pulsions qui se mélangent avec les idées. Comme les protagonistes des contes d'Hoffmann, chacun de nous apprend par l'expérience, la sienne propre ou celle des autres, combien précaires sont les lumières de la raison, et combien vaste, complexe et puissant est le royaume qui répugne à être ainsi éclairé, l'inconscient individuel et collectif avec ses stéréotypes prégnants et ténébreux. Mais, comme les protagonistes d'Hoffmann, chacun de nous sait que seules ces lumières permettent d'affronter ces ténèbres et que seul celui qui tente de les éclairer, de se mesurer pied à pied avec elles, sans les vénérer avec idolâtrie, rend justice aussi au mystère, à ce qu'il y a — ou qu'il y a encore — d'inconnu. Dans une nouvelle de Chesterton, le père Brown démasque un faux prêtre quand il l'entend pérorer contre la raison, car il comprend alors qu'il n'a pas étudié la théologie.

La foi illuministe, en ce qui me concerne, est tenace, même si la réalité ne contribue pas souvent à la confirmer. Elle constitue le présupposé, par exemple, de tout article qu'on écrit dans un journal, parce que cela implique une confiance au moins relative dans un code commun, dans une logique partagée, dans le sens des mots. Mais l'expérience prouve souvent le contraire, elle montre que la logique de mon professeur, c'est-à-dire le mécanisme du préjugé, est victorieux, que tout ce que nous pouvons écrire est souvent interprété sur la base d'une opinion et d'une attente préalable et préconçue, et qu'on se retrouve étiqueté ennemi du peuple, léniniste ou nostalgique du bon vieux temps sans aucune référence à ce qu'on a dit, à ce qu'on pense ni à ce qu'on est. La philologie la plus élémentaire, c'est-à-dire l'art de lire ce que dit un texte — peu importe qu'il soit modeste ou remarquable —, s'évanouit devant le préconçu. Cet aveuglement, bien entendu, n'épargne personne, il ne concerne pas seulement les autres ; c'est à chacun son tour d'être aveugle devant les couleurs.

L'illuministe est habitué à ces défaites, mais il est aussi exercé à ne pas faiblir, à ne pas croire que son propre daltonisme, ou celui des autres, soit la seule perception exacte des couleurs, à chercher continuellement une perception plus juste et à n'accepter aucune fatalité du destin, pas même l'ineffable insondabilité de la vie. L'ironie lui enseigne à ne pas trop prendre au sérieux ses petites victoires éventuelles, mais pas davantage ses fréquents échecs et les triomphes du Néant. Dans sa magnifique édition de *L'Ésope toscan*, qui ressuscite un trésor de verve et d'inventivité de la littérature populaire du XIVe siècle, presque ignoré jusqu'ici, Vittore Branca a ramené à la lumière, avec la rigueur du philologue et le goût de l'écrivain, le fabuliste anonyme qui mettait en scène, à travers les aventures d'animaux archétypiques consacrés par une très longue tradition, les vices et les vertus pratiqués au nom de Dieu et du gain, l'épopée de marchands « faiseurs et défaiseurs de rois et de papes » et de moines parfois saints et parfois filous.

Je ne sais pas comment ces fables étaient écoutées, accueillies et comprises. Mais peut-être qu'aujourd'hui un illuministe désenchanté et pourtant irréductible, amoureux de la vie et de ses plaisirs et donc, par cohérence logique, aussi de la morale qui impose de garantir à chacun la possibilité de vivre sa vie et d'en jouir, devrait être une sorte d'Ésope, phrygien ou toscan peu importe, qui dans l'ombre de l'Histoire et des empires raconte, mélancolique mais aussi vigoureux et même cru quand c'est nécessaire, ses fables de loups et d'agneaux, de renards et de cigognes, de grenouilles et d'éperviers, de jeunes garçons et de courtisanes, de lions mourants et d'ânes s'enhardissant à leur donner un coup de pied : écoute qui voudra, et que ceux qui ont des oreilles pour entendre entendent.

1989

EN L'HONNEUR
ET À LA MÉMOIRE DE...

Quand revient la date de naissance de quelqu'un il est d'usage, plus ou moins partout, de le fêter un peu ; pour son anniversaire on reçoit des cadeaux, au début c'est un ballon ou un train électrique et plus tard une cravate ou une serviette en cuir, on souffle les bougies et on va dîner avec ses amis, en rendant hommage au fleuve du temps qui coule dans nos artères et y laisse au passage des dépôts qui peu à peu l'obstrue et étrangle son cours.

Quand on part à la retraite, l'apéritif d'honneur obéit à une liturgie un peu plus mélancolique et pompeuse, et quand on meurt, entre le deuil obligé et les vraies larmes, l'ordre et les formes du rite aident les participants à surmonter leur gêne, qui se fait jour surtout dans les obsèques sans cérémonie religieuse, scandées, à défaut de la rassurante répétition de formules qui remplissent le vide, par des pauses de silence au cours desquelles les personnes présentes, mal à l'aise, ne savent que faire et, n'étant pas protégées par le murmure des prières, ne peuvent même pas bavarder à voix basse.

Lorsque la personne qu'on fête jouit d'une certaine reconnaissance sociale, chacun de ses anniversaires en dix, qui ont une valeur plus symbolique — soixante, quatre-vingts, cent ans —, intéresse les journaux et la télévision, et au moment de sa disparition les éloges funèbres voilent d'une agréable satisfaction l'indicible, inconcevable néant de la mort.

Qu'ils appartiennent au commun des mortels ou qu'il s'agisse de personnages célèbres, ces protagonistes des anniversaires, départs à la retraite et obsèques ne causent pas, en général, trop de tracas ; s'ils sont trop nombreux et se suivent de trop près, on soupire parfois parce qu'il n'est pas facile de trouver une idée de cadeau ou parce que les couronnes mortuaires sont de plus en plus chères, mais le plaisir de fêter un ami ou la douleur causée par sa disparition sont souvent sincères et profonds, proximité fraternelle ou plaie ouverte qui s'entremêlent à notre vie et nous font nous ressouvenir du sort commun, et du pas qui accompagne le nôtre vers le bout du chemin.

Si la personne qu'on honore ou qu'on pleure est un homme de culture, un intellectuel insigne, les choses changent ; anniversaire, départ à la retraite, jubilé, décès, trentième jour ou trentième année après la mort deviennent, malgré le respect et l'attachement sincère et parfois passionné qu'on éprouve à son égard, une occasion de persécution acharnée pour tous ses collègues, amis et disciples qui à ce moment-là ont le tort, eux, de ne pas fêter leurs cinquante ou leurs soixante ans, d'être toujours en poste, de ne pas mourir ou être morts depuis un lustre ou un quart de siècle.

Aux invités, dans ce cas, on ne demande pas de rire à la fête ou de pleurer à l'enterrement, d'apporter des cadeaux ou d'envoyer des fleurs ; on demande — on prétend, on exige, avec le chantage moral et sentimental qui est l'un des plus pressants et des plus tortueux, donc des plus odieux — d'écrire, d'écrire quelque chose, ce qu'ils voudront, une contribution, un récit, un essai, un témoignage. Comme des monstres marins voraces, des mélanges et des recueils d'études en l'honneur ou à la mémoire de assaillent de toutes parts celui qu'on sollicite, découpent en tranches le temps de sa vie et sa personne, le contraignent à se donner un morceau par-ci et un morceau par-là, jusqu'à ce que de lui — de son temps, de son existence, de ce minimum de loisirs et de paix auquel il aurait droit et dont il a besoin — il ne reste plus rien, comme d'une carcasse attaquée par des squales affamés.

Un collègue va avoir cinquante ans et un groupe de personnes qui le tiennent en haute estime met au point un volume d'écrits en son honneur, auquel on participe volontiers, parce qu'on l'aime, qu'on l'admire et qu'on a plaisir à faire partie de ceux qui lui rendent un juste hommage. Mais dans le même temps un autre, non moins cher et méritant, arrive à son soixante-dixième anniversaire et un autre comité d'organisation vous harcèle et vous talonne en vous demandant d'urgence un autre écrit ; on accepte avec plaisir — ou plutôt on accepterait avec plaisir même si l'on pouvait décider librement sans être obligé de dire oui — par dette d'amitié, de gratitude ou de respect envers cette personne qui mérite à tous égards d'être honorée. Pendant qu'on s'efforce, persécuté par les initiateurs et les responsables, de respecter les délais, voilà qu'un autre meurt et la majesté de la mort, même compte non tenu des mérites et des vertus du défunt, est tyrannique ; elle n'admet ni refus ni désertions, elle ne reconnaît ni justifications ni motifs sérieux d'absence, même pas les maladies et les raisons familiales qui induisaient jusqu'aux proviseurs les plus sévères à autoriser les élèves à ne pas venir en classe, à rester à la maison.

Le rythme se fait haletant, entre autres parce que la réalité, insensible aux fêtes à souhaiter et aux départs à la retraite, continue à mitrailler les auteurs d'études en l'honneur et à la mémoire de ; elle les harcèle avec son essaim de tâches quotidiennes, le travail, les mariages, les divorces, les échecs aux examens, les parents à assister, les passeports à renouveler, les maladies, les canalisations de la salle de bains qui fuient, les plombiers introuvables. On se bat comme un grenadier de la Garde et on continue à faire front, mais voici qu'arrive le dixième anniversaire de la mort d'un autre, talonné par le quarantième de la disparition d'un autre encore, avec dans l'intervalle, selon les exigences d'un juste équilibre entre la tristesse et la sérénité, le premier quart de siècle d'activité d'un nouvel élément de la série.

À moins d'être Balzac ou Dostoïevski, celui qui écrit ne peut pas inventer chaque semaine quelque chose d'original et de créatif, ni encore moins étudier à fond un nouveau sujet ; pour écrire vraiment, il faut de longues périodes de temps, du silence, des pauses, il faut laisser flâner sa pensée et passer des heures devant la feuille blanche. Une certaine dose d'aridité aussi est nécessaire ; ce n'est pas par hasard que tant d'écrivains parmi les plus grands ont éprouvé de la difficulté à écrire, parfois même du dégoût pour le papier, et que tant de spécialistes parmi les plus grands sont capables d'étudier un sujet pendant des années pour ensuite se taire, insatisfaits des résultats obtenus, ou rédiger tout au plus une brève communication.

Le galérien attaché à la rame des mélanges, des délais et des rythmes de l'organisation et de la production culturelles doit au contraire toujours et quoi qu'il advienne écrire, alors il recycle et remâche quelque chose qu'il a déjà écrit, dans un rare moment de liberté créative ; il étend et dilue un court paragraphe publié des années auparavant, il condense et rabougrit un épais volume qui lui rappelle une saison où ses forces encore fraîches n'avaient pas été pressées comme un citron, il change un adjectif, il modifie la structure syntaxique de deux ou trois phrases pour pétrir un texte qui puisse sembler nouveau, il atténue et lime, il élague et rembourre, il rumine de vieilles pages comme du chewing-gum. Bien entendu, il peut y avoir aussi parfois une heureuse coïncidence entre créativité et circonstances, entre un écrit né d'une recherche réelle et la sollicitation de le publier.

Dans cette fièvre stérile, le seul à pâtir n'est pas le travail créatif pour lequel il ne reste ni temps ni espace ; bien plus mélancolique est la dégradation qui atteint le rapport même avec les personnes que l'on fête, honore ou commémore. Dans bien des cas il s'agit de personnes vraiment grandes et aimées, auxquelles on serait heureux de témoigner hommage et affection. Mais il faudrait pouvoir le faire librement, comme le demandent tout amour authentique et tout authentique rapport intellectuel, au lieu d'y être contraint par une frénésie activiste enveloppée de rhétorique sentimentale.

Cette petite persécution, qui dénature et risque parfois de ruiner la signification qu'a pour nous cette personne qu'on voudrait honorer mais sans être obligé de le faire de cette manière et sur ce rythme forcené, est un aspect du délire auquel on atteint par l'addition exorbitante d'une infinité de choses différentes, dont chacune est en elle-même sensée et significative. Une déclaration d'amour peut être un grand moment, mais cent déclarations se succédant à la vitesse des films de Ridolini sont une parodie, comme le sont cent mélanges, cent colloques et cent funérailles.

Cette mobilisation générale est la grande rhétorique dont parlait Michelstaedter, l'engrenage d'activités représentatives incessantes mis en marche pour dissimuler le néant de l'existence, pour couvrir de son vacarme le silence de ce néant, pour abasourdir la conscience et l'empêcher de s'apercevoir de la tragique, sans défense et parfois ignoble misère élémentaire de la vie. La mobilisation générale n'admet pas de vide entre les rangs, elle demande de répondre à l'appel, d'avancer satisfaits et en ordre serré, de croire obéir et combattre.

À présent c'est l'automne, sur les collines les hêtres sont rouges comme l'or que les barbares mélangeaient au cuivre, ce rouge est un appel puissant, mais pas assez pour que je puisse l'écouter et y répondre, les injonctions s'accumulent sur ma table et ne me permettent pas de la quitter, leur nombre est en progression géométrique, en conformité avec la dilatation et la prolifération de toutes choses, qui accaparent l'air et l'espace, deux mille ou vingt mille nouveaux postes d'enseignants mis au concours produiront bientôt des dizaines de milliers d'études en l'honneur ou à la mémoire de, de même que dix mille nouveaux livres aggraveront la tumescence de préfaces recensions présentations et débats, le papier aspire et assèche l'existence comme un tampon absorbant, on voudrait vivre mais on ne le peut plus parce que les héros de la fête, les lauréats, les nouveaux retraités et les commémorés nous en empêchent, et nous feront sans doute mourir un peu plus tôt, mais du moins avec l'amer réconfort de savoir que, à peine morts, nous aussi nous deviendrons un instrument de persécution pour quelques-uns qui peut-être nous aimaient en leur confisquant et en écourtant à notre tour leur vie.

1989

DÉLIT DE CONFÉRENCE

« Une conférence a été perpétrée ! » annonçait en 1893 Giuseppe Garzolini, sur le ton dramatique de celui qui, dans un roman policier, découvre un crime, dont il va falloir chercher le coupable et le mobile. Littérateur mineur inévitablement tombé dans l'oubli, Garzolini — du moins si l'on en juge par ses écrits éphémères et bizarres, consacrés à l'étude minutieuse de curiosités humaines et linguistiques — devait être une de ces personnes qui égaient la vie par l'aimable ironie avec laquelle elles attrapent les choses aux cheveux en les laissant s'échapper avant que leur poids ne devienne insupportable, en les regardant juste ce qu'il faut pour comprendre le secret de leur fonctionnement, mais en se détournant d'elles avant qu'elles ne montrent leur visage de Méduse.

Aujourd'hui il serait bien plus difficile assurément d'identifier l'auteur de ce forfait ; si l'on devait poursuivre quiconque a tenu une conférence il faudrait mettre en examen des foules entières, de sorte qu'il ne reste plus qu'à dépénaliser le délit de conférence, selon la tendance — de plus en plus répandue et soutenue en particulier par ceux qui sont lassés non par un système de concussion et de corruption politico-financière qui ne cesse de s'étendre, mais par ceux qui tentent de le combattre — qui veut qu'un délit ne soit plus considéré comme tel quand il devient très fréquent.

Mais déjà il y a un siècle la *libido loquendi*, le désir de parler et de parler le plus possible, ajouté à celui, encore plus furieux, d'endoctriner instruire éclairer et convaincre les autres, devait couvrir le monde comme une bave écumeuse, pour qu'il ait pris fantaisie à un littérateur de province tel que Garzolini d'écrire un savoureux opuscule intitulé *Contre la conférence* en lui donnant la forme d'une de ces conférences que lui-même avait le vice de tenir.

Qu'est-ce qui peut, se demande-t-il, pousser chaque jour tant de braves à déverser sur tant de personnes convenables un tel torrent de paroles, agressives persuasives ou pensives, selon le caractère, le lieu ou la circonstance ? Fils du siècle des grands systèmes philosophiques qui ont enserré le monde dans les mailles solides des concepts et des catégories générales, Garzolini classifie, ordonne, subdivise les différents types d'orateurs publics, après avoir tracé la parabole qui conduit du *conferente* initial au modeste *conferenziere* au fébrile et trop répandu *conferenzaio*. Il y a le débutant très ému et celui qui est rompu aux applaudissements et aux salles vides, l'orateur de secours et l'orateur ambulant, qui « apporte l'eucharistie de son savoir aux moribonds éloignés du clocher de sa paroisse », l'orateur « à revolver » qui enfonce toujours le même clou ; il y a le pédant et le provocateur, celui qui se nourrit de calamités et celui qui élève les esprits vers le soleil du progrès, celui qui se lamente de la mollesse des mœurs, de l'affaiblissement du patriotisme, du mépris de la religion, de la décadence de l'art et de l'abêtissement de la jeunesse. Bien entendu le public aussi se divise en catégories bien précises : il y a les amis, les amis des amis, les hurluberlus, les fidèles d'un rite social, les curieux, les malintentionnés, les désœuvrés, les pervers, les engagés, les enragés de l'intervention et ceux qui cherchent pour une heure au moins une quelconque compagnie, même inconnue, car il est dit dans l'Ecclésiaste : « Malheur à celui qui est seul ! » et eux le savent par expérience.

Le docte auteur abandonne soudain son projet initial de chercher un mobile derrière celui, évident, annoncé dans le titre. Le conférencier obéit à une pulsion primaire qui n'a d'autre fin qu'elle-même, à quelque chose qui est dans le sang, le sien et celui de toute l'espèce ; ou même à une force cosmique, à une sorte de loi physique universelle, puisque Garzolini formule l'hypothèse que « la conférence a dû exister avant même que n'apparaissent les êtres vivants organisés », dans la réaction de vapeurs corrosives et dans la mer bouillante de l'atmosphère à l'époque de la formation de notre planète. La plaisanterie du bon Garzolini, qui se moque aussi de lui-même, met en évidence un processus général qui n'a cessé, depuis, de croître de manière incontrôlable dans la société et la culture. La terre émet des mots, des opinions, des informations, des commentaires, des allocutions, des communications, des billets et des bulletins qui l'enveloppent comme une couche de gaz, dans une fièvre de parole qui rappelle la loquacité incontrôlée et irrépressible de certains personnages de Dostoïevski. D'anciens préceptes — aime ton prochain, *carpe diem*, prolétaires de tous les pays unissez-vous — cèdent le pas au slogan universel : parlons-en. Conférences, débats, interviews, tables rondes. S'il arrive quelque chose, les journaux ne font pas d'investigations sur ce qui est arrivé, mais rapportent des déclarations, des opinions et des commentaires sur ce qui est arrivé et qui finit par passer au second plan ou par disparaître.

Chacun veut dire son mot, quoi de plus normal, sur Dieu ou sur la chambre à coucher, mais il ne lui suffit pas de le dire — et de l'écouter — au café avec ses amis. On éprouve souvent le besoin de monter à la tribune ou de s'asseoir sur une estrade, ce qui revient au même, puisque cela donne une touche d'officialité et d'importance et donne l'illusion de ne pas être devant un bock, devant la vie angoissante et devant la mort qui avance d'une gorgée de bière à la suivante, mais sur le théâtre de la culture et de l'Histoire. À vrai dire, les sourires sur certains visages qui passent tout près, la pression idéale de la bière et les amis autour de la table devraient suffire pour aimer le temps qui passe ; négliger tout cela pour aller faire ou écouter une conférence peut être une faute.

On pèche aussi par omission, dit le catéchisme, et nous serons appelés à répondre de toutes les fois où nous avons négligé l'amour et le sexe pour participer à un colloque sur le sexe, la culture et la société. Mais évidemment vivre doit être difficile, si l'on a tellement besoin de prendre la pose, de surmonter son anxiété en se donnant de l'importance et en devenant le conférencier de ses amours et de ses misères, en allant par exemple se disputer en public — selon un programme précis, qui établit l'heure, la durée et le minutage des interventions — avec sa maîtresse, son amant ou ses parents, dans l'illusion que la tribune ou surtout l'écran de télévision donneront plus de consistance à la fragilité de nos rêves et de nos chagrins.

Le vieux Garzolini qui en faisait lui-même, des conférences, savait bien qu'il y en a beaucoup d'honnêtes et d'intelligentes, capables d'établir un contact réel et de créer une véritable rencontre, de toucher des consciences et de témoigner de valeurs, de constituer une expérience et d'ouvrir de nouveaux horizons. Mais la signification d'une communication réelle, la participation intellectuelle et émotive qu'elle implique justifient encore davantage sa féroce satire de l'abus qu'on en fait et de son avilissement autoparodique. Toutefois ce bruit de fond est aussi bienveillant et miséricordieux. Dans une page très forte de son *Labyrinthe*, Eugenio Scalfari oppose le moi obscur, impersonnel du corps — inconscient d'exister et inconscient de devoir mourir, heureusement quoique paresseusement à l'unisson du grand flux de la nature — et le moi intellectuel, civilisé, qui le secoue de son abandon ignare et l'oblige à entrer dans l'engrenage de la culture et de la société en lui donnant une certaine dignité mais aussi, comme le serpent des origines, la conscience de la mort. Une fois apprise, celle-ci ne peut plus s'oublier : revenir avec une sérénité absolue aux éléments et assumer consciemment, dans un silence radical, sa propre dissolution dans le néant, comme il advient au personnage du *Labyrinthe*, est très difficile. Souvent ce silence nu, qui met face à face avec le vide, est insupportable, et il ne reste plus qu'à essayer de le troubler et de détourner de lui sa pensée. Parler, parler sans arrêt, ça sert aussi à cela, à se distraire du néant. Et alors les paroles qu'on se déverse dessus deviennent un jeu pour passer le temps, comme les boules de neige que se lancent les enfants. Le moi obscur et profond du corps, réveillé de sa torpeur béate, a besoin de s'abasourdir dans le mécanisme de la rhétorique, qui est, disait Michelstaedter, le vacarme que les hommes font pour moins entendre la mort.

Ceux qui, comme beaucoup d'entre nous, perpètrent souvent des conférences — et récidivent — déchargent leur conscience en se disant qu'il est rare qu'on les écoute vraiment. Celui qui est assis dans les rangs de l'assistance laisse souvent voyager son esprit dans un flou agréable, bercé par le sommeil qui lui arrive de l'estrade, comme quand on regarde les volutes de fumée d'une cigarette ; l'éternuement d'un voisin fait perdre le fil du discours et détourne vers d'autres pensées.

Parmi les différents types de conférences, Giuseppe Garzolini mentionne la conférence hypnotique, celle qui donne envie de dormir. Je peux attester qu'elle existe. Il y a bien des années de cela, je faisais une conférence dans un cercle de dames, âgées pour la plupart.

Pendant que je parlais, près de la moitié d'entre elles dormaient, d'un sommeil profond et tranquille. J'étais flatté de leur procurer cette paix et cette liberté intérieure ; je pensais à la valeur religieuse du sommeil, signe d'abandon confiant à la vie et à Dieu, comme dit le père Brown dans une nouvelle de Chesterton, alors que l'insomnie est insécurité tourmentée et angoisse de la faute ; je pensais à une page d'Isaac Singer sur le sommeil après l'amour et j'étais virilement fier d'avoir si pleinement comblé les dormeuses, que je m'efforçais de ne pas réveiller, en parlant d'un ton mélodieux, tout en regardant de travers les quelques-unes qui ne dormaient pas, et qui donc à l'évidence n'étaient pas aussi satisfaites. Malheureusement l'applaudissement final de ces dernières arracha brutalement au sommeil les autres, parmi lesquelles une, au premier rang, béatement renversée sur sa chaise : « Puis-je vous poser une question ? » me demanda-t-elle, peut-être pour faire oublier son petit somme. « Bien sûr, madame », répondis-je avec la magnanimité d'un homme libéral, ouvert au dialogue. « Vous avez parlé de Kafka, n'est-ce pas ? » « Non, madame, de Goethe. » « Oh, veuillez m'excuser. » « Mais je vous en prie, ce n'est pas grave. » Et c'est ainsi que cette conférence s'acheva elle aussi, comme il se doit, par un petit débat.

1998

MAL DE TEST

« Quelle est votre couleur préférée ? »: telle est l'une des nombreuses questions du test. La réponse, dans ce cas, est facile et univoque : le bleu, la couleur de la mer, des lointains et de l'absence. De même la prédilection pour la mouette — à laquelle on paie chaque année, et ce n'est pas pour rien, le tribut d'une visite à l'île de la Levrera, en face de Cherso, à la saison où éclosent les œufs — dispense de toute hésitation. Une autre question semble a priori ne poser elle non plus aucun problème. La fleur préférée est sans conteste le coquelicot, mais tandis qu'on l'écrit on sent que le bleuet, la violette et la marguerite ne peuvent pas être exclus ; en outre il n'est peut-être pas juste de répondre le coquelicot, qui seul ne représente pas grand-chose : les coquelicots sont un enchantement, mais tous ensemble, il en faut un champ, ou au moins un groupe, tandis qu'une rose se suffit à elle-même, et donc même cette question facile laisse interdit.

Les questionnaires en tout genre se multiplient, ils arrivent de tous les côtés ; si Camus disait que l'existence de l'individu à son époque pouvait être résumée par la lecture des journaux et la fornication, aujourd'hui on devrait peut-être ajouter qu'il répond à des questionnaires ou fait de brèves déclarations, en général au téléphone, sur les sujets les plus disparates. Il n'y a pas lieu de déplorer ce phénomène en faisant l'habituel sermon pathétique sur la parcellisation de la vie et de l'individu dans la société contemporaine ; répondre à un test était un jeu que ne dédaignaient pas des écrivains comme Thomas Mann ou Marcel Proust qu'il est difficile d'accuser de superficialité. Les questionnaires adressés aux écrivains suscitent l'envie d'y répondre pour diverses raisons : par curiosité, par plaisir du jeu, par vanité de prendre place à côté de grands maîtres eux aussi sollicités, par crainte de transgresser les règles sociales de son propre clan culturel et de s'en trouver un peu marginalisé. Même si les questions sont nombreuses, on pense pouvoir les expédier rapidement, d'une part parce que les réponses doivent être télégraphiques, d'autre part parce qu'on est persuadé d'avoir des idées, des opinions, des goûts, des convictions, des amours, des haines, des pensées. Surtout on est persuadé d'avoir déjà, d'une manière ou d'une autre, exprimé dans ses propres livres une grande partie de ces sentiments et de ces pensées ; il ne semble donc pas difficile de traduire ce qui est de l'ordre de l'imaginaire, du métaphorique, en déclarations explicites. Peut-on imaginer Conrad et Stevenson hésitant à dire qu'ils aiment la mer ? Pour une telle attestation, il n'est pas besoin de la grandeur avec laquelle ils ont représenté la mer.

Et pourtant, dès les premiers pas, on tâtonne. Comment faire pour indiquer son poète préféré ? Leopardi ou Baudelaire ? Cette simple alternative comporte déjà une violence qui vous envahit, à moins que ce ne soit là une noble excuse à votre irrésolution. Même si l'on considère — mais ce n'est peut-être qu'un expédient pour se tirer d'embarras — comme hors catégorie Dante et Shakespeare en tant qu'auteurs pour lesquels l'appellation de poète est trop restrictive, d'autres se présentent bientôt en foule, légitimes et impérieux : écarter Pétrarque vous mettrait vraiment mal à l'aise, vous écrivez des noms et vous les effacez d'un trait de plume, même un seul poème d'un auteur que l'on n'aime que pour ces quelques vers semble impossible à éliminer. Vous vous apercevez que vous ressemblez à un personnage de Čapek, monsieur Vasàtko, qui, soumis à un test, met le psychologue sur les dents parce qu'il est incapable de répondre à un terme inducteur par un seul mot, le premier qui lui vienne à l'esprit, mais qu'il en dévide à chaque fois des dizaines, en une extravagante et irréfrénable chaîne associative.

Et les écrivains? deux — indiscutables — sont des non-écrivains, des entités suprapersonnelles et plurielles, le Saint-Esprit et Homère, s'il est vrai qu'ils ont écrit la Bible et l'*Iliade* et l'*Odyssée.* Mais les autres? Tout de suite règne une grande confusion, comme dans certaines situations sentimentales compliquées où l'on finit par ne plus savoir qui on aime le mieux ni quelle voie choisir pour sortir d'embarras. Cervantès, Sterne, Tolstoï, Kafka, mais comment laisser de côté Dostoïevski ou Flaubert, voyons, ce n'est pas sérieux, et puis... et puis... en ce qui concerne les héroïnes de roman préférées, la Pisana insiste pour prendre la place de la marquise de Merteuil, mais il est impossible de savoir si elle y parviendra ou non, dans ce long cortège de femmes qui s'avancent.

Avec les héros de romans préférés c'est encore pire; une seconde avant de se pencher sur ce questionnaire il semblait qu'on en avait, bien clairement, deux ou trois, mais aussitôt d'autres se pressent, le capitaine Achab avance péniblement à côté de Mr Pickwick et de Zeno, tandis que dans un village de Singer apparaît à la fenêtre sous les toits Nathan Yosefover; c'est une foule et on n'a pas envie de la diriger, de la mettre en ordre et en rang, mais au contraire de se laisser submerger avec bonheur par son flot.

Jusqu'ici il s'agit tout au plus d'une indécision critique pathologique ou d'une incoercible mais heureuse vocation pour la polygamie ; il est légitime peut-être de ne pas savoir choisir entre ceux que l'on aime, il est juste assurément de ne pas choisir entre ses enfants, en eût-on cent comme Priam. Les choses seront certainement plus claires en ce qui concerne non plus la fiction littéraire, mais la vie, la réalité ; on saura certainement dire ce qu'on aime, déteste, craint ou désire le plus, les lieux qu'on préfère et ceux qu'on abhorre. Qu'est-ce pour vous que le bonheur parfait, quel est le plus grand désastre ? Il semble qu'on sait si bien ce que c'est, le bonheur, tant que c'est l'air qu'on a autour de soi, un horizon vers lequel on regarde, peut-être qu'on l'a même tenu entre ses mains, malgré tout, jours parfaits non effacés par tant d'autres de douleur, de peur, d'obscurité. Mais comment définir, déclarer une existence partagée, un visage, l'amour, l'amitié, des enfants, le rire, l'harmonie, une saison ? Et le monde entier, ne devrait-il pas lui aussi au moins ne pas être malheureux, pour que ce bonheur soit « parfait » et non pas philistin ? Et là les choses commencent à se compliquer, parce qu'on ne peut pas exclure le désir mesquin de laisser transparaître une âme noble et altruiste, non plus que la crainte tout aussi mesquine de sembler banal.

Il est peut-être facile d'indiquer que la réforme qu'on admire le plus est l'abolition de l'esclavage ; mais le plus grand désastre ? la guerre, l'infamie, les tragédies individuelles plus difficiles à supporter que celles qui touchent la collectivité, les violence sans nom… Où l'on voudrait vivre ? Les lieux aimés sont bien présents à mon esprit, à commencer par celui où je vis, mais, à peine mis en tête du classement, ils se recroquevillent, ils stagnent dans une chaleur étouffante, il leur manque quelque chose d'indéfinissable, qui ne s'oppose pas à mon amour pour eux, mais à la proclamation qu'il s'agit d'en faire.

Plus on avance dans le questionnaire, plus on est aspiré dans un abîme d'incertitude ; ce ne sont pas tant les idées, les goûts, les préférences qui chancellent, que le moi appelé à les décliner, qui se sent soudain abstrait, irréel, un peu comme quand vous écoutez pour la première fois votre voix enregistrée, et que vous avez peine à croire qu'elle sort bien de votre bouche. C'était ou cela paraissait tellement plus réel de raconter, de parler à quelqu'un des lieux et des personnes aimés, d'évoquer des livres, des figures, des îles. Celui qui essaie de faire parler des prisonniers et refuse d'avoir recours à la torture sait bien que la meilleure méthode est de les laisser raconter jusqu'à ce qu'émerge, sans préméditation, leur existence et ce qu'elle contient, même ce qu'ils ne voudraient pas faire savoir à leur geôlier.

Comment ce questionnaire peut-il prétendre que celui qui s'y soumet dise ce qu'il aurait voulu être ? peut-être rien, parce que ce qu'il est lui suffit et qu'il profite quand même de la vie entre les catastrophes, ou alors ce qui lui manque, c'est-à-dire tout, car il s'aperçoit qu'il n'est qu'une ombre, une doublure, comme si c'était un autre qui contemplait avec tendresse le champ de coquelicots, alors que lui il ergote quand on lui demande de nommer sa fleur préférée. Dans le monde des tests, la personne est de plus en plus réduite aux atomes de ses prestations ou de ses tendances que l'on peut spécifier et mettre en fiches. Déjà Musil remarquait à quel point décomposer l'individu en ses diverses qualités signifiait détruire cet individu, produire un « homme sans qualités » qui de fait est une accumulation de qualités, remarquables le cas échéant, mais sans l'homme. Alors comment peut-on oser indiquer, en réponse à la question n° 16, le trait principal de son caractère, si cet échange du tac au tac fait avant tout douter d'avoir un caractère ? Le moi s'émiette et ses qualités s'évaporent.

On ne peut pas en imputer la responsabilité à l'informatisation qui gouverne le monde. Cette logique ne dénature pas la vie, contrairement à ce que prétendent les nostalgiques du bon vieux temps, mais en dit peut-être la vérité, mettant à nu ce meccano dont nous sommes faits et que nous préférons ne pas voir ; elle laisse filtrer, dans l'espace blanc entre Q et R le vide, le néant, l'indicible et inconcevable mort, que les fables et les récits connaissent bien mais éludent et renvoient toujours, comme Schéhérazade.

Comment voudriez-vous mourir ? demande le questionnaire. Des images de sérénité, de courage, le groupe affectueux des enfants et petits-enfants, le visage que l'on voudrait avoir près de soi à ce moment comme toujours, un sommeil semblable à celui de Léonard de Vinci après une vie bien remplie — tout s'estompe, s'émiette devant le ton aseptisé de la question qui barre la route à la réponse, comme les tessons qu'on met en haut des murs d'enceinte pour empêcher de les escalader. Combien est-il plus facile de raconter l'amour, le rire et la mort, d'entretenir des auditeurs ou des lecteurs avec un flot ininterrompu de paroles que ne viennent briser aucun Q et aucun R, qui simulent la continuité de la vie, épique et ardente même dans la douleur, et qui couvrent le silence glacial, la fracture et la discontinuité de l'être, les interstices de vide mis en évidence par ce questionnaire. L'acte de raconter crée, feint et construit une identité, tandis que celui qui répond à un test sent qu'il la perd, comme un accusé devant le policier ou le juge qui l'interroge.

Parmi les différentes questions, il y en a une relative à une devise personnelle. Naturellement je n'en ai pas, mais je pourrais adopter — et adresser à l'occasion aux rédacteurs de questionnaires — la ritournelle qu'un écolier allemand régulièrement recalé à l'examen opposait à chaque question de l'examinateur, que celui-ci lui demande la date du couronnement de Charlemagne ou qu'il veuille savoir de lui en combien de temps se vide une baignoire étant donné la quantité d'eau qui coule du robinet et celle qui sort par la bonde : « Je voudrais bien, moi, avoir les mêmes préoccupations que vous ! »

1994

PHOTO D'AOÛT

Un homme se noie alors qu'il nage le long de la côte de Barcola, à Trieste. Ramené sur le rivage, il est secouru par deux médecins qui se trouvent là par hasard à prendre le soleil et à se baigner dans la mer, mais il meurt. En attendant qu'on l'emporte, le cadavre est allongé sur la plage et recouvert d'un drap de bain. Une photographie, publiée par le *Piccolo* de Trieste et reproduite dans le *Corriere della Sera*, montre ce corps sans vie au milieu des baigneurs qui, tout près de lui, comme il arrive l'été sur une plage surpeuplée, ne se troublent pas le moins du monde et continuent à se jeter à l'eau, à bronzer, à étaler leur matelas, à enduire de crème solaire leurs flasques adiposités, à lire le journal ou peut-être même un livre qui parle, avec émotion et poésie, de la vie et de la mort.

Le mort, qui devrait être au moins pendant cinq minutes le protagoniste d'une tragédie, le centre de l'attention et de l'angoisse, est un infime comparse marginal, sans importance dans cette image d'un été ; ces corps autour de lui veulent jouir du soleil et de la mer ; et le sien, qui ne peut plus jouir et aimer, est mis de côté comme un déchet. Le drap qui le couvre semble avoir été placé là moins par respect pour lui, pour le mystère inviolable et universel qui lui est échu et dans lequel il est entré, que par égard envers les baigneurs, pour qu'ils ne soient pas troublés par ce qu'il y a d'intolérable et d'indécent dans la mort. Seul un enfant regarde avec curiosité cette silhouette sur le sol, peut-être sans bien comprendre ce qui est arrivé, comme un chien qui flaire quelque chose d'inconnu.

Cet instantané d'une indifférence cruelle et absolue devant l'événement fondamental et aussi le plus scandaleux qu'on puisse imaginer, la mort d'un homme, a évidemment suscité des protestations indignées, des lettres et des coups de téléphone au journal triestin, des commentaires amers. Ces baigneurs, qui se trouvent là par hasard, n'ont pas grand-chose à voir avec cette épiphanie de la misère humaine ; comme presque nous tous dans beaucoup d'actes de notre vie, ce sont des acteurs occasionnels qui obéissent à un scénario stéréotypé et à un metteur en scène impitoyable, ils font automatiquement les gestes prévus par la mise en scène en ce matin d'été au bord de la mer. Nous ressemblons presque tous (vu que presque tous nous sommes non pas des hommes, dirait Sciascia, mais des *quaquaraquà*, des rien du tout) à ces figurines qui, quand l'heure sonne, sortent de la tour de l'horloge de certains hôtels de ville médiévaux et défilent en rond, pendant que les gens, au-dessous, sur la place, les regardent.

Je ne sais pas ce que j'aurais fait si je m'étais trouvé là à ce moment-là, chose qui n'aurait rien eu d'invraisemblable, puisque l'été je vais chaque jour nager le long de ce rivage. J'aurais certainement essayé de lui porter secours quand il se noyait, mais il est beaucoup plus facile d'aider un vivant que de rendre à un mort le respect auquel il a droit, car devant la mort (qui, si on la regarde vraiment en face, déstabilise notre vie bien élevée et bien ordonnée) nous sommes presque toujours des puritains empruntés et refoulés qui n'osent pas faire leurs comptes avec la gloire, la fragilité et la honte de la chair.

Je me demande, en regardant cette photo, ce qu'auraient pu faire ces baigneurs : se lever, rentrer chez eux, se déplacer de quelques centaines de mètres ? Ce n'est pas par hasard que les rites existent pour aider à se comporter dans des situations où, comme dans ce cas, presque n'importe qui, par lui-même, est impuissant et interdit. Je ne sous-estime pas l'insolence de cette promiscuité, car il y a toujours un fond d'authenticité derrière les formes et ce n'est pas la même chose de rire à un mètre ou à cinq cents mètres de distance d'un homme qui meurt ou qui est mort. Mais aurait-il suffi de se déplacer, de s'en aller ?

Certes, on aurait pu, par exemple, prier. Mais prier en public est difficile : presque personne, à moins de faire profession de dévot et d'être connu comme tel, ne l'oserait. Car la prière aussi, comme la chair, suscite le scandale : on n'a pas le courage de prier, comme on n'a pas le courage, à un repas, de refuser de se gaver même si on n'en a pas envie. Même si personne ne l'écoute, une prière peut exprimer une exigence de rédemption de la douleur, exigence qui reste vive même si l'on considère que de rédemption il n'y en a ou il n'y en aura jamais.

Dans une humanité fraternelle et libre, cette photo pourrait même être une belle image, celle d'une solidarité entre les vivants et les morts, d'une capacité de rester à côté des morts sans éprouver ni peur ni répulsion, de les accueillir charitablement et simplement, en intégrant la mort dans la vie, comme fait l'éros, qui ne craint pas la mort, parce qu'il sait l'embrasser et l'étreindre, qu'il apprend à aimer et à désirer qui l'on aime même au-delà de la mort.

Mais sur cette plage personne ne prend le mort dans ses bras, on cherche plutôt à ne pas le voir, aussi cette photo est-elle le portrait véridique de l'indifférence de la vie et du triomphe de la mort, de l'insuffisance de l'univers, des ténèbres insensées qui l'aspirent même un beau jour d'été — quand on cherche à les ignorer en se laissant éblouir par la lumière —, de ce hasard accidentel et fortuit qui gouverne l'existence et frappe sans raison et sans pitié. Il faut continuer à vivre, dit-on après chaque mort : et Bernanos se demandait si ce n'était pas précisément cela qui était horrible. À ce frère sous ce drap, nous tous, plus ou moins présents sur cette photo, nous pouvons seulement demander pardon.

1997

JOYEUX NOËL

Devant un bar de la côte triestine de Barcola, face à la mer, il y a, pendant deux semaines à cheval sur le jour de l'an, deux grands anges faits de minces rubans bleu ciel, argentés et dorés, qui frissonnent comme des ailes dans l'air ; les trompettes qu'ils embouchent devraient annoncer, selon les Écritures, gloire à Dieu au plus haut des cieux et paix sur la terre aux hommes de bonne volonté, mais on n'entend que le bruissement des étroites bandes de tissu dans le vent.

Peut-être que cette gloire existe, mais certainement pas cette paix et moins encore pour les hommes de bonne volonté, qui semblent plus que jamais tourmentés par la mauvaise volonté des autres. Comment peut-on parler de messe de minuit, ou de l'an qui finit et commence sans perdre la face ? Une définition chère à Strindberg, injurieuse mais appropriée, était « faux comme un orateur officiel », et elle cingle toutes les prédications, tous les commentaires méditatifs et tous les souhaits, de quelque lieu, plus ou moins élevé, qu'ils proviennent ; les petits auteurs d'articles de fond ne sont pas plus à l'abri de ce genre de fausseté solennelle que ceux qui parlent du haut de chaires et de sièges augustes. Peut-on parler de Noël à ces enfants sordidement et brutalement mis en esclavage pour fabriquer, à un prix de revient qui chatouille l'appétit de leurs répugnants exploiteurs, des jouets de Noël évidemment destinés à d'autres, comme nous l'avons lu récemment dans le *Corriere della Sera*? Peut-être que la seule manière décente de parler de Noël est, comme dans beaucoup d'autres cas, de raconter, parce que le récit n'a pas de prétentions édifiantes à enseigner ou à rassurer, mais veut seulement témoigner de la vérité d'une expérience ou d'une épiphanie du monde, qui ne suppose pas d'en exclure d'autres, mais n'est pas non plus niée ni effacée par d'autres, différentes et opposées.

Noël aussi est avant tout une histoire et c'est d'elle qu'il tire sa force ineffaçable, une force épique qui se transmet et se perpétue au fil des temps : l'histoire de Marie, de sa fierté et du courage qu'il lui fallut pour accepter cette maternité scandaleuse ; d'une cabane qui offre un refuge contre les intempéries de la vie ; d'un enfant qui naît pour un destin grandiose jusqu'à l'inconcevable, et en même temps pour une vie de jeux enfantins, de vagabondages sur les routes de Galilée et de haltes joyeuses avec des amis ; d'un âne et d'un bœuf, dont la chaude haleine s'avère nécessaire au dessein de la rédemption du monde ; de cette nuit de bergers et du chemin de savants guidés par une étoile qui est restée pendant des siècles le symbole de la vraie vie et qui induisait un poète qu'on ne peut certes pas qualifier de pieux, Rimbaud, à définir comme « Noël sur la terre » ces moments où l'existence semble libérée, illuminée par une signification dans laquelle il n'est pas possible de distinguer la vérité de la joie.

Peut-être donc que la seule chose que chacun pourrait faire, même ceux qui ont les plus hautes responsabilités dans la vie religieuse et civile, serait de parler de ce qu'il a vécu, du mystère du sapin sombre et touffu avec dans sa ramure des étoiles de verre ou de papier, des aventureuses figurines de la crèche ; je pourrais pour ma part parler de deux globes de verre de Nuremberg qu'au début de ce siècle mes grands-parents mettaient sur l'arbre de Noël pour leurs enfants et qu'aujourd'hui je mets sur le nôtre, ou je pourrais raconter comment j'essayais et comment j'essaie encore de mettre dans la grotte de la crèche, au pied de l'arbre, vraiment tout et tout le monde, bergers, brebis et chameaux, mais aussi ours et éléphants, mulets en carton-pâte avec les mitrailleuses et les chars, soldats de plomb et de carton cassés et éclopés, à qui il manque une jambe ou même la tête, et jusqu'à des phoques. Pas seulement les trois Mages, mais cinq ou six, si possible en majorité sombres de peau, car une crèche, une vraie, doit accueillir le monde, vu que c'est le monde entier qui doit être racheté et qui se presse devant elle pour ne pas rester dehors dans le froid. Il y a quelques années allait et venait aussi sous les branches, avec respect et curiosité, rongeant par-ci par-là les figurines, Buffetto, mon cochon d'Inde.

Et je pourrais parler d'un de mes oncles qui travaillait des jours et des jours pour préparer un arbre avec des cascades de neige et une crèche animée, en se mettant sur les épaules deux ailes de carton, afin que je puisse voir à travers les vitres dépolies de la porte la silhouette vague d'un ange ; dans ce cas il me faudrait aussi raconter sa mort tragique, car Noël n'est pas un conte rose et vide, mais une histoire tournée aussi vers la nuit, même quand elle l'illumine.

De toutes ces histoires racontées par chacun émergerait peut-être le sens de Noël, qui n'est pas un sirupeux souvenir d'enfance, mais un moment fondateur de l'existence, de sa poésie et de sa rédemption. C'est seulement ainsi qu'on peut répandre sa lumière sans offenser celui qui est enfoncé dans les ténèbres de la douleur ou de l'injustice ; raconter la grâce d'un instant de paix qu'on a reçu n'est pas une offense pour celui qui ne l'a jamais eu et ne l'aura probablement jamais, alors que dire d'un ton rassurant qu'après tout la vie est belle et que la paix, avec un peu de bonne volonté, viendra pour tout le monde est une injure intolérable envers ceux qui endurent des peines sans nom.

Nul ne peut parler de Noël en affectant d'ignorer l'affaiblissement progressif de sa présence réelle dans notre réalité et dans notre société. Depuis très longtemps, et peut-être depuis toujours, le noyau religieux de Noël, qui éclaire tout le reste de la fête, s'est progressivement réduit et rapetissé, jusqu'à n'être plus qu'une petite flamme dans les grandes illuminations au néon de sa sécularisation. Ce phénomène s'est dilaté et l'enfant de Bethléem est de moins en moins le véritable centre de Noël.

Pour la première fois de son histoire — et le pape semble en avoir une profonde et dramatique conscience — le christianisme court vraiment le risque, encore lointain mais objectif, de disparaître; habitué à affronter les adversaires qui l'ont haï, il est plus embarrassé quand il s'agit de ne pas être lentement absorbé et évaporé par un monde qui considère souvent qu'il n'a pas besoin de lui et qu'il ne fait pas attention à lui, voire qui ne s'aperçoit quasiment pas qu'il existe. Plutôt que de christianisme, il faudrait parler de civilisation et de religion judéo-chrétiennes, en dépit des énormes différences et de la plaie de l'antisémitisme chrétien, et en dépit de la résistance plus tenace que semble offrir le judaïsme. Peu de gens, même parmi les non-chrétiens, se réjouissent de cette hypothèse, parce que l'aplatissement postjudaïque et postchrétien ne semble rien avoir de la grandeur humaine, philosophique et morale de la civilisation antique, du classicisme préchrétien. Un grand laïc comme Tocqueville voyait dans les « passions religieuses » une défense des libertés dans la moderne démocratie de masse.

On voit se consommer, à l'échelle de la planète, une crise semblable à celle qui avait abouti à la dissolution du monde antique, et il n'est pas sûr que la civilisation de l'Ancien et du Nouveau Testament soit en mesure d'être le ciment ou l'un des ciments du monde nouveau qui va naître et que nous ne sommes pas en mesure d'imaginer bien qu'il soit déjà en train de surgir, parce qu'il n'existe guère de choses aussi limitées que l'imagination humaine. Ce n'est pas par hasard qu'aujourd'hui les religieux qui témoignent de leur foi avec le plus d'authenticité sont moins ceux qui la prêchent que ceux qui l'incarnent dans leur propre vie, en œuvrant dans les situations les plus diversement désespérées sans faire la morale à personne et sans vouloir convertir personne, mais en cherchant à libérer quelques frères humains de la peur, de l'abjection, des chaînes, au besoin sans même leur dire que celui qui les fait agir ainsi est cet enfant de Bethléem. Nul ne peut dire si c'est suffisant, dans le tournant de civilisation que nous sommes en train de vivre, et si ces grains de blé vont germer ou mourir. Mais ce qui est certain, c'est que le courage et l'amour de ceux qui agissent ainsi rendent libre et permettent de traverser d'une allure fraternelle et picaresque, indomptables comme des nomades, les labyrinthes insensés du monde.

Après-demain nous ne serons certes pas meilleurs, et même durant ces deux jours pendant lesquels le monde semble suspendu, il y aura le « Noël des gogos et celui des finauds », de celui qui paie pour tous et de celui qui fait payer les autres, comme l'écrivait il y a quelques années dans le *Corriere della Sera* Alberto Cavallari. Mais Noël est là, qui renouvelle cette promesse de paix pourtant toujours démentie et rappelle l'exigence que le monde devienne une crèche. Quel endroit choisir, aujourd'hui, pour y installer une crèche ? Pas le calme idyllique et bucolique de quelque campagne baignant dans une mièvre harmonie de carillon. Peut-être que seule la jungle d'asphalte des grandes villes — Babel où se croisent la misère, la violence, le désespoir et l'espérance de masses déshéritées et déracinées, où l'avenir suscite l'angoisse et fait luire le salut — est le paysage qui convient pour entourer cette grotte et ce petit enfant. Le sacré, s'il existe, doit être cherché, en regardant en face la Méduse de l'époque qui est terrible mais salvatrice aussi, au cœur de la sécularisation la plus violente, des forces qui changent le monde.

Les gratte-ciel et les bidonvilles des métropoles comme crèches possibles ? « Le ciel au-dessus de Berlin * », dit Wim Wenders, *Musique au-dessus de Berlin*, renchérit Claudio Abbado. L'enchevêtrement tentaculaire des grandes villes dans lesquelles se rencontrent individus, peuples et cultures de toutes sortes constitue un dépassement, fût-il dramatique, de toute identité repliée sur elle-même, dépassement qui est le sens de toute promesse de rédemption.

Donc, chant de Noël, plus fort que toute allocution, au-dessus de Babel. Sans triomphalisme, avec franchise et simplicité. Dans le sermon de Noël qu'il fit aux îles Samoa, Stevenson, l'un des rares à pouvoir vraiment le faire sans rhétorique, exhortait à la gentillesse et à la gaieté (« les parfaits devoirs qui viennent avant toute moralité »), en disant que seules la stupidité et la fausse rage de vouloir s'élever peuvent méconnaître la valeur sincère de l'honnêteté et de la gentillesse envers autrui. Le grand écrivain, expert du mal et de l'ombre, savait qu'il est bon qu'une fête oblige un homme, au cœur de l'hiver, quand il regarde les chaises vides où ne s'assiéront plus les êtres chers, à mettre un « masque souriant », même si — disait-il aux indigènes des Samoa qui l'écoutaient — il ignore pour quel salaire il travaille et s'il se dirige, avec ses quatre os, vers le « loyal fiasco humain » qui est au bout du chemin de chacun de nous. Joyeux Noël.

1997

* Traduction du titre italien donné au film *Der Himmel über Berlin* ; en français *Les Ailes du désir (N.d.T).*

INDEX DES NOMS DE PERSONNES

INDEX DES NOMS
DE PERSONNAGES LITTÉRAIRES

INDEX DES TITRES D'ŒUVRES

DOMAINE ITALIEN
OUVRAGES DÉJÀ PARUS

BOMPIANI, Ginevra	*L'étourdi*
	Ciel ancien, terre nouvelle
BONAVIRI, Giuseppe	*Dolcissimo*
	La dormeveille
BONTEMPELLI, Massimo	*L'échiquier devant le miroir*
	La vie intense
	Dans la fournaise du temps
BORGESE, Giuseppe Antonio	*Vie de Filippo Rubè*
CAMPO, Cristina	*Les impardonnables*
CITATI, Pietro	*Kafka*
	Alexandre le Grand
	Goethe
	La lumière de la nuit
DEL BUONO, Oreste	*Rien que la vie*
DELFINI, Antonio	*Le dernier jour de la jeunesse*
DOSSI, Carlo	*Amours* suivi de *Autodiagnostic quotidien*
FENOGLIO, Beppe	*La paie du samedi*
	L'embuscade
	La louve et le partisan
LAVAGETTO, Mario	*La cicatrice de Montaigne* (*Le mensonge dans la littérature*)
LONGO, GIUSEPPE O.	*L'acrobate*
MAGRIS, Claudio	*Danube*
	Le mythe et l'Empire dans la littérature autrichienne moderne
	Une autre mer
	Microcosmes
	Utopie et désenchantement

Manganelli, Giorgio	*La littérature comme mensonge*
	A et B
Monicelli, Furio	*Larmes impures (Le jésuite parfait)*
Mussapi, Roberto	*Le voyage de midi* suivi de *Voix du fond de la nuit*
Orelli, Giovanni	*Le rêve de Walacek*
Parise, Goffredo	*Abécédaire*
	Guerres politiques
	Odeur d'Amérique
	L'enfant mort et les comètes
Praz, Mario	*La maison de la vie*
Romano, Lalla	*Le silence partagé*
	Maria
Slataper, Scipio	*Années de jeunesse qui vous ouvrez tremblantes…*
Verga, Giovanni	*Les Malavoglia*
	Mastro Don Gesualdo

Composition Bussière
et impression Bussière Camedan Imprimeries
à Saint-Amand (Cher), le 8 janvier 2001.
Dépôt légal : janvier 2001.
Numéro d'imprimeur : 2526-005085/1.
ISBN 2-07-075690-4./Imprimé en France.

92800